新出图证（鄂）字 10 号

图书在版编目（CIP）数据

熊铁基论著选/熊铁基著；刘固盛编．—武汉：华中师范大学出版社，2023.8

（华大经典文库）

ISBN 978-7-5769-0170-2

Ⅰ．①熊…　Ⅱ．①熊…　②刘…　Ⅲ．①文化史—中国—古代—文集　Ⅳ．①K220.3-53

中国国家版本馆 CIP 数据核字（2023）第 126244 号

编 辑 室： 综合编辑室
电　　话： 027-67867370
责任编辑： 石亚培
责任校对： 罗　艺
封面设计： 甘　英　胡　灿
出版发行： 华中师范大学出版社有限责任公司
社　　址： 湖北省武汉市洪山区珞喻路 152 号
销售电话： 027-67861549
邮　　编： 430079
网　　址： http://press.ccnu.edu.cn
印　　刷： 湖北新华印务有限公司
督　　印： 刘　敏
开　　本： 710mm×1000mm　1/16
印　　张： 30.75
字　　数： 412 千字
版　　次： 2023 年 8 月第 1 版
印　　次： 2023 年 8 月第 1 次印刷
定　　价： 126.00 元

熊铁基论著选

熊铁基/著 刘固盛/编

華中師範大學
CENTRAL CHINA NORMAL UNIVERSITY
1903 - 2023

华中师范大学120周年校庆丛书
华大经典文库
HUADA JINGDIAN WENKU

華中師範大學出版社
HUAZHONG SHIFAN DAXUE
CHUBANSHE

目　录
CONTENTS

目　录

CONTENTS

《熊铁基文集》自序

有几位好学的朋友（学生）极力促成为我出一套文集，这对于一辈子读书、教书、写书的人也是一种总结，既有纪念意义，也有继续为社会做点贡献的作用。首先是它应有社会作用，这可以从内容谈起。

本文集共 10 卷，其中有 9 卷，主要是曾经出版过的专著（包括与人合作的由我撰写的部分）以及两部论文集。

我的第一本书是 1984 年出版的《秦汉新道家略论稿》，该书在当时是有一定影响的，引起哲学史领域的诸多学者的关注，这些我在 2001 年出版的《秦汉新道家》的前言中有所记述。1993 年我参加大型丛书“中华文化通志”的编写，写了一本《秦汉文化志》，是有点新思考的（当时范军写了一篇有思想的书评），2007 年上海东方出版中心组织一套断代文化史书系，把它以《秦汉文化史》的书名出版，除了做过一些文字校对之外，内容未做修改。没想到 10 年之后（2018 年），北京新世界出版社又比较高调地出版了一次，书腰上写道：“一部诠释全球视野下秦汉时代文化发展脉络的重磅力作”，“一部了解秦汉时代历史文化沿革的入门经典读物”。两次重新出版，反映的是社会的某种需要。另一本书是我和安作璋先生合作的《秦汉官制史稿》，除开 2007 年因某些需要，齐鲁书社出了一个第 2 版之外，现在人民出版社又准备纳入“人民文库”出版，责任编辑翟金明告诉我：“‘人民文库’精选出一批在当时产生过重要历史作用，在当下仍具有深刻思想性、学术性以及珍贵史料价值的优秀作品。”看来该书有文化积累的意义，对当前社会文化的发展也是有意义的。前几天参加研究生的读书会，讨论制度史研究延伸和发展的问题。有学生说，即使延伸，原来的重要著作，如《秦汉官制史稿》之类的，也是基础，不可忽略（在读学生有此见解，也很难得）。以上是讲影响较大的两本书，其他如《汉唐文化史》（出版10年后，曾被纳入“学海一牛鸣”丛书再版）、《秦汉军事制度史》、《秦汉新道家》等，在小范围内也是有点影响的，读者各有所好地予以赞赏。既然如此，出版文集也不过是再多印刷一次罢了，或能满足需求者的需要。

主编和合作撰写的《中国老学史》与《中国庄学史》，我发起组织并自己动手撰写（《中国老学史》的秦汉以前部分、《中国庄学史》的隋唐以前部分）。这两本书在社会和学术上的影响都比较大，《中国老学史》出版以后，加印了四五次。《中国庄学史》先后在湖南人民出版社和福建人民出版社（增订本）两次出版。实际上可以说是开辟了老庄学史研究这样一个新的领域（紧接着我还组织出版了《二十世纪中国老学》和《二十世纪中国庄学》），后续的还有断代的和专题的老学史以及多卷本的中国老学通史出版。

另一大类是论文集，两卷。一卷是古代史，分秦汉史（秦汉史专攻了30多年）和其他关于古代史的论文两部分（包括几篇未刊稿，反映我学习和研究古代史的足迹）。另一卷是关于道家与道教研究的论文，道家研究是从读秦汉史书《吕氏春秋》开始的。开始是把它当作秦汉史的资料读，后来发现其思想研究的意义更大，写了《重评〈吕氏春秋〉》，接着是读《淮南子》，评《淮南子》，因而提出了一个“秦汉新道家”。道家与老子有关，从而研讨老学，进而研究庄学，这就有老庄学史的产生。20世纪90年代以后，道教界的学术研究风气日渐浓厚，时不时举行一些研讨会，我也常被邀请参加，因为老子是道祖，我写老子学史，那也就是道教文化的研究者。参加活动多了，自觉和不自觉地思考一些道教有关问题，陆陆续续也写了一些小文章，至今还在继续。现在我想解决的是道教何时产生的问题。

有些论文是产生过一定影响的，例如《秦始皇的最后十年》《重新认识古书辨疑》等曾为一些朋友津津乐道；有些论文如关于道教产生的问题，被作为一家之言看待；还有些虽被人称引（如李振宏的推介“汉人改造先秦典籍”并且有所发挥），我认为还未引起足够的重视，所以又写了“再论”和“三论”。“汉人改造先秦典籍”，这虽不是完全新的发现，但关系到如何依靠文献资料研究先秦史的问题，出土先秦文献越多，越说明这个问题重要，不应该把汉人的思想当作先秦人的思想。文集收集了一些散见的论文，更便于查考，这是最直接的意义。

文集收了几篇未刊稿，意在表明在某些问题上自己是思考过的，其实还有一些，就不必全收了。未公开发表的只是自己学习和研究的一个记录，从 1956 年当研究生开始，我可以说是笔耕不辍的，有些是作业，还有吴泽、束世澂等老师或长或短的评语；有些是自己学习过程中的心得体会，开始想学明清史，写过一些理论方面的东西，如资本主义萌芽问题之类。后来拜师唐长孺先生，认真读过《隋书》、新旧《唐书》、《资治通鉴》等相关史籍，写过几篇文章，还做过《隋书·食货志》译注（有原稿保存）。1979 年转学秦汉史，开始写《秦统一六国》（也保存有原稿），汉武帝研究除已发表的之外，还有未刊的稿子。还有一些未刊稿没有产生过社会影响，也没有很特殊的见解，就不必收录了。

还有一卷，包括回忆录、序跋、杂文等，可以说这是从几个横断面看人生的足迹。我始终认为自己是一个普通人（本来也是），普通人和大众更接近，经历能得到更多人理解，有人或可从中获得点什么启发。记得何建明主持过我的一次讲座，一个较大的阶梯教室，室内走道、室外走廊满满都是人，屏声静气一个多小时。内容大概是结合个人经历讲未来。何建明说，不必太高远，可望而可即，也许这就是流行的接地气吧。我这一生，也就是读书、教书、写书，但不论什么时候，不论做什么事，都会与社会时事有关。这也是我长时间表示的一个看法，从古到今，完全脱离时势、政治的人和事是没有的（当然是就大的方面而言）。历史就是《资治通鉴》，一代一代的“资治”。人生也是如此，任何人都脱离不了时势和政治，只有自觉和不自觉、主动和被动的不同。写回忆录，我翻阅了一些旧日记、信件等材料。最近找到了两本高中一年级时的作文本（残缺不全），感慨甚多，老师逐字逐句地批改，文后还有批评或鼓励，篇头还盖有教务处的图章（教学管理如此之细），是 1948 年下半年和 1949 年上半年的（长沙解放前夕）。我当时就读于兑泽中学，学校在长沙东郊丝茅冲。我是一个很普通的学生，虽跟着参加过一些迎接解放的集会和游行，但并不认识任何地下党团或者是进步的学生。从题目看，作文与时事政治是有密切关系的。《币制改革后长沙面面观》《戡乱与救国》《徐州战争》《我所理想的学校》《暑假生活杂传》（老师改“传”为“缀”）……第二学期的题目有《寒假生活回忆》《国共和谈之我见》《更夫》《凄风苦雨话四七》（记当时南京的学生运动，老师评语：语多慷慨激昂）……好像都不是命题作文。结合回忆录的内容，可见形势、政治对一个普通学生的影响。我常说，回忆、口述是有很多不可靠的东西，包括记忆之不完整，个人的心态和主观思想等，读回忆和口述，要做一定的分析。

我写回忆录，开始于 2018 年暑期，当时全家人聚集在女儿嘉慧家里一个多月，我带了一本 1948 年下半年至 1949 年上半年的日记本（包括 50 年代前后也有一些不完整的记录）。开始写作，我发现，有许多我记得很清楚的人和事，日记上没有，日记上有些人和事我忘记了，甚至印象都没有。2019 年以后，就以问题为中心陆陆续续写了。也是有日记的，不过只是一本本简单的流水账，能反映思想和具体生活的内容太少了。写出来我自己都不满意。

序跋不多，有些事能反映我的工作态度，如 1993 年组织青年教师编写一本《传统文化与中国社会》，在前言中写道：“总的设想是我提出的，经过大家讨论、充实，然后才分头去做。前后三四个年头了，每一篇从草拟提纲到写作完成，我都是提出了意见的（或多或少），每一篇从初稿到定稿，最少看了两遍，有的看了三四遍，甚至更多。提出这一点是说明我对这本书的责任，如果有问题的话（缺点、错误、不足之处），我是不能辞其咎的，我等待着大家的批评。”主编《帝王宰相辞典》，协助张舜徽先生主编《中国史学名著题解》和《中国古代学者百人传》，我都是这样做的，如张先生所说，“在编写过程中，在奔走联系、组织人力方面，熊君之力尤多”，花了大量的时间和精力。

人们如何从过往的经历中认识和总结，这恐怕是值得探讨的一个问题，不是名人、大家的普通人，其人生足迹也有自己的特点，有的内容多少或可给他人一点启示。

人的一生，时间长了，有各种各样的经历，某些时候，认识错误、行为错误会有不少，但是，我没有故意为恶、害人过，善良、正直是主导面。好学勤奋是一生的努力，真正是死而后已。我经常想到：吾日三省吾身，为人谋而不忠乎？与朋友交而不信乎？传不习乎？时至今日，我还没有停息，恐怕既不是为名也不是为利了，名和利已经基本定型了。刚好翻到一篇1948年的作文《我们要过有意义的生活》，老师批语：“现在社会上的人个个都是争名夺利，所以作者也只看到名利二字才是有意义的生活，可是我们想想、看看，争名夺利的结果怎样，归宿怎样，那就知道名利的害人，知道为名利是无意义的生活。（十二月四日）”感谢老师的早期教育！几十年来，名利思想恐怕是反复斗争、变化过的。写回忆录，恐怕反映不了这么多、这么复杂的发展变化。

因为我活得比较长，而写作生涯中有一个突出的现象，大多数研究成果是60岁前后特别是60岁以后出来的。我想人生不必要像坊间所说的那样：60岁告老还乡，70岁打打麻将，80岁晒晒太阳，90岁躺在床上。我的经历是60岁以后可以干事，可以干较多的事。但这又似乎没有普遍意义，60岁以前成果不多，一方面有时代的客观原因，读书、做学问受到不少干扰；另一方面也是自己不行。过去和现在都有50岁前很有成就的人，我的经历唯一可以说的就是告诉人们，60 岁以后可以做一些事，可以做较多的事。愿与老朋友们共勉。现在我的很多学生都已经步入了老年。

我讲话、作报告有时候会有些幽默，能获得一点笑声和掌声，写文章却太缺乏文采，只能实话实说，这既是优点也是缺点。

从“稷下黄老”到“家人之言”

——新道家问题的提出[①]

秦汉新道家是秦汉时期一个影响很大的、重要的学派。它与历来所说的“黄老”有密切的关系，所以有必要从头说起。

一、先秦学说的分派别与黄老道家

“学派”，这是现代的名词术语，古代与此大体相同的词是“诸子百家”的“家”。学说或者学术之分家或者分派别，在中国古代是战国以后的事，战国早期的《墨子》中说：

> 天下之人异义。是以一人一义，十人十义，百人百义，其人数兹众，其所谓义者亦兹众。[②]

这个“义”是议论之义，也是义理之义，引申可为现今主义之义。各有各的主义，还没有类别，墨子主张“尚同”，把“兹众”的义按“家—国—天下”“一同”起来，这就是一种归类的办法了。主义、学说是可以分类的。

---

① 节选自《秦汉新道家》第一章。

② 《墨子·尚同》，诸子集成本，中华书局1954年版。

到战国中期庄子之时，则有了“百家之学”的说法。《庄子·天下》篇虽也说“天下之人各为其所欲焉，以自为方”，“天下之治方术者多矣”，但他所说“百家之学”就是一个概括，尤其是具体地批评学术时，把墨翟和禽滑釐、宋钘和尹文、田骈和慎到（还有彭蒙）、关尹和老聃分别联系在一起，可以说是大体上分了家，分了学派。其所谓“后世之墨者”，如：

> 相里勤之弟子，五侯之徒，南方之墨者苦获、已齿、邓陵子之属，俱诵《墨经》……以巨子为圣人，皆愿为之尸，冀得为其后世，至今不决。①

更明显是讲了一个墨家学派。

战国后期的《荀子·非十二子》篇和《庄子》一样，是批评各家学说的，它批评的是“六说”、“十二子”，用了“说”字，“说”即言论、主张之义，也可以说学说，“六说”就有分派的意思，不过，它的分法与庄子不相同，如墨翟、宋钘合为一说，这是因为其所批评的内容有所不同。荀子认为他们的主要问题是：

> 不知壹天下、建国家之权称，上功用、大俭约，而僈差等，曾不足以容辨异、县君臣。②

而庄子评论墨翟的内容是：

> 不侈于后世，不靡于万物，不晖于数度，以绳墨自矫，而备世之急。……为之大过，已之大循。作为《非乐》，命之曰《节用》，

---

① 《庄子·天下》，诸子集成本，中华书局1954年版。
② 《荀子·非十二子》，诸子集成本，中华书局1954年版。

生不歌，死无服。墨子泛爱兼利而非斗，其道不怒；又好学而博，不异，不与先王同，毁古之礼乐。①

墨子过分强调了“道术”的某些方面，以至“毁古之礼乐”。荀子和庄子批评墨子的内容基本相同，但侧重点不一样，这是很显然的。至于宋钘、荀子与庄子所取就大不相同，庄子所取的是：

不累于俗，不饰于物，不苛于人，不忮于众，愿天下之安宁以活民命，人我之养毕足而止，以此白心。②

这里只是讲了宋钘所“喜悦”的“道术”的一个方面，没有过多的批评之意。宋钘的著作没留下来，可见到的一些材料，也主要是庄子所叙述的这一方面。至于与墨子相通的思想，如庄子所说“其为人太多，其自为太少”以及“禁攻寝兵”等等，与墨子的兼爱、非攻、节用、非乐是一致的。荀子也讲到“上功用，大俭约”，这是墨翟与宋钘相同之处。至于宋钘是否与墨子一样“不知壹天下、建国家之权称”，不很明确，照理说荀子对宋钘是比较了解的，《荀子》书中称引“子宋子”之文不少。也许宋钘原书中有这方面与墨翟相同的言论；也许在荀子看来，宋钘过分地“以情欲寡浅为由”，“不累于俗，不饰于物”等，与他所强调的礼不一致，其结果是不利于“壹天下、建国家之权称”的。

以上可以说明，战国诸子，彼此之间是有不少共同之处的，用《庄子·天下》篇的说法，是“皆原于一”，皆出于“无乎不在”的“道术”，本来就应该是“相通”的，只是“多（各?）得一察焉以自好”，各人喜悦“道术”的某些方面，才分出看起来冰炭不相容的“百家之学”来。但如《汉书·艺文志》所说：“其言虽殊，辟犹水火，相灭亦

① 《庄子·天下》，诸子集成本，中华书局1954年版。
② 《庄子·天下》，诸子集成本，中华书局1954年版。

相生也。”它们的内容不仅是“相反相成”的，而且常常有一些完全相同的内容。因此，这“百家之学”如何分类，一开始就不是（也不可能是）很明确的。

战国后期，到了《韩非子》的《显学》篇中，学说分派别的思想更明确了，大致的派别划分也比较明确，儒、墨即为两大派：

> 世之显学，儒、墨也。儒之所至，孔丘也。墨之所至，墨翟也。自孔子之死也，有子张之儒，有子思之儒，有颜氏之儒，有孟氏之儒，有漆雕氏之儒，有仲良氏之儒，有孙氏之儒，有乐正氏之儒。自墨子之死也，有相里氏之墨，有相夫氏之墨，有邓陵氏之墨。故孔、墨之后，儒分为八，墨离为三，取舍相反不同，而皆自谓真孔、墨。孔、墨不可复生，将谁使定后世之学乎?①

这段文字可以说明，在韩非看来：第一，学说上是有派别的，不仅有儒、墨这样的大派别，大派别在发展过程中又有许多分化②。要判断这些大、小学派（定后世之学），不是很容易的，“自谓”与事实的情况都比较复杂。第二，不同学派学说的不同，主要是“取舍相反不同”，这和庄子所说各喜悦“道术”的某一方面是一致的。

虽然学说的派别不好分，事实上又存在着不同的派别，汉初的司马谈把它们概括为阴阳、儒、墨、名、法、道德六家：

> 《易大传》：天下一致而百虑，同归而殊涂。夫阴阳、儒、墨、名、法、道德，此务为治者也，直所从言之异路，有省不省耳。③

---

① 《韩非子·显学》，诸子集成本，中华书局1954年版。

② 韩非的分派与《庄子·天下》篇所言“墨子后学”可互相参考。

③ 司马迁：《史记》卷一百三十，《太史公自序》，中华书局1982年版，第3288～3289页。

顺便要指出，“务为治”“所从言之异路”等思想，是从墨子、庄子、韩非一直发展而来的。这个看法极为重要，是如何看待中国古代学术思想的一个根本性的观点。

司马谈所列六家，应该说就是当时的“显学”，是客观事实的反映或者总结，他对于六家之“要指”（主要特点）进行了论证和分析，但是没有列举各家的代表人物或著作，这就给后人留下了不少问题，而“道德”一家就是最大问题之一。

首先，它和儒、墨、名、法等家不一样，连学派的名称都不很确定，司马谈自己既说“道德”家，又说“道家”。在司马迁的《史记》当中，“老子”、“道家”、“道德”、“黄老”这些词，常常是同一意义。说老子“修道德”、“言道德之意”，或“言道家之用”。说老子的后学则多用“本于黄老”、“学黄帝老子之言”，或“修黄老道德之术”。不过，在讲庄子时，司马迁只说“其要本归于老子之言”，没有用“黄老”，这是应注意到的。

其次，道家的代表人物和著作的问题。司马迁显然没有注意学说的分派，如《史记》的《老子韩非列传》，主要讲的学术渊源，“皆原于道德之意”。又如，《孟子荀卿列传》更是如此，附记了慎到、田骈、接子、环渊一批“学黄老道德之术”的人，并没有注意他们的学术思想内容，而着意的是他们和所有各派的“稷下先生”一样，“各著书言治乱之事，以干世主”。不过，司马迁比司马谈还是前进了一步，不仅讲了各学派的特点，也涉及各学派的代表人物。

西汉末年，刘向、刘歆父子校理图书，把诸子分成十大家。这十家分类虽不是专讲学术流派问题，但实际上却是按学派划分的，所谓“儒家者流”、“道家者流”等，流者，派别也。从学术思想派别来说，其分类和具体划分有不少问题。大的“六略”是图书分类，不涉及学派问题。其中“诸子略”分为十家，而且说“其可观者九家而已”，这就把当时一个较大的学派——兵家排斥在外了。还有，医家是否也应算一个学派。另外，“杂家”之出现极不恰当[①]，引起学派划分上的混乱。如果说，《七略》和《汉书·艺文志》主要是图书分类，不是讲学派的划分，那么这些问题似可不究，但哪些书入何家？这个问题就不能不清理了。这方面，刘向父子是失当的，因此后来引起许多辩论，这里就不具体说它了。

以上讲先秦学说分派别的历史发展。归结起来要指出几点：第一，学术上的派别是客观存在的；第二，学说的派别问题又是较为复杂的；第三，要了解中国古代的学术发展史就有必要对派别问题重新讨论和认识。

学说上的派别虽然是客观存在，但先秦的任何一家，其名称均非该派人物自己的叫法，“皆时人或后人所加，各有所取义”[②]。孔子为儒家的开山祖，未尝以“儒”自名其学派，《论语·雍也》篇“汝为君子儒，毋为小人儒”，并非讲儒家。一直到孟子、荀子，“儒”字的意义，亦非指儒家而言。只有《韩非子·显学》篇的儒、墨，才是儒家学派和墨家学派的意思。

道家的问题更复杂一些，谁是开山祖，一直有疑问，老子其人其书总有一些不同看法，早期道家究竟以哪些人为代表，都是学术界讨论的问题。但老子、庄子无疑是道家的代表人物，《老子》《庄子》无疑是道家的代表著作。问题是在汉初“道家”名称出现时，就同时有“道家”和“道德家”的不同叫法，尤其是“汉人言道家辄曰‘黄老’”[③]，该如何看待？我认为，道家有一个形成和发展的过程。关于“道”的思想开始得很早，在诸子学派形成之前和开始形成以后，都有不少关于“道”的理论。《老子》中的“道”，也是就原有的思想进行解释和发挥。诸子皆言“道”，或指事物的发展规律，或指道德、政治原则，如《易·系

① “杂家”源流及其评议，参阅本书附录三。

② 蒋伯潜：《诸子通考·绪论·十家名称之取义》，浙江古籍出版社 1985 年版，第 13 页。

③ 蒋伯潜：《诸子通考·诸子人物考·庄子及道家者流》，浙江古籍出版社 1985 年版，第 186 页。

辞上》中的“一阴一阳谓之道”，如各家所说的尧舜禹汤之道等。但有那么一派着重讲道是宇宙万物的本原，同时也讲事物发展规律之道，这就是道家。明确表达这种思想的就是《老子》，在先秦诸子中发挥这一思想比较充分的一个是《庄子》，另外就是被称为黄老之学的著作。可以说道家在其形成过程中就有较明显的两派，如清人魏源所说，“有黄老之学，有老庄之学”①，这几乎和孔墨之后“儒分为八，墨离为三”一样，老子之后道别为二了。

二、“老庄”与“黄老”

“老庄”与“黄老”是两个比较常见的词，它们的含义，它们的关系，至今还是研讨得不够的，很多时候都是一带而过，如说：“汉人言道家辄曰‘黄老’，魏晋人言道家则曰‘老庄’。”② 即便如冯友兰《从黄老到老庄》③ 这样的专节，也未具体究其原委，考其异同。也有些考、释黄老的论著，但又过细，难得要领，考来考去甚至有些论点互相抵牾。有必要予以明确论定。

我认为，道家的形成与儒、墨等家的形成有明显的不同，它之成为一家，有一个较长酝酿、发展过程，并且在形成过程中，先后出现了两个各自独立的派别，而不是一个统一派别的分化。

（一）战国、秦汉时期的老子与道家

道家与老子有关，老子其人其书也许还可以做不少文章，但多数人比较一致的说法：老子与孔子同时而年长于孔子，《老子》书为老聃所著④。

---

① 《魏源集・老子本义序》。

② 蒋伯潜：《诸子通考・诸子人物考・庄子及道家者流》，浙江古籍出版社 1985 年版，第 186 页。

③ 冯友兰：《中国哲学史新编》，第 39 章，第一节，人民出版社 1986 年版。

④ 可参最新论证，张岱年：《论老子在哲学史上的地位》，《道家文化研究》第一辑，上海古籍出版社 1992 年版。

我同意此说法。

战国时期，人们把老子看作是阐发了“道”论的哲人，用《庄子》的话说，是“古之博大真人”①。人们尊崇他，常常称引他的话，以为立论根据，或加以阐发。引述和阐发老子的言论或思想，有的是大段或个别的摘引，如诸子之一般引“老聃曰”，或如《文子》之解经式的称引和阐述；有的则根据老子的思想加以发挥，如《庄子》，如一些依托黄帝之作，但是，都没有把老子当作“宗师”看待。对博大精深的《老子》的思想，许多人各取其一端，加以强调，加以发挥。在儒、墨等逐渐成为显学的时候，研究老子道论的人，更是抬出一个黄帝来，合起来叫做“黄老道德之术”，不过，中心还是老子，“黄帝言”是按照“老子言”编造出来的（详下）。

到了战国末年，黄帝的地位日益被强调，因而《吕氏春秋》中有一个值得注意的现象：书中明明引老子之言，却不用“老子曰”，而有些地方却把“黄帝曰”作为权威论述来引用，对于“神农、黄帝之所法”②，“神农、黄帝之政”③ 是十分肯定的。尤其是《序意》《圜道》等篇，反映出黄帝之具有指导思想的意义。这或者可以反映一个事实：老子后学——形成中的黄老道家试图以“黄帝之言”对抗儒、墨显学。

汉初，崇信黄老，黄帝、老子之书都读，《史记·外戚世家》写道：

> 窦太后好黄帝、老子言，帝（景帝）及太子（武帝）、诸窦不得不读黄帝、老子，尊其术。

马王堆出土帛书，《老子》之外同时还有名为《经法》等篇，实所谓黄帝之言，这是时人读黄、老的最有力证明。但是，当时的有识之士

① 《庄子·天下》，诸子集成本，中华书局 1954 年版。
② 《吕氏春秋·必己》，诸子集成本，中华书局 1954 年版。
③ 《吕氏春秋·上德》，诸子集成本，中华书局 1954 年版。

很清楚，黄帝是假的，是人们托古自重，如司马迁说：

学者多称五帝，尚矣。然《尚书》独载尧以来，而百家言黄帝，其文不雅驯，荐绅先生难言之。①

《淮南子·修务训》中写道：

世俗之人，多尊古而贱今。故为道者，必托之于神农、黄帝而后能入说。乱世暗主，高远其所从来，因而贵之。为学者，蔽于论而尊其所闻，相与危坐而称之，正领而诵之。

无论何时看，事实都很清楚，黄帝书是依托的，是人们按照流传的《老子》的思想加以时人己意之作，这从《汉书·艺文志》的记录也可以看出来，班固一方面记录了当时所知道的一些黄帝书，另一方面加注予以说明，如：

《黄帝君臣》十篇，注：起六国时，与《老子》相似也。

《杂黄帝》五十八篇，注：六国时贤者所说。

《力牧》二十二篇，注：六国时所作，托之力牧，黄帝相。

而对“小说家”类的《黄帝说》四十篇更注云：迂诞依托。

因为人们有如此明确的认识，所以黄帝书虽流行一时，但在班固时大多亡佚了（《经法》等篇不论是否《黄帝四经》，看来班固也未见到，这是自然淘汰）。

因此，汉初虽讲黄老，重黄老，实际上主要的还是讲老子，重老

---

① 司马迁：《史记》卷一，《五帝本纪》，中华书局 1982 年版，第 46 页。

子。虽然《史记》中许多地方黄老连称，但落到实处则是老子。《史记·儒林列传》记载，窦太后好《老子》书，召辕固生问《老子》书。这与上述《外戚世家》“好黄帝、老子言”不同，这绝非一般地省去黄帝，而表明其所好、所读主要是《老子》一书，所谓“世之学老子者则绌儒学，儒学亦绌老子”①，没有用黄老，只用老子。这些可以说明老子在当时的地位和影响，老子不仅是真实的，而且是“深远”的，司马迁认为老、庄、申、韩“皆原于道德之意，而老子深远矣”②。这是结论，也是符合实际的结论。

老子之深远在其道论。但多数人都承认，老子的道论不是凭空产生的，而是有所继承，这在《老子》书中有明显的反映。不过，《老子》是第一个道论大集结的书，也是不可否认的。《老子》书的内容含量很大，包括宇宙、社会、人生各个方面，是一个以道论为中心的体系。但是它言简意赅，一方面“微妙难识”（司马迁语），另一方面又留给人们许多发挥的余地。

如上所述，战国时，老子的言论思想就有人称引，有人推崇，有人研究，有人发扬，多半是取其一端或数端加以发扬。但是，没有人把老子奉为宗主，这就可以说，战国时没有以老子为宗主的道家。汉初，司马谈概说“儒、墨、名、法、阴阳、道德”六家，道德家又称“道家”，或叫“黄老”。道家和其他各家一样，不是汉初突然出现的，有一个形成和发展的过程。不过，道家的形成发展过程与儒、墨等家有所不同：第一，虽然道家与老子分不开，但始终没有被这一派的人正式奉为宗师（被道教奉为教主是另一回事）；第二，儒、墨两家，在孔子、墨子在世时就可以说形成了学派，孔、墨死后“儒分为八，墨离为三”，道家则明显不同，老子时很难说有一个学派，他死后道家才逐渐形成，在形成过程中先后交替地出现了有很大不同的两派，即老庄派与黄老派，下面

① 司马迁：《史记》卷六十三，《老子韩非列传》，中华书局1982年版，第2143页。
② 司马迁：《史记》卷六十三，《老子韩非列传》，中华书局1982年版，第2156页。

就分别谈谈这两派。

（二）“黄老道德之术”与黄老道家

黄老之名是汉代记载中才有的，黄老之实战国时肯定有了，有一批“学黄老道德之术”的人（详下）。黄老这一类的人有共同之点，他们都和老子一样“贵道”。正如司马迁说：

> 老子所贵道，虚无，因应变化于无为，故著书辞称微妙难识。①

其书言简意赅，学者不仅有钻研的兴趣，而且可以按己意加以发挥，所谓“因发明序其旨意”，不是一般地叙述老子的“旨意”，而是从中得到启发，开拓地、推陈出新地加以阐明。这些人似乎没有很深的门户之见，能够择善而从，兼采别人别家之长，能够“与时迁移，应物变化”②。他们“各著书言治乱之事，以干世主”③，可以说是共同探索一条“无为而无不为”的政治路线：

> 其术以虚无为本，以因循为用。无成势无常形，故能究万物之情；不为物先，不为物后，故能为万物主。有法无法，因时为业；有度无度，因物与合。④

沿着这条线索发展，最终就形成了道家的黄老学派。偏离了这个方向的，或遭淘汰，或形成新的另一个学派，如法家、名家之类。这样，也就好理解司马迁的《老子韩非列传》了，他说“主刑名”的申不害，

① 司马迁：《史记》卷六十三，《老子韩非列传》，中华书局 1982 年版，第 2156 页。
② 司马迁：《史记》卷一百三十，《太史公自序》，中华书局 1982 年版，第 3289 页。
③ 司马迁：《史记》卷七十四，《孟子荀卿列传》，中华书局 1982 年版，第 2346 页。
④ 司马迁：《史记》卷一百三十，《太史公自序》，中华书局 1982 年版，第 3292 页。

“喜刑名法术之学”的韩非，都“本于黄老”，正是黄老之术发展情况的客观表述。

黄老之学（黄老道德之术）发生和流行于战国时期，黄老道家学派的形成则在秦汉之际。提出道家的是司马谈的《论六家之要指》，或曰“道家”或曰“道德家”，他所概括的特点主要是黄老道家。“道家”这个词的使用也许更早一些，《史记·陈丞相世家》中记载：“陈平曰：‘我多阴谋，是道家之所禁。’”（其实这句话也是值得玩味的，暂不说它）。而司马迁最后又用自己的话说：“陈丞相平，少时本好黄帝老子之术。”可见陈平所说道家就是黄老。在司马迁父子心目中，乃至在多数汉代士人心目中，道家就是黄老。老子是具体的，最可信的，他们也是按黄老学派的观点来理解老子的。

一个学派的形成应有相对独立的、比较全面系统的思想理论。可以代表黄老道家学派思想理论的第一部大型的著作，那就是《吕氏春秋》，而最后集大成者则是《淮南子》（详后）。

（三）庄子与“正宗”道家

庄子其人其书虽也有些问题，但比老子其人其书的问题要小得多。庄子与老子关系密切，有同有异。自汉以来，老庄相连，但很少有人深究：老庄为什么相连？老庄相连的意义何在？也很少有人能给一个较为明确清晰的回答。这里想作一番探求，从另一个方面谈谈道家形成的问题。

庄子虽称老子为“博大真人”，但并没有直接引用多少“老子曰”，他似乎是“别为一宗”[①]，但后人又要老庄相连。这里，不妨清理一下这相连的发展：从古书记载情况看，先秦诸子没有把老庄连在一起，最

---

① 王夫之《庄子解》颇有见地：“内篇虽与老子相近而别为一宗，以脱其矫激权诈之失。外篇则但为老子训诂，而不能探化理于元微。故其与内篇相发明者十之二三，而浅薄虚嚣之说杂出而厌观，盖非出一人之手，乃学庄者杂辑以成书。”（卷八论外篇）这段话可以作为许多考证的结论。

引人注目的《荀子·非十二子》和《韩非子·显学》，既没有提到老子，也没有提到庄子，更没有老庄相连①。《庄子·天下》篇中关尹、老聃相连，庄周单提，不讲他和老子有什么关系。联系老庄的，最早是司马迁，是他的《史记·老子韩非列传》。这要玩味他的原文：

其学无所不窥，然其要本归于老子之言，故其著书十万余言，大抵率寓言也。作《渔父》《盗跖》《胠箧》，以诋訿孔子之徒，以明老子之术。《畏累虚》《亢桑子》之属，皆空语无事实，然善属书离辞，指事类情，用剽剥儒、墨，虽当世宿学不能自解免也。其言洸洋自恣以适己，故自王公大人不能器之。

太史公曰：老子所贵道，虚无，因应变化于无为，故著书辞称微妙难识。庄子散道德，放论，要亦归之自然。皆原于道德之意，而老子深远矣。

庄子其学之要"本归于老子之言"，显然司马迁是就思想之根本相同而言的，是他研究《老子》《庄子》的内容，作了比较分析，结论认为他们"皆原于道德之意"。不过，他没有全面写"老庄比较论"，庄子如何"明老子之术"，只是举例式的，不是全面的论述。但主要的比较又是清楚的，可以说老、庄之同在"道"，异亦在"道德"。学术界曾就司马迁所举《庄子》篇名讨论成书时间及庄子思想问题，我同意这样的看法：司马迁是把他见到的《庄子》当成一个整体的，所举数篇，主要是"以微辞见旨"，具体说明"世之学老子者则绌儒学"。他没有注意区分今本之所谓内、外、杂篇，或者他所见的《庄子》篇目次序等与今不同②。

---

① 《荀子·解蔽》篇从"蔽于一曲"的角度批评了"庄子蔽于天而不知人"，仍未提老子。

② 参阅张德钧：《庄子内篇是西汉人著作吗?》，《庄子哲学讨论集》，中华书局 1962 年版；张恒寿：《庄子新探》，湖北人民出版社 1983 年版，第 101～104 页。

重要的是，司马迁把庄子与老子联系起来了，与申、韩之“归本于黄老”都有不同，庄子是“本归于老子之言”，是“明老子之术”，这样，和“黄老”一样，“老庄”相连是呼之欲出的。因此，几乎与司马迁同时的《淮南子·要略》篇中就有“考验乎老庄之术”的提法了。有人怀疑此文是否后人之窜入①，那是不对的，这句话的前后语义连贯，毫无可疑之处：

道应者，揽掇遂事之踪，追观往古之迹，察祸福利害之反，考验乎老庄之术，而以合得失之势者也。

下文还有：“已言俗变而不言往事，则不知道德之应。”《道应训》这一篇如何“考验乎老庄之术”呢？

曾国藩云：此篇杂征事实，而证之以老子道德之言，意以已验之事皆与昔之言道者相应也。故题曰《道应》。每节之末，皆引老子语证之，凡引五十二处。②

似乎主要是说老子，该篇只有一处明确引“庄子曰”。但是该篇征引的许多事实都是《庄子》中有的，尤其是该篇开头“太清问于无穷……”那一大段文字，应该说是根据《庄子·知北游》改写的。说“道应者……考验乎老庄之术”这话无疑是《淮南子·要略》之原文。汉初，《庄子》没有《老子》流行广，没有被重视（其原因当另考论）。但是，刘安和他的门人肯定是钻研过《庄子》的，这有淮南子《庄子后解》《淮南王庄子要略》③ 可证。和司马迁一样，他们经过研究，从主

① 张维华：《释“黄老”之称》，《文史哲》1981 年第 4 期。

② 刘文典：《淮南鸿烈集解》卷一二引。

③ 《文选》注中提到此二书。张恒寿《庄子新探》（湖北人民出版社）第 22～26 页有征引和考证，可以参阅。

要思想方面，把“老庄”联系起来。至于东汉人之提到老庄、魏晋以后之“老庄”作为道家的代名，那都是以后的事，这里先探其源。

那么，庄子在道家的地位如何呢？郭沫若曾有一段精彩的论述，他在《十批判书·庄子的批判》中写道：

> ……从庄子的思想上看来，他只采取了关尹、老聃清静无为的一面，而把他们的关于权变的主张扬弃了。庄子这一派或许可以称为纯粹的道家吧？没有庄子的出现，道家思想尽管在齐国的稷下学宫受着温暖的保育，然而已经向别的方面分化了：宋钘、尹文一派发展而为名家，田骈、慎到一派发展而为法家，关尹一派发展而为术家。道家本身如没有庄子的出现，可能是已经归于消灭了。然而就因为有他的出现，他从稷下三派吸收他们的精华，而维系了老聃的正统，从此便与儒、墨两家鼎足而三了。在庄周自己并没有存心以“道家”自命，他只是想折衷各派的学说而成一家言，但结果他在事实上成为了道家的马鸣、龙树。

这是表达得最理想的一段话。没有庄子就没有道家，看来很绝对，实则很有道理。“纯粹道家”这个提法也很有意思，沿着“维系了老聃的正统”这个思路，我在标题上使用了“正宗道家”。这个老庄道家与司马谈所言道家显然是不同的（要具体比较）。老庄相连，庄子继承和发挥了老子的道论，成为以后与儒家相抗衡的思想理论基础。当然，这方面还需进一步论证，大家都说庄子继承老子，但究竟如何继承？这是值得具体研讨的，这里不再说下去了，有待于他日或者他人来辨析。

以上所述远非周详，主要观点可归结一下：道家的形成与儒、墨不同，一无开山祖，二无具体的传授系统，三无明显的形成时间，与孔、墨死后“儒分为八、墨离为三”不同，而是在形成过程中出现了黄老与老庄两派。黄老之学出现很早，几乎有《老子》书的流传，就有黄老之学产生，但黄老道家这一派的形成并不很早，当在秦汉之际，或可以《吕氏春秋》作重要标志。这样，它就比老庄道家的形成要晚一些，所以又可称为新道家。老庄道家以庄子其人其书为标志，在秦以前，一般也就视之为先秦道家，是所谓“纯粹道家”或“正宗道家”。司马谈和汉初人所说道家没有作这种区分，而以老子作为道家的代表，实际所尊奉的又主要是黄老道家，有意无意地忽略了庄子。魏晋以后，又不怎么提黄老了，而以老庄道家作为道家的正宗。

以上这些，前面有的论述了，有的仅仅提出有待进一步证明，如黄学与老学之异同，庄子与老子的异同，黄老之学与黄老道家的异同，以及老庄道家与黄老道家之比较，他们各自的发展、演变等，都有待进一步研讨。

三、“稷下黄老”的地位和作用

黄老之学的问题在前面已经提到了，黄老之学的发生、发展与“稷下之学”有密切关系。本节就着重谈谈稷下黄老的问题。

春秋战国时期，各国国君为了争霸、争天下，展开了争夺人才之战，正如《管子·霸言》篇所言：

> 夫争天下者必先争人，明大数者得人，审小计者失人。得天下之众者王，得其半者霸。是故圣王卑礼以下天下之贤而王之，均分以钓天下之众而臣之……

因而各国国君均有礼贤下士、广招人才之举，而始终是大国之一的齐国，在这方面也是比较突出的，它所立稷下学宫，有稷下之学的美称。刘向《别录》说：

齐有稷门，齐之城西门也。外有学堂，则齐宣王立学所也，故称为稷下之学。……又有记载说：《史记》云：谈说之士，会于稷下。皆此地也。①

这个学宫持续了一百五十年之久，直至齐国灭亡才彻底解散。其兴盛时期，即宣王（前319年—前301年）时期，有稷下先生和稷下学士“数百千人”。诸子百家各派的学者都有，稷下就成了一个百家争鸣的集中场所。因而所谓“稷下之学”是有很大意义的，稷下学宫是有一定历史地位的。

当时的稷下有各种学说争鸣，其中尤为突出的是黄老之学的兴起，关于“稷下黄老”，主要是依据《史记》中的几段论述：

自邹衍与齐之稷下先生，如淳于髡、慎到、环渊、接子、田骈、邹奭之徒，各著书言治乱之事，以干世主，岂可胜道哉！

慎到，赵人。田骈、接子，齐人。环渊，楚人，皆学黄老道德之术，因发明序其旨意。故慎到著《十二论》，环渊著《上下篇》，而田骈、接子皆有所论焉。②

宣王喜文学游说之士，自如邹衍、淳于髡、田骈、接子、慎到、环渊之徒七十六人，皆赐列第，为上大夫，不治而议论，是以齐稷下学士复盛，且数百千人。③

在这一大批人中，各家各派的学士都有，这也是大家所公认的。但司马迁几次集中提到田骈、接子、慎到、环渊等几位学“黄老道德之术”的人，而且在其所列举的名字中占了大半，这是比较突出的事实。

① 《太平寰宇记》卷一八“益都”下所引，其中《史记》云，指《集解》所引之文。
② 司马迁：《史记》卷七十四，《孟子荀卿列传》，中华书局1982年版，第2346～2347页。
③ 司马迁：《史记》卷四十六，《田敬仲完世家》，中华书局1982年版，第1895页。

或者因为这批人在当时的势力最大，司马迁如实地反映出来；或者因为司马迁尊奉黄老，对这批人特别重视。有的学者为了说明黄老之学产生于秦汉之际，而认为司马迁"往往是将早期道家理论与黄老之学混为一谈"，强调"稷下道家与黄老之学"不能"等同"①。这又未免太拘泥了，而且会自相矛盾。司马迁把道家、道德家、老子、黄老混为一谈是事实，但稷下之有黄老也是事实。

在司马迁的概述中有一句话特别值得注意：

> 皆学黄老道德之术，因发明序其旨意。

这是高度概括的文字，几乎每一个字都值得推敲，因为它有实际内容："皆学"者大家都学习；黄老道德之术，在《史记》中与黄帝老子之术、黄老之言（乃至《老子》书）通用，或简称黄老，可学的东西，当然主要是图书，如《老子》，如托名黄帝之书；"因"者，依也，依顺着黄帝、老子之言；"发明"，阐明；"序"'，叙述；"旨意"，主旨意图。全句话用现在的语言表达，即许多人——或者田骈、接子等许多人都学习黄帝、老子关于道德的思想和理论，并且依据这些思想和理论，进一步阐明、解释其主旨意图。

因而就有阐明、解释的文字，所以接下去就是另一句值得注意的话：

> 故慎到著《十二论》，环渊著《上下篇》，而田骈、接子皆有所论焉。

虽只列举了四个人，且只有慎到、环渊的书名，但完全可以肯定，

① 吴光：《黄老之学通论》，浙江人民出版社1985年版。

还有其他“发明”黄老“旨意”的著作，因为稷下的所有人都是会有著作的。

这样一批人，说他们是黄老学派有理可言，因为他们都是学习而且发明黄老道德之术的，对黄老之学有贡献。说他们不是黄老学派亦可，因为如庄子所说，他们各自喜悦“道术”的某一方面，在某一方面加以“发明”甚至创造，这就有可能走向另外的学派，如说一些法家代表人物之“归本于黄老”就是如此。这要具体分析，且以慎到为例，作些分析。

慎到，司马迁说他发明黄老道德之意“著《十二论》”，《汉书·艺文志》诸子法家类列《慎子》四十二篇，注云：“名到，先申、韩，申、韩称之。”《十二论》与四十二篇《慎子》是一还是二，难以断言，均无原本传下，流传下来的《慎子》书不可不信也不可全信，慎到的思想最可靠的记载是《庄子》等书。《庄子·天下》篇说他和彭蒙、田骈一样，喜悦“道术”的如下方面：

> 公而不党，易而无私，决然无主，趣物而不两，不顾于虑，不谋于知，于物无择，与之俱往。……齐万物以为首。曰：“天能覆之而不能载之，地能载之而不能覆之，大道能包之而不能辩之。”知万物皆有所可，有所不可，故曰：“选则不遍，教则不至，道则无遗者矣。”

关于慎到个人的思想，具体写道：

> 是故慎到弃知去己，而缘不得已，泠汰于物，以为道理，曰：“知不知，将薄知而后邻伤之者也。”谿髁无任，而笑天下之尚贤也，纵脱无行，而非天下之大圣。椎拍輐断，与物宛转，舍是与非，苟可以免。不师知虑，不知前后，魏然而已矣。推而后行，曳

而后往，若飘风之还，若落羽之旋，若磨石之隧，全而无非，动静无过，未尝有罪。是何故？夫无知之物，无建己之患，无用知之累，动静不离于理，是以终身无誉，故曰："至于若无知之物而已，无用贤圣，夫块不失道。"豪杰相与笑之曰："慎到之道，非生人之行而至死人之理，适得怪焉。"

这里所说的思想，和《老子》的思想是基本一致的，似不必多说，比较自明，但慎到并不能算知"道"。另外，如《荀子·天论》中说："慎子有见于后，无见于先。"也是"自以为知道，无知也"。这都是讲慎子"发明"的道家思想，但他是"偏"于"道术"之一个或者某些方面。

当然，偏于道家的理论又并非慎到的全部思想，荀子还记载了他的另一方面，在其《非十二子》篇中，也是把慎到和田骈连在一起的，这可以说是偏于法家方面的理论，但是慎到"尚法而无法"，法的理论也是不很全面、不很成熟的。不过，他的思想直接影响了申、韩，"先申、韩，申、韩称之"这个说法是很有道理的，《韩非子·难势》篇一开头就引了慎到关于"势"的论述。从现存的《慎子》来看，关于法的论述是比较多的，故《汉书·艺文志》把它列于法家。如上所述，说他是法家也不很确切。清代《四库全书总目》著录《慎子》一卷，列入子部杂家类，《提要》云：

周慎到撰。……《汉志》列之于法家。今考其书，大旨欲因物理之当然，各定一法而守之，不求于法之外，亦不宽于法之中，则上下相安，可以清静而治。然法所不行，势必刑以齐之，道德之为刑名，此其转关，所以申、韩多称之也。

这话，当然还是从司马迁所谓申、韩"归本于黄老"的意思引申而来的。郭沫若在半个世纪以前作《十批判书·稷下黄老学派的批判》(1944 年 9 月）时写道：

据这辑本《慎子》来看，差不多全部都是法理论，黄老的气息比较稀薄，但这一部分的法理论毫无疑问也是道家思想的发展。

这是比较客观的描述。可以说明，像慎到这样的稷下学士，在“发明”“黄老道德之术”的过程中，同时“创造”了关于法的一些理论和思想，后再进一步发展成较为完整的法家理论。然而，就慎到在稷下的当时来说，可以说是属于研究黄老之学的。

慎到的思想是如此，田骈、接子、环渊的思想更是如此，既复杂又有所归。这里就不一一剖析了。有的学者甚至说《史记》中列举的邹衍、邹奭、淳于髡一流人，“统在齐国底稷下皆可目为第三期初叶的道家”，并且说是“新道家”。假如分析阴阳家的起源，讲阴阳家与道家的关系，像讲法家与道家的关系一样，也是有一番道理的。持此说者云：

就广义言，阴阳家实即是道家。因为道是从本质言，阴阳是从历程言；道是玄学上所谓本体论，阴阳是玄学上所谓宇宙论。上段讲过：道的开展永久是辩证式的，即一正（阳）一反（阴）的。道——纯理地讲来，虽是绝对宁静，但决非一死物；它——实际地讲来，必须地要开展，而这开展又必然地为一正一反的辩证。所以道离开阴阳，便无道之可言，不妨说阴阳就是道的魂魄。邹衍底慧眼，独能对于道窥破其奥妙之所在，故司马迁称他“深观阴阳消息”是一针见血之评。①

① 谢扶雅：《田骈和邹衍》，《古史辨》第 5 册，上海古籍出版社 1982 年版，第 728 页。

这个分析合情合理，所以我大段地把它引出来以作参考。但是，战国诸子讲邹衍的不多，更没有怎么多谈阴阳家的问题，这是为什么？有待研究。

稷下学黄老的人物，除司马迁列举的人名之外，还有一些人，钱穆《先秦诸子系年》列“稷下学士”17名，大多与黄老之学有关，其中尤以宋钘、尹文为著。实际上当不止这些，还有些未留下姓名的人，不说那“数百千人”之中，就是“76人”之中也还会有“学黄老道德之术”的。再说，著名大师们又有不少弟子，如《荀子·正论》篇云：“今子宋子严然而好说，聚人徒，立师学，成文典。”又如《战国策·齐策四》云：“齐人见田骈曰：……今先生设为不宦，赀养千钟，徒百人。”总之，仅就稷下而言，学黄老道德之术的人是很多的。这批人，无论是集中之当时，或是分散之后[1]，即在各地以不同的方式发挥影响和作用。

稷下黄老学者发挥的影响，就是他们的思想和言论，或口耳相传，或著书立论。当时的大家（如上面提到的）都是有著作的，只不过流传中散失较多罢了。还有不少是没有作者（未留下姓名）的著作：如《管子》书中的一些内容，特别是《心术》《内业》《白心》等篇；如《汉书·艺文志》所列一些已“亡”的道家著作，特别是那些以“黄帝”命名的著作，到西汉末年已经亡佚了，但现在又出土了西汉流传的一些黄老著作。总的可以说明当时论著很多。它们影响着当时和以后人的思想和言论，《庄子》《荀子》等书的称引也好，批驳也好，就是这种影响的一种说明。例如《荀子》中称引黄老之学的言论就不少，如对宋钘，他显然注意的是其黄老之学思想，所谓“孙卿道宋子，其言黄老意”[2]。在《非十二子》篇中把墨翟、宋钘相连，针对的是其“不知壹天下，建国家之权称”，不知轻重，不讲君臣等差，这在墨子是其“尚同”“兼

① 《盐铁论·论儒篇》：“及王……矜动不休，诸儒谏，不从，各分散：慎到、接子亡去，田骈如薛，而孙卿适楚。”

② 《汉书·艺文志》之《宋子》十八篇注。

爱”等思想，在宋钘也许就与其“见侮不辱”“禁攻寝兵”（如《庄子·天下》篇所说）等思想相连。《解蔽》篇说“宋子蔽于欲而不知得”，《正论》篇主要是“正”“世俗之为说”，但特别称引了宋钘两个有影响的观点加以纠正：

> 子宋子曰：明见侮之不辱，使人不斗。人皆以见侮为辱，故斗也。知见侮之为不辱，则不斗矣。……二三子之善于子宋子者，殆不若止之，将恐得伤其体也。
>
> 子宋子曰：人之情欲寡，而皆以己之情为欲多，是过也。故率其群徒，辨其谈说，明其譬称，将使人知情欲之寡也。

这后段文字的最后是上引“子宋子严然而好说”一段话。从《非十二子》《解蔽》《正论》等篇的引述看：一，宋钘的学说在当时是有影响的；二，荀子也从宋钘那里学过他的学说，故尊之为“子宋子”；三，荀子所举宋钘的思想也是《庄子·天下》篇中所说的“见侮不辱”“以情欲寡浅为内”等思想，这些思想是道术的一个方面。此外，还有《天论》篇中的“宋子有见于少，无见于多”，也是属于道家思想范围的。所以“孙卿道宋子，其言黄老意”，这话算是说到了点子上。

钟肇鹏先生讲黄老之学起源时，完全否定了上述司马迁所言之稷下黄老，说都是“假托黄帝之辞”，说从宋钘、慎到等人的逸说中也看不出有什么黄学的痕迹[①]。这就有所偏颇了，“黄学”有没有且不说它，其源于《老子》是客观事实，应该说许多黄帝的著作，本来就是稷下先生们“发明”的。钟先生又说“真正的黄老学者，只有司马迁《史记·乐毅传》中讲到的那些人”，即河上丈人、安期生一直到盖公等人，这些人比稷下先生晚，或者是某一稷下先生的传人。河上丈人“不知其所

① 钟肇鹏：《论黄老之学》，《世界宗教研究》1981年第2期。

出”，不过是不知其本师罢了，难道可以把河上丈人说成是黄老之学的创始人？黄老之学的产生是有一定条件的，是有一个过程的，很难有十分具体的标志，而稷下黄老倒是一个比较明显的标志，因而稷下黄老的地位是重要的，其所起的作用——对黄老之学的产生、黄老道家的形成是很大的。

四、“家人之言”及其意义

《史记·儒林列传》写道：

> 窦太后好《老子》书，召辕固生问《老子》书。固曰：“此是家人言耳。”太后怒曰：“安得司空城旦书乎！”

“家人言”是什么意思？有人释之为“一家之言”，这照字义上讲未尝不可。但从全文意思看，从《史记》《汉书》其他地方“家人”的用法看，似应解释为“一般人能读的书”；用现代话说，《老子》不过是通俗读物罢了。比较早的解释就是这个意思，如《史记索隐》：“服虔云：如家人言也。案：《老子道德篇》虽微妙难通，然近而观之，理国理身而已，故言：此家人之言也。”颜师古注《汉书》则说：“家人，言僮隶之属。”又《史记·栾布列传》的“彭越为家人时”，《索隐》则云：“谓君家之人，无官职也。”师古注《汉书》上句为：“家人，犹言编户之人也。”但他注《董贤传》又说：“家人，犹言庶人也。”在汉代人口中，家人就是庶人，“家人，谓庶人之家也”。又如《汉书·五行志》中记载，谷永谏成帝时说：“陛下弃公乘之至贵，乐家人之贱事。”家人也显然指庶人而言，他下面接着就明说“为庶人之事”。

以上这一番考证，也许对“家人言”作一确切的理解是必要的。“家人言”不会是“一家之言”的意思，否则窦太后不会发“怒”，而且愤愤地回敬那么一句："安得司空城旦书乎!"这后一句也值得说一下。《汉书》注云："服虔曰：道家以儒、法为急，比之于律令。"服虔注释似认为是指儒法之书，与道家书相对。全文之意难解。我们不妨从"安得"两字来加以考虑，安者何也，"安得"的用法，如《史记·留侯世家》："今上欲易太子，君安得高枕而卧乎?"《陈丞相世家》："平曰：非魏无知，臣安得进?"都是疑问副词。准此，则"安得司空城旦书乎"一句，可译为："何以说是司空城旦之书呢!""司空城旦"正是依着释为"僮隶"之"家人"而极言之，这里似乎与儒法、律令并无关系。

总之，《老子》书，事实上包括黄帝、老子之书，成为"家人言"，说明它的流行是极为广泛的。看看汉代，特别是汉初的情况，正是如此，无论是在朝的或者在野的，有许多人学"黄老之言"，汉初的皇帝、皇后，如文帝、景帝、窦太后，丞相、大臣，如陈平、张良、陆贾、曹参、贾谊、田叔、汲黯、郑当时以及司马谈、司马迁父子等，一般知识分子有盖公、乐臣公、黄生、王生、邓章、杨王孙、安丘生以及司马季主等可为代表。这些人多半收授弟子，从各方面发挥影响，例如：

> 盖公教于齐高密、胶西，为曹相国师。①
>
> （田叔）学黄老术于乐巨公所；②
>
> （司马谈）习道论于黄子；③
>
> （邓章）以修黄老言，显于诸公间……④

司马季主"闲坐"于"卜肆"中，亦有"弟子三四人侍"，贾谊、宋中（中大夫）曾"猎缨正襟危坐"，听他"语数千言"，并且置疑问难。司马季主所言可说是黄老之"道术"，讲得宋中、贾谊"忽而自失，

---

① 司马迁：《史记》卷八十，《乐毅列传》，中华书局1982年版，第2436页。
② 司马迁：《史记》卷一百四，《田叔列传》，中华书局1982年版，第2775页。
③ 司马迁：《史记》卷一百三十，《太史公自序》，中华书局1982年版，第3288页。
④ 司马迁：《史记》卷一百一，《袁盎晁错列传》，中华书局1982年版，第2748页。

芒乎无色，怅然噤口不能言”，而深受启发，“再拜而辞，行洋洋也。出市门，仅能自上车，伏轼低头，卒不能出气”①。这是久久地陷入沉思之中。就此来看，贾谊诗文中有黄老思想的痕迹就不足为奇了。

当然，以上事例都是王公大人、文人学士，似与“家人”无关，但也不可否认，有些人在为官之前，本也是“庶人”。讲出身，甚至是比较下层的，如陈平之类的人。在野的知识分子，一般可以看作“庶人”。不过，“家人言”的主要意思是指它的流行之广，一般人都学它、讲它。老子、黄帝书可以说是当时的“畅销”书，有条件的人死后都要把它埋在身旁，如长沙马王堆出土之黄老帛书就是一个很好的实证。

这里，我们还要指出，黄老之学在汉初的兴盛，也是渊源有自的。前面已说到，齐国灭亡之后，稷下黄老的学士分散了，他们有的还在别的地方继续宣传黄老之学，有的已经去世，但留下了著作，发挥着影响。战国末年传黄老之学的人，《史记·乐毅列传》的记载是一个代表：

> 乐臣公学黄帝老子，其本师号曰河上丈人，不知其所出。河上丈人教安期生，安期生教毛翕公，毛翕公教乐瑕公，乐瑕公教乐臣公，乐臣公教盖公。盖公教于齐高密、胶西，为曹相国师。

我们认为，这只是一个系统，其他各地也还会有一些人，如汉初学黄老者的老师（没有留下姓名的老师），还有一些所谓“隐者”，如“乔隐士”之著《黔娄子》；居深山，“以鹖为冠”的“楚人”著《鹖冠子》，实际上又不是“隐者”，不过隐去其名罢了。至于这个阶段留下了哪些著作，是有待进一步考证的。《汉书·艺文志》诸子道家类列书三十七种，在著录的当时已亡佚之书即有二十五种之多，那些亡佚之书又大多是“六国时”的作品。其中必有稷下先生的作品，如《田子》二十五篇

① 司马迁：《史记》卷六十七，《日者列传》，中华书局1982年版，第3220页。

就注明："名骈，齐人，游稷下，号天口骈。"但也必有一些是稷下之前或者以后的作品。有的学者分齐国黄老学派和楚国黄老学派，我看似可不必。虽然在当时流传的作品中，齐人和楚人的东西比较多，但其他各地人的著作也有，如《公子牟》四篇，"魏之公子也，先庄子，庄子称之"，留传至今。可考虑为这一阶段作品的，如新出土的黄老帛书，如《鹖冠子》这样一些需要进一步论证其时代和作者的子书。

对于汉初黄老之学的兴盛有更大影响的是《吕氏春秋》，它是稷下黄老分散之后又一次大的集中。学者的集中，系吕不韦大招门客所致；思想理论的集中，不仅"各著其所闻"，从"良人问《十二纪》"之类的情况看，《吕氏春秋》写作时有一定的研究和讨论。虽然由于政治上的原因，汉初对于这部书似乎讳莫如深，但实际上"不韦迁蜀，世传《吕览》"①，在秦代和汉代都是公开或暗中传播的，《汉书·艺文志》有著录，高诱"家有此书"②，均可证明。很多人，特别是学黄老之人，收藏此书，阅读此书，从中学黄老之言，只不过心照不宣罢了，汉代的图书中有一些《吕氏春秋》的文字（如详加比较的话），就是很好的证明。

"家人言"经过汉初统治者的提倡和实践，黄老之学的理论和实践进一步丰富和发展，从而出现了一个比《吕氏春秋》水平更高的《淮南子》，它集黄老道家理论之大成，是黄老道家思想的总结性著作，是黄老道家学派发展的一个新的里程碑。虽然，《淮南子》的命运几乎和《吕氏春秋》的命运一样，两位主编者的政治下场一样的不好，成书之时的最高统治者的统治思想已经转变也是一样，因而都不能得到合法的流传。但是，它不仅流传于世，而且"先贤通儒述作之士，莫不援采以验经传"；它的学术地位很高，以至"学者不论《淮南》，则不知大道之深也"；它的学术影响很大，有人拿该书"以劝后学"，高诱年少时，就曾"从故侍中、同县卢君受其句读，诵举大义"③。在某种意义上说，

① 司马迁：《史记》卷一百三十，《太史公自序》，中华书局1982年版，第3300页。

② 《吕氏春秋》序，诸子集成本，中华书局1954年版。

③ 引文见《淮南子》高诱叙。

《淮南子》哺育和培养了整整两汉一代的知识分子，直到东汉末，在野的如王充，掌权的如诸葛亮，都可以说是黄老新道家的杰出代表。其他学派的知识分子也无不受其影响，如有的学者在董仲舒的著作中找到与《淮南子》等黄老著作的共同语言，这是可以专题深入研究的问题，不再详说。

五、几点结论

（1）如果说“孔、墨之后，儒分为八，墨离为三”的话，可以说，自老子之死后，道别为二，有黄老道家，有老庄道家。这样概括应该是比较切合当时实际的，是科学的概括。这种划分似比“儒分为八，墨离为三”更为确切。从“取舍相反不同”的角度看，这两派道家的不同之处更为明显，而且不像儒、墨后学仅仅是“自谓真孔、墨”，争一个正统地位。道家两派虽然都是在《老子》思想的基础上发展起来的，虽然也尊重老子，也打老子的旗号，但并不奉其为师祖，因而也无需争什么“真正”“老牌”（或“道统”），不存在正统地位问题。

（2）黄老道家的形成，与儒、墨的形成不同，与老庄道家的形成也不同，它的形成是一个较长的过程。它没有一个事实上的师祖（如孔、墨），也始终没有很大影响的中心人物（如庄子）。在形成过程中不断变化，不少人对这一派的理论学说作了贡献，既有不少“发明”，又有积极的传播，但是有些人自身的发展又走向了别的学派，如慎到、宋钘乃至邹衍等人的发展变化，他们本来都可说是“发明”黄老道德之意的人，由于其某些内容有独到之处，如慎到言势，邹衍谈阴阳，因而被后人列入法家、阴阳家，宋钘甚至被列为小说家。据以上这些情况，战国时黄老道家似又不成为一个学术派别，故通常只谓“黄老之学”。稷下黄老尚未成为黄老道家学派，它不像“墨者”那样有严密组织的派别，也不像儒者那样有明显的师徒关系，而是在形成发展的过程之中。派别的形成应在秦汉时期。

(3) 属于黄老道家的作品不少，但较全面的总结性的代表作还是秦的《吕氏春秋》和汉的《淮南子》，其黄老之学的理论最高、论述最全面。因为是集体之作，有各方面的专家，能从不同的视角来阐明博大精深的“道论”。思想的社会基础越广泛，理论就越精深，《吕览》与《淮南》的高深理论，就是建立在黄老之学成为“家人言”的基础之上的。

(4) 司马谈《论六家之要指》第一次明确提出“道家”(或名“道德”家)，没有区别黄老与老庄，他和司马迁所讲的“道家”内容，主要又是黄老道家的内容。从道家的整个发展看，这是含混的。从当时“家人言”的实际看，他们没有什么错，当时是：老子等于道家，道家等于道德家，道德家等于黄老，而司马迁父子又都是信奉这一派的。

秦汉政治制度和政治思想①

如前所述，秦汉时期的中国，是一个统一的多民族国家。政治制度，既反映国家的性质，又包括一系列国家对社会进行管理的政权机构。政治思想，则主要讲关于国家政权的思想，包括对于国家政权的态度、理论和主张等等。

第一节　政治制度

一、秦以前政治制度的特点

中国是一个文明古国，政治制度也形成得很早，传说，黄帝“为云师而云名”，炎帝“为火师而火名”，少皞氏“为鸟师而鸟名”，似乎遥远的古代就有了“历正”“司徒”“司马”“司空”“司寇”以及“五工正”“五农正”等等一系列的官吏和机构②。中国人的思想整体观念很强，样样都求完整、求系统。所以关于政治制度也是一套一套的，如《礼记·曲礼》中有一段写道：“天子建六官，先六太，曰太宰、太宗、太史、太祝、太士、太卜，典司六典。天子之五官，曰司徒、司马、司空、司士、司寇，典司五众。天子之六府，曰司土、司木、司水、司

① 节选自《秦汉文化史》第二章。
② 《左传·昭公十七年》，十三经注疏本，中华书局1980年版。

草、司器、司货，典司六职。天子之六工，曰土工、金工、石工、木工、兽工、草工，典制六材。”或五、或六，就古代的情况，尽可能全面、系统。实际夏、商、周各代的具体情况比这里概括的还要复杂得多，有所谓“百僚、庶尹”，僚者官也，尹者正也，上百的官，众多的正；还有所谓“惟亚、惟服”，亚者次也，服者事也，同时还有许多正官之倅，以及更多的任事者（应该就是后世之幕僚，今之办事员）①。总之，有一个庞大的官僚机构，分行政的、军事的以及司法、财政的许多方面。中央机构有很多，地方又有一套。更具体的情况这里就不说了。

从夏、商、周的情况看，在政治制度上它们有共同的特点，那就是在血缘关系基础上发展起来的分封制和宗法制，以及官吏的世卿世禄制。这互为表里的制度，其本意是“封建亲戚以蕃屏周”②，在西周的初期或者起了巩固王权、维护“天下”一统的作用，但后来的发展却走向了反面，成了分裂割据的因素，在春秋战国时期，分裂割据就公开化了，不得不寻求另外的集权制度。经过了很长的一个历史时期，到秦统一，才确立一套新的中央集权制度。不过应该强调指出，秦以后的政治制度不是凭空产生的，诸如君主集权、将相分职、郡县制等等，在战国时期的各个国家已经分别地不同程度地建立起来了，秦汉时期不过作了一番集中和改造的工作，并且统一推行于全国罢了。

二、皇帝制度及中央决策

秦王嬴政统一六国后，自以为“德高三皇，功过五帝”，首创了“皇帝”这样一个名号，以表示其至高无上的权势和地位，并且想方设法突出唯我独尊，例如“命为制，令为诏，天子自称曰朕”③ 等等，把

① 参阅孙星衍《尚书今古文注疏·酒诰》。

② 《左传·僖公二十四年》，十三经注疏本，中华书局1980年版。

③ 司马迁：《史记》卷六，《秦始皇本纪》，中华书局1982年版，第236页。

许多原本一般人能使用的名号文字，变为皇帝专用。而这一切又完全为汉朝乃至后代继承和发展，蔡邕在《独断》中写道：“秦承周末，为汉驱除，自以德兼三皇，功包五帝，故并以为号。汉高祖受命，功德宜之，因而不改也。”“汉天子正号曰皇帝，自称曰朕，臣民称之曰陛下，其言曰制、诏，史官记事曰上，车马衣服器械百物曰乘舆，所在曰行在所，所居曰禁中，后曰省中，印曰玺，所至曰幸，所进曰御，其命令一曰策书，二曰制书，三曰诏书，四曰戒书。”

随着皇帝名号的确立，其父母妻子也有特殊的尊号，如皇帝父曰太上皇，母曰皇太后，祖母曰太皇太后，妻曰皇后，子曰皇太子、皇子，女曰公主，孙曰皇孙等。记载说是“汉兴，因秦之称号”①，实际上“太上皇”是刘邦所创②，还有一些称号是后来逐渐形成的，不过都是随秦所开创的皇帝制度而来就是了。

皇帝制度不仅是称号专有的问题，还有相应的后宫制度、外戚制度、宦官制度，以及一大套繁琐的礼仪制度和严格的服御制度等等，一切都是为了维护皇帝的尊严，突出皇帝的特殊地位。这样做是对统治阶级有利的，因为可以“用对压迫者的神圣性的信仰来束缚被压迫阶级”③。

皇帝生活在皇宫中，皇宫里除了皇帝一家（皇后、太子、公主）之外，还有众多的妃嫔，秦朝就已多达万人。为皇宫服务，设置了不少机构，有一大批官吏。但这些官吏不参与朝政，在政治上，不起决策作用。

在皇帝制度下，皇帝拥有最高的行政、司法、军事、财政、人事等各方面的权力，所谓“天下之事无大小皆决于上”④，这种权力不受任何限制，并且随意性很大。但是，一个大一统的国家，一个人日理万机

---

① 班固：《汉书》卷九十七上，《外戚传上》，中华书局1962年版，第3959页。
② 班固：《汉书》卷一下，《高帝纪下》，中华书局1962年版，第62页。
③ 列宁：《给阿·马·高尔基》，《列宁全集》第35卷，人民出版社1959年版，第111页。
④ 司马迁：《史记》卷六，《秦始皇本纪》，中华书局1982年版，第258页。

是不可能的，不仅是处理事务要依靠百官，就是决策也离不开朝议。因此，对一些重要的军国大事，如立君、储嗣、宗庙、郊祀、典礼、封建、功赏、法制、边事、大臣罪狱等等①，由皇帝亲自主持或者下令由丞相召集会议，讨论、决策，最后经皇帝裁决后，以诏、制、敕、令等形式颁发，交有关机构与官员执行实施。

在决策过程中，丞相和三公能起一定的决定作用，这也是皇帝赋予的权力。但是不同时期，也有不同情况。例如汉武帝以后，三公在重大决策中所起的作用被削弱，加衔领、平、视、录尚书事的大将军、侍中、尚书等组成的“中朝”为中央的决策机构，丞相府作为“外朝”，其决策作用被削弱。东汉建立以后，“虽置三公，事归台阁”②，尚书台在决策中起了更大的作用。这是相权与君权发生矛盾，而皇帝为维护君权所采取的措施。皇帝不能一人而治天下，设百官以治天下，但官的废立、最后的决策权都是“余一人”的，决策中的人治主义原则使得无法可依和有法不依，决策主观随意缺乏科学论证等弊端就不可避免了。

三、中央行政体制

（一）三公与丞相制度

秦以前辅佐天子的三个最高级官吏被称为三公。“天子三公者何？天子之相也。”③ 古三公是太师、太傅、太保（也有不同说法），秦汉时虽有这些官名，但已经没有了古三公的地位。不过人们习惯把中央的三个最高官吏称为三公，这样，秦和汉初的丞相、太尉、御史大夫也被称为三公，名实并不相符。除了丞相是“掌丞天子，助理万机”④ 的，太尉官地位高，但并没有多少权力（有时权大一点）。御史大夫则比丞相

---

① 古代的军国大事，也是围绕皇帝制度而形成的。所谓“国之大事，在祀与戎”，祀即皇帝的祭天地祭祖先。

② 范晔：《后汉书》卷四十九，《仲长统传》，中华书局 1965 年版，第 1657 页。

③ 《春秋公羊传·隐公五年》，十三经注疏本，中华书局 1980 年版。

④ 班固：《汉书》卷十九上，《百官公卿表》，中华书局 1962 年版，第 724 页。

差一个等级：丞相是金印紫绶（太尉同），御史大夫是银印青绶；丞相俸禄是万石，御史大夫不过“秩中二千石”①。《汉书·百官公卿表》明确写道：御史大夫“位上卿”，不是公而是卿。到西汉后期，才正式恢复古代的三公官，首先是“成帝绥和元年，（御史大夫）更名大司空，金印紫绶，禄比丞相”②。哀帝元寿二年“五月，正三公官分职。大司马卫将军董贤为大司马，丞相孔光为大司徒，御史大夫彭宣为大司空”③。东汉沿袭了这种三公制，甚至一度名义上分管九卿，不过“备员而已”，没有实权。东汉末年，董卓、曹操相继以相国、丞相身份专权，“则罢三公官”④。秦和汉初，实际上实行的是丞相制度。丞相之名始于秦，汉沿用之。丞相又称“相国”（原来还称“相邦”，或因避刘邦之讳而改），可简称“相”。宰相之称也出于汉代人的口中，如《史记·陈丞相世家》说：“宰相者，上佐天子理阴阳，顺四时，下育万物之宜，外镇抚四夷诸侯，内亲附百姓，使卿大夫各得任其职焉。”这段话把丞相“掌丞天子，助理万机”的职掌已经概括了。他的地位是一人之下，万人之上，他的职掌实际是无所不包了，文武百官归他统领，军国大事无一不经过他上奏下传，所以有人曾说：“汉典旧事，丞相所请，靡有不听。”⑤ 相权大时甚至可以封驳诏书。

但是，丞相的地位和权力，在不同时期不同人的身上，有较大的差别。在秦代，以列侯任丞相之职的地位就很高，“号君侯”⑥，汉初亦如此。另外，在秦和汉初，丞相分左右，同时有两人。至于汉武帝以后，丞相的大权旁落，那是相权与君权矛盾的结果。不论怎么变化，总是会有那么一个人或者几个人履行丞相权力的，所以，丞相制度在政治制度

① 班固：《汉书》卷十九上，《百官公卿表》，中华书局1962年版，第725页。
② 班固：《汉书》卷十九上，《百官公卿表》，中华书局1962年版，第725页。
③ 班固：《汉书》卷十一，《哀帝纪》，中华书局1962年版，第344页。
④ 《后汉书·百官志》补注。
⑤ 范晔：《后汉书》卷四十六，《郭陈列传》，中华书局1965年版，第1565页。
⑥ 孙星衍等辑：《汉官六种·汉官旧仪》，中华书局1990年版，第36页。

中是一个极为重要的制度。

秦开始确立的丞相制度，有重要的历史意义。第一，彻底废除了“世卿世禄”制，丞相不但不能世袭，而且也不是终身制；第二，有利于中央集权，丞相权力大，为“百官之长”“无不总统”，他又听命于皇帝。这样当然是有利有弊，但对当时乃至对后世的影响是很大的。

（二）“诸卿”及其职能

旧史常以“三公九卿”概括秦汉时期的中央官制，其实是一套用古制的一种说法，秦和西汉都没有建立法定的九卿制。但是低于三公、丞相的高级官吏称卿，他们分掌中央政府的各职能部门，他们的官署称为“寺”，是实际的行政机构。卿在秦代是爵位的一个等级，后来作为官名也是同一个级别，即《汉书·百官公卿表》所说：“自太常至执金吾，秩皆中二千石。”这个级别的官员有十来个，所以称“诸卿”。现分述如下：

1. 太常

秦朝名奉常，西汉改为太常，王莽时曾按《周官》改称秩宗，东汉复称太常。《汉官解诂》说：“太常掌社稷郊畤，事重职尊，故在九卿之首。”他的主要职责是“掌宗庙礼仪”，这在古代是头等大事，这类礼仪年年有月月有，三年还有一次大合祭。太常的另一职掌是兼管文化教育，即博士弟子员的选拔、教育和补吏。太常卿之下有一个“比千石”的丞，“掌凡行礼及祭祀小事，总署曹事”①。其属官很多，《汉书·百官公卿表》概述说：“属官有太乐、太祝、太宰、太史、太卜、太医六令丞，又均官、都水两长丞，又诸庙寝园食官令长丞，有廱太宰、太祝令丞，五畤各一尉，又博士及诸陵县皆属焉。”这些不过是一些主要官员，其员吏人数大得多，据刘昭注《后汉书》引王隆《汉官》约略统计，不下千五百余人。

① 《后汉书·百官志》本注。

2. 宗正

管理皇室亲族（包括外戚）的官员。秦汉时期除王莽执政一度改名且一度废止之外，一直设有此官，皇族外戚均有名籍藏于宗正府，以便享受一些特殊待遇。任职者都是宗室贵族。宗正属官有“秩千石”的丞，还有都司空令丞（东汉省）、内官长正、诸公主家令门尉等，一般都是“秩六百石”“三百石”。

3. 光禄勋

秦与西汉初称郎中令，武帝太初元年，更名光禄勋，除王莽一度改名司中之外，东汉复名光禄勋。其职掌首先是掌宫殿掖门户，凡出入宫殿掖门户者，皆须经其许可；其次是统率三署郎，为皇帝的武卫。他是皇帝的侍从官，皇帝的重大行动他都参加，如郊祀之事掌三献①，以至参与谋议等等。官署在宫内，实际管宫内一切事务，故号为“内卿”。光禄勋的属官多，机构庞大，且其属官秩位都比较高，主要的有如下两部分：一是掌议论的大夫，有太中大夫（秩比千石）、中大夫（武帝时更名光禄大夫，秩比二千石）、谏大夫（秩比八百石），皆无员，多至数十人；二是众多的各种以郎命名的属官，“有议郎、中郎、侍郎、郎中，皆无员，多至千人”。这中间又分为几个系统：“中郎，有五官、左、右三将，秩皆比二千石；郎中，有车、户、骑三将，秩皆比千石。”②“凡郎官，皆主更直，执戟宿卫诸殿门，出充车骑，唯议郎不在直中。”③除议郎之外，所有的郎官都要值班宿卫，在皇帝外出时都要“充车骑”。郎官队伍很大，其下有更多的武士，号曰“期门”“羽林”。郎官队伍是皇帝的侍卫队，因而选郎是有一定要求的，有品德方面的要求，如孝廉、贤良方正、敦朴有道等等；有才能方面的要求，“通章句”“能笺奏”等等；还有年龄的要求，一般要求“年未五十”，身强

① 范晔：《后汉书》志第二十五，《百官二》，中华书局 1965 年版，第 3574 页。
② 班固：《汉书》卷十九上，《百官公卿表上》，中华书局 1962 年版，第 727 页。
③ 《后汉书·百官志》本注。

力壮，有的郎又要求“限年四十以上”“年五十以上属五官”，要老成持重。郎官既是皇帝的亲近侍从，因而也是备用官员，地方长吏往往以郎出补，如董仲舒曾说：“长吏多出于郎中、中郎”①，东汉时也是“郎官上应列宿，出宰百里”②。事实上不仅出任地方官，汉代许多著名执政大臣如张释之、桑弘羊、霍光、张安世、王吉、何武、马宫等，都是郎官出身。由于郎官是重要的仕途，所以汉人多求为郎，以为入仕的阶梯。于是，“货赂流行，传相放效”③。东汉郎选之滥，在政治上造成极坏影响。

4. 卫尉

秦官，两汉时有两次短时改名，景帝曾一度更名中大夫令，王莽时改称太卫。其职掌是“掌宫门卫屯兵”④，主要任务是宿卫。《汉官解诂》中一段记述形象具体：“卫尉主宫阙之内，卫士于垣下为庐。各有员部。居宫中者，皆施籍于门，案其姓名。若有巫医、僦人当入者，本官长吏为封启传，审其印信，然后内之。人未定，又有籍，皆复有符。符用木，长二寸，以当所属两字为铁印，亦太卿炙符。当出入者，案籍毕，复齿符，乃引内之也。其有官位得出入者，令执御者官，传呼前后以相通。从昏至晨，分部行夜，夜有行者，辄前曰：‘谁！谁！’若此不解，终岁更始，所以重慎宿卫也。”卫尉的职掌与光禄勋之职掌有相近之处，在宫内警卫上有所分工，《汉官旧仪》说：“殿外门署属卫尉，殿内郎署属光禄勋。”与光禄勋总管宫内一切事务不同，卫尉仅仅管门卫和“宫中徼循事”，较单纯的武装警卫，因而其属官有公车司马令丞、卫士令丞、旅贲令丞，以及诸屯卫候、司马二十二官和诸宫卫士等，全是武官性质。

---

① 班固：《汉书》卷五十六，《董仲舒传》，中华书局1962年版，第2512页。

② 范晔：《后汉书》卷二，《明帝纪》，中华书局1965年版，第124页。

③ 班固：《汉书》卷六十六，《杨晖传》，中华书局1962年版，第2890页。

④ 班固：《汉书》卷十九上，《百官公卿表》，中华书局1962年版，第728页。

5. 太仆

秦官，汉因之（王莽更名为太御）。他的职责是“掌舆马”。车马是衣、食、住、行的重要内容之一，自古就有管车马的官吏，但其地位不过“下大夫”，秦列为诸卿之一，是其地位大大提高了。这是因为：第一，他负责供给皇帝的车马，“天子每出，奏驾上卤簿用；大驾，则执驭”①，即有时还亲自为皇帝驾车，常在皇帝左右，得以亲近。第二，他主管全国的马政，这从其主要属官的情况可见，据《汉书·百官公卿表》的记述，有大厩、未央、家马三令，各五丞、一尉；又车府、路軨、骑马、骏马四令丞；又龙马、闲驹、橐泉、騊駼、承华五监长丞；又牧橐、昆蹏令丞；又边郡六牧师苑令，各三丞，等等。秦、西汉和东汉具体情况有不少变化，但以上所列可见其大致规模，以上都马厩之名，或因地命名，或以马的来源命名，或以用途、马种命名，其中所谓“六牧师苑”遍及各边郡，规模大，养马多，如《汉官仪》所说：“牧师诸苑三十六所，分置西、北边，分养马三十万头。”牧师苑同时有奴婢三万人②，是汉代奴婢较集中的场所之一。

6. 廷尉

秦时设立，两汉数次改为大理（王莽改名作士）。其职责“掌刑辟”，即管理刑法和监狱，为最高司法官。廷尉应该是依法断案，是有法可循的。杜周为廷尉，“不循三尺法，专以人主意指为狱”，遭到人们的谴责。他的回答也很有意思：“三尺安出哉，前主所是著为律，后主所是疏为令，当时为是，何古之法乎！”③ 他这话有一定道理，法是以统治者的意志为转移的。但是另一方面毕竟有一定的法令，并且一旦形成之后就众人皆知了，张释之说：“法者，天子所与天下公共也。”④ 张释之还可据法据理与皇帝争。廷尉是管全国的，受理地方疑难案件，也

---

① 范晔：《后汉书》志第二十五，《百官二》，中华书局 1965 年版，第 3581 页。
② 参阅《三辅黄图》所引《汉仪注》。
③ 司马迁：《史记》卷一百二十二，《杜周列传》，中华书局 1982 年版，第 3153 页。
④ 班固：《汉书》卷五十，《张释之传》，中华书局 1962 年版，第 2310 页。

是他的重要职责之一。《汉书·刑法志》写道：高祖七年制诏御史，“狱之疑者，吏或不敢决，有罪者久而不论，无罪者久系不决。自今以来，县、道官狱疑者，各谳所属二千石官，二千石官以其罪名当报之。所不能决者，皆移廷尉，廷尉亦当报之。廷尉所不能决，谨具为奏，傅（附）所当比律令以闻”。在“决疑当谳”时，最后奏请皇帝裁决，也要把有关的律令提供参考，精神是力求“平天下狱”，讲究一个“平”字，故颜师古解释廷尉之“廷”说：“廷，平也，治狱贵平。”① 廷尉之属官有廷尉正（相当于诸卿之丞）、廷尉左右监、左右平以及廷尉史、从史、书佐等，主要属官之名都含有公正、公平、监督之意。

7. 大鸿胪

秦名典客，西汉景帝时更名大行令，武帝时设为大鸿胪，王莽时称典乐。其职责是：“掌诸侯及四方归义蛮夷。”具体的如：“其郊庙行礼，赞导，请行事，既可，以命群司。诸王入朝，当郊迎，典其礼仪。及郡国上计，匡四方来，亦属焉。皇子拜王，赞授印绶。及拜诸侯，诸侯嗣子及四方夷狄封者，台下鸿胪召拜之。王薨则使吊之，及拜王嗣。”② 总之是“掌宾礼。鸿，大也，胪，陈序也，欲以大礼陈序宾客也”③。宾客，包括诸侯王、四方蛮夷，他们入朝，迎、送、接待、朝会、封授等礼仪，全由大鸿胪负责安排。还有吊死问丧，乃至迎、劳其他高级官员（如邓骘班师回朝，使大鸿胪亲迎）。各地上计吏也由大鸿胪之属官郡邸长丞接待安排，包括组织他们“观国之光”。除郡邸长丞之外，其属官，和诸卿一样有很重要地位的丞，还有行人（有时代表大鸿胪，“事之尊重者遣大鸿胪，而轻贱者遣大行”④）、译官、别火，使主客（此等官当与接待蛮夷有关⑤），以及大鸿胪文学、大行治礼丞、大行卒

---

① 班固：《汉书》卷十九上，《百官公卿表》，中华书局 1962 年版，第 730 页。

② 《后汉书·百官志》本注。

③ 《太平御览》卷二三二引韦昭《辨释名》。

④ 颜师古注《汉书·百官公卿表》。

⑤ 《汉书·金日磾传》注引服虔曰：使主客，“主胡客也”。

史等等。

8. 大司农

秦名治粟内史，景帝更名大农令，武帝时更名大司农。王莽曾改称羲和、纳言，其职责是管理国家钱、谷、租税等财政收入与支出。秦代开始，把原来周代主管这项工作的太府下大夫的地位提高，位列诸卿，这是国家重视财经工作的一个重大转变。事实上大司农在汉代经济工作中起了很大作用，许多军国大事"皆仰给大农"或"取足大农"①，所管之事务多而且面广，和其他多数卿不同，秦和汉都一直设有两丞，"或谓之中丞"②。从属官的分工也可见其事务种类之多，有太仓、均输、平准、都内、籍田五令丞，斡官、铁市两长丞；郡国诸仓、农监、都水、六十五官长丞等等，还有一些临时差遣和设置的官吏。后世经济方面的许多部门，如农、林、水、工、商都是大司农所管的范围。

9. 少府

秦官，两汉皆仍旧名，王莽曾改为共工。是另一个主管财经的官吏。颜师古注《急就篇》"司农、少府国之渊"时说："司农领天下钱谷，以供国之常用，少府管池泽之税及关市之资，以供天子。"这就是当时所谓"国家财政"和"帝室财政"的区别③。"少者，小也"，"小用由少府，故曰小藏"④，故又有小府之称。其实小府并不小，它的库藏比大司农多⑤，它的机构也比大司农庞大。少府等于是皇帝的财务（实际又是总务）方面的总管，管理的事务特别庞杂，属官之多在诸卿中居第一位（当然与旧记载记得特别详细也有关），其"属官有尚书、符节、太医、太官、汤官、导官、乐府、若卢、考工室、左弋、居室、

---

① 参阅《汉书·食货志》。

② 参阅《通典》卷二六。

③ 加藤繁《汉代国家财政和帝室财政的区别及帝室财政的一斑》（《中国经济史考证》第1卷，商务印书馆1959年版）论之甚详。

④ 孙星衍等辑：《汉官六种·汉官仪》，中华书局1990年版，第135页。

⑤ 桓谭《新论》有国家岁收入四十余万万，而少府有八十三万万的说法。

甘泉居室、左右司空、东织、西织、东园匠十六官令丞，又胞人、都水、均官三长丞，又上林中十池监，又中书谒者、黄门、钩盾、尚方、御府、永巷、内者、宦者八官令丞。诸仆射、署长、中黄门皆属焉”①。这些是西汉的主要情况，东汉有些变化，某些属官分出去了，如原来的“山泽陂池之税”“改属司农”，“考工转属太仆，都水属郡国”②，财政收入方面的属官没有了。有些属官又有增加和扩大，取消了宦者令，但宦者的官更多，如中常侍（千石）、小黄门、黄门署长等等；另外增加的侍中（比二千石）、给事黄门郎、符节令、兰台令史等，还是一些助理有关国家事务的官吏，当然有一些只是名义上隶属于少府，“自侍中至御史皆以文属焉”③。少府的主要职掌，仍然主要是宫中的供养等事务。

10. 执金吾

秦时名中尉，武帝时改名执金吾直至东汉，其中王莽曾改名奋武。何以名官？颜师古注《汉书》引“应劭曰：吾者，御也，掌执金革，以御非常”。崔豹《古今注》云：“金吾，棒也，以铜为之，黄金涂两末。御史大夫、司隶校尉亦得执焉。御史、校尉、郡守、都尉、县长之类，皆以木为吾。”其职掌是宫殿之外（内有光禄勋和卫尉）、京城之内的警卫工作，同时在皇帝出行时充任护卫兼仪仗队。属官在汉武帝以前，“有两丞、候、司马、千人”，武帝以后增多，“属官有中垒、寺互、武库、都船四令丞。都船、武库有三丞，中垒两尉。又式道左右中候、候丞及左右京辅都尉、尉丞兵卒皆属焉。初，寺互属少府，中属主爵，后属中尉”④。这些属官都是带兵和担任警卫的。东汉时省去后来增加的属官，但保留了武库令。

---

① 班固：《汉书》卷十九上，《百官公卿表》，中华书局1962年版，第731页。
② 《后汉书·百官志》本注。
③ 《后汉书·百官志》本注。
④ 班固：《汉书》卷十九上，《百官公卿表》，中华书局1962年版，第732页。

11. 将作大匠

秦名将作少府，景帝时改名将作大匠。其职责是“掌治宫室”①，或者说“掌修作宗庙、路寝、宫室、陵园木土之功，并树桐梓之类列于道侧”②。好像是一个建筑工业部，特别值得一说的是，当时基建时充分考虑了绿化问题在内，“树栗椅桐梓”“治宫室并主之”③。属官，除丞之外，尚有左右中侯，石库令丞，东园主章令丞，左、右、前、后、中校令丞等，这说明属官中有管理建材的（石料、木材等），有组织施工的（工徒多分校管辖）。

以上所列共十一卿，“秩皆中二千石”，实际上这个级别的官吏不止这些。东汉人刘熙有“汉置十二卿”的说法，除上述十一个之外，还有一大长秋，这是皇后宫中之官，其实后宫的高级官吏还有一些，这里就不多说了。总的看来，秦汉时的中央机构已经有比较严密的组织系统，大的分工是明确的（小的重复也不少）。一个明显的特点是，整个中央机构以皇权为中心，为皇帝服务的机构多于国家的政务机构，上面介绍的 11 个机构中，有 7 个（太常、宗正、光禄勋、卫尉、太仆、少府、将作大匠）基本上是为皇帝服务的，更不消说专为太子、皇后、皇太后服务的宫官了。这种情况可以说明，当时的中央集权的行政体制，是皇帝制度的附属。西汉中期以后，中朝决策机构的形成，东汉以后台阁之成为中枢，都是这种行政体制的发展。

四、地方行政体制

（一）郡县与王国

1. 郡县的起源和确立（国附）

郡和县都起源于春秋战国时期，诸侯国占领新的土地之后，设郡或

---

① 班固：《汉书》卷十九上，《百官公卿表》，中华书局 1962 年版，第 733 页。
② 范晔：《后汉书》志第二十七，《百官四》，中华书局 1965 年版，第 3610 页。
③ 《后汉书·百官志》刘昭补注。

者县，派官吏授以大权治理和守卫。郡的长官称守，即守土之意。县比郡还早一些，秦国比较早在全国范围内实行统一的县制，孝公十二年（前350年）就“并诸小乡聚，集为大县，县一令，四十一县”[①]。开始县也比郡大，有所谓“上大夫受县，下大夫受郡”，战国时郡大而县小[②]。以郡统县，并在全国推行，是从秦代开始的。秦始皇统一六国后，分全国为36郡，后增到40余郡。郡下设县。西汉建立，刘邦搞了一些分封，终两汉之世，实行郡国并行，但基本上还是郡县制，一方面在郡国的数目上，郡的数量占绝大多数，另一方面封国的情况后来不断变化，直至仅为“食邑”，无任何行政权力，与郡一样直接受中央控制。西汉平帝时有郡国103个，其中除三辅外，有郡80。东汉初曾省郡国10。顺帝时，又有郡国105个，其中郡79个。

郡的大小、种类是不同的，大体上分三辅郡、普通郡和边郡。三辅郡的长官可以位列“九卿”，参加中央的一些活动。一般郡守级别虽与卿同，但不能经常参加中央活动。边郡情况又不同一些，至少军事上的责任和权力更大，所以与一般郡不同，“边郡又有长史，掌兵马，秩皆六百石”[③]。

国的情况也有各种不同，大的有王国和侯国之分，王国与郡相当，地盘大而有连数郡者，侯国与县相当。

县也是因地制宜，有关记载还叙述得比较详细，如《汉书·百官公卿表》写道：县“万户以上为令，秩千石至六百石。减万户为长，秩五百石至三百石。……县大率方百里，其民稠则减，稀则旷……列侯所食县曰国，皇太后、皇后、公主所食曰邑，有蛮夷曰道”。这还只是一般的概括，实际上要复杂得多，当时人针对这概述指出过：“三边始孝武皇帝所开，县户数百而或为令。荆扬江南七郡，惟有临湘、南昌、吴三

① 司马迁：《史记》卷五，《秦本纪》，中华书局1982年版，第203页。

② 参阅《通典》卷三三。

③ 班固：《汉书》卷十九上，《百官公卿表》，中华书局1962年版，第742页。

令尔。及南阳穰中，土沃民稠，四五万户而为长。桓帝时，以汝南阳安为女公主邑，改号为令，主薨后复其故。若此为系其本。俗说令长以水土为之，及秩高下，皆无明文。班固通儒，述一代之书，斯近其真。”[①]我们详引这一段记述，因为它对我们了解当时各种各样复杂的情况有好处，对于我们处理许多不同甚至矛盾的记载也有好处。

郡国县邑的情况虽有种种不同，秦汉时期确立了长期影响后世的统一的郡县制是确定无疑的。但这里还要交代几句，汉武帝以后为了加强对地方的控制和监督，在秦设监御史的基础上，设立司隶校尉和十三州刺史，其荐、劾之权相当大，但不是一级地方组织，没有行政权力，并非“亲民”之官，仅仅负有监察责任。一州虽分辖几个郡，但州刺史仅秩六百石，地位远不及二千石的郡太守（司隶校尉比二千石，也要低半级），不过“秩卑而命之尊，官小而权之重”[②]，以小制大罢了。

所以说，秦汉时期的地方行政制度是郡县制。

2. 郡的长官、机构、职权及其在国家行政系统中的地位

秦设36郡时，每郡置有守、尉、监[③]，监又称监御史，汉代省去了。郡的主要长官是郡守，或称太守，他“掌治其郡”，拥有一切权力，郡内的一切机构、一切人、一切事都由他管理，中央在地方设的临时机构（如盐、铁、均输，乃至武库令等）均受郡守节制，郡守有任免郡内官吏的权力，有司法和治安（逐捕盗贼）的责任和权力，甚至有生杀予夺之权，可以自设“条款”，劝民农桑，办理教育文化，移风易俗等等。郡守须以时巡行郡内。因为无所不统，所以说“太守专郡”。郡守直接对中央负责，每年将郡内户口数目、垦田多少、财政收支、经济生活、治安状况、文化教育、风俗厚薄、郡吏考核等等，一切大小事情，登录于计簿之上，而上计于天子。汉宣帝说：“庶民所以安其田里而亡叹息

---

① 孙星衍等辑：《汉官六种·汉官仪》，中华书局1990年版，第153～154页。
② 顾炎武：《日知录》卷九，《部刺史》，花山文艺出版社1990年版，第407页。
③ 司马迁：《史记》卷六，《秦始皇本纪》，中华书局1982年版，第239页。

愁恨之心者，政平讼理也。与我共此者，其唯良二千石乎!”[①] 由此可见，郡和郡守在整个国家行政系统中的地位了。

郡内的第二号长官是都尉。他的级别略低于郡守，“秩比二千石”，其职责是“佐守典武职甲卒”[②]。一般来说他是在军事方面辅佐太守，实际上郡的军事主要是都尉负责，故有的史书就只说“典兵禁备盗贼”[③]，在军事上太守、都尉互有所制约，这是有利于中央集权的。

郡的机构不小，佐官属吏较多，大郡之吏，往往上千人。属官中最重要的是郡丞，秩六百石，相当于一个大县令。在佐吏中地位最高，又称长史。记载表明，郡丞有时是中央任命的。他不但辅佐郡守，有时还代郡守行事，《古今注》记载：“建武六年三月，令太守、诸侯相病，丞、长史行事。”太守缺，“丞视事”或者“行事”的记载也有一些。“边郡又有长史”，相当于丞的地位。就是说既有丞，又有长史，《汉旧仪》说得明白：“（边郡）置长史一人，掌兵马；丞一人，治民。当兵行，长史领。”

郡府是分曹办事（和中央之分曹大体相同），如管理民政的户曹、比曹、时曹、田曹、水曹；管理财政的仓曹、金曹；管理交通运输的集曹、漕曹、法曹；管理军事的兵曹、尉曹；管理治安和司法的贼曹、决曹、辞曹；以及管理教育的学官和管理医药卫生的医曹等等。有些与曹相当，但不以曹为名，如王官掾、督邮、门亭长、主记史等。职掌不同之诸曹，也有主决、亲疏之分，汉制以右为尊，重要属吏又称为右曹（或右职，或称豪吏，算是“郡之极位”了）。如功曹之职总内外，又称“主吏”，王官掾仅次功曹，督邮监察、巡行属县。属吏的名称很多，高级一点的称掾、史，低级属吏有书佐、循行、干、小史等等，笼统称之为“斗食”，月俸十来斛。

---

① 班固：《汉书》卷八十九，《循吏传》，中华书局 1962 年版，第 3624 页。

② 班固：《汉书》卷十九上，《百官公卿表》，中华书局 1962 年版，第 742 页。

③ 孙星衍等辑：《汉官六种·汉官仪》，中华书局 1990 年版，第 151 页。

3. 县的长官、机构和职权

县的长官是令和长，新出土秦简中有啬夫和大啬夫的名称，王莽时曾一度改名为宰。其职权是："掌治民，显善劝义，禁奸罚恶，理讼平贼，恤民时务。秋冬集课，上计于所属郡国。"① 虽然受郡的监督和管理，但有一定的独立性，在县内有很大权力，兵、刑、钱、谷、文化、教育无所不管。其主要佐官有县丞和县尉。县丞在县的地位比郡丞在郡的地位似高，其"秩四百石至二百石"②，与县令长秩差不如郡丞与郡守的差距大，并且虽然佐令长，但不是从属身份，甚至还可独立处理一些事情，"丞署文书，典知仓、狱"③，有的说是"主刑狱囚徒"④，典和主的字义表明其职权之独立性，并且其所主为财政和司法两项最重要的也是有实际意义的事务。一般说来，一个县只一个丞，京师、三辅则有二丞甚至三、五丞⑤。县尉与县丞不同，一般"大县二人，小县一人"，都城所在县更多，西汉长安，东汉洛阳都有四尉，其职责"主盗贼"⑥和役使卒徒，更为独立地行使职权，所以有独立的官廨及属卒（尉史、尉从佐）。县府的其他属吏，也是分曹置掾办事，与郡的列曹大体对口。《后汉书·百官志》："本注曰：诸曹略为郡员，五官为廷掾，监乡部，春夏为劝农掾，秋冬为制考掾。"吏员多至数百人⑦。

4. 王国和侯国官制

王国官制仿照中央，随着诸侯王权力的削弱，官制也不断变化："汉初立诸王……其官职傅为太傅，相为丞相，又有御史大夫及诸卿，皆秩二千石，百官皆如朝廷。国家唯置丞相，其御史大夫以下皆自置之。至景帝时……（灭七国之乱），遂令诸王不得治民，令内史主治民，

① 《后汉书·百官志》本注。
② 班固：《汉书》卷十九上，《百官公卿表》，中华书局1962年版，第742页。
③ 《后汉书·百官志》本注。
④ 《史记·淮南王安列传》集解引如淳曰。
⑤ 《后汉书·百官志》注引《汉官》。
⑥ 《后汉书·百官志》及注引《汉官》《汉旧仪》等。
⑦ 《汉官》曰："洛阳……员吏七百九十六人。"

改丞相曰相，省御史大夫、廷尉、少府、宗正、博士官。武帝改汉内史、中尉、郎中令之名，而王国如故，员职皆朝廷为署，不得自置。至成帝省内史治民，更令相治民，太傅但曰傅。”① 由此可见，重要的是王国官制虽如中央，但由自置到“不得自置”，内史、国相如同郡守，所谓王国实同郡县。

侯国官制更简单，虽相当于县一级，但主要是衣食租税，行政长官名相，实即县令长，要受郡守尉的监督，不得“擅兴”“过律”。真正算侯国的官属被称为家臣：“其家臣，置家丞、庶子各一人。本注曰：主侍侯，使理家事。列侯旧有行人、洗马、门大夫，凡五官。中兴以来，食邑千户以上置家丞、庶子各一人，不满千户不置家丞，又悉省行人、洗马、门大夫。”② 几乎没有真正的官吏。

（二）乡里制度与户籍案比制度

乡官、里吏虽不是朝廷命官，乡里百姓却“但闻啬夫（主要的乡官），不知郡县”③，直接管理百姓的是乡、亭、里等组织，国家的赋税、徭役、兵役以及地方的教化、狱讼、治安等事，都是由乡官、里吏直接承担办理的。其地位和作用不言自明。

1. 以啬夫为主的乡官

县下设乡，二乡、三乡、四乡不等④。乡官设置情况，有简略而明确的记载，《汉书·百官公卿表》的记载是：“乡有三老，有秩、啬夫、游徼。三老掌教化，啬夫职听讼、收赋税，游徼徼循、禁贼盗……皆秦制也。”《后汉书·百官志》写道：“乡置有秩、三老、游徼。本注曰：有秩，郡所署，秩百石，掌一乡人；其乡小者，县置啬夫一人。皆主知民善恶，为役先后，知民贫富，为赋多少，平其差品。三老掌教化，凡有孝子顺孙，贞女义妇，让财救患，及学士为民法式者，皆扁表其门，

① 范晔：《后汉书》志第二十八，《百官五》，中华书局1965年版，第3627页。
② 范晔：《后汉书》志第二十八，《百官五》，中华书局1965年版，第3631页。
③ 范晔：《后汉书》卷四十八，《爰延传》，中华书局1965年版，第1618页。
④ 参阅郝经《续后汉书》。

以兴善行。游徼掌徼循，禁司奸盗。又有乡佐，属乡，主收赋税。”这中间，三老不是行政职务，亦无俸禄（但经常受赐爵赐帛的优礼），他们“非吏而得与吏比”①。三老之设主要是为了推行教化（故又有郡三老、国三老），所以不能算是正式的乡官。游徼职责明确，与郡、县尉相同。还有一个乡佐，近似郡县之丞，又有不同，专收赋税。因而主要乡官就是啬夫了。啬夫有“有秩”与“无秩”之分，《后汉书》说得比较清楚，这里就不多说了②。

2. 亭长和亭吏

亭是与乡平级的行政单位，亭下也辖里，所以是“十里一亭”“十里一乡”③。亭主要设在城市，如西汉长安有十六个亭（下辖闾里一百六十④），东汉“洛阳二十四街，街一亭，十二城门，门一亭”⑤。乡村集镇也设亭，称为乡亭，主要起客舍、邮传的作用，又称邮亭。街亭是管辖里的组织，邮亭和门亭的性质有所不同，但都有人口相对集中的特点；特别是乡亭，如同今县城以外的一些小集镇⑥。亭的主管官员叫亭长，由县里任命和管理。其主要职责是“求捕盗贼”，维持治安。上级官员出行经过其地，他要送往迎来，一般行人也可在亭舍宿食。他有权检查过往行人，执行宵禁，乃至捕系犯人等有关治安工作。街亭辖里，乡亭也有一定的范围和人口，因而亭长也有一定的理民之责，包括制科令、劝生业、励风俗、行教化等等，不过，主要是治安。亭的吏卒有亭佐、亭侯、求盗等，包括亭长本人，基本上是武职，“皆习设五兵”，故《后汉书·百官志》本注有一句：“亭长，主求捕盗贼，承望都尉。”有人甚至认为亭长属于都尉的一个系统，其实不然，他只不过在“禁盗

---

① 《史记·平准书》集解引如淳曰。
② 参阅安作璋、熊铁基《秦汉官制史稿》的有关论述。
③ 参阅安作璋、熊铁基《秦汉官制史稿》的有关论述。
④ 参阅《三辅黄图》。
⑤ 孙星衍等辑：《汉官六种·汉官典职仪式选用》，中华书局1990年版，第211页。
⑥ 《史晨飨孔庙碑》：“史君念孔渎、颜母井去市道远，百姓酤买，不能得香酒美肉，于昌平亭下立会市，因彼左右，咸所愿乐。”（《隶续》卷一）

贼”方面“承望都尉”。亭是县以下，相当于乡的一级行政组织，门亭之类是级别相当，如同乡啬夫之外有其他名啬夫的官一样。

3. 里正和典老

以县统乡，以乡统里，“里有里魁，民有什伍，善恶以告”。《后汉书·百官志》本注曰：“里魁掌一里百家。什主十家，伍主五家，以相检察。民有善事恶事，以告监官。”① 这里说一里百家，也有说五十家或八十家的，其实都是约数，不可拘泥。里魁又叫里正，联系几十户人家，总有一些公共事务，故里中又有父老、宰社、里祭酒、里监门之类。什、伍则是具体的，特别是伍，更为实在，有更为广泛的意义，古代的什伍连坐之法，军队中的最基础编制均以伍为单位，故有“士伍”“卒伍”“行伍”之称。《急就篇》中有两句话：“变斗杀伤捕五邻”（连坐）和“戎伯总阅什伍邻”（部队编制），颜师古注“五邻”说“同伍及邻居”，注“什伍邻”则说：“五人为伍，二伍为什，五家为邻。”新出土的云梦秦简中有关于四邻、士伍连坐的记载。颜师古在注《汉书》时反复作以上相同的说明，并且引用过古“军法：五人为伍，二伍为什，则共器物，古通谓生生之具为什器，亦犹今之从军作役者，十人为火，共蓄调度也”。集体共火，五人太少了一些，就十人一火。军队中的什伍编制，是因地方编制而来，并且很古就沿用下来，因为它有很大的好处：“伍之人祭祀同福，死丧同恤，祸灾共之，人与人相畴，家与家相畴，世同居，少同游。故夜战声相闻，足以不乖，昼战目相见，足以相识……是故守则同固，战则同强。”② 秦汉时期，主十家的叫什典，主五家的称伍老③，云梦秦简中典、老相连之文不少。

4. 户籍制度

为了控制人民，并有根据地实行赋税和兵、徭役的剥削，秦汉时期

① 范晔：《后汉书》志第二十八，《百官五》，中华书局1965年版，第3625页。

② 徐元诰：《国语集解·齐语第六》，中华书局2002年版，第225页。

③ 参阅安作璋、熊铁基《秦汉官制史稿》的有关论述。

有一套完整的户籍制度。据记载，战国时秦献公就采取了“户籍相伍”的办法，秦孝公商鞅变法关于此有更具体的记载，如：“四境之内，丈夫女子，皆有名于上，生者著，死者削。”① 除生死之外，登记的项目还很多：“境内仓、口之数，壮男、壮女之数，老弱之数，官、士之数，以言说取食者之数，利民之数，马、牛、刍稿之数”②，名籍上包括人口、性别、年龄、社会身份和职业以及家庭财产等等。这种名籍簿册，在秦代称为“傅籍”，汉代以后一直沿用。与“傅籍”并行的还有“市籍”，是专登记商人的。至于“官籍”“宗室籍”“弟子籍”等，与一般户籍又不相同。秦汉时期，每年都要搞一次户口调查登记，称为“算民”或“案比”。如说：“汉法，常因八月算人”③，或“仲秋之月，县、道案户比民”④。当时清点人数，是要老百姓前往县府或指定地点进行的，有具体记载可说明这一点，史载：“（江革）建武末年，与母归乡里。每至岁时，县当案比，革以母老，不欲摇动，自在辕中挽车，不用牛马。由是乡里称之曰‘江巨孝’。”⑤ 这显然走得较远，或者到县道去。也有的地方官相对变通一些：“八月算民，不烦于乡。随就虚落，存恤高年”，因而为时人树碑颂德⑥。案比之后就编造户口名籍，所谓“汉时八月案比而造籍”⑦。从《居延汉简》所记屯田吏卒的名籍看，登记内容包括籍贯、住址、爵位、职务、姓名、年龄、肤色、家庭成员及资产等等，汉代户籍之内容当可想而知了。户籍编造以后，一般到年终要逐级进行“上计”，县令、长“秋冬集课，上计于所属郡国”，郡守“岁尽遣吏上计”⑧。“上计”的内容还包括垦田数、赋税收入和社会治

① 《商君书·境内》，诸子集成本，中华书局1954年版。
② 《商君书·去强》，诸子集成本，中华书局1954年版。
③ 范晔：《后汉书》卷十上，《皇后纪》，中华书局1965年版，第400页。
④ 范晔：《后汉书》志第五，《礼仪中》，中华书局1965年版，第3124页。
⑤ 范晔：《后汉书》卷三十九，《江革传》，中华书局1965年版，第1302页。
⑥ 《金石图说》甲上张迁谷城长。
⑦ 《周礼》贾公彦疏。
⑧ 范晔：《后汉书》志第二十八，《百官五》，中华书局1965年版，第3621页。

安等情况，“名籍”是重要内容。中央对郡，郡对县，都要根据上计情况实行奖、惩，这样也就难免出现弄虚作假，但在中央集权力量强大时，往往采取一些检核措施。

五、选官与监察制度

在整个政治制度中，各级官吏是一个核心问题。各种机构是由众多的官吏组成的，政策、法令的制定和实施等等也是由官吏执行的。因此，官吏的选拔、任用以及监督等，又是一个极为重要的问题。现略分述如下：

（一）选官制度

春秋以前“世卿世禄”，大夫以上皆世族，士以下府史、胥、徒才由乡举里选贤能之辈①。战国时有了变化，秦国即以农战而得官爵②，到了秦始皇建立统一国家之后，“不世官，守、相、令、长以他姓相代，去世卿、大夫、士”③。“他姓”不是世族，可以是任何人，包括平民百姓（虽然劳动人民实际上不可能）。如何“相代”呢?《通典》说是“仕进之途，唯辟田与胜敌而已”。辟田可以多产粮食，有了粮食可买到爵位和官职，所谓“粟爵粟任”④。《史记·秦始皇本纪》上记载说，始皇四年，“天下大疫，百姓纳粟千石，拜爵一级”。胜敌就是军功，立了军功就拜爵，所谓军功爵制，史书有关材料甚多，有了爵就可以做官，所谓“爵一级，欲为官者，为五十石之官”，“爵二级，欲为官者，为百石之官”⑤。秦国和秦朝的各级官吏原来都有官爵，具体如何“相代”，未及细考。改朝换代以后，汉朝的情况就比较明显了，汉朝开国之初，中央和地方机构中的主要官吏，大部分由刘邦的部下充任，地方上的小官

---

① 参阅俞正燮《癸巳类稿》卷三《乡与贤能论》。

② 参阅《通典·选举典》。

③ 孙星衍等辑：《汉官六种·汉旧仪》，中华书局1990年版，第84页。

④ 《商君书·去强》，诸子集成本，中华书局1954年版。

⑤ 《韩非子·定法》，诸子集成本，中华书局1954年版。

吏有相当一部分由秦的旧官吏继任。从制度上讲，主要官吏的选任，仍然是以军功而定，同样是军功爵制。官吏不是终身制，更不是世袭制，因而有不断地调整和更换。新的官吏如何产生？汉代在秦代和秦以前各种办法的基础上，建立和发展了一整套选官制度，包括察举、皇帝征召、公府与州郡辟除、大臣举荐、考试、任子、纳赀及其他多种方式，不限于一途，而且是交互使用。

（1）察举。由下而上的推举人才。从汉初开始到武帝形成一种比较完备的制度。察举的科目主要有孝廉、茂才、贤良方正、文学、明经、明法、尤异、治剧、兵法、阴阳灾异以及临时规定的其他科目。具体办法，两汉时期前前后后有不少变化，开始是很严格的，国家大吏不荐人才有罪，荐举人才不实者亦有罪①。但是到了东汉，种种弊端都出来了，推荐人“率取年少能报恩者”②，被举者成为举者门生、故吏，豪族、官吏勾结，互相推荐亲属故旧，所举非人就不可避免了，以至于“举秀才，不知书；察孝廉，父别居”③。

（2）征辟。由上而下的选任官吏，主要有皇帝征聘和公府、州郡辟除两种方式。皇帝采取特征与聘召的方式，选拔某些有名望的品学兼优的人士，或备顾问，或委任政事。辟除则是高级官员任用属吏的一种制度，途径有二：一是由三公府辟除，对象是主要公府掾属，试用之后，可出补中央官吏或州郡长官；二是由州郡辟除，对象是州郡佐吏，试用之后，亦可升任中央和地方官吏。不过被荐举之后，还须经考试后方能量才录用，考试内容，诸徒试经学，文吏试章奏。考试方法有对策、射策等。皇帝特征，也要亲自策试。

（3）任子。高级官吏保任其子弟为官，秦汉均有，东汉大盛，保任对象除了子、弟、孙以外，还扩大到“门从”、死亡官吏子弟、宦官子

① 《史记·范雎列传》：“秦之法，任人而所任不善者，各以其罪罪之。”
② 范晔：《后汉书》卷三十二，《樊倏传》，中华书局 1965 年版，第 1122 页。
③ 《抱朴子·审举》，诸子集成本，中华书局 1954 年版。

弟等。并且由任子弟一人扩大到二至三人。这是任人唯亲的发展，对吏治十分不利。

（4）纳赀。实际就是公开卖官，东汉末年公开标价卖官。如灵帝光和元年（178 年），“初开西邸卖官，自关内侯、虎贲、羽林，入钱各有差。私令左右卖公卿，公千万，卿五百万”①。

此外还有“上书拜官”“以材力为官”等等。

以上选官制度，特别是察举和征辟，与考试等一些较严格的法规结合，在政治清明时，无疑可以选得不少优秀人才，武帝时就人才辈出。但选官大权在皇帝与各级官吏手中，“任人唯亲”是致命的弱点，在政治腐败时，就必然导致吏治的败坏。

除开官吏的选拔之外，官吏的任用和考核，秦汉时期也有一整套的制度，比如任用方式就有多种：实授曰“直除”，试用曰“试守”，摄事称“假”，兼领曰“领”或“视”，以本官兼其他官职又称“兼”，兼领或参决总领尚书事又称“平”与“录”，暂由他官代某官曰“行”，临时派员督监曰“督”，等待皇帝诏命任用就叫“待诏”，本职以外的虚衔为加官，不治事的官员曰“散官”，等等。任用官吏时有不少严格的法规，如回避制度，地方长官不用本地人，甚至颁布“三互法”，规定“婚姻之家及两州人不得交互为官”②，有时候不准外戚“备位九卿”③，不准宦官子弟“为牧人职”④等等，但一些好制度不能始终如一地执行，在封建社会也是必然的。另有一些规定则有明显的阶级性和偏见，如把财产作为任官的重要条件之类。

还有官吏考课与相应的迁降赏罚制度。前所述上计制度即对地方官考核的重要内容。考课结果，登记在册，“考绩功课，简在两府”⑤，作

① 范晔：《后汉书》卷八，《灵帝纪》，中华书局 1965 年版，第 342 页。
② 《后汉书·蔡邕传》引李贤注。
③ 班固：《汉书》卷七十六，《冯野王传》，中华书局 1962 年版，第 3233 页。
④ 范晔：《后汉书》卷三十八，《冯绲传》，中华书局 1965 年版，第 1284 页。
⑤ 班固：《汉书》卷八十三，《薛宣传》，中华书局 1962 年版，第 3391 页。

为迁降赏罚的依据。成绩优异的，“课最”或“高第”者，有升迁，增秩、赐金、封爵等奖励，成绩差的则有被责问、降职（“左转”或“左迁”）、贬秩甚至免官等处罚。除岁末常考和三年一次大考外，平时对官吏的监督和考查有专门机构负责，如丞相府的东、西曹和郡县的功曹之类。

（二）监察制度

在庞大的行政体系中，监察，特别是对官吏的监察有很重要的意义，能够保证行政职能的正常运转，能够保证政策、法令的实施，能够保证吏治的清明。秦汉时期，建立了一套有自己特点的监察制度。在中央，御史大夫就负有监察、弹劾百官之责。其属官御史中丞就具体负责监察事宜：他“在殿中兰台，掌图籍秘书（当然包括法律文书），外督部刺史，内领侍御史员十五人，受公卿奏事，举劾按章”[①]。他能纠察所有官员，并按照皇帝的诏令，与廷尉共同审理大案要案，“杂治”犯罪的王侯将相。对于地方，秦时各郡设有监御史，汉初废除之后，曾由丞相府派丞相史监察地方官吏。汉武帝时，分全国为十三州（部），每州设刺史一人，刺史每年八月巡视所部郡国，“省察治状，黜陟能否，断治冤狱，以六条问事”[②]。六条中除一条监察强宗豪右，五条都监察郡国守相等地方官吏。州刺史直属于御史中丞。京师所在的州置司隶校尉，权力较大，可以纠察包括丞相在内的京师百官，还可以领兵督捕大奸猾。又置丞相司直，位在司隶校尉之上。武帝时监察制度的健全，与中央集权加强是一致的。郡县也有监察制度。郡设督邮，分部督察郡内各县。各部门和郡县长官对所属官吏都有监察的责任。秦汉时期监察制度的特点：首先是实行分级多层次的监察，检查督促比较细密；其次是监察官秩卑、权重、赏厚，又与行政权相对脱离，能够较独立地恪尽职守；最后是经常性的监察与定期巡视相结合，能更好地提高监察工作的

① 班固：《汉书》卷十九上，《百官公卿表》，中华书局1962年版，第725页。
② 《汉书·百官公卿表》注引《汉官典职仪式选用》。

效能。当然监察制度能否发挥真正的好作用，又与整个政治发展有关，与人的好坏有关。

第二节 政治思想

一、秦汉政治思想概况

战国时期，所谓“诸子百家”，汉人认为重要者，或说九家、十家（如班固《汉书·艺文志》所说），或说六家（如司马谈《论六家之要旨》）。这许多“家”的代表人物纷纷著书立说，都想实现自己的主张，各家之间似水火不相容。司马谈对于各家思想的异同曾说过这样一段话：“‘天下一致而百虑，同归而殊涂。’夫阴阳、儒、墨、名、法、道德，此务为治者也，直所从言之异路，有省不省耳。”① 他首先说的是各家之同，“务为治”，目的都是“治”，为了统治，为了政治。各家之不同，不过是如何治理的不同考虑（百虑），主张采取不同的途径（殊途）和道路（异路）。这种概括无疑是正确的，由此，我们可以说，诸子百家的思想主要是政治思想，他们的出发点、落脚点以及思想的核心内容都是政治。

秦汉时期的政治思想，在内容上也有许多共同之点，最重要的是各家都主张维护政治的统一。法家代表人物李斯对秦始皇说：“古者天下散乱，莫之能一，是以诸侯并作，语皆道古以害今，饰虚言以乱实，人善其所私学，以非上之所建立。今皇帝并有天下，别黑白而定一尊。私学而相与非法教，人闻令下，则各以其学议之……禁之便。”② 因而有所谓“焚书坑儒”。儒家代表人物董仲舒对汉武帝说：“春秋大一统者，

① 司马迁：《史记》卷一百三十，《太史公自序》，中华书局 1982 年版，第 3288～3289 页。
② 司马迁：《史记》卷六，《秦始皇本纪》，中华书局 1982 年版，第 255 页。

天地之常经，古今之通谊也。今师异道，人异论，百家殊方，指意不同，是以上亡以持一统；法制数变，下不知所守。臣愚以为，法不在六艺之科、孔子之术者，皆绝其道，勿使并进，邪僻之说灭息，然后统纪可一，而法度可明，民知所从矣。”① 因而有所谓“罢黜百家，独尊儒术”，何其相似乃尔。一个从历史经验总结出统一的重要；一个更说统一是天经地义地不容置疑。秦汉时期的道家与先秦道家不同，其政治思想更为明确和突出，我们称之曰“新道家”（亦即黄老道家）。新道家的政治思想突出的特点是主张“清静无为”，然而它也是在维护和主张统一局面下的“清静无为”。例如，黄老道家最早最重要的代表作《吕氏春秋》，在秦统一之前就明确阐述了大一统的政治主张，反复强调：“乱莫大于无天子。无天子则强者胜弱，众者暴寡，以兵相残，不得休息。”“天下大乱，无有安国；一国尽乱，无有安家；一家尽乱，无有安身，此之谓也。”它也同样主张政治统一并要求思想统一，“听群众人议以治国，国危无日矣”，要“齐万不同，愚智工拙，皆尽力竭能，如出乎一穴”②。汉初黄老道家实行无为政治，其目的和结果也都是“载其清静，民以宁一”③。至于黄老道家集大成之作《淮南子》，更是在完全肯定统一的思想下讲无为而无不为的政治，不但它的立论基础——道，是“覆天载地，廓四方，柝八极”④，是统一的无所不包的，它“观天地之象，通古今之事”，种种议论，最终目的都是要“以统天下，理万物，应变化，通殊类”⑤。

正因为目的是相同的，有些思想内容和主张也大同小异，彼此之间又明的或暗的互相吸收，因而在政治思想方面，既有儒、法、道之间的

---

① 班固：《汉书》卷五十六，《董仲舒传》，中华书局 1962 年版，第 2523 页。
② 《吕氏春秋·不二》，诸子集成本，中华书局 1954 年版。
③ 《汉书·曹参传》所载称道萧曹政治之歌谣。
④ 《淮南子·原道训》，诸子集成本，中华书局 1954 年版。
⑤ 《淮南子·要略》，诸子集成本，中华书局 1954 年版。

争胜事实甚至意气用事，如辕固与黄生之争[1]，贤良文学与大夫之争等等，也有各派合流之发展趋势。这种合流既表现为“儒道互补”“外儒内法”“霸王道杂之”等等，更表现为内容上各家思想之互相吸取、互相利用，例如道家之“采儒墨之善，撮名法之要”[2]，例如“张汤决大狱欲传古义，乃请博士弟子治《尚书》《春秋》补廷尉史亭疑法”[3]，例如董仲舒以经义断狱，等等，许多人都兼受孔孟申商之学。

但是，儒、法、道三家政治上的地位和影响，在秦汉时期又有几个比较明显的发展阶段，那就是秦代的“以法为教”，汉初的黄老政治，武帝以后的“独尊儒术”。一直到东汉末年，至少表面上是儒家的一统天下，但儒家本身政治思想也是有许多变化的。

二、秦代“以法为教”的政治思想

秦代可以说是比较全面地实行了法家的政治思想和主张，这并不足怪。秦国自商鞅变法以来长期实行着法家的政治主张，取得了统一六国的胜利，这是客观事实。如何进一步治理这个统一的国家，又有主观因素的作用。主观因素中政治思想就是重要内容之一。如上所述，诸子百家都有统一国家的思想主张，但如何治理则有不同的考虑。战国末年，各主要学派又都有对“百家争鸣”的总结。在秦国，吕不韦及其门徒，站在黄老道家的立场上作了总结，著《吕氏春秋》，实际是治理统一国家的一个政治纲领。这纲领不能说没有道理，针对战乱破坏，经济亟待恢复和发展，人民迫切要求宁静等现实，不失为一种较好的政治主张，但没有被秦始皇所采纳。

秦始皇的思想意志对于一定政治主张的采纳和实行起着决定性的作用。《史记·老子韩非列传》中保存的一条材料很能说明秦始皇的思想：

---

① 司马迁：《史记》卷一百二十一，《儒林列传》，中华书局 1982 年版，第 3122 页。
② 司马迁：《史记》卷一百三十，《太史公自序》，中华书局 1982 年版，第 3289 页。
③ 司马迁：《史记》卷一百二十二，《张汤列传》，中华书局 1982 年版，第 3139 页。

“秦王见《孤愤》《五蠹》之书曰：‘嗟呼！寡人得见此人与之游，死不恨矣！’”《孤愤》《五蠹》是法家思想集大成者韩非的代表作。为什么秦始皇对其如此赞赏？因为：第一，在《孤愤》一篇中，韩非怀着愤慨之情和势孤之感论述了法家与当权重臣的矛盾和斗争，并且还切中时弊地一针见血指出：“万乘之患，大臣太重；千乘之患，左右太信：此人主之所公患也。”① 这对秦始皇正中下怀，吕不韦就是刚刚过去的前车之鉴。第二，《五蠹》一篇可以说是对各家作了政治结论，“儒以文乱法，侠以武犯禁”②，实指儒、墨两家，这些人和其他一些社会上的无用之人是五种蛀虫：“学者”（儒生）、“带剑者”（游侠刺客）、“言谈者”（纵横之士）、“患役者”（逃避耕战之人）、“商工之民”。这些人对社会是无用的甚至是有害的。在统一的政权之下，应该是“无书简之文，以法为教；无先王之语，以吏为师”③。这不仅仅是韩非的思想和主张，也是当时所有法家的思想和主张，生活在长期实行法家政治主张的秦国的秦始皇自然是很欣赏的。

后来韩非遭到李斯的陷害，只不过是个人利益之争。韩非的思想主张，李斯不折不扣地实现了，这就是众所周知的他关于尊君、集权、行郡县制、禁私学、行督责等一系列“师今”的言论和主张。秦代实行了“以法为教”“以吏为师”。

三、汉初的黄老思想

汉初之黄老就是道家，这是毫无疑问的，黄老道家与老庄道家不同，也是很明显的。《吕氏春秋》即为此新道家的最早代表作。它虽然没有被秦始皇所采纳，但它所代表的思想是符合长期战乱后的社会政治需要的，因而在秦末再次战乱（当然是秦之暴政所引起的）之后，汉初

① 《韩非子·孤愤》，诸子集成本，中华书局1954年版。
② 《韩非子·五蠹》，诸子集成本，中华书局1954年版。
③ 《韩非子·五蠹》，诸子集成本，中华书局1954年版。

就得以实行了。汉初讲黄老思想，实行黄老的政治主张，除了陆贾的《新语》之外，主要依据似乎只有一部《老子》，这是可以理解的。只读《老子》，不讲《庄子》，足见其与老庄道家之区别，是直接继承战国以来“发明”黄帝、老子之“旨意”的做法。绝口不提《吕氏春秋》，因为吕不韦到底是亡秦的相国，并且名声不好，读他的书又有种种之不便。其他的人，或者没有留下系统的著作，或者是一些还在眼前的人，他们的言论（例如《新语》），还不足以作为经典性的根据。正因为如此，汉初就没有什么突出的黄老道家的代表人物和代表作品。但事实上又确实有那么一批人，记载中讲得最明确的如曹参、窦太后等，并且事实上实行了黄老道家的政治主张，后来之所以出现《淮南子》这种总结性的著作，与汉初的政治实践是分不开的。

汉初的政治可以概括为无为政治，是以黄老道家思想为指导的，是黄老道家政治主张的实践。无为政治以道德为理论基础，为政必须“修其本”“秉其要”，基本要求是“反于朴”“达于道”，基本特点是“清静”“自然”。无为政治的目的是“无为而无不为”，它既坚持“道德自然”“贵因”“贵柔”“守雌节”等基本观念，又把仁、义、礼、法以及贤人政治等等纳入自己的思想范围。具体的政治主张，是针对历史和现实而提出的，突出的如主张君主无为，要求君主节欲反性，如“为治之本，务在宁民”① 等等。

四、从董仲舒到白虎观会议

汉武帝时期，政治思想发生了较大的变化，即前述所谓“独尊儒术，罢黜百家”。儒学之成为封建社会的正宗，儒家思想——经过改造的儒家思想，之所以成为封建统治思想，一般都指当时被誉为“群儒之首”的董仲舒。其实董仲舒的“天人三策”，完全是在汉武帝的再三启

① 《淮南子·泰族训》。以上未注引文均见《淮南子》。

发下，揣摩、迎合汉武帝的意图而发挥出来的，《汉书·董仲舒传》对其“对策”的描述可以说明这一点。另外，有记载说：“董仲舒梦蛟龙入怀，乃作《春秋繁露》词。”① 这条蛟龙就是汉武帝的意旨，他是根据汉武帝的意旨，发展了春秋大一统的理论，这个理论包括君权神授论、三纲五常说、德刑并举的“德治”主张等等重要内容。

但是，要强调指出：董仲舒仅是一个代表人物，他所代表的思想是当时许多人的共同思想，也是站在儒家立场上吸收了各家思想的新儒家，其中阴阳家的思想最为突出，这是以后迷信落后思想进一步发展的重要因素。再者，他们代表的思想，在其后的汉代历史中（包括西汉后期和东汉）又不断发展变化，使得儒家的政治思想“法典化”“国教化”。例如汉宣帝甘露三年（前 51 年）在石渠阁（未央殿北藏书处）“诏诸儒讲五经同异，太子太傅萧望之等平奏其议，上亲称制临决焉”②，奏议的部分内容在《汉书·艺文志》中有反映，其时并增设了一些博士官，只不过没有总结性的东西保留下来罢了。又例如，东汉光武帝中元元年（56 年）宣布图谶于天下，进一步把儒家经义庸俗化，同时使之具有国教形式。明帝时就曾想“使诸儒共正经义”，至章帝建初四年（79 年），“于是下太常，将、大夫、博士、议郎、郎官及诸生、诸儒会白虎观，讲议五经同异，使五官中郎将魏应承制问，侍中淳于恭奏，帝亲称制临决，如孝宣甘露石渠故事，作《白虎议奏》”③。关于这方面的记载颇多，要害是这“议奏”被称为“国宪”④，是要“永为后世则”⑤ 的统治思想。今存的《白虎通义》一书，其维护三纲五常的说教十分明显，问题是它把儒家经典与大量的谶纬之学结合起来，以纬书证经典，使得儒家思想神学化、迷信化，走向极端。但这难免事与愿

---

① 葛洪：《西京杂记》卷二，《仲舒梦龙作繁露》，中华书局 1985 年版，第 13 页。
② 班固：《汉书》卷八，《宣帝纪》，中华书局 1962 年版，第 272 页。
③ 范晔：《后汉书》卷三，《章帝纪》，中华书局 1965 年版，第 138 页。
④ 范晔：《后汉书》卷三十五，《曹褒传》，中华书局 1965 年版，第 1205 页。
⑤ 范晔：《后汉书》卷四十八，《杨终传》，中华书局 1965 年版，第 1599 页。

违，使儒学失去统治权威意义。

五、异端思想及其政治主张

有统治阶级的统治思想，就有被统治阶级的反抗思想。秦汉时期几次大的农民起义中就反映了农民的反抗思想，如“伐无道，诛暴秦”“苍天已死，黄天当立”，以及一定意义上的平等①、平均②思想之类。

在统治阶级中也有正宗与异端之分，异端思想的情况是多种多样的，如司马迁的反抗思想，如桓宽《盐铁论》的暴露思想，如通贯两汉的经古文学派反今文正宗的积极传统，都有鲜明的异端色彩。从西汉末年到东汉，谶纬学说的盛行，正宗儒学的日益堕落，异端思想就尤为突出。在两汉交替之际，就有郑兴、尹敏与桓谭等“非毁俗儒”“尤好古学”的反谶纬思想，郑兴公开申言“臣不为谶”③，尹敏明确指出“谶书非圣人所作”④。桓谭“又作《新论》，论世间事，辩照然否，虚妄之言，伪饰之辞，莫不证定”⑤。他自己开宗明义地说：“余为《新论》，术辨古今，亦欲兴治也。”⑥ 这位异端思想家，目的仍然是兴东汉之治。他的政治思想和主张虽无多少创见，但在谶纬迷信猖獗的时代却有积极意义。他认为谶纬不合“仁义正道”，所以不能用以治国。他重新强调了“威德更兴”“文武迭用”（即“霸王道杂之”）的看法和主张，重新强调重用“贤才”“一其法度”，重新强调“举本业而抑末业”，都针对了当时的弊端。并且他提出“政合于时”的观点，更有积极意义，对“奉天法古”思想是有力的批判。

东汉时期一个最大的异端就是王充。这位杰出的唯物主义思想家，

---

① 《三国志·张鲁传》：五斗米道“不置长吏，皆以祭酒为治，民夷便乐之”。赤眉起义亦有此类行事，均反映平等思想。

② 《太平经》中就有明显的反映。

③ 范晔：《后汉书》卷三十六，《郑兴传》，中华书局 1965 年版，第 1223 页。

④ 范晔：《后汉书》卷七十九上，《尹敏传》，中华书局 1965 年版，第 2558 页。

⑤ 《论衡·超奇》，诸子集成本，中华书局 1954 年版。

⑥ 桓谭：《新论》卷上，《本造》，上海人民出版社 1976 年版，第 1 页。

著《论衡》等书，对当时占统治地位的神学迷信思想作了比较系统、彻底的批判，同时也对豪强专权和官僚腐败进行了揭露和抨击。他在政治思想方面的特点是重新举起黄老思想这个理论武器，驳斥“君权神授”说，揭露“祥瑞符命”“灾异谴告”等欺骗性，阐发进步的唯物主义的思想，因而对于国家治乱兴衰的看法及其治国主张多少有些进步意义，如“治国之道，所养有二：一曰养德，二曰养力。……此所谓文武张设、德力具足者也”①。强调解决人民的安乐生活，只有丰衣足食，教化与刑罚才能起作用，“夫太平以治定为效，百姓以安乐为符。……百姓安者，太平之验也”②，在一定程度上反映了人民对物质生活有所保障的愿望和要求。

王充以后，东汉末年，还有不少有识之士，主观上都是为了东汉的统治，客观上暴露了社会矛盾，对当时的政治、法律、道德等有所批判。例如桓、灵之际的崔寔作《政论》“言当世理乱”，“指切时要，言辨而确”，对于豪强之“奢侈”，官吏之“贪饕”都痛加斥责。例如王符著《潜夫论》“指讦时短，讨谪物情”，和王充《论衡》一样，是愤世嫉俗的私人著作，当然是异端代表。政治思想方面，王符主要反对豪强贵戚之兼并，是他们的奢侈靡费造成了社会和人民的不安定，并提出“以农为本”的“富国”主张。王符激烈地抨击豪强专断、“以阀阅取士”，主张尚贤使能；并且主张加强法治，维护君权，以限制豪强势力的发展与特权。又例如灵、献之际的仲长统，著有《昌言》三十四篇，十余万言，似比《潜夫论》更丰富，可惜大多未保存下来，仅存的一小部分文字也可见其思想体系。他纵论古今成败得失兴亡，探讨其因果变迁关系，得出结论：国家之治乱安危，号令之能行与否，其关键全在执政者本身之存心如何，操守如何，以及行为如何。他认为为政在于“德教”，而“刑罚为之佐助焉”。他的种种思想也都是针对时弊而进行的批判和

---

① 《论衡·非韩》，诸子集成本，中华书局 1954 年版。
② 《论衡·宣汉》，诸子集成本，中华书局 1954 年版。

相应提出见解，有些甚至带有幻想色彩，但有进步意义。

王充、王符、仲长统被称为“后汉三贤”，范晔在《后汉书》中把他们三人合传，可见其虽为异端的代表，但影响甚大。范晔虽然不同意他们的主张，认为他们是“举端自理，滞隅则失”，又不得不承认他们的言论是“分波而共源，百虑而一致”，是“言政者”并且“大略归乎宁固根柢，革易时弊也”[①]，也都是“务为治者也”。因而可以说，异端思想家们无疑是对正宗儒家思想堕落的挽救，对儒家的政治思想给以不断地补充和发展。此类思想家当时还有不少，如徐幹作《中论》、荀悦作《申鉴》等等，均与以上所说各人及其著作的宗旨及内容相似。

① 《后汉书》本传之论。

我国传统学术特点的形成[①]

我国文化源远流长，我国的学术也有悠久的传统，但从实际发展的情况看，汉代是我国传统学术发展过程中一个最重要的时期，我国传统学术的主要特点，是在汉代形成的，我们可以从几个主要特点分别论述如下。

一　道不离器的综合性

这是最有中国特色的学术特点，而且相对西方学术的专业分科而言，最为明显。西方从古希腊开始就有明显的专业分科，例如亚里士多德这位百科全书式的学者，他的著作就有明显的分科，有属于哲学和逻辑学方面的，如《形而上学》《范畴篇》《论辩篇》《解释篇》《前分析篇》《后分析篇》等；有伦理学与政治学方面的，如《尼可马亥伦理学》《政治学》等；也有自然科学方面的，如《物理学》《论天》《论生灭》《气象学》《动物志》《动物结构》《动物的行进》《动物的生殖》等；还有心理学方面的《论灵魂》；以及艺术和修辞学方面的《诗学》《修辞学》；等等。这在西方形成了学术专业分科的传统，而我国自近代以来（19 世纪末 20 世纪初）才全面接受这种传统。

① 节选自《汉代学术史论》第六章。

在我国古代学术又称为道术，突出了一个“道”字，在《庄子·天下》篇中明确认为诸子百家都只是道术的一部分，“皆原于（道）”。任何一种、一方面的学术，都是“道术”的一部分，都源于道，而且归于道。所以《汉书·艺文志》这部最早的图书目录书，在对图书进行分类时，就反映并揭示了这一思想，其言“六艺”曰：

> 六艺之文，《乐》以和神，仁之表也；《诗》以正言，义之用也。《礼》以明体，明者著见，故无训也。《书》以广听，知之术也。《春秋》以断事，信之符也。五者，盖五常之道，相须而备，而《易》为之原。故曰：“易不可见，则乾坤或几乎息矣。”言与天地为终始也。①

其言“诸子”曰：

> 今异家者各推所长，穷知究虑，以明其指，虽有蔽短，合其要归，亦《六经》之支与流裔。②

诸子之中均包含着部分“道术”可以求索。可以说无论“六艺”“诸子”，还是“方技”“数术”都是源于道，而且归于道的。在我国古代，六经、诸子以及所有图书，都是载道之书。虽然，“道不离器，犹影不离形”③，但“形而上”的“道”，始终在我国传统学术中属于中心地位，起主导作用，这应该是学术综合性特点形成的根本原因。章学诚说：

---

① 班固：《汉书》卷三十，《艺文志》，中华书局1962年版，第1723页。
② 班固：《汉书》卷三十，《艺文志》，中华书局1962年版，第1745页。
③ 仓修良：《文史通义新编》，上海古籍出版社1993年版，第50页。

> 三代以前，《诗》《书》“六艺”，未尝不以教人，不如后世尊奉六经，别为儒学一门，而专称为载道之书者。[①]

这个“后世”显然是从汉代开始的，突出各类书籍的“载道”特点，也就不断加强学术的综合性，使各种不同的“形而下之器”服从、归属于“形而上之道”。

那么，学术的综合性具体表现又是什么呢？

首先，我国古代学术有一系列不同于西方学术分科的范畴和术语，明显地反映学术的综合性，如六艺、群经、经学、诸子、九流、百家之学等，都是学术，不同于现在（沿自西方）的任何一种分科之学。经学、子学这样的学术名称，原本属于图书的分类，不是现在的学术分类。图书分类是从汉代开始的，深受儒家思想的影响，刘向、刘歆父子在整理图书时，创造了“七略”，班固的《汉书·艺文志》基本上采纳了，后经王俭《七志》、阮孝绪《七录》，再经荀勖《中经新簿》之分甲、乙、丙、丁四部，最后形成《隋书·经籍志》的经、史、子、集四部。这些都是图书的分类，不是学科的分类，其中仅史部与今之史学大体一致。而且它是学术整体的有机部分，在独立成为史部之前它是属于“六艺略”之“春秋”类的。后世“六经皆史”[②] 的说法，多少反映了经与史之间的有机联系，反映了学术的综合性。不仅史部如此，经、子也只是图书分类（而且是按汉儒思想的分类），所以说，早就有人注意到经与子的区分不是绝对的，如江瑔《读子卮言》就说：

> 子中有经，经中亦有子，班氏《艺文志》之论诸子也，亦云合其要归，亦六经之支与流裔。盖六经既出于诸子，诸子亦可出于

① 仓修良：《文史通义新编》，上海古籍出版社1993年版，第50页。

② 可参见仓修良：《史家·史籍·史学》中之《论明清时期“六经皆史”说的社会意义》，山东教育出版社2000年出版。

六经。

这些虽然表面上讲的是经、史、子、集的地位，实际上讲的是学术性质问题，它们是一个统一的整体。所以我们说，我国古代的学术是综合性的学术。

其次，无论六艺、诸子、经、史、子、集，其内容都是百科全书式的，这一点也比较明显。从“艺”来看，司马迁对“六艺”有个概说：

> 《易》著天地、阴阳、四时、五行，故长于变；《礼》纲纪人伦，故长于行；《书》记先王之事，故长于政；《诗》记山川、奚谷、禽兽、草木，牝牡雄雌，故长于风；《乐》乐所以立，故长于和；《春秋》辨是非，故长于治人。[①]

虽然他指明各经之所“长”，而且是着眼于教化，即为人、为政之教化（其下文“《礼》以节人”“《春秋》以道义”等更为清楚），但也指出了这些经书包含着自然和社会的丰富知识，天文、地理、草木、鸟兽、人伦、政事方方面面都有。每一种经书都是一部综合性的学术著作，虽各有侧重，但它们是现代各学科的综合。这方面，一部《周礼》较为典型，不论此书是否周公所作，春秋时期已成书是没有大问题的。在这部以“经纪人伦”为主的礼经中，有“冬官考工记”这么一个不小的部分，《考工记》被今人视为当时“手工业技术规范的总汇”，不仅是包含了自然科学，也可以说是包含了今日所谓的“科技”。

经学是综合性的学术，子学也不例外。虽然大多数子书以讲“治术”为主，司马谈所谓“其务为治者也”，但每一种子书都包含有多方面的知识和学问，如东汉高诱研究《吕氏春秋》和《淮南子》时指出

① 班固：《汉书》卷六十二，《司马迁传》，中华书局 1962 年版，第 2717 页。

的，吕览“备天地万物古今之事”，淮南“其义也著，其文也富，物事之类，无所不载”。实际上任何一种子书都是可以这样说的，因此每一种子书都可以以今日之学科去研究它。例如哲学、伦理学、政治学、心理学、社会学、教育学、军事学等，同样它们也包含不少自然科学或者科学技术的内容。除了普遍都有的天文、地理、草木、鸟兽之类的知识外，有些书还有某些比较突出的内容，如《墨子》中既有物理学（光学、力学），也有几何学，还有逻辑学，其书又称《墨辩》。以后各个朝代的很多学者的著作，甚至文集、笔记，例如汉代应劭的《风俗通义》、唐代封演的《封氏闻见记》、宋代沈括的《梦溪笔谈》之类，都是内容广泛，无所不包的。学者知识丰富，具有多方面的学问与知识，其著作自然有综合性的特点。我国古代的图书分类，最早从“六艺”中分出来的史部，是与现代分科之学的历史学大体一致的，但其综合性也很明显，所以今人称《史记》一书为当时的百科全书。因为它除了以王朝世系、人物传记为主之外，还有一个包含广泛内容的“八书”，《礼》《乐》《律》《历》《天官》《封禅》《河渠》《平准》等，人物传记中还有“儒林”“滑稽”“日者”“龟策”“货殖”等类传，当时所有的知识和学问可说是都涉及了。此种基本史学著作体例，一直沿袭了两千多年，虽然长时间中有不少变化，但都有百科全书的性质。

再次，从我国古代学术研究的指导思想、原则和方法看，也能体现其综合性。前面所述道的核心意义以及“源于道，归于道”等，已经讲到了我国学术的指导思想，不再重述了。这里再从司马迁的一句名言来谈，他在《报任安书》中说：

> 网罗天下放失旧闻，考之行事，稽其成败兴坏之理，百三十篇，亦欲以究天人之际，通古今之变，成一家之言。

“究天人之际，通古今之变，成一家之言”，是就“百三十篇”的

《史记》而言，因而被认为是历史学上的首创，实际上是不应限于历史学的。如上所说，《史记》是当时的一部百科全书，它几乎包含了当时全部的学术内容，这也是司马迁在《太史公自序》中所说：

> 序略，以拾遗补艺（《汉书》作阙），成一家之言，厥协《六经》异传，整齐百家杂语，藏之名山，副在京师，俟后世圣人君子。

《六经》、“百家”皆网罗在内，绝不只是史学，而是整体的学术，从他自己关于百三十篇内容的叙述看也是无所不包的：

> 网罗天下放失旧闻，王迹所兴，原始察终，见盛观衰，论考之行事，略三代，录秦汉，上记轩辕，下至于兹，著十二《本纪》，既科条之矣。并时异世，年差不明，作《十表》；礼乐损益，律历改易，兵权、山川、鬼神，天人之际①，承弊通变，作《八书》；二十八宿环北辰，三十辐共一毂，运行无穷，辅弼股肱之臣配焉，忠信行道，以奉主上，作三十《世家》；扶义俶傥，不令已失时，立功名于天下，作七十《列传》。②

人文社会科学、自然科学无所不有，百科全书之说是可以成立的。

司马迁提出的这种原则和方法，长期为后世学者所效法，多半以此为理想和目标。例如东汉末年的大学者郑玄，也是以“念述先圣之元意，思整百家之不齐”③ 为终生之志。他一生遍读群经，各种论著“凡百余万言”，实际上也在一定程度上是“成一家之言”的。他治学尚博

① 班固：《汉书》卷六十二，《司马迁传》，中华书局 1962 年版，第 2735 页。
② 司马迁：《史记》卷一百三十，《太史公自序》，中华书局 1982 年版，第 3319 页。
③ 范晔：《后汉书》卷三十五，《郑玄列传》，中华书局 1965 年版，第 1209 页。

通、喜综合，显然他的成就主要在经学方面，但如上所述，经学本身即为综合性的学术。有如隋代王通说：

> 余小子获睹成训九载矣，服先人之义，稽仲尼之心，天人之事，帝王之道，昭昭乎！①

他花九年时间研讨《六经》，并作《续六经》，也是明“天人之事，帝王之道”的。

总而言之，我国古代大学者治学，原则和方法是博通，其著作大多是综合性的，至于博通、综合性的程度，则因人而异。司马迁所倡导的原则和方法，一直影响到清代学者，因而在西学东渐并为我国学者接受之前，我国的学术之综合性最为突出。

二 经世致用的政治性

20 世纪初，学人讨论“学术”问题，一方面拿我国传统学术与西方学术对比，另一方面探讨我国传统学术之源流和演变，大体上都认识到：

> 古人为学不出伦常日用，本易知易行。而上之施教，亦至简至易，盖因物则民彝之所固有而裁成之。②

说得明白通俗一点，学术的内容首先是人类生活的知识和技术。人们要生活，要传衍，长期不断积累所谓“日用伦常”的经验、知识和各种技能，并且世代相传，这就产生了学的需要。“学”字最早的意义是与

① 王通撰，王雪玲校点：《中说·王道第一》，辽宁教育出版社 2001 年版，第 1 页。
② 罗振玉：《本朝学术源流概略》，上海书店 1989 年版，第 1 页。

"教"相同的[1]，学什么或者教什么？就是学或者教有关如何生活的知识和技能，如《周礼·地官·保氏》说：

> 养国子以道，乃教之以艺：一曰五礼，二曰六乐，三曰五射，四曰五驭，五曰六书，六曰九数。

礼、乐、射、驭、书、数就是当时的主要知识和技能，涉及社会生活的各方面。而学术就是在这种背景下产生的，学术的内容就是当时各种知识和技能的记录、总结和提高。

与"日用伦常"有密切关系的学术，本来就不是脱离社会生活的，是为人类服务的。而与人类社会共生的政治，自然也与学术密切相关。这里有必要首先就"政治"一词作点说明。

毋庸讳言，由于某些历史原因，有时候人们对"政治"二字有些偏见，如把政治与极左，与虚假、不实等相联系，或者以为可以脱离政治。然而，事实是政治与人类社会同时存在，所以，亚里士多德的《政治学》就说"人类在本性上也是一个政治动物"[2]。我国古代虽没有这样明确的说法，但认为人之所以不同于动物，之所以能"胜物"，就是因为能"群"，能"和"，"亦且有义"，《荀子·王制篇》是这样表述的：

> 水火有气而无生，草木有生而无知，禽兽有知而无义，人有气、有生、有知亦且有义，故最为天下贵也。力不若牛，走不若马，而牛马为用，何也？曰：人能群，彼不能群也。人何以能群？曰：分。分何以能行？曰：义。故义以分则和……不可少顷舍义……能以（礼义）使下谓之君，君者善群也。群道当，则万物皆

① 参阅《说文》《广雅》等。
② 亚里士多德：《政治学》，商务印书馆1983年版，第7页。

> 得其宜……政令时则百姓一，贤良服，圣王之制也。[1]

从人的社会性（群）一直讲到礼义、政令，就是讲人的伦常、政治，说明人是社会动物，也是政治动物。

“政治”一词在我国古书中也出现得比较早，《尚书·毕命》中就有：

> 道洽政治，泽润生民。

孔传解释说：

> 道至普洽，政化治理，其德泽惠施，乃浸润生民。

孙中山曾有一个简要的说法比较明白：

> 政治两字的意思，浅而言之，政就是众人之事，治就是管理，管理众人的事便是政治。[2]

我们取最后一句是比较恰当的。因为我国古代的政治主要讲治，虽然单用“政”的时候很多，但更多的时候都是用“治”，“政”或者“治”，都是讲治理。例如《论语》中的“夫子至是邦也，必闻其政”（《学而》），“不在其位，不谋其政”（《泰伯》）都是指的“治理”。在《左传》中古人开口闭口就说“政以治民”（隐公八年）或者“政以正名”（桓公二年），说得好听一点就叫作“政在养民”[3]。这就回到了上面所说的政

① 《荀子·王制篇》，诸子集成本，中华书局1954年版。
② 孙中山：《孙中山选集·民权主义第一讲》，人民出版社1981年版，第692页。
③ 《尚书·大禹谟》，十三经注疏本，中华书局1980年版。

治与人的关系，我们就不再申论了。

在大体上阐释了我国古代“政治”的含义之后，再来讲学术的政治性就比较清楚了。学术本来是人类社会生活知识和技能的总结与提高，本来就是实用性的，也就是说本来就是“经世致用”（这是后世的说法），只不过不知何时人们开始自觉地认识并自觉主动地运用罢了。而“政治性”也本来是客观存在的，只不过不知何时人们有意地甚至过分地强调它罢了。学术之为政治服务，进而发展为学术的内容并以政治性的内容为主，认识上的明确与自觉，记载表明，汉代是一个重要的时期，从汉代学者开始把它推到了极致。这可说明如下：

先秦时期，我国的学术存于群经、诸子之中，讲的记的都是治国治民方略。而对诸子之“务为治”的认识，《诗》《书》《易》《礼》《春秋》之被奉为经典，都可以说是汉代的事。

经书之称虽不开始于汉代，但“五经”之被奉为经典，形成经学，确定无疑是从汉代开始。这个“经”字本身，在一定意义上可取“治理”之意。如《左传》隐公十一年所说：“礼，经国家，定社稷，序人民，利后嗣者也。”“经国家”即统治、治理国家，后来“经理”“经世”“经略”“经纪”“经营”等均讲的是治理。当然“经世”“经国家”等又主要是指政治上的治理，如：

> 皇帝明德，经理宇内。①

> 披《洪范》而知箕子有经世之器，览《九术》而见范生怀治国之略。②

在汉人的心目中，群经、诸子所有的学术著作，都是经世之典籍，都是

---

① 司马迁：《史记》卷六，《秦始皇本纪》，中华书局 1982 年版，第 250 页。
② 《抱朴子·审举》，诸子集成本，中华书局 1954 年版。

讲治理的，如常被引用的司马谈的话就很明显：

《易大传》："天下一致而百虑，同归而殊途。"夫阴阳，儒、墨、名、法、道德，此务为治者也，直所从言之异路，有省不省耳。①

这个"治"就是治理，就是政治，"务"者致力也。诸子之学，皆致力于"治"也。

到了东汉，经学时代已经形成，人们对学术的经世致用更加重视，学术的政治性更加强化，所以班固作《汉书·艺文志》时就作了非常明确的表述：

六艺之文，《乐》以和神，仁之表也；《诗》以正言，义之用也；《礼》以明体，明者著见，故无训也；《书》以广听，知之术也；《春秋》以断事，信之符也。五者，盖五常之道，相须而备，而《易》为之原。故曰："《易》不可见，则乾坤或几乎息矣。"言与天地为终始也。至于五学，世有变改，犹五行之更用事焉。②

不仅讲其经世致用的根本性，甚至是与当时流行的五行学说联系起来。其"诸子略"的最后又写道：

诸子十家，其可观者九家而已。皆起于王道既微，诸侯力政，时君世主，好恶殊方，是以九家之术蜂出并作，各引一端，崇其所善……《易》曰："天下同归而殊途，一致而百虑。"今异家者各推所长，穷知究虑，以明其指，虽有蔽短，合其要归，亦《六经》之

① 司马迁：《史记》卷一百三十，《太史公自序》，中华书局1982年版，第3288页。
② 班固：《汉书》卷三十，《艺文志》，中华书局1962年版，第1723页。

支与流裔。使其人遭明王圣主，得其所折中，皆股肱之材已。仲尼有言："礼失而求诸野。"方今去圣久远，道术缺废，无所更索，彼九家者，不犹瘉于野乎！若能修六艺之术，而观此九家之言，舍短取长，则可以通万方之略矣。①

先秦之"六艺"被汉儒奉为经典，诸子同样也是经典。《汉书·艺文志》中就有《老子邻氏经传》《老子傅氏经说》《老子徐氏经说》，《老子》是经，更不消说后来正式成为《道德经》②。《荀子·解蔽篇》引有《道经》，也许是《老子》之外的另一种书。《墨子》本身即有"经"和"经说"之分，而且《庄子·天下篇》中就有《墨经》之名："南方之墨者……邓陵子之属，俱诵《墨经》。"《艺文志》中还有《黄帝四经》之类的书。此外，医书之称为"医经"，也是比较突出的。

所有被视为经典的古籍和其他早期乃至当时的图书，都有"经世致用"的意义，都是与政治有密切关系的，现在所谓的文学作品、诗赋之类也是如此，班固说：

古者诸侯卿大夫交接邻国，以微言相感，当揖让之时，必称《诗》以谕其志，盖以别贤不肖而观盛衰焉。……春秋之后，周道浸坏，聘问歌咏不行于列国，学《诗》之士逸在布衣，而贤人失志之赋作矣。大儒孙卿及楚臣屈原离谗忧国，皆作赋以风，咸有恻古诗之义。……自孝武立乐府而采歌谣，于是有代赵之讴、秦楚之风，皆感于哀乐，缘事而发，亦可以观风俗，知厚薄云。③

文学作为社会的一面镜子（可以观风俗），其直接政治性都很强。

① 班固：《汉书》卷三十，《艺文志》，中华书局1962年版，第1746页。
② 参阅熊铁基：《从〈老子〉到〈道德经〉》，《光明日报》2007年6月1日。
③ 班固：《汉书》卷三十，《艺文志》，中华书局1962年版，第1755页。

在班固等汉儒的眼中，天文、数学、方技这类纯自然科学、一些所谓“生生之具”的学术，也与政治有关：

天文者，序二十八宿，步五星日月，以纪吉凶之象，圣王所以参政也。

历谱者，序四时之位，正分至之节，会日月五星之辰，以考寒暑杀生之实。故圣王必正历数，以定三统服色之制……①

汉代，特别从西汉后期开始，阴阳五行学说对政治影响巨大②，因而学术的政治性也就进一步加强，不仅数学、方技这些属于自然科学的内容，皆“王官之一守”，为政府官员之职责，而且处处皆可与政治相连，所谓“盖论病以及国，原诊以知政”。

在汉代，人们不仅有学术与政治关系密切的认识，更有为政治服务的运用，典型的“经世致用”，有所谓“以《春秋》决狱”“以《禹贡》治河”的突出例子。

关于“《春秋》决狱”，董仲舒是代表人物，《汉书·艺文志》中著录有《公羊董仲舒治狱》十六篇，后来的《文献通考·经籍考》说，此书又名《春秋决狱》，《后汉书·应劭列传》记载说：

故胶西相董仲舒老病致仕，朝廷每有政议，数遣廷尉张汤亲至陋巷，问其得失。于是作《春秋决狱》二百三十二事，动以经对，言之详矣。③

以《春秋》听狱、治狱，董仲舒和其他汉人都曾有明确表述：

① 班固：《汉书》卷三十，《艺文志》，中华书局1962年版，第1765～1767页。
② 参阅顾颉刚：《秦汉的方士与儒生》，上海古籍出版社1978年版。
③ 范晔：《后汉书》卷四十八，《应劭列传》，中华书局1965年版，第1612页。

《春秋》之听狱也，必本其事而原其志。志邪者不待成，首恶者罪特重，本直者其论轻。[①]

《春秋》之治狱，论心定罪。志善而违于法者免，志恶而合于法者诛。[②]

“春秋决狱”在汉代法制史上是件大事，有许多具体事实和问题，非此处所讨论之内容，这里主要说的是学术的政治性。

关于“《禹贡》治河”，因为《尚书·禹贡》记载着大禹治水之事，汉儒治理黄河水患就常以此为依据，甚至认为通晓《禹贡》的人，就是能治水患之人，一讨论修治黄河之事，就有“议者常欲求索九河故迹而穿之”[③]。西汉成帝时，平当“以经明《禹贡》，使行河，为骑都尉，领河隄”[④]，颜师古注曰：

《尚书·禹贡》载禹治水次第，山川高下。当明此经。故使行河也。

《禹贡》中有当时较系统的且真实的河道记述，熟悉它，精通它，或者可以作为治水的参考，但不可能真正依靠它治河，不过这也反映了经学与河政的关系。《汉书·沟洫志》就是从夏禹治水讲起的，处处注意记述九河之道。

事实上，不仅上述这些，当时整个国家的政治、经济的重要政策和措施，都是以“经义”为理论依据的，讨论问题、重大决策，无不引经据典，而经典的解读、诠释也往往是为当时的政治需要服务的。

① 董仲舒：《春秋繁露·精华》，上海古籍出版社1989年版，第23页。
② 《盐铁论·刑德》，诸子集成本，中华书局1954年版。
③ 班固：《汉书》卷二十九，《沟洫志》，中华书局1962年版，第1675页。
④ 班固：《汉书》卷七十一，《平当传》，中华书局1962年版，第3050页。

总而言之，汉代的学术以“经学”为主体，先秦的诸子和其他学问也不同程度地成为经典，他们的解读和运用，都有很强的政治性。从汉代开始，大量的经典注疏，各种阐释经、子的学术著作，莫不有“经世致用”的特点，有时会因时因事而异，有不同的侧重和解释罢了。

这里我们没有和外国学术作具体比较，但我国之学可称为经世之学，我国学术政治性的特点，也许是最为突出的。

三　解读诠释的连续性

我国传统学术中，至少两千年来一直传承的一些经典著作，至今仍存在并且发生影响，这种连续性是世界少有的。这种连续性的过程中，汉代是一个关键时期，汉代创造了对经典解读诠释的方法，保证了经典传承的连续性。

作为学术载体的经典，我国古代是非常丰富的，可以用“汗牛充栋”来形容。概括地说，即所谓“群经”“诸子”（后来分成经、史、子、集四部）。《易》《书》《诗》《礼》《乐》《春秋》等几部最早的古籍，在汉代被称为“经”，有所谓“五经”“六经”之说。其实，战国时“经”原本不是专指“五经”“六经”，如上所说，诸子也可以称为“经”，而且以“经”为书名最早的还是《墨子》，称为《墨经》。《庄子·天下》篇记载，墨子的徒子徒孙“俱诵《墨经》”。又，《荀子·解蔽》篇中曾引用《道经》（尚不知为何书）。而从《汉书·艺文志》记载看，诸子百家以“经”为称的，有《老子》《老子邻氏经传》《老子傅氏经说》《老子徐氏经说》等书的著录说明，人们是把《老子》一书当作“经”的。列于道家内的还有《黄帝四经》。此外，其《数术略》中又记有《四时五行经》《山海经》，“方技略”中有“医经”一目记《黄帝内经》《外经》、《扁鹊内经》《外经》、《白氏内经》《外经》等。这些记载都可以反映汉以前的情况，诸子百家的原始典籍都被称为经典之作，都可以称“经”。再者，《汉书·艺文志》中的“六艺略”似乎是与“六经”相关的，但不局限在《易》《书》《诗》《礼》《乐》《春秋》这六种经典（并且乐类书籍还无经字出现），还有“论语”“孝经”和“小学”三目（后来《论语》之列为经类是理所当然的，汉代已经有很突出的地位了），并且“春秋”目下，除了《春秋古经》《公羊》《穀梁》等传之外，还包括《国语》《世本》《战国策》以及《太史公书》等后世称之为史书的典籍在内。总之，各种学问都有各自的经典，都有一些经典的文本。因此，后来（从汉开始）进一步就有各种“道经”（《老子》称为《道德经》，《庄子》称为《南华真经》，《文子》称为《通玄真经》，等等）、佛经，扩而大之，更有《水经》《茶经》等。

汉代力求继承和保存上述各方面的经典文本，同时如前所述也对它们进行了全面的改造。我国传统学术之所以能够有连续性正在于这两方面，一方面是对经典文本的认同，使之有坚实的根基；另一方面又根据不同时期、不同条件、不同情况对经典文本进行创造性的解读和阐释，使之具有“与时俱进”的活力。

在我国，学术的连续性是通过对古老经典文本的解读和诠释实现的。这一点在汉代开始形成规模，并长时间影响后世。

我国古代，特别是春秋战国时代，学术的方方面面都逐渐产生了自己的经典之作。但在书于竹帛的当时，流传并不容易，再经过“秦火”“焚书”的劫难，损失很大。汉朝建立和初步巩固之后，确实做了很多保存先秦典籍的事，如《汉书·艺文志》开头所描述的：

> 汉兴，改秦之败，大收篇籍，广开献书之路。迄孝武世，书缺简脱，礼坏乐崩。圣上喟然而称曰：“朕甚闵焉。”于是建藏书之策，置写书之官，下及诸子传说，皆充秘府。至成帝时，以书颇散亡，使谒者陈农求遗书于天下。①

① 班固：《汉书》卷三十，《艺文志》，中华书局1962年版，第1701页。

此段概述前虽已引，但未加深入阐述，实际上内容是相当丰富的。首先，可以说整个西汉时期（从汉兴直到成帝），一直都在搜求先秦遗书。汉初武帝以前，有高祖时萧何收律令书，惠帝时除挟书令，以及文帝时的诸多举措，有关记载是：

沛公至咸阳……何独先入收秦丞相、御史律令图书藏之。①

（惠帝）四年三月，皇帝冠，赦天下，除挟书律。②

文帝时，诏太常遣晁错"受《尚书》伏生所"③，以及置一经④、诸子⑤博士等措施，皆为收集"篇籍"之举措，起到了保存先秦典籍的作用。武帝时更是使之规模化、制度化，所以刘歆在《七略》中才说：

孝武皇帝，敕丞相公孙弘广开献书之路，百年之间，书积如山。⑥

看来成绩可观，而成帝时又进一步"求遗书于天下"。所以说整个西汉一直都在收求先秦典籍，以及汉代的各种书籍。这里要进一步指出的是，西汉（特别是早中期）的收献图书，还不只限于中央朝廷，一些地方诸侯王同时也收献图书，例如：

楚元王交，好书，多材艺。少时尝与鲁穆生、白生、申公，俱

---

① 司马迁：《史记》卷五十三，《萧相国世家》，中华书局 1982 年版，第 2014 页。
② 班固：《汉书》卷二，《惠帝纪》，中华书局 1962 年版，第 90 页。
③ 司马迁：《史记》卷一百一，《晁错列传》，中华书局 1982 年版，第 2745 页。
④ 范晔：《后汉书》卷四十八，《翟酺列传》，中华书局 1965 年版，第 1606 页。
⑤ 赵岐：《孟子题辞》："汉文帝欲广游学之路。《论语》《孝经》《尔雅》《孟子》皆置博士。"
⑥ 《汉书补注》引何焯曰：《文选》注三十八引刘歆《七略》。

受《诗》于浮丘白。[①]

好书必收书，也会有人献书，受《诗》也是保存典籍的一种形式。又如：

河间献王德……修学好古，实事求是，从民得善书，必为好写与之，留其真加，金帛赐以招之。由是，四方道术之人，不远千里，或有先祖旧书，多奉献王者，故得书多，与汉朝等。是时，淮南王安亦好书，所招致率多浮辩。献王所得书，皆古文先秦旧书，《周官》《尚书》《礼》《礼记》《孟子》《老子》之属，皆经、传、说、记七十子之徒所论。[②]

这段比较具体的记述，颇能说明诸侯王收献图书的情况。需要指出的是，其对淮南王安之好书以及献书人的“浮辩”之说，未免有点偏颇，但淮南王那里也收集了不少图书（或者子书为多）是可以肯定的。文献的记载始终是不全的，我们看看近几十年各地发掘一些王侯墓中的出土古籍，就更能说明问题了。一个不大的轪侯墓（长沙马王堆）中的帛书，使当今学术研究耳目一新。在纸张、印刷都没有的条件下，竹简、帛书流传不会很顺畅，所以，从中央到地方，乃至个人，收、求篇籍的事，在整个西汉常见于记载。

西汉末年又一次大的“天下散乱”，也有“典文残落”的问题，但与西汉初的情况大不相同了，不是那种“焚诗书”的情况，光武迁还洛阳，还可以“经牒秘书载之二千余两”，“四方学士”先是“多怀协图书，遁逃林薮”，在光武中兴之后，“莫不抱负坟策，云会京师”[③]。总

① 班固：《汉书》卷三十六，《楚元王传》，中华书局 1962 年版，第 1921 页。
② 班固：《汉书》卷五十三，《河间献王传》，中华书局 1962 年版，第 2410 页。
③ 以上参阅《后汉书·儒林列传》，中华书局 1965 年版。

之，整个的与西汉不同，这时的经师以及各方面的学者多了，书写也方便多了，书籍的保存不是大问题。学术传承的问题，主要是学派、思想等不同的问题，也就是连续性中的解读、诠释问题。

我国传统学术的连续性，通过对经典文本的认同表现出来。当然，这首先是因为那些经典全面、高水平地反映了当时我国（乃至全世界）的学术成果。全面，就是说不仅有以人文社会科学为主的群经、诸子，还有古代的一些重要自然科学，如农学、医学以及天文历法等。《汉书·艺文志》中原本也就有这方面的经典之作。农学方面的《神农》二十篇和《野老》十七篇，都是六国时成书的，只是到著《艺文志》时已经亡佚了（至少是班固等人未见到）。百姓务农，主要靠经验的世代相传，没有也无法从事理论的总结和实践的记录，个别学人关注农业也多半与所任官职有关（如尹都尉、赵过、氾胜之等人一样），还有就是与政论有关的文字才被著录，如《吕氏春秋》中之《上农》《任地》《辨土》《审时》四篇。天文、历法以及地理等方面也是如此，六国时也有不少托名黄帝的书籍，因为其为史官所掌，在后世史书的“天文”“律历”等志中，传承着一些过去的著作记录的内容，所以没有什么早期的经典流传。医学方面，《艺文志》中的《黄帝内经》《外经》和《扁鹊内经》《外经》之类，原本也应该有的，因为医术上经典意识不强（扁鹊、华佗之受称颂那是较晚之事），此类书流传不广。整个自然科学从某种意义上说，是处于人文社会科学的附属地位。

在汉代，人们在认同先秦形成的经典的同时，不断对它们进行解读和诠释，这是经典得以连续流传的原因，也是我国学术连续发展的原因。

汉人对经典文本进行注释，内容异常丰富，因而有一系列既有联系又有区别的文词，如传、注、义、疏等常用之词，还有记、笺、学、解、故以及章句等，均有相同意义，都是以解释经文为中心的。当然细分也有不同之处，或侧重字、词的诂训，或侧重章句的解读，或侧重义理的阐释，或兼各种体裁，并且因人而异。有时候它们有层次之分，如《诗经》之有《毛传》，后又有郑玄注，再以后的人在其基础上作义疏；《春秋》有《左传》《公羊传》《穀梁传》三传，后来又有人为传作注、作疏，等等。在众多的传、注、义、疏中，有些是很有名、很有影响的，补充和保存了大量经典中所没有的资料。从这方面看，《春秋》三传及其注的价值大大高于经文本身，本身也即成为经典。

传、注、疏、义的层次之分并不是固定的，或者仅指几个特别著名的传、注、疏、义而言。大多数时候解释经典的文字，以什么字、词表示，因人而异，例如：

> 扶风杜林传《古文尚书》，林同郡贾逵为之作训，马融作传，郑玄注解，由是《古文尚书》遂显于世。①

同是注释文字，或称“训”，或称“传”，或叫“注解”，都是直接解释《古文尚书》的，没有层次区别。《古文尚书》之得以广为流传，就靠这些注释文字起作用。

两汉时期经、传的注释文字很多，这从《汉书·艺文志》《汉书·儒林传》《后汉书·儒林列传》等的记述中可以看得出来，几乎没有或者极少有单独“古经”流传的，多以“×氏几篇”流传，这样版本内容就很可能不太相同了，当然注释本也就有流传古本的不同。

为什么会有经典文本注释之学的发达？一方面，经典之成为经典，是因为它比较成熟，比较全面深刻；另一方面，它的深刻性又有待于进一步的解读乃至发展。注释经典，一是为了读懂，二是为了发挥。许多古书文词简奥，甚至有些文字“佶屈聱牙”十分难读，必须靠注释、训诂才能读懂。再进一步，人们读懂它，又是为了继承和运用。关于后

① 范晔：《后汉书》卷七十九上，《儒林列传上》，中华书局1965年版，第2566页。

者，历来都是很明确的，这里我们可以征引晋人挚虞的几句话加以说明。《晋书・礼志》记载当时讨论朝廷礼制时，挚虞特别讲到《丧服》的种种歧义，他说：

> 《丧服》一卷，卷不盈握。……《丧服》本文省略，必待注解，事义乃彰。

"本文省略"有待注解，"事义乃彰"，注解除了训诂难懂之字句外，可以补充事实。这方面例如《左传》，它作为《春秋》经之传，其所记事实远远超过经文，因而它本身即成为经典，甚至取代了《春秋》经。《礼记》也是如此，本为《礼》经之注，也已独立成经。至于"义"理的"彰"明，那就主要是作注之时或者作注者本人之意了。汉以后学人的思想以及传统学术思想，大多是通过经典文本的注释和解读表现出来的。

这里需要再次强调补充的是，古代的或者说先秦的经典，除了"五经"或者"六经"之外，还应该包括诸子，包括兵书、医书、农书，尽管后面这些不全面、不完整，但也有一些或者曾经有过一些经典文本。在诸子当中，最为明显的那就是《老子》，从《汉书・艺文志》中的《老子邻氏经传》《老子徐氏经说》的记载看，《老子》是被当作"经"看待的，"传"和"说"就是其注释，并且整个汉代关于老子的注还不少，流传后世有名的还有《河上公章句》和《老子指归》。当然《指归》又是另一种形式的注释，或者说是"解读"更为确切。这种形式从西汉后期开始到整个东汉越来越多，人们借此对经典文本不断地重新解读。最早的可说到韩诗内、外传，是"韩生推《诗》之意而为内外传数万言"，而不是简单的章句、训诂之作。东汉时，重新解读经书之作越来越多，既有许慎的《五经通义》《五经异义》之类的著作，综合推衍经书之意，也有专经的发明，如郑玄既注《尚书》，又有《尚书中侯》之类的著作；既有《毛诗古文训传笺》，又作《毛诗谱》。当时，重新解读经典的著作层出不穷：《易经》有人（洼丹）作《易通论》；《书经》有人（周防）“撰《尚书杂记》三十二篇，四十万言”；《诗经》有人（杜抚）作《诗题约义通》，赵晔作《诗细历神渊》，蔡邕“读《诗细》而叹息，以为长于《论衡》”；对《春秋》三传，何休在作《春秋公羊解诂》之后，又作《公羊墨守》《左氏膏肓》《穀梁废疾》。后来服虔又与何休讨论《左传》的问题。从西汉到东汉对于经义的讨论相当活跃，前述许多次讨论（石渠阁、白虎观等）更为明显。还有众多纬学的产生，虽然是另当别论，但“纬”本身就是根据“经”而来的，当然也受经典文本的影响，是经典文本注释之学的发展。

对经典文本的认同，经典文本注释之学的发达，是社会认可的，也是政治的需要，突出的表现就是“引经据典”或者“引经据古”。中国人在言行、学术、政事当中，非常重视证据，讲究征验，说什么、做什么、讨论什么，都喜欢在古书、旧典的记载中找依据。似乎有据可查的就是正确的，就是该做的。文献不足，证据不足，人们不惜造出许多尧、舜、禹、汤乃至黄帝、神农的言论和事迹，为自己的言论、主张作根据。大圣人孔夫子就是如此，《论语》中有几处讲得很明白，《述而》中有：

> 子曰：我非生而知之者，好古，敏以求之者也。

《八佾》中有：

> 夏礼，吾能言之，杞不足徵也；殷礼，吾能言之，宋不足徵也。文献不足故也。足，则吾能徵之也。

战国末期的韩非对孔子、墨子各自所言尧、舜是否真尧、舜就表示怀疑：

> 孔子、墨子俱道尧、舜而取舍不同，皆自谓真尧、舜，尧、舜不复生，谁使定儒、墨之诚乎？①

并且明确提出：

> 故明据先王，必定尧、舜者，非愚则诬也。②

不是愚蠢，就是欺骗。可惜，这种征、据之风到汉代有增无减，愈演愈烈。在汉王朝的朝廷之上，无论皇帝下诏书或者臣子上对策，无不引经据典。从现存皇帝的诏书看，西汉初期，主要讲事实，还不怎么引经据典，有时候也讲“古”时如何，尧、舜怎样。武帝以后引据的文字渐渐多起来，诏书中出现“书不云乎”“诗不云乎”之类的字句，越来越多。至于臣子对策，最突出、最明显的就是董仲舒以“春秋大一统”的理论对策。这是指文字上明确讲出来了的，事实上则更多、更早。清人赵翼的《二十二史札记》卷二有一条“汉时以经义断事”，从“汉初法制未备，每有大事，朝臣得援经义以折中是非”讲起，列举了张汤、兒宽、张敞等人“引古今处便宜”的一些事。实际上远不只他列举的一些事例。在许多具体事例中，出现了很有典型意义的所谓“以春秋决狱”“以禹贡治河”。

总而言之，经典被广泛运用，特别是政治上被广泛运用，乃至直接影响诸多政策、措施的制定。一些经济政策，如重农、抑商以及限田等，均以经义为理论根据。政治措施，除上述“春秋决狱”等之外，经学与选官制度也有密切关系。反过来，这样的情况又进一步促进经学的

① 《韩非子·显学》，诸子集成本，中华书局1954年版。
② 《韩非子·显学》，诸子集成本，中华书局1954年版。

连续传承，几乎“所有”的读书人都去读它们，注释它们，运用它们，经典因而得以保持长期的连续性。

同样，诸子及其他方面的学术也得以这样传承，一方面诸子等学术为经学之士所旁及，另一方面自然也照经学的传承形式进行。重要的典籍如《老子》之类照样作注释，《汉书·艺文志》中有三四种注释本，后来还有严遵的《老子注》《河上公章句》《想尔注》等。

四　综论诸特点

首先，以上所阐述的几点，就是汉代学术的主要特点。其实，每一个特点还牵涉一些相关的特性，例如综合与统一、统一与多元、包容与整合以及对立与斗争等，可以从不同角度予以论述。统一于道，或者统一于六经，都可以从源头、主要精神等各方面去看待。

但是，从组成、结构来看，在统一的学术整体中，又包含了多元的因素。一些看起来水火不相容的东西，经过长期的互相排斥同时又互相吸取，“相灭亦相生也”，“相反而皆相成也”①，逐渐融聚在统一的整体之中。汉初一度流行的黄老新道家、汉武帝以后以董仲舒为代表的新儒家，都是如此，都是以“我”为中心的新整合，虽然是吸取各家各派的思想，但没有失去“道”或者儒的自我，通过汲取、整合形成新的道家或者新儒家。如何“相生”“相成”是有迹可寻的。

具体深入地研讨这些特点，可以发现它们各自都有十分丰富的内容。例如政治性。政治性是一个现代化的说法，“其务为治”是古代对学术的一种概括。政治是属于社会人文范畴的，学术的人文特点很突出。人文是相对自然而言的，“其务为治”，当然就导致轻视自然科学。尽管人类生活需要自然科学，如农学以及相关的天文历法，还有医学

① 班固：《汉书》卷三十，《艺文志》，中华书局1962年版，第1746页。

等，但也只有技术经验的积累，少有学理的研究和提高，重技而不重学，乃至纯粹的农书、医书，也要把黄帝、神农、尧、舜抬出来才放心。因为政治性太强，或者说学术受政治的影响太大，因此又有另一特性表现出来，那就是正统性。争正统如前述韩非所说，争谁说的是真尧、舜，谁是真的孔、墨继承人，发展到汉代是今古文之争、争立博士等。既是学术之争，也是政治之争。既有正统，就有异端，异端在学术特别是学术思想的发展上是有一定作用的。汉代学术的每一个特点都可以从不同的方面去理解和阐释，而以上几个特点彼此之间也是关联着的。

其次，我国传统学术的特点，在一定程度上是与其他国家，特别是与西方的文化学术相比较而言的。从前述诸特点看，不能说西方国家全然没有。例如，欧洲中世纪的神学也曾“统领”一切，就有一定的统一性和综合性。又例如，我国有圣人之言，有一批经典著作，长期影响我国文化学术的发展，而西方也有一些先哲，也有一批经典，大体与我国群经、诸子同时产生。《荷马史诗》之后，有苏格拉底、柏拉图、亚里士多德等人的著作，都是西方的经典，稍后一些又有《圣经》。汉代开始对经典文本有注释，西方也有对古典的解释，只不过形式不同。如怀德海（Whitehead）就曾说：“西方哲学的特质可以说就是它是对柏拉图思想所作的一系列注脚。”而《圣经》和莎士比亚的著作被认为一直持续地塑造西方的文章和架构及思考模式，如同我国的《易经》《诗经》等经典不断地影响着我国人的语言及思考模式①。其他诸性也是如此，都不能说西方没有，但与我国是不同的，有程度、方式等方面的不同，也有内涵的不同。例如西方有经典和对经典的解释，但不像我国汉代那样形成经典垄断地位，没有出现“说五字之文，至于二三万言”②。那

① 参阅吴光明：《历史与思考》，台湾联经出版事业公司1991年版，第26页。怀德海之名言亦转引自此书第185页。

② 《汉书·艺文志》师古又引桓谭《新论》云：“秦近君能说《尧典》，篇目两字之说至十余万言，但说‘曰若稽古’三万言。”

种解说经典的现象，人们也不会去“皓首穷经”。又例如，从连续性来看，西方古代之后既有中世纪的神学统治，也有近代的文艺复兴现象，而我国汉代形成的经学一统这一基本模式，一直延续了近两千年。总之，和西方比较，汉代形成的我国传统学术，有比较鲜明的特点是可以肯定的。

再次，汉代形成的传统学术的特点既有优点也有缺点，综合性、统一性、连续性以及“经世致用”等，使得我国传统学术文化源远流长，根深叶茂，有厚重的积累，有很强的生命力，这就是其主要的优点。但是另一方面，也有一些突出的缺点，有时候难免表现出崇古、守旧，政治上的“萧规曹随”，学术上的师法、家法以及“儒宗”的尊崇，这些都会在一定程度上阻碍学术的发展和创新。人文性特别是政治性太强自然会滋生出一些偏激和失误，影响学术的正常发展，特别是影响自然科学的发展。汉代的人文科学流传下来的内容异常丰富，相对而言，关于汉代自然科学的资料则很少，乃至很难进行深入的研究。但是，从有关记载中，从一些记载的字里行间，我们也不难发现，有一代又一代的学人——甚至大多数没有留下姓名、事迹的学人，还有更多的劳动者（人民群众中的骨干力量）为自然科学发展作出过实际的贡献。如《后汉书》之《独行列传》和《方术列传》所说：

> 中世偏行一介之夫，能成名立方者，盖亦众也。①

> 中世张衡为阴阳之宗，郎颉咎征最密，余亦班班名家焉。其徒亦有雅才伟德，未必体极艺能。②

学人、群众之中，在当时能成名的不在少数，只是没有记载下来罢了，

---

① 范晔：《后汉书》卷八十一，《独行列传》，中华书局1965年版，第2665页。
② 范晔：《后汉书》卷八十二，《方术列传》，中华书局1965年版，第2706页。

被记载下来的，多半还是有一官半职的。例如医学方面的华佗，在后世最为有名，因为他为曹操治过病，又为曹操所杀，才被简略地记述了一些。其实在他之前、之后都有不少医术高明的医学专家，“汉世异术之士甚众”①，只可惜绝大多数未被记载下来，即使被记载下来的，记述的内容也大多与学术本身无关。

另外，学术发展中，人们对某些缺点进行的斗争也是值得一提的，特别是那些与正统相对的异端之士，他们的言、行，他们对学术思想的发展是有自己的贡献的，对某些学术传统的缺陷是作过斗争的。例如桓谭、张衡等人对谶纬之批判，王充对许多愚昧落后传统之批判，等等，都有很好的历史影响。

总而言之，汉代学术的诸特点，成为我国传统学术的一些特点，意义深远。

五　规律和特点

两汉有四百多年的历史，前后稍加延伸有五个世纪，这四五百年中的学术本身也是动态的、发展的。从学术特点的形成和发展看，带有规律性的特点，值得一说，可以归结为以下几点：

第一，汉代的学术，既是综合性的学术，又在不断地进行学术综合。上一章我们比较集中地作了一些阐述，汉初的黄老新道家是以老子为主而兼采百家的综合，汉武帝开始以董仲舒为代表的新儒家当然是以孔子学说为主而兼采百家的综合。经学垄断地位形成，经过经今古文之争的一段时间之后，新的统合仍在进行，如郑玄在其《戒子书》中所说：“念述先圣之元意，思整百家之不齐。”② 事实上是不断地有人在做“整齐”“百家”的工作，不过方法、程度以及成就不同罢了。

① 范晔：《后汉书》卷八十二，《方术列传》，中华书局1965年版，第2725页。
② 范晔：《后汉书》卷三十五，《郑玄列传》，中华书局1965年版，第1209页。

第二，既党同伐异，又互相融摄，这是整合过程中可以看到的又一特点。先秦诸子互为水火，但是又“相反相成”“相生相灭”，这一规律、特点，在整个汉代学术发展过程中同样存在着。汉初的儒道之争，武帝后的“罢黜百家”及斗争，经今古文之争，等等，“党同伐异”的事实是很多的。汉初黄老道家“采儒墨之善，撮名法之要”，已被司马谈概括得很明显。董仲舒大讲阴阳、暗用黄老也是明显的事实。经今古文之间有不少激烈的争论，但互相了解甚至引用的情况也很普遍。今古文派中都出现过很多“通学”“通儒”，就是互相采引之结果，这些就不一一详述了。

第三，既有个性特点又都讲经世致用。学术的内容林林总总，学术的派别数以百计，所谓“百花齐放”“百家争鸣”，均言其多。因为人类社会生活是丰富多彩的，而且日益发展，所以反映社会生活并为之服务的学术，也就有“百家众技”。有的与人们的生产、生活息息相关，这多半是属于今日之自然科学、科技之类，如农学、医学等，再进一步而有天文、历法、算数诸学，这些“皆有所长，时有所用”①；有的则属于今日之人文社会科学，满足人们的精神需要和群体、政治需要，司马谈所谓“百虑而一致”“殊途而同归”“其务为治者也”②。“百家众技”，各家各派，各有所长，各自都有鲜明的个性特点，但都有有“用”的共同特点。后人所概说的“经世致用”，在汉代已经日益明确起来，一方面在人文社会科学中表现得十分突出，另一方面自然科学的“用”也属当时“政治”“经学”的影响。

第四，既对传统的学术认同，又在解释中重构。这是一个极为重要的特点，否则学术就没有发展了。以上所述当时的学术，继承性很强，非常注意认同传统，非常重视经典文本的记录与整理。例如对《诗》《书》《易》《礼》《春秋》等几部先秦的典籍，所谓“群经”，对一些重

① 《庄子·天下》，诸子集成本，中华书局 1954 年版。

② 司马迁：《史记》卷一百三十，《太史公自序》，中华书局 1982 年版，第 3288 页。

要“子书”，都是先记录、整理、保存文本，再进行解释、阐发和议论。在传承的过程中，或注重训诂，或强调义理，表面上好像是翻来覆去，实际上是不断地在进行重构。在传承过程中，篇章、结构乃至书名进行了重构，更重要的是不停地注入了时人、注释者的思想，这方面前人有不少总结性的文字。清人皮锡瑞的《经学通论》中就有一些很好的题目可以说明汉代经学中文字、义理重构之事实，如：《论传经之人惟〈易〉最详经义之亡惟〈易〉最早》《论汉初说〈易〉皆主义理切人事不言阴阳术数》《论汉时今古文之分由文字不同亦由译语各异》《论伏生所传今文不伪治〈尚书〉者不可背伏生〈大传〉最初之意》《论〈诗〉比他经尤难明其难明者有八》《论时有正义有旁义即古义亦未尽可信》《论〈礼〉所以复性节情经十七篇于人心世道大有关系》《论古礼多不近人情后儒以俗情疑古礼所见皆谬》《论董子之学最醇微言大义存于董子之书不必惊为非常异义》等等。任一题目都可探讨出学术思想重构的结论，都可发现其思想与“人心世道大有关系”，都是在汉代当时“切人事”“近人情”的，也都可以说有新义。这些新义有的是在文句的阐释中反映出来的，有的则打着某经的名义直接阐发自己的思想，如《尚书大传》《韩诗外传》《春秋繁露》之类。后来与经书相对而言的纬书也是如此，尽管全是新出之“己意”，但始终打着经典的招牌。

这里还要指出，不但经书如此，子书乃至医书之类也是如此。《老子指归》《河上公章句》《想尔注》以及《黄帝四经》之类即是，它们都发挥了《老子》的思想。

汉代形成的这一继承与创新，或者说老翻新的学术发展特点，也是后来两千年我国传统学术发展的特点。

《老子》的流传及其影响[①]

从《老子》开始，后来形成了老庄和黄老两个道家派别，但《老子》始终单独流行，这是无可否认的事实，它的思想在各方面也直接发生影响。

一、《老子》流传概况

《老子》的流传，一靠原本的传抄，不过也很难有真正的原本，或因编者不同，或有传抄中的改变，这是难免的。长沙马王堆汉墓同时出土的被称为甲、乙本的两种《老子》，就充分说明原本是很难确定的。另一种就是靠传注本传述，这方面，《汉书·艺文志》留下了线索和痕迹，其所著录之书有：

《老子邻氏经传》四篇。自注：姓李，名耳，邻氏传其学。（残，传亡）

《老子傅氏经说》三十七篇。自注：述老子学。（亡）

《老子徐氏经说》六篇。自注：字少季，临淄人，传《老子》。（亡）

① 节选自《中国老学史》第三章。

> 刘向《说老子》四篇。（亡）

班固仅著录四种，且在当时均已亡佚。而除刘向之外，是几个什么样的人，是战国时的人还是西汉时的人，也无法知道。但几种关于《老子》的经传和经说，刘向可能见到过，至少是知道的，因此班固才得以著录。当然肯定还有其他传、注本而《汉书·艺文志》未载的，如严遵的《老子注》和《老子指归》之类。

传述《老子》的书不只四种，但也不会太多。已经有的一些，后来也亡佚了。这原因是该探讨一下的，其实也不难，只要看看儒学的发展就明白一半了。班固在《汉书·儒林传》的最后写道：

> 自武帝立五经博士，开弟子员，设科射策，劝以官禄。讫于元始，百有余年，传业者寖盛，支叶蕃滋。一经说至百余万言，大师众至千余人，盖禄利之路然也。

老学无禄利可图，自然是传业者日少，更无人去“网罗遗失，兼而存之”了。显然，一种学问的兴盛与否，与物质条件有关，人们总得吃饱穿暖之后方可言学；与政策导向也有关，学总是要用的，学术的发展变化也往往与政策的发展变化有关。

从某种意义上说，特别是与儒学相比，老学曾一度衰微，但并未废绝。这原因似可探寻。首先，不能不注意到的是，汉初的那种对读《老子》的提倡已如前述，只可惜未采取立博士官之类的政策，影响是很大的（下详），给人们的印象是深刻的。抄写本也必然有不少广泛流传，如马王堆汉墓出土帛书所表明的那样。这就使有一定条件的人比较容易读到《老子》，乃至起于民间的道教都能利用之（下详）。其次，那就应该是《老子》本身的博大精深，真正搞学术的就不能不阅读和研究《老子》，许多著名的学者和思想家都受《老子》思想影响。前已指出，西汉董仲舒思想中的黄老因素以及刘向之说《老子》，都是具体的例子。东汉儒学经学大师林立，有许多都是兼通《易》《老》的，“博通经籍”的一代名儒马融也注过《老子》[①]，即为突出的一例。当时究竟有多少人作过《老子》注，颇难考证。从《隋书·经籍志》记载的情况或可作一些分析。该志列有《老子道德经》二卷多种，在第一种之下注云：

> 周柱下史李耳撰，汉文帝时，河上公注。梁有战国时河上丈人注《老子经》二卷；汉长陵三老毋丘望之注《老子》二卷，汉隐士严遵注《老子》二卷，虞翻注《老子》二卷。亡。

这里所肯定的是河上公注本，其他是附记，附记梁时还有而当时已亡的几个注本。第一，这个附记比较含混，河上公与河上丈人注是一还是二？第二，毋丘望之注与《经典释文》著录的《毋丘望之章句》二卷是否一回事？又与《高士传》等记载的安丘望之《老子章句》是否一回事？第三，这几种注本究竟是何时的产物？这几个问题都曾被人考证过。例如王明先生作《〈老子河上公章句〉考》，他说：

> 战国之末，当有“河上丈人”，但并未为《老子注》。汉文帝时，实无河上公其人，更无所谓《老子章句》，今所传《老子河上公章句》，盖后汉人所依托耳。[②]

这主要是就今有《老子河上公章句》而言的，不无道理，但并不能完全否定《隋书·经籍志》的附记之文。当然，现在也无法考证清楚，只能说，在隋以前是还有多种《老子》注本存在的，而《隋书·经籍志》所附记的远非实际情况，因为它连马融的《老子注》都未提到。

---

① 范晔：《后汉书》卷六十上，《马融列传》，中华书局1965年版，第1972页。
② 王明：《道家和道教思想研究》，中国社会科学出版社1984年版，第302页。

重要的是，当时人仍主要是读《老子》原文（当然是有许多不同的抄本）。《后汉书》中有关习、说《老子》的记载，虽简略，但四处可见，如《耿弇传》：

父况……与王莽从弟伋共学《老子》于安丘先生。

《范升传》：

（范升）九岁通《论语》《孝经》，及长，习《梁丘易》《老子》，教授后生。

《淳于恭传》：

（淳于恭）善说《老子》，清静不慕荣名。……（肃宗时）进对陈政，皆本道德，帝与之言，未尝不称善。

《翟酺传》：

翟酺……四世传《诗》。酺好《老子》，尤善图纬、天文、历算。

《逸民传》：

向长字子平，河内朝歌人也。隐居不仕，性尚中和，好通《老》《易》。

初，（梁）鸿友人京兆高恢，少好《老子》，隐于华阴山中。

《独行传》：

向栩……少为书生，性卓诡不伦，恒读《老子》。状如学道，又似狂生。

另一些人是所谓“好黄老”，例如《任光传》：

（任）隗字仲和，少好黄老，清静寡欲。所得奉秩，常以赈恤宗族，收养孤寡。……隗义行内修，不求名誉，而以沈正见重于世。

《郑均传》：

少好黄老书。

《樊宏传》：

（樊）瑞，好黄老言，清静少欲。

《酷吏传》：

（樊晔）子融，有俊才，好黄老，不肯为吏。

《方术传》：

折象……能通《京氏易》，好黄老言。

《逸民传》：

> 矫慎……少好黄老，隐遁山谷，因穴为室……与马融、苏章乡里并时，融以才博显名，章以廉直称，然皆推先于慎。汝南吴苍甚重之，因遗书以观其志曰："……盖闻黄老之言，乘虚入冥，藏身远遁，亦有理国养人，施于为政。至于登山绝迹，神不著其证，人不睹其验。吾欲先生从其可者，于意何如？……"慎不答。

时人对于黄老的理解，和西汉初年一样，是"施于为政"的，这黄老也仍然是以《老子》本文为主的。所以李贤注云：

> 《老子》曰："致虚极，守静笃。"又曰："窈兮冥兮，其中有精。"又曰："理大国若烹小鲜。"又曰："非所以爱人治国"也。①

汉人、唐人都是如此。从某种意义上说，黄老就是《老子》，战国秦汉风行一时的黄老书，后来大都遗佚了。《老子》始终流传不绝，这是一个基本的历史事实。"好黄老"者必读《老子》无疑。

此外，《后汉书》中还记述一些人，说他们"性好道术""恬静寡欲""道就虚全，事违尘枉"②，虽未明言其读《老子》之事，但肯定与《老子》有关。如《逸民传》所载法真"性恬静寡欲，不交人间事"，"辟公府，举贤良皆不就"。同郡田弱向朝廷推荐说：

> 处士法真，体兼四业，学穷典奥，幽居恬泊，乐以忘忧，将蹈老氏之高踪，不为玄纁屈也。臣愿圣朝就加衮职，必能唱《清庙》之歌，致来仪之凤矣。

① 范晔：《后汉书》卷八十三，《逸民列传》，中华书局1965年版，第2772页。
② 范晔：《后汉书》卷八十三，《逸民列传》，中华书局1965年版，第2777页。

把他比为“老氏”，希望他和老子一样为“清庙之守”（传说的），法真拒绝了。《后汉书》写道：

> 真曰：“吾既不能遁形远世，岂饮洗耳之水哉？”遂深自隐绝，终不降屈。友人郭正称之曰：“法真名可得闻，身难得而见，逃名而名我随，避名而名我追，可谓百世之师者矣！”乃共刊石颂之，号曰玄德先生。年八十九，中平五年，以寿终。[①]

其言、其行，其名号、其评价，无一不与《老子》有关。

总而言之，东汉时期，从不同角度读《老子》的人很多，《老子》流传很广，自不待言。东汉时期，儒学经学化、谶纬化是一种主要倾向，同时也有越来越多的人讲求通（实际也是一种学术思想的融合），如班固那样“博贯载籍，九流百家之言，无不穷究”[②]，《老子》自然是重要的一家。

二、《老子》理论在政治学术方面的影响

前面有些章节中已经涉及这问题，如《吕氏春秋》（还值得更深入研究），如西汉初的“学老子者之绌儒学”，如上述之《老子》流传情况等等，有时候政治和学术是完全掺和在一起的，有时是可以分开的，有时影响大一些明显一些，有时不大明显。西汉初影响大，前面已经叙述了。后来虽不明显，但始终未断，以上所引材料，有许多是西汉末东汉初的人。东汉初年有两件事值得注意，一是《后汉书·光武帝纪》的最后有一段记述说：

① 范晔：《后汉书》卷八十三，《逸民列传》，中华书局1965年版，第2774页。
② 范晔：《后汉书》卷四十上，《班彪列传上》，中华书局1965年版，第1330页。

（帝）每旦视朝，日仄乃罢。数引公卿、郎、将讲论经理，夜分乃寐。皇太子见帝勤劳不怠，承间谏曰："陛下有禹汤之明，而失黄老养性之福，愿颐爱精神，优游自宁。"帝曰："我自乐此，不为疲也。"

这太子可能是原来的太子刘强，而非后来的明帝。再一件事就是《后汉书·光武十王列传》所记楚王英之事：

楚王英……自显宗为太子时，英常独归附太子，太子特亲爱之。及即位，数受赏赐。……英少时好游侠，交通宾客，晚节更喜黄老，学为浮屠斋戒祭祀。……英遣郎中令奉黄缣白纨三十匹诣国相曰："托在蕃辅，过恶累积，欢喜大恩，奉送缣帛，以赎愆罪。"国相以闻，诏报曰："楚王诵黄老之微言，尚浮屠之仁祠，洁斋三月，与神为誓，何嫌何疑？……"因以班示诸国中傅。英后遂大交通方士，作金龟玉鹤，刻文字以为符瑞。

据此二事，或可认为，东汉初曾一度有重演西汉黄老之治的思潮，皇太子以黄老相谏，反映当时有实行黄老之治的主张。楚王英所为，有点像步淮南王刘安之后尘。只是时间、条件不同罢了，所以没有历史的重演。重要的一条是儒学有足够的条件和势力，以适应新王朝稳定和发展的需要，加上还有图谶之学、浮屠之祀等"新"东西流行，休养生息是需要的，清静无为已经行不通了。黄老，或者老子，不可能再一次重演其辉煌的过去。

不过，东汉中后期，随着儒学的僵化、神学化等情况的发展，道家、《老子》的影响重新得到重视和运用，特别值得注意的是，《后汉书·祭祀志》特记了一件祀老子之事：

桓帝即位十八年，好神仙事。延熹八年，初使中常侍之陈国苦县祠老子。九年，亲祠老子于濯龙。文罽为坛，饰淳金钔器，设华盖之坐，用效天乐也。

这事《后汉书·桓帝纪》的记载是：

八年春正月，遣中常侍左悺之苦县，祠老子。（李贤注云：有神庙，故就祠之。）

（十一月）使中常侍管霸之苦县，祠老子。

九年（秋七月）庚午，祠黄、老于濯龙宫。

《祭祀志》中有一个“初”字，是八年之初，还是第一次派人去“祠老子”。前前后后的情况，尚未能清楚，但可以肯定，这不是一个孤立的现象，而是与东汉中后期老子影响增大的气氛有关。可以从一些零星的记载中分析出其影响之日益增大。

例如，《后汉书·杨厚传》记载说：

（杨厚）修黄老，教授门生，上名录者三千余人。太尉李固数荐言之。本初元年，梁太后诏备古礼以聘厚，遂辞疾不就。建和三年，太后复诏征之，经四年不至。年八十二，卒于家，策书吊祭。乡人谥曰文父。门人为立庙，郡文学掾史春秋飨射常祠之。

门生达三千多人，与一些儒学大师的门生弟子相比算不了什么，但以黄老“教授”则值得注意，说明修、习黄老之人的确不少。而太尉李固数推荐，梁太后一再征诏，则已经是从政治方面的一种反映了。从李固的情况看，他是具有黄老思想的，《后汉书·李固传》记其“上疏陈事曰”：

臣闻气之清者为神，人之清者为贤。养身者以练神为宝，安国者以积贤为道。

正是在这次“陈事”中，他提到广汉杨厚，还有南阳樊英、江夏黄琼、会稽贺纯等人，以及樊英“习《京氏易》”①，贺纯“博极群艺”②，都是淡于名利，不太愿受聘请的名士③。由此可见，东汉后期已不再是以儒学为唯一的利禄之途了。

还有一条不可忽视的材料，据《后汉书·翟酺传》记载说：

（安帝）时尚书有缺，诏将大夫六百石以上试对政事、天文、道术，以高第者补之。

这“道术”或者是泛指道德学术，并非专指儒术④，而且在试对中不是占最重要的地位，所以“好《老子》，尤善图纬、天文、历算”的翟酺以“对第一，拜尚书”。他曾在谏疏中写道：

故孔子曰：“吐珠于泽，谁能不含？”老子称：“国之利器，不可以示人。”此最安危亡〔之极〕戒，社稷之深计也。

他这里将老子之言与孔子之言相提并论。更有意思的是，他的“孔子

① 范晔：《后汉书》卷八十二上，《方术列传上》，中华书局1965年版，第2721页。
② 范晔：《后汉书》卷六十三，《李杜列传》，中华书局1965年版，第2082页。
③ 范晔：《后汉书》卷八十二上，《方术列传上》，中华书局1965年版，第2724页。
④ 《后汉书·徐防传》载其上疏言试博士弟子时，有“轻侮道术”一句，似亦可作“道德学术”解。

曰”还引用纬书，注云引自《春秋保乾图》。由此可见，儒学、儒术已再没有那么崇高的地位了。

而《老子》思想在政治和学术两方面都产生明显影响。政治方面主要是沿着黄老道家的一条线索发展，各种各样的政治家和政治思想家运用和发挥《老子》思想。学术方面则又有两种情况，一是道家学者本身的传承（包括为《老子》作注），一是非道家学者对《老子》思想理论的吸收。这后者，前述董仲舒的道论可算典型事例。下面再结合一些具体人物来谈谈。

扬雄。

扬雄在中国哲学史上有着重要地位，人们总结说：（一）他的哲学著作对当时神学、经学的权威有冲击作用；（二）他的无神论倾向给予桓谭、王充以直接的影响，是他们的先驱者；（三）他的《太玄》给予东汉张衡以双重的影响；（四）他的《太玄》对魏晋玄学有深刻的影响；（五）扬雄捍卫儒学正统的战斗精神对后世儒者有影响[①]。扬雄所著《太玄》和《法言》是其理论代表作，其中表现了他的宇宙观、人生观和政治态度。可以说，扬雄的理论和思想深受《老子》思想的影响。其有事实为证，《汉书·扬雄传》云：

> 雄少而好学，不为章句，训诂通而已，博览无所不见。为人简易佚荡，口吃不能剧谈，默而好深湛之思，清静亡为，少嗜欲，不汲汲于富贵，不戚戚于贫贱，不修廉隅以徼名当世。

这种人生态度，绝对是道家系统的，是受《老子》影响而形成的。事实上扬雄少时就曾从注《老子》并作《老子指归》的严君平游学，并且特别推崇他。《汉书·王贡两龚鲍传》说：

---

① 任继愈主编：《中国哲学发展史（秦汉）》，人民出版社 1985 年版，第 409～414 页。

扬雄少时从游学，以而仕京师显名，数为朝廷在位贤者称君平德。

他对严君平敬重、了解，蜀郡守李强曾叹“扬子云诚知人”。严君平及其所授《老子》，无疑对扬雄有深刻的影响。扬雄对《老子》是重视的，也是客观的。例如他和一般儒者不一样，一方面推重尧舜等先王和孔孟等先师，另一方面孔老并提，他说：

孔子作《春秋》，几（师古曰：几读曰冀）君子之前睹也。老聃有遗言，贵知我者希，此非其操与？①

但是他又很明确地说：

老子之言道德，吾有取焉耳，及其槌仁义，绝灭礼学，吾无取焉耳。

他确实是这样做的，他的著作中很多地方都取了《老子》思想，特别是其《太玄》，虽说是仿《易》之作，但受《老子》思想的影响很大。玄这个哲学范畴，就来自《老子》。扬雄的玄在一定意义上是《老子》道的翻版：玄是至高无上的，为宇宙之始，为事物变化之源，它无所不能，无所不在，无形无象而又支配一切。这方面，几乎所有的哲学史和思想史的著作都注意到了，不再多说。有的著作分析其哲学体系的主要来源，列举六七个方面，其中包括《老子》《淮南子》以及严遵的《老子指归》。但归根结底都是《老子》思想的影响。

王充。

我们认为，王充的思想应该属于黄老新道家一派②。这里略作说

---

① 班固：《汉书》卷八十七下，《扬雄传下》，中华书局 1962 年版，第 3578 页。

② 熊铁基：《秦汉新道家略论稿》，上海人民出版社 1984 年版，第 169 页。

明。《后汉书·王充传》极为简略，但有一段高度概括的论述，它说：

充好论说，始若诡异，终有理实。以为俗儒守文，多失其真。乃闭门潜思，绝庆吊之礼，户牖墙壁各置刀笔。著《论衡》八十五篇，二十余万言，释物类同异，正时俗嫌疑。

时人和后人就主要依据这部《论衡》来论其思想，所谓“正时俗嫌疑”，当今学者正确指出，就是他对神学化的儒学以及神仙方术和世俗迷信的批判，批判得十分有力，并且“终有理实”，所以他又被称为战斗的唯物主义者。那么，他战斗、批判的理论武器是什么呢？他在《论衡·自然篇》中写道：

（谴告等）论之所以难别也，说合于人事，不入于道意。从道不随事，虽违儒家之说，合黄老之义也。

他主要依据的是黄老思想，用的是自然、无为之类的道家理论。他在《自然篇》中明确地表示是“试依道家论之”。从他关于自然、无为的具体论述看，也的确是如此。他是对道家思想作了一些具体的补充和说明，因而有所继承和发挥。《自然篇》仍然是批判儒家的“谴告”说，抬出的是道家天地自然、无为论。他认为：

儒家说夫妇之道取法于天地。知夫妇法天地，不知推夫妇之道以论天地之性，可谓惑矣。[1]

“天地之性”即自然无为之性，前此他已反复论述了。他又说道：

① 王充：《论衡·自然篇》，诸子集成本，中华书局1954年版。

道家德厚，下当其上，上安其下，纯蒙无为，何复谴告？……老子、文子似天地者也。[①]

对于道家、老子的肯定溢于言表。

王充不满足于道家的理论，在《自然篇》中还说：

道家论自然，不知引物事以验其言行，故自然之说未见信也。

道家思想确有其不足之处，像《荀子》批评庄子那样，“蔽于天而不知人”，那就完全是不知引“物事”以验。黄老新道家的代表作《吕氏春秋》《淮南子》，引验了不少“物事”，但战斗性不强。王充针锋相对，指名道姓“问孔”“刺孟”，与他以前的新道家有所不同，不过“自然之说未见信也”，并非否定道家的自然之说，只是说需要加强引验，所以他努力实践了。他的继承和运用，应该说是做得相当好的，且举一例：

天道无为，听恣其性，故放鱼于川，纵兽于山，从其性命之欲也。……夫百姓，鱼兽之类也，上德治之，若烹小鲜，与天地同操也。[②]

其对《老子》“治大国若烹小鲜”的思想，运用得多么自如！

也有人说王充“《定贤》不许老聃之徒为贤者”。这有点误解，为了批判道家的神学化，他也写《道虚篇》，批判那些“好道学仙之人”所鼓吹的长生不老、寿而不死乃至鸡犬升天之类的虚妄之言。所以《定贤篇》说“道人与贤殊科”，不是一回事，不能因为“道人”也打着老聃的旗号，自称老聃之徒，而笼统说“不许老聃之徒”。在王充心目中，

---

① 王充：《论衡·自然篇》，诸子集成本，中华书局1954年版。
② 王充：《论衡·自然篇》，诸子集成本，中华书局1954年版。

老子是“贤之纯者”：

谓天自然无为者何？气也。恬淡无欲，无为无事者也，老聃得以寿矣。老聃禀之于天，使天无此气，老聃安所禀受此性！

贤之纯者，黄、老是也。黄者，黄帝也。老者，老子也。黄老之操，身中恬淡，其治无为，正身共己而阴阳自和，无心于为而物自化，无意于生而物自成。①

由此可见，王充对老子的态度及其所受的深深的影响。当然，由《老子》清静寡欲发展起来的修身养性思想学说对他也有影响，所以他晚年：

年渐七十，志力衰耗，乃造《养性书》十六篇，裁节嗜欲，颐神自守。②

王符与仲长统。

《后汉书》把王符、仲长统二人与王充合传，并且最后在“论曰”中写道：

数子之言当世失得皆究矣，然多谬通方之训，好申一隅之说。贵清静者，以席上为腐议；束名实者，以柱下为诞辞。

对他们既有肯定，又不完全赞同。这是《后汉书》作者的观点，但是作者看到了这被唐人韩愈视为“后汉三贤”的共同之处，那就是“言当世失得”。从王符的《潜夫论》和仲长统的《昌言》中可以明显看出他们

① 王充：《论衡·自然篇》，诸子集成本，中华书局1954年版。
② 范晔：《后汉书》卷四十九，《王充王符仲长统列传》，中华书局1965年版，第1630页。

的批判思想，对社会现实，对“时政雕弊”“豪人”的巧取豪夺、谶纬迷信等各方面展开了批判。这些就不具体论述了，这里要说的是，他们的批判武器和王充一样，是以道家思想作为自己的理论基础的。这样，《后汉书》把三子合传并有上引“论曰”的几句话，不能不说是独具慧眼了。他们或多或少与《老子》的思想影响有些关系。

王符的生平事迹记载很简略，《后汉书》本传说他“耿介不同于俗”，“志意蕴愤，乃隐居著书三十余篇，以讥当时失得，不欲章显其名，故号曰《潜夫论》”。该书主要是“指讦时短，讨谪物情”，是一些政论文章。哲学问题也主要是在政论中反映出来的，只有《本训》一篇似专讲天道观，可看作是其政论的哲学理论基础。他在《叙录》中说：

> 人天情通，气感相和，善恶相征，异端变化。圣人运之，若御舟车。作民精神，莫能（不?）含嘉，故叙《本训》第三十二。

那么他如何表达其天道观呢?《本训》原文说：

> 上古之世，太素之时，元气窈冥，未有形兆，万精合并，混而为一，莫制莫御。若斯久之，翻然自化，清浊分别，变成阴阳。阴阳有体，实生两仪，天地一郁，万物化淳，和气生人，以统理之。

又说：

> 是故道德之用，莫大于气。道者，气之根也。气者，道之使也。必有其根，其气乃生。必有其使，变化乃成。是故道之为物也，至神以妙；其为功也，至强以大。天之以动，地之以静，日之以光，月之以明，四时五行，鬼神人民，亿兆丑类，变异吉凶，何

非气然？

以上文字，有些可说是来自《易传》，但全面来看，其叙述的具体文字和方式都和许多黄老道家作品相同。只是两段文字显然矛盾，既说元气是万物的本原，又说“道者，气之根也”，本原又有“根”，纠缠不清。

王符的思想观属于道家思想的天道观，在政论中也常运用。他没有讲自然，但讲了无为，“因”的思想是有的，例如《考绩》中说：

圣王之建百官也，皆以承天治地，牧养万民者也。

又说：

夫圣人为天口，贤人为圣译，是故圣人之言，天之心也。贤者之所说，圣人之意也。先师京君，科察考功，以遗贤俊，太平之基，必自此始，无为之化，必自此来也。

他的“承天治地”与“天人合一”的神学论不同，是指“无为之化”。

在王符的政论中，不难见到《老子》思想的影响。例如其在《遏利》中的义利之辨，列举古今“上以天子，下至庶人”好利而亡的例子说：“此皆以货身亡，用财自灭。”这实即《老子》“多藏必厚亡”的翻版。又如其在《思贤》中为了说明“养寿之士，先病服药；养世之君，先乱任贤”，直接引用：

《老子》曰：“夫唯病病，是以不病。”《易》称“其亡其亡，系于苞桑”。

仲长统所著《昌言》早已亡佚，只留下了一些片段文字，但《后汉书》本传对他的志趣记载较多，对了解其思想倾向有很大帮助：

> 统性俶傥，敢直言，不矜小节，默语无常，时人或谓之狂生。每州郡命召，辄称疾不就。常以为凡游帝王者，欲以立身扬名耳，而名不常存，人生易灭，优游偃仰，可以自娱。欲卜居清旷，以乐其志，论之曰："……安神闺房，思老氏之玄虚；呼吸精和，求至人之仿佛。与达者数子，论道讲书，俯仰二仪，错综人物。弹《南风》之雅操，发清商之妙曲。消摇一世之上，睥睨天地之间。不受当时之责，永葆性命之期。如是，则可以陵霄汉，出宇宙之外矣。岂羡夫入帝王之门哉！"

以上省去的一小段文字表明，他向往的生活，与老子的"小国寡民"思想不完全一致。他不是舟车不用，而是"舟车足以代步涉之艰"；他不是老死不相往来，而是"良朋萃止，则陈酒肴以娱之"；等等。但其所表达的志趣，深受《老子》之影响也是跃然纸上的。仲长统本传又引了两首"见其志"的诗篇，其辞句也是如此：

> ……至人能变，达士拔俗。……沆瀣当餐，九阳代烛。……六合之内，恣心所欲。人事可遗，何为局促？
>
> 大道虽夷，见几者寡。……百虑何为？至要在我。寄愁天上，埋忧地下。叛散五经，灭弃《风》《雅》。百家杂碎，请用从火。抗志山栖，游心海左。元气为舟，微风为柂。敖翔太清，纵意容冶。

在人生观方面，仲长统"思老氏之玄虚"是十分明显的。问题是他的政论，他对社会现实的批判，是否有《老子》思想的影响？材料不多，但不是看不出来。例如他的天道观，虽然他主张"人事为本，天道为末"，但也必须用天道。他说：

所贵乎用天之道者，则指星辰以授民事，顺四时而兴功业。[1]

本传中所著录之《损益》中有一段话说：

或曰：善为政者，欲除烦去苛，并官省职，为之以无为，事之以无事，何子言之云云也？

这是他在讲了许多可为之政务之后，假设有人提出此问题，并非否定无为、无事。其中包括政在人为，以及“由其道而得之”，“由其道而取之”，实际也是解释无为并非什么也不干，而“反谓薄屋者为高，藿食者为清”，那是“既失天地之性，又开虚伪之名”。仲长统在人生态度上有出世归隐的倾向，在政论上却是黄老思想，并且自觉不自觉地运用《老子》的思想。例如他说的“纯朴已去，智慧已来”，和老子“智慧出，有大伪”是一个意思；他说“角智者皆穷，角力者皆负”，也是老子反对用智逞强的运用；等等。

以上从一些不同角度，论述了《老子》思想的影响。学术界对这种情况都有所注意，有人曾经说：“总之后汉时代，横在思想界深底的，就是老庄和《五行论》，还有发见在表面的，就是训诂学和印度佛教。”[2] 并且说这是“继承前汉的学术”。五行论的影响，早有顾颉刚的《秦汉的方士与儒生》一书详细论述，本文则扼要叙述了《老子》的影响，是从老学发展的角度进行论述的。

三、《老子》思想流行与道教的产生

中国独特的道教之形成，与中国古代的巫术迷信、神仙信仰以及方

① 魏征等编：《群书治要》卷四十五，《昌言》。
② 贾丰臻：《中国理学史》，商务印书馆1937年版，第132页。

术、方士的发展都有关系，与两汉盛行的黄老道家思想之宗教化也有关系。这里要谈的是后一方面的问题。

如上所述，黄老思想在两汉时期广泛、深入地在各方面发生着影响，不少人把它当作修身治国之术。在修身方面，与神仙、方术结合起来，满足人们长生成仙的欲望，因而同时出现了黄帝、老子神学化的过程，黄老思想宗教化的过程。

远的不说，只从秦始皇说起。他相信有仙人，希望得到不死之药，终成泡影。另一个突出的就是汉武帝，他一方面提倡融合了五行的儒术，另一方面又希望长生不老成为仙者，《史记·孝武本纪》记载说：

> 是时而李少君亦以祠灶、谷道、却老方见上，上尊之。……少君言于上曰："祠灶则致物，致物而丹砂可化为黄金，黄金成以为饮食器则益寿，益寿而海中蓬莱仙者可见，见之以封禅则不死，黄帝是也。臣尝游海上，见安期生，食巨枣，大如瓜。安期生仙者，通蓬莱中，合则见人，不合则隐。"

汉武帝居然相信这一套瞎编的话，又是"亲祠灶"，又是"遣方士入海求蓬莱安期生之属"；李少君病死了，还"以为化去不死"，这样引得更多的方士"相效，更言神事矣"。他后来又宠信言方术的栾大，拜为五利将军，"佩六印，贵振天下，而海上燕齐之间，莫不扼腕而自言有禁方，能神仙矣"。汉武帝似乎越来越入迷，乃至亲自"东巡海上，行礼祠八神。齐人之上疏言神怪奇方者以万数"。司马迁写《孝武本纪》，用大量篇幅记载其事，让"后有君子，得以览焉"，是不以为然的。但是，事实上，这种长生成仙的欲望从来没有停止过，而且人们越来越迷信，特别在统治阶级中，养生成仙之道也就越来越神，而社会上影响最大的黄老之学，对于养生之术是有一套理论和方法的，这样就逐渐形成了黄老道。黄老道并非道教最早的名称，不过是表示黄老之学宗教化的一个过程。据查，此名之出现当在东汉后期。《后汉书·王涣传》记载说：

延熹中，桓帝事黄老道，悉毁诸房祀，唯特诏密县存故太傅卓茂庙，洛阳留王涣祠焉。

许多祠庙皆为“百姓追思”所立，这里是说为了特别祠祀黄老而“悉毁诸房祀”，宗教意义更大于纪念意义。实际上，此处所谓“黄老道”，应理解为“黄老之道”①，而且这“事黄老道”的具体内容实即前述延熹八、九年之祠老子。

黄帝“成仙”比较早，早就被方士神仙家“造成”神仙了，上引李少君之言亦可见，这方面似不必多说。老子之“得道”、“成仙”，甚至变为通天教主，比黄帝更值得注意。老子神化的原因和过程如何？有关记载多少可以提供一点线索。《隶释》卷三著录有边韶的《老子铭》，其序文曰：

其二篇之书，称天地所以能长久者，以不自生也。……或有“谷神不死，是谓玄牝”之言。由是世之好道者，触类而长之。以老子离合于混沌之气，与三光为终始，观天作谶（缺），降升斗星，随日九变，与时消息。规矩三光，四灵在旁，存想丹田，大一紫房。道成身化，蝉蜕渡世，自羲农以来（缺），为圣者作师。

这是说“好道者”依据《老子》的某些内容，编造了一批“三光”、“四灵”之类的神化内容。其又曰：

皇上尚道弘德，含闳光大，存神养性，意在凌云，是以潜心黄

① 《后汉书·皇甫嵩传》云“张角自称‘大贤良师’，奉事黄老道”，亦指信奉黄老，而非教名。

轩，同符高宗，梦见老子，尊而祀之。

当时为陈相之边韶因作《老子铭》，时间记为“延熹八年八月甲子”，即上述遣使至苦县祠老子之时。在头脑比较清醒的知识分子看来，老子的神化是“好道者触类而长之”。这方面《魏书·释老志》的概述应该说是比较客观而且比较全面的：

> 道家之原，出于老子。其自言也，先天地生，以资万类。……至于丹书紫字，升玄飞步之经；玉石金光，妙有灵洞之说。如此之文，不可胜纪。其为教也，咸蠲去邪累，澡雪心神，积行树功，累德增善，乃至白日升天，长生世上。所以秦皇、汉武，甘心不息。灵帝（按：当为桓帝）置华盖于濯龙，设坛场而为礼。及张陵受道于鹄鸣，因传天官章本千有二百，弟子相授，其事大行。斋祠跪拜，各成法道，有三元九府、百二十官，一切诸神，咸所统摄。又称劫数，颇类佛经。其延康、龙汉、赤明、开皇之属，皆其名也。……其书多有禁秘，非其徒也，不得辄观。至于化金销玉，行符敕水，奇方妙术，万等千条，上云羽化飞天，次称消灾灭祸。故好异者往往而尊事之。

概述的是道教形成初期的一些情况：

第一，和边韶的说法一样，道教的理论乃至法术等等，都是老子之“自言”所引申出来的。

第二，道教的形成，与秦皇汉武以来崇信的神仙方术有关，神仙、方术的长生之说，着重心性的修养，去邪累、洗心神、积功德、行善事等等，实际也是与老子思想有关的。

第三，张陵等人的活动，使得“其事大行”，这是讲原始道教的发展，不过没有具体化。此外，还涉及斋祠礼仪的形成，以及道教与佛教的关系等等。

以上第三点，涉及原始道教，主要是民间道教。从史学考证的角度看，《魏书》说张陵之事，与道教的形成有重要关系。张陵的孙子张鲁以五斗米道起事，曾“雄据巴汉垂三十年”，又曾为曹操所用，因而《三国志》为其立传。他和他祖父的事迹，以及有关情况，也就多少有些记载。《后汉书·刘焉传》记载说：

> （张）鲁字公旗，初，祖父陵，顺帝时客于蜀，学道鹤鸣山中，造作符书，以惑百姓。受其道者辄出米五斗，故谓之“米贼”。陵传子衡，衡传于鲁，鲁遂自号师君。其来学者，初名为“鬼卒”，后号“祭酒”。……皆校以诚信，不听欺妄，有病但令首过而已。

《三国志·魏书·张鲁传》注引《典略》曰：

> 熹平中，妖贼大起，三辅有骆曜。光和中，东方有张角，汉中有张修。骆曜教民缅匿法，角为太平道，修为五斗米道。太平道者，师持九节杖为符祝，教病人叩头思过，因以符水饮之，得病或日浅而愈者，则云此人信道，其或不愈，则为不信道。修法略与角同，加施静室，使病者处其中思过。又使人为奸令祭酒，祭酒主以《老子》五千文，使都习，号为奸令。为鬼吏，主为病者请祷。……作三通，其一上之天，著山上，其一埋之地，其一沉之水，谓之三官手书。使病者家出米五斗以为常，故号曰五斗米师。实无益于治病，但为淫妄。然小人昏愚，竞共事之。后角被诛，修亦亡。及鲁在汉中，因其民信行修业，遂增饰之。

此文李贤注《后汉书》上述关于张鲁记载时亦有征引，文字略同。以上两段文字，特作如下一些说明。

首先，以上两段文字是根据某些原始资料整理而成的，透露出早期道教的某些真实情况，但比较零散，恐非一个时期的资料，当然更不可能是一种资料。而整理者，即《后汉书》和《典略》作者都有自己的取舍。

其次，张陵是顺帝时人，学道于鹤鸣山中的时间当早于桓帝祠老子二三十年，也许这就正是道教形成的时期。张陵所学之道，当即当时流行的黄老之道，值得注意的是他“造作符书”，《魏书》以及《华阳国志》等均为“造作道书”。“造作”二字颇有“历史”意义，反映“道书”或者“符书”是人们“造作”出来的。而神人传神书之类的神话更为骗人。问题是他“造”了哪些书？史无明文，后来假托的甚多，又不可靠。据考证，《老子想尔注》（以下简称《想尔注》）二卷，明确说是“三天法师张道陵所注”，基本是可信的①。这《想尔注》明显地把《老子》解释成宗教性的道书。其利用《老子》有神秘意味的道，进一步使之宗教化，例如，其注“载营魄抱一能无离乎”说：

> 一者，道也。……一散形为气，聚形为太上老君，常治昆仑，或言虚无，或言自然，或言无名，皆同一耳。今布道诫教人，守诫不违，即为守一矣；不行其诫，即为失一也。②

还有关于道的各种描述和解释，就不一一列举了。借题发挥，本来是任何时候、任何人作注都不能免的，但《想尔注》和《老子》之义相反的也有，改字作释的也有，例如将“以其无私，故能成其私”的“私”字改成“尸”字，然后注曰：

> 不知长生之道，身皆尸行耳。非道所行，悉尸行也。道人所以得仙寿者，不行尸行，与俗别异，故能成其尸，令为仙士也。③

---

① 黄钊：《道家思想史纲》，湖南师范大学出版社 1991 年版，第 245 页。
② 饶宗颐：《老子想尔注校笺》，选堂丛书本，第 13 页。
③ 饶宗颐：《老子想尔注校笺》，选堂丛书本，第 11 页。

关于《想尔注》内容的分析，学术界也做了不少工作，这里就不一一重复了。仅从以上两小段引文可以看出，“太上老君”、“道人”、“仙士”都出场了。“道教”一词，似亦由此书首次提出，所谓：

真道藏，邪文出，世间常伪伎称道教，皆为大伪不可用。①

另外，以上引文中“今布道诫”之“道诫”，可以从《想尔注》中归纳出十几种：

1. “学知清静”（20 页）；2. “施惠散财”（49 页）；3. “竞行忠孝”（24 页）；4. “喜怒悉去”（29 页）；5. “不为贰过”（33 页）；6. “禁祭餟祷嗣”（34 页）；7. “不贵荣禄财宝”（28 页）；8. 道重继祠（10 页）；9. “男女之事，不可勤也”（10 页）；10. “不食五味以恣”（10 页）；11. “知止足”（49 页），“不敢多求”（49 页）；12. “宁人负我，我不可负人”等。②

作为宗教，必须有一套清规戒律，《想尔注》已经初步具有了这方面的内容，而这些内容又是由《老子》思想中引申出来的。

由上所述，可以总结说：早期的道教，既以《老子》五千文为经典，又根据宗教的需要，把《老子》思想神学化，《老子》成为道教的《道德真经》，有其特殊的地位。另一部较早的道教经典——《太平经》，与《老子》和道家思想也有多方面的联系。但是，所有这些，即有关道教的产生，或可说是老学的一个支流。老子其人其书在道教发展中的各种变化，严格地说，不能称为老学的发展。

---

① 饶宗颐：《老子想尔注校笺》，选堂丛书本，第 24 页。

② 任继愈主编：《中国哲学发展史（秦汉）》，人民出版社 1985 年版，第 695～696 页。其中“宁人负我，我不可负人”后原缺页码。

庄学的勃兴[①]

前面已说明，老庄并称始于魏晋说法是不确切的。但魏晋开始，老庄盛行却是很突出的现象，并且整个魏晋南北朝都是如此，因此以“庄学的勃兴”表述这一时期庄学的发展。以下主要分两个方面来论述。

一、读《庄》成风与注《庄》成学

魏晋南北朝时期，知识分子读《老》《庄》的人很多，郎擎霄《庄子学案》[②] 概述说：

> 当时达官名士，多宗老庄，如魏王弼、何晏、山涛、阮籍、嵇康、向秀、郭象，晋王济、王衍、卢谌、庾敳、庾亮、桓石秀、司马彪、崔譔、李颐，宋戴颙、李叔之，齐祖冲之、徐白珍，梁江纮、伏曼容、贺玚、严植之、刘昭、庾曼倩，陈周弘正、徐陵、全缓、张讥、陆瑜，北魏程骏、邱晏，北齐杜弼，其最著者也。

这是一个不小的名单，但并非全部。在当时社会上层人士中，完全可以说是读《庄子》成为风气的，史学家吕思勉曾概括说：

① 节选自《中国庄学史》第三章。
② 天津古籍书店1990年版。

帝王、贵戚、大臣、武夫、儒生、文人、艺士、妇女，无不能之。余风又流衍于北。入隋乃息。①

这虽是就整个读《老子》和《庄子》的情况而言的，但《老子》和《庄子》实不可分，不会再有只读《老子》而不读《庄子》了。甚至应该说，这一时期更多的是《庄》和《老》连称，《庄子》在前。如王济"善《易》及《庄》《老》"；山涛"性好《庄》《老》"；阮籍"博览群籍，尤好《庄》《老》"；庾亮"性好《庄》《老》"；庾翼贻殷浩书中有"高谈《庄》《老》"② 之言；等等。另一些人如嵇康、向秀的记载中虽《老》在《庄》之前，但向秀注《庄子》，嵇康言行（如作《养生论》之类）更明显受《庄子》影响。一直到南朝都是如此，梁陈之际"家传儒学"的顾越，不仅"遍该经艺"，对"微言玄旨"，也"咸尽其精微"，而且"特善《庄》《老》"③。而且"余风又流衍于北"，连北魏孝文帝都"善读《庄》《老》，尤精释义"④。难怪颜之推的"三玄"顺序是《庄》《老》《周易》。《庄》在《老》前，应该是庄学勃兴的一个明显反映。

读《庄》成风的另一个重要表现，应该说它是当时清谈的重要内容之一，例如《世说新语·文学》记载说：

支道林、许掾、谢盛德，共集王家。谢顾谓诸人："今日可谓彦会。时既不可留，此集固亦难常。当共言咏，以写其怀。"许便问主人："有《庄了》不？"正得《渔父》一篇，谢看题，使各使四坐通。支道林先通，作七百许语，叙致精丽，才藻奇拔，众咸称善。于是四坐各言怀毕。谢问曰："卿等尽不？"皆曰："今日之言，

---

① 吕思勉：《两晋南北朝史》，上海古籍出版社1983年版，第1384～1385页。

② 房玄龄等：《晋书》卷四十二、卷四十三、卷四十九、卷七十三、卷七十七，中华书局1974年版，第1205、1223、1359、1915、2044页。

③ 李延寿：《南史》卷七十一，《顾越传》，中华书局1975年版，第1753页。

④ 魏收：《魏书》卷七，《高祖孝文帝纪》，中华书局1974年版，第187页。

> 少不自竭。”谢后粗难，因自叙其意，作万余语，才峰秀逸，既自难干，加意气拟托，萧然自得，四坐莫不厌心。支谓谢曰：“君一往奔诣，故复自佳耳。”
>
> …………
>
> 羊孚弟娶王永言女，及王家见婿，孚送弟俱往。时永言父东阳尚在，殷仲堪是东阳女婿，亦在座。孚雅善理义，乃与仲堪道《齐物》。殷难之，羊云“君四番后，当得见同”。殷笑曰：“乃可得尽，何必相同？”乃至四番后一通。殷咨嗟曰：“仆便无以相异。”叹为新拔者久之。

这两段记载告诉我们，人们聚在一起清谈，乃至亲戚相聚，都会以《庄子》为题，借题发挥，各抒己见，而且是随便找来一篇清谈。此种专读、专谈乃至专注一篇之例也还有不少，例如北齐杜弼，“耽好玄理，注《庄子·惠施》篇并《易》上下《系》，名曰《新注义苑》，并行于世”[①]。其次，上述记载中的支道林，又名支遁，是位高僧，既通佛教的《维摩经》，又通《庄子》。这又反映《庄子》与佛教的关系（详后）。

《庄子》内容为人所熟悉的例子不少，《晋书·范宣传》记载这位“三礼”专家的事颇有意思：

> （庾）爰之问宣曰：“君博学通综，何以太儒？”宣曰：“汉兴，贵经术，至于石渠之论，实以儒为弊。正始以来，世尚老庄。逮晋之初，竞以裸裎为高。仆诚太儒，然‘丘不与易’。”宣言谈未尝及《老》《庄》。客有问：“‘人生与忧俱生’，不知此语何出？”宣云：“出《庄子·至乐》篇。”客曰：“君言不读《老》《庄》，何由识此？”宣笑曰：“小时尝一览。”时人莫之测也。

---

① 李延寿：《北史》卷五十五，《杜弼传》，中华书局 1974 年版，第 1989 页。

先是庾爰之对范宣说，你本来“博学通综”，又为什么要“太儒”（过分拘泥于儒家的学说思想）？范宣借此批评正始以来尚《老》《庄》之风，正因为如此，所以“丘不与易”①，我才“太儒”！这么一位以振兴儒学为己任的大儒，却又可以随口说出《庄子》中某一篇的某一句话，对《庄子》是熟透了。“小时尝一览”似一句笑话，但当时许多人从小就读《老》《庄》也是事实。如梁朝的刘昭“七岁通《老》《庄》义”②，陈朝的徐陵“八岁能属文，十二通《庄》《老》义”③ 可以旁证以上范宣并非虚言。

儒家学者读《庄子》，坚决反对崇尚《老》《庄》虚玄之风的人也不能不读《庄子》，否则讲不出什么道理。例如王坦之作《废庄论》，不但对《庄子》本身，而且对前人批评庄子的内容都有所研究，不过他注重的是“庄子之利天下也少，害天下也多”，反对“庄生之道”。对老子倒并不怎么反对，而称“昔吾孔老固已言之”④，把老和庄分开了。另一“深抑虚浮”而作《学箴》的李充，也是很理解《老》《庄》思想的，他还作《释庄论》上下二篇⑤。

更有一些人不仅读《庄子》，而且崇拜庄子，学习庄子的行为。敦煌有一位高人宋纤，“注《论语》及为诗颂数万言”，“不应州郡辟命”，曾经叹言：“德非庄生，才非干木，何敢稽停明命！”又有“受生方外，心慕太古。生不喜存，死不悲后”之类的言论。死后“谥曰玄虚先生”⑥。显然，他认为庄生之德最高。值得注意的是，他出生在敦煌，隐居于酒泉，老年时到过姑臧（武威，是当时边远地区），从他受业的弟子三千余人，《庄子》也必为弟子们知道。

---

① 此语出自《论语·微子》的“天下有道，丘不与易也”。
② 姚思廉：《梁书》卷四十九，《刘昭传》，中华书局 1973 年版，第 692 页。
③ 姚思廉：《陈书》卷二十六，《徐陵传》，中华书局 1972 年版，第 325 页。
④ 房玄龄等：《晋书》卷七十五，《王坦之传》，中华书局 1974 年版，第 1966 页。
⑤ 房玄龄等：《晋书》卷九十二，《李充传》，中华书局 1974 年版，第 2389 页。
⑥ 房玄龄等：《晋书》卷九十四，《宋纤传》，中华书局 1974 年版，第 2453 页。

《世说新语》有两则记载，也有些像模仿庄子，其《言语》篇：

王中郎令伏玄度、习凿齿论青、楚人物，临成以示韩康伯，康伯都无言。王曰："何故无言？"韩曰："无可无不可。"

其《文学》篇：

客问乐令"旨不至"者，乐亦不复剖析文句，直以麈尾柄确几曰："至不？"客曰："至。"乐因又举麈尾曰："若至者，那得去？"于是客乃悟服。乐辞约而旨达，皆此类。

这位乐令即乐广，他在批评"任放为达，或至裸体者"时曾笑曰："名教内自有乐地，何必乃尔！"① 是位善谈论的通人，其"约言析理"的共谈的方式是和庄子与人对话相像的。

玄虚、庄老之风的影响，也可以从人们取名字中体现出来。如上述"谥曰玄虚先生"的宋纤，而且在宋纤前后，凉州地区也有三四位称"玄×先生"者②。此外，从东汉以来，不少人为自己的子孙取名或取字号为"玄"或"虚"。如"善言名理"而与殷浩齐名的孙盛（也是一位史学家），有子名放：

放字齐庄，幼称令慧。年七八岁，在荆州，与父俱从庾亮猎，亮谓曰："君亦来邪？"应声答曰："无小无大，从公于迈。"亮又问："欲齐何庄邪？"放曰："欲齐庄周。"亮曰："不慕仲尼邪？"答曰："仲尼生而知之，非希企所及。"亮大奇之，曰："王辅嗣弗过也。"③

① 房玄龄等：《晋书》卷四十三，《乐广传》，中华书局 1974 年版，第 1245 页。
② 参阅房玄龄等《晋书·隐逸传》。
③ 房玄龄等：《晋书》卷八十二，《孙盛传》，中华书局 1974 年版，第 2149 页。

小小年纪，对“好庄老”的庾亮作如此的回答，一方面说明其聪慧，另一方面反映其字号与庄周的联系，即便不是其取号本意，但当时已有此联想，是可以肯定的，这显然是受了读《庄》、尚虚玄成风的影响。

下面再从注《庄子》的情况看此时期庄学的勃兴。

首先应该征引的当然是《世说新语·文学》中的一段记述：

> 初，注《庄子》者数十家，莫能究其旨要。向秀于旧注外为解义，妙析奇致，大畅玄风。唯《秋水》《至乐》二篇未竟而秀卒。秀子幼，义遂零落，然犹有别本。郭象者，为人薄行，有俊才，见秀义不传于世，遂窃以为己注。乃自注《秋水》《至乐》二篇，又易《马蹄》一篇，其余众篇或定点文句而已。后秀义别本出，故今有向、郭二《庄》，其义一也。

《晋书·向秀传》的记载也值得参考：

> 庄周著内外数十篇，历世才士虽有观者，莫适论其旨统也，秀乃为之隐解，发明奇趣，振起玄风，读之者超然心悟，莫不自足一时也。惠帝之世，郭象又述而广之，儒墨之迹见鄙，道家之言遂盛焉。始，秀欲注，嵇康曰：“此书讵复须注，正是妨人作乐耳。”及成，示康曰：“殊复胜不？”

这记载必有《世说新语》以外的根据，说郭象“述而广之”，比“或定点文句而已”似要好一些。重要的是，两种记载均表明“向、郭二《庄》”的影响是很大的。

这里值得一说的是，向秀之前“注《庄子》者数十家”，虽非一个确数，但绝非毫无根据。向秀是魏晋之际的人，生卒年约为公元 227 年至 277 年，他之前有数十家注，必然是从东汉开始就有人作《庄子》注了。但记载很难查考，只有少数学者注意到这个问题，如蒋锡昌先生在其《庄子哲学》中就认为“班固曾注《齐物论》”，这是有一定根据的。唐陆德明《经典释文》中有《庄子音义》部分，所引汉魏六朝人的注文不少，其中引班固注的文字可以看出是专为《庄子》所作的注，如：

大块——众家或作大槐。班固同。

夫道未始——崔云：《齐物》七章，此连上章。而班固说在外篇。

恂——班固作眴也。

天倪——班固曰天研。

班固以上几条，都在《齐物论》一篇之中，所以说班固注过《齐物论》。注单篇的可能性是存在的，如上所述杜弼就只注《庄子·惠施》，还有晋僧支遁似亦只注《庄子·逍遥游》①，《庄子音义》所引支遁注七八条也全部集中在这一篇中。汉人是否还有其他的单篇注，很难说了，只得存疑不论。

魏晋南北朝时期的《庄子》注就多有记载了，首先我们来看看《隋书·经籍志》的记载（小字注以括弧表示）：

《庄子》二十卷（晋散骑常侍向秀注本二十卷，今阙；梁有《庄子》七卷，东晋议郎崔撰注，亡）

《庄子》十六卷（司马彪注本二十一卷，今阙）

《庄子》三十卷，目一卷（晋太傅主簿郭象注，梁《七录》，三十三卷）

《集注庄子》六卷（梁有《庄子》三十卷，晋丞相参军李颐注，

① 释慧皎：《高僧传》卷四，《晋剡沃洲山支遁》，中华书局1992年版，第160页。

《庄子》十八卷，孟氏注录一卷，亡）

《庄子音》一卷（李轨撰）

《庄子音》三卷（徐邈撰）

《庄子集音》三卷（徐邈撰）

《庄子注音》一卷（司马彪等撰）

《庄子音》三卷（郭象注，梁有向秀《庄子音》一卷）

《庄子外篇杂音》一卷

《庄子内篇音义》一卷

《庄子讲疏》十卷（梁简文帝撰，本二十卷，今阙）

《庄子讲疏》二卷（张讥撰，亡）

《庄子讲疏》八卷

《庄子文句义》二十八卷（本三十卷，今阙；梁有《庄子义疏》十卷；又《庄子义疏》三卷，宋处士李叔之撰，亡）

《庄子内篇讲疏》八卷（周弘正撰）

《庄子义疏》八卷（戴诜撰）

《南华论》二十五卷（梁旷撰，本三十卷）

《南华论音》三卷

以上所列数目不算太多，而且不少注本在记载时都亡阙了，这原因或与一种公认的“权威”著作流行有关。何晏注《老子》，见王弼注而改注为《道德二论》[1]，即可证明。从魏晋南北朝当时的情况看，向秀、郭象之注是比较有影响的，其他注之亡阙或与此有关。

其次，隋志记载中另一突出现象是注音之作颇多，将近占其著录的一半（八种），还不包括其他注本中的注音内容，如崔撰、向秀、司马彪、郭象乃至简文帝等注疏本中的注音为后来陆德明的《庄子音义》所

① 刘义庆：《世说新语·文学》，诸子集成本，中华书局 1954 年版。

引者甚多。这一现象与我国古代音韵学的发展有密切关系。魏晋以前，音读的注释都是附于文字训诂当中，几乎没有音韵的专书，魏晋以后，注音渐渐离开文字的义训进而为纯粹的注音①，专注《庄子》音的著作出现以及注音较多，正是音韵学发展的结果，这是庄学发展的另一种表现。

关于《庄子音义》所收诸《庄子》注，陆德明在序录的记载中列举的诸家，与隋志记载大体相同，但其所引诸家之注中也有未明示的，如上述班固、支遁等可能有单篇注的内容即未明说。魏晋南北朝时期的《庄子》注比见于记载的会更多一些是可以肯定的。

注《庄子》的人的多少，可以反映庄学发展的盛衰。更重要的是注《庄子》所反映的思想学术的发展，即我们所要说的注《庄》成学。因为无论是玄学重要人物的思想和学说，或者是玄学的一些主要论题，都是通过注《庄子》而得到发挥的，例如向秀、郭象的思想就是如此，这里还可以举支遁的具体例子以明一斑：

> 遁尝在白马寺与刘系之等谈《庄子·逍遥篇》，云："各适性以为逍遥。"遁曰："不然，夫桀纣以残害为性，若适性为得者，彼亦逍遥矣。"于是退而注《逍遥篇》。群儒旧学，莫不叹服。②

支遁把自己的思想通过注表示出来，这思想为"群儒旧学"所"叹服"，他的这个注成为学问之一，后来王羲之还专门考查他这篇注：

> 王谓遁曰："《逍遥篇》可得闻乎?"遁乃作数千言，标揭新理，才藻惊绝。王遂披襟解带，流连不能已。③

---

① 张世禄：《中国音韵学史》，上海书店1984年版。
② 释慧皎：《高僧传》卷四，《晋剡沃洲山支遁》，中华书局1992年版，第160页。
③ 释慧皎：《高僧传》卷四，《晋剡沃洲山支遁》，中华书局1992年版，第160页。

今存《逍遥游》不过千余字，而且叙故事、寓言不少，支遁做出数千言的注，标揭出令人惊绝的新理，这也是注《庄》成学的一个典型说明。

魏晋南北朝时期的“新理”或者说新学问就是玄学，学术界历来谈得多的是王（弼）、何（晏）、向（秀）、郭（象）等大家，其实思想学术上创新之人真还不少，如前述杜弼合《庄》《易》而成的代表作《新注义苑》，此书的“新理”是什么，今不可得其详，但有关他学问的记载也值得列举：

奉使诣阙，魏帝见之九龙殿，曰：“闻卿精学，聊有所问。经中佛性法性，为一为异？”弼曰：“正是一理。”又问曰：“说者妄，皆言法性宽，佛性狭，如何？”弼曰：“在宽成宽，在狭成狭，若论性体，非狭非宽。”诏曰：“既言成宽成狭，何得非狭非宽？”弼曰：“若定是宽，则不能为狭；若定是狭，亦不能为宽。以非宽非狭，所成虽异，能成恒一。”[①] 上称善，引入经库，赐《地持经》一部，帛百匹。弼性好名理，探味玄宗，在军恒带经行。注老子《道德经》二卷，表上之。[②]

由此可见，杜弼的学问，不仅是“三玄”的学问（《老》《庄》《易》他都作过注），而且是佛道兼通的。其所作注，绝不是为注而注，实在是通过注而明其新义，亦为注《庄》成学之一例。

还有一些零散的记载，可以表明整个魏晋南北朝治庄学之学者很多，粗略翻阅《南史》有：

梁武帝时“领五经博士”的贺玚，“所著《礼》《易》《老》《庄》讲疏”。

① 《北齐书》记载此处略有不同，“若定”几句属诏问之言且有省略。其下杜弼应答，《北齐书》记载为“对曰‘以非宽狭，故能成宽狭，宽狭所成虽异，能成恒一’”。其似更明白。

② 李延寿：《北史》卷五十五，《杜弼传》，中华书局1974年版，第1987～1988页。

儒玄兼修，“生徒常数十百人”的伏曼容，“为《周易》《毛诗》《丧服》集解，《老》《庄》《论语》义”。

梁陈时期儒玄兼通的张讥，梁时为哀太子“讲《老》《庄》”，陈时又在“温文殿讲《庄》《老》”，并且常在自己的居宅“讲《周易》《老》《庄》而教授焉。吴郡陆元朗、朱孟博、一乘寺沙门法才、法云寺沙门慧拔、至真观道士姚绥，皆传其业”。他著作众多，有“《老子义》十一卷，《庄子内篇义》十二卷、《外篇义》二十卷、《杂篇义》十卷，《玄部通义》十二卷”等等。

著名科学家祖冲之，也曾“著《易老庄义》”。

隐士戴颙，曾经“述庄周大旨，著《逍遥论》”。

另外，《南史》卷七十六庾曼倩著有《老子义疏》，《梁书》卷五十一作《庄老义疏》。所有这些义、疏，应该都是当时庄学之内容，书虽都亡佚了，但那个时代的思潮却是存在的。

下面我们再进一步说明当时庄子思想的一些主要影响。

二、庄子思想的主要影响

如上所述，当时读《庄》成风，有不少知识分子从小就读《庄子》，谈玄析理者读，反对玄理玄风者也读，因而庄子思想的影响是很大的，我们可以从以下几个方面来概述。

首先，人们从世界观到行为诸多方面都受庄子的影响。好庄老的知识分子，以庄子为效法、仰慕的对象，如嵇康说“老子、庄周，吾之师也”①，宋纤以“德非庄生”自律，是说得最明白的。至于未明说的影响，深入人们的思想深处，既可从一些言论中表现出来，也可以从人们行为中表现出来。在行为方面，一是放达，二是清谈，前面已有所述。

① 嵇康：《与山巨源绝交书》，《嵇中散集》卷二，商务印书馆 1941 年版，第 16 页。

这两种表现实在应该一分为二来看待。几乎从当时开始就有批评者，或者以何晏、王弼为罪魁祸首，“二人之罪深于桀纣”[①]；或者批评影响很大的王衍，如羊祜说：“王夷甫方以盛名处大位，然败俗伤化，必此人也。”[②] 庾翼讥评他“高谈《庄》《老》，说空终日。虽云谈道，实长华竞”[③]。这方面还有不少概述，如西晋裴頠《崇有论》、东晋干宝《晋纪·总论》等。干宝说：

> 风俗淫僻，耻尚失所，学者以庄老为宗，而黜六经；谈者以虚薄为辨，而贱名俭；行身者以放浊为通，而狭信节；进仕者以苟得为贵，而鄙居正；当官者以望空为高，而笑勤恪。

这些批评也并非全无事实，行为放达乃至放荡不羁，清谈到废寝忘食，难免会有点“清谈误国”。王衍将死之时说：“吾曹虽不如古人，向若不祖尚浮虚，勠力以匡天下，犹可不至今日。”[④] 真是“人之将死，其言也善”。不过，这只是问题的一方面。

另一方面，清谈本为析理，在社会转型时期，人们对一切重新思考，应该是当然之事。而且许多好庄老、善谈论之人，同时也是政治上的重要人物，一般都不会因清谈而误事，典型的事例如《世说新语·政事》有一条记载说：

> 王、刘与林公共看何骠骑，骠骑看文书，不顾之。王谓何曰：“我今故与林公来相看，望卿摆拨常务，应对玄言。那得方低头看此邪？”何曰：“我不看此，卿等何以得存？”诸人以为佳。

① 范宁：《王弼何晏论》，严可均辑：《全上古三代秦汉三国六朝文·全晋文》卷一百二十五，中华书局1958年版，第2179页。

② 房玄龄等：《晋书》卷三十四，《羊祜传》，中华书局1974年版，第1017页。

③ 《晋书·殷浩传》载庾翼与殷浩书。

④ 房玄龄等：《晋书》卷四十三，《王衍传》，中华书局1974年版，第1238页。

在头脑清醒的政治家那里，清谈是不会误国的，国力之衰弱，当有诸多原因。

对自然、社会、人生的种种思考，谈玄析理之种种结论，也有积极的和消极的两方面，玄学家们的思想中，自然也有不少矛盾之处，甚至表现为言行不一：一方面他们特别喜好庄老，崇尚逍遥、自由；另一方面他们又十分关注社会、政治。其中的矛盾，早在这个历史时期结束之时，隋初的颜之推就已明确指出，《颜氏家训·勉学》说：

> 夫老庄之书，盖全真养性，不肯以物累己也。故藏名柱史，终蹈流沙；匿迹漆园，卒辞楚相，此任纵之徒耳。何晏、王弼，祖述玄宗，递相夸尚，景附草靡，皆以农、黄之化，在乎己身，周、孔之业，弃之度外。而平叔以党曹爽见诛，触死权之网也；辅嗣以多笑人被疾，陷好胜之阱也；山巨源以蓄积取讥，背多藏厚亡之文也；夏侯玄以才望被戮，无支离拥肿之鉴也；荀奉倩丧妻，神伤而卒，非鼓缶之情也；王夷甫悼子，悲不自胜，异东门之达也；嵇叔夜排俗取祸，岂和光同尘之流也；郭子玄以倾动权势，宁后身外己之风也；阮嗣宗沉酒荒迷，乖畏途相诫之譬也；谢幼舆赃贿黜削，违弃其余鱼之旨也。彼诸人者，并其领袖，玄宗所归。其余桎梏尘滓之中，颠仆名利之下者，岂可备言乎！

玄学领袖们虽然大力学习和宣扬庄老，其实际行为又是与庄老背道而驰的，言行不一是显然的，是虚伪呢，还是无法摆脱某些束缚，也是一个见仁见智的问题。其实他们对名教问题也是如此，阮籍一方面扬言“礼岂为我辈设”，另一方面又反对儿子阮浑学放达；嵇康一方面自称“以老庄为师”，另一方面在《家诫》中教训儿子要忠义。所以今人也有认为他们骨子里仍然是信儒教的。从理论上看，他们是以庄老思想来补充儒学的缺陷，名教即自然说就是这种思想倾向的体现。正因为如此，也就扩大了庄子思想的影响，引起了庄学的勃兴。

至于颜之推以为不足挂齿的“尘滓”“下者”的放荡行为，如在本章第一节中所举的那个例子，自称服药后要散发，引起人们笑话，是会有不少的，那不应该归结为庄子放达精神影响的。

其次，庄子思想的影响还表现在，时人对《庄子》的运用和发挥要比《老子》多。这应与《庄子》文字多、内容丰富有关系，也与《庄子》主逍遥，适应了当时的时代思潮有关系。汤用彤先生曾说：

> 王何之学为老子之学，老学主抱一；嵇阮讲《庄子》，庄学主逍遥。所谓“逍遥”并非表面上不守礼法，不留心世务，而有玄心者始能任达，得意者乃能忽忘形骸。[1]

关键是“玄心”、“得意”，人们是从思想、精神来理解、运用和发挥《庄子》的。王弼、何晏贵无，可以说是老子之学，但他们丝毫没有忽视庄子，王弼注《老子》、解《周易》，似未注《庄子》，但他却用《庄子》解《易》，作出新解，如在《周易略例·明象章》中说：

> 夫象者，出意者也；言者，明象者也。尽意莫若象，尽象莫若言。言生于象，故可予言以观象；象生于意，故可寻象以观意。意以象尽，象以言著，故言者所以明象，得象而忘言；象者所以存意，得意而忘象。犹蹄者所以在兔，得兔而忘蹄；筌者所以在鱼，得鱼而忘筌也。然则言者象之蹄也，象者意之筌也。是故，存言者非得象者也，存象者非得意者也。象存于意而存象焉，则所存者非其象；言生于象而存言者，则所存者乃非其言也。然则忘象者乃得意者也，忘言者乃得象者也。

① 汤用彤：《理学·佛学·玄学》，北京大学出版社 1991 年版，第 334 页。

这里显然是援引《庄子·外物》之言：

> 筌者所以在鱼，得鱼而忘筌；蹄者所以在兔，得兔而忘蹄；言者所以在意，得意而忘言。

汤用彤先生指出，王弼虽受当时言意之辨的影响，但运用《庄子》解《易》有重要的贡献：

> 此“得意忘言”便成为魏晋时代之新方法，时人用之解经典，用之证玄理，用之调和孔老，用之为生活准则，故亦用之于文学艺术也。①

再次，就是当时流行的玄学，无论在基本理论方面或思维方法方面，都深受《庄子》的影响，这方面学者们早已注意到，崔大华先生的《庄学研究》中的“庄子与魏晋玄学”一节就集中地论述了这个问题。玄学理论中的几个主要论题，如有无之争、自然与名教之争以及生与死的问题等，都与《庄子》思想有密切关系。例如关于有无之争，崔著中结论性地写道：

> “无”派关于“无”的“一”“全”的总体性论证，“有”派“独化”所内涵的“无待”“相因”的绝对性、总体性思想观念，都是庄子思想在一种新的思潮或理论形态中的再现。②

这话应该是正确的，贵无派的王弼虽未注《庄子》，但对《庄子》

---

① 汤用彤：《理学·佛学·玄学》，北京大学出版社1991年版，第320页。

② 崔大华：《庄学研究——中国哲学一个观念渊源的历史考察》，人民出版社1992年版，第435页。

是很熟悉的，如上所述他在注《周易》时都引证过《庄子》，在注《老子》时那就更自然了。举例来说，在注《老子》第四十二章“道生一”一段时王弼写道：

万物万形，其归一也。何由致一？由于无也。

在第四十七章也重复强调：

无在于一，而求之于众也。

注第三十四章“大道泛兮”时用了“无所不至”：

道泛滥无所不适，可左右上下周旋而用，则无所不至也。

这些注释语言和思想观念，的确是《庄子》中有的，《齐物论》中明确可以看出“道通为一”，《知北游》中对道的无所不在说得形象深刻，启发了王弼，也为他所运用。

崇有论者的思想，其根本的哲学观念、概念也来自《庄子》。针对“时俗放荡”“口谈浮虚”“疾世俗尚虚无之理”[1]，首先明确提出崇有论的裴頠，基本思想是认为万物“自生”而“体有”。他反驳无为本源说：

夫至无者无以能生，故始生者自生也，自生而必体有，则有遗而生亏矣，生以有为已分，则虚无是有之所谓遗者也。[2]

① 《世说新语·文学》刘孝标注引《晋诸公赞》。

② 房玄龄等：《晋书》卷三十五，《裴頠传》，中华书局1974年版，第1046页。

《庄子·在宥》有明确的“物固自生”的思想：

> 无问其名，无窥其情，物固自生。

《知北游》还有“扁然而万物自古以固存”的表述。裴頠采用了《庄子》是可以肯定的。至于崇有论者的另一代表郭象，其思想主要是在《庄子》注中发挥的，我们下面有专节，这里就不多说了。

又如在自然与名教这个问题上，时人的讨论，也处处受到《庄子》思想的影响，主张“越名教而任自然”① 的嵇康、阮籍受《庄子》思想影响最为明显。嵇康公开说“非汤武而薄周孔”，“老子、庄周，吾之师也”，“读《老》《庄》，重增其放”②。他在《难自然好学论》中论述：

> 六经以抑引为主，人性以从欲为欢。抑引则违其愿，从欲则得自然。然则自然之得，不由抑引之六经；全性之本，不须犯情之礼律。故仁义务于理伪，非养真之要术；廉让生于争夺，非自然之所出也。③

在此真是很容易看到“少变形”的庄子思想。

玄学究竟是什么，应该如何看待，在学术界有不同的看法。但从根本理论上看，有两条是可以肯定的：第一，它的理性思辨提高了儒学的理论思维水平，无论是贵无和崇有之争，还是名教与自然关系的探讨，都有助于儒学的进一步发展。儒家重伦理道德，在汉代曾用阴阳五行学说来论证其根源，走向神学化的道路，缺乏理性的思维。玄学家们把问题提到世界本源的高度进行论述，把儒家所重之名教纳入本源——自

---

① 嵇康：《释私论》，《嵇中散集》卷六，商务印书馆 1941 年版，第 45 页。
② 嵇康：《与山巨源绝交书》，《嵇中散集》卷二，商务印书馆 1941 年版，第 16 页。
③ 嵇康：《难自然好学论》，《嵇中散集》卷七，商务印书馆 1941 年版，第 52 页。

然、无为的范围来讨论，在一定意义上是填补了儒学的理论空白，这对后来宋明理学不能不有较大的影响，成为儒学发展史上的一个重要环节。第二，玄学理论是借题发挥的、有一定独立性的理论，其所借是所谓《庄》《老》《周易》“三玄”，“三玄”之中尤以《庄子》为主，玄学理论与《庄子》相通、相同之处甚多。附带说一句，似乎应该说，玄学就是玄学，不必再冠上“新道家”之名。

秦汉在世界和中国历史上的地位

一

与当今世界像一个村落不同，古代世界各地的联系并不是十分紧密的，时代越早联系越少。例如公元前1000年以前、中国的周朝以前，世界各地的文明是各自孤立发展的，几乎没有什么接触，但是公元1000年以后，随着各地区文明的发展和传播的扩大，逐渐形成了一个欧亚古典文化高度发展的核心区。秦汉时期，正是这个核心区的发展和繁荣时期。

公元前后的四五个世纪，即中国的秦汉时期，世界各地的情况怎样呢？古代文明史上赫赫有名的希腊古国逐渐衰落，代替它的是罗马的兴起和强大。汉王朝强大在前，罗马的崛起稍后，既是同时，也是先后对世界发生影响。另一个世界文明古国印度，在秦代和汉初还是比较强大的，但是从公元前2世纪开始，随着孔雀王朝的溃灭，印度进入了长达500年的混乱和黑暗。不过，印度与外部世界的政治、经济和文化的联系还是很多的，特别是佛教的影响很大。公元元年以后，欧洲的主角罗马（它横跨欧亚非），与亚洲的中心汉朝并没有直接的接触，因而在中亚地区也还出现过一些其他国家，其中比较大的有中国史书上称为安息和大月支（贵霜帝国）这两个国家。

这样，当时的世界可说是汉王朝与罗马帝国的并立，如果说古代已形成欧亚文化核心区，那么这两个国家就是核心的核心了[①]。这两个核心没有直接的接触，因而当时各自的史书上虽有关于对方的记载，但对于对方的了解都是模糊的甚至是很不确切的，例如公元1世纪老普林尼（Gaius-Plinius Secundus，约公元23—79年）在《自然法》中写道：

> 赛里斯国（丝国，即中国）林中产丝，驰名宇内，丝生于树上，取出，湿之以水，理之成丝。后织成锦绣文绮，贩运罗马。……由地球东端运至西端，故极辛苦。赛里斯人举止温厚，然少与人接触，贸易皆待他人来，而绝不求售也。[②]

显然这不是直接接触的史料。中国史书关于罗马（大秦）的记载，例如《后汉书·西域传》，比老普林尼关于中国的记载要准确得多，但也不是直接接触的材料。

虽然如此，但并不能否认两个核心之间存在着广泛的物质和文化交流。中外文献记载和考古资料可以证明整个欧亚文化核心区物质文化交流的一般情况：中国外销的物品主要是丝绸、漆器和铁器，也有软玉、釉陶、麻织品以及各种装饰品等。而罗马可说是中国丝绸“外贸”的最大主顾，当然主要不是两国之间的直接交易。当时输入中国的主要是农牧土特产，如毛皮、马匹、瓜果、香料等，在汉代月支、安息和大秦的毛织物如“氍毹、毾㲪、罽帐之属”[③] 极受珍重。西汉长安所集中的“殊方异物”，不仅有印度、西域等地的东西，也有罗马甚至埃及的物品。至于文化方面的交流和联结，在西域文化和汉代的艺术风格、音

① 关于“最初的欧亚文化高度发达的核心区”，参阅斯塔夫里阿诺斯：《全球通史——1500年以前的世界》，上海社会科学院出版社1988年版。

② 转引自张星烺：《中西交通史料汇编》第一册，第33页。

③ 《三国志·乌桓鲜卑传》注引《魏略》。

乐、舞蹈、杂技等方面有比较明显的反映，汉代长安、洛阳已有了大秦的幻人（魔术师）是确定无疑的，这些在任何一本中外文化交流史著作中都有记述，只不过汉朝文化方面西传的记载相对少一些，如果从技术上讲，冶铁、穿井等技术的西传也是无可置疑的事实。

古代高度发达的欧亚文化核心区是存在的，其普遍性、文化上的联结发展到了什么程度？这仍是一个值得进一步研究的问题。希腊历史学家波里比阿在论述从公元前 220 至 145 年诸重大事件的历史时说："在今天这个时代，历史可说已成为一个有机整体。意大利和利比亚发生的一切与亚洲和希腊发生的一切密切相关，所有各种事件，最终只归于一个结局。"① 这可以说是一种"超前"认识和说法了，但是，深入的研究和不断新出的考古资料将进一步证实这"有机整体"说法的重要意义。这个"有机整体"各地区之间的物质文化联结，主要是通过商业，商人的活动显然起了很大作用。身怀各种技艺的工匠、文化人，往往也是随着商队而行的，当然有记载表明，在各地区战争的军队中也有这样一些人，而著名的"丝绸之路"就是这个核心区各地之间联结和交流的桥梁。丝绸之路及其相关问题的研究，无疑是研究这一时期世界历史的重要内容。

东西并立两大帝国在整个核心区各自发生着影响，以至于后来形成东西两种不同的文化传统。在当时，罗马的影响，跨及欧、亚、非三大洲，主要是欧洲，非洲仅埃及那一部分，亚洲则主要是西亚部分，而汉王朝的影响主要在东亚、中亚以及东南亚。

汉王朝对亚洲各国的影响，罗马对当时世界的影响，这里就不具体讲了。但从纵向发展看，罗马帝国比汉王朝似要逊色。例如讲文化传统，罗马文化没有一脉相承的悠久历史，在它之前是赫赫有名的希腊文化，在罗马帝国灭亡之后，罗马文化也就中断了，尽管罗马文化在西方

---

① 斯塔夫里阿诺斯：《全球通史——1500 年以前的世界》，上海社会科学院出版社 1988 年版，第 175 页。

文化传统中有承前启后的作用，尽管后来的文艺复兴也是以罗马古典为良师益友的，但它毕竟有过一波三折。

秦汉文化传统则大不相同，从来源上讲它是一脉相承的。虽然在秦汉以前已经有好几次大的改朝换代，但“中国”的天子都是同一个“老祖宗”传下来的兄弟之间的易姓受命，司马迁写《史记》时就是这样的指导思想，在记尧舜禅位之时，就说舜因为受到诸侯的拥护，“夫而后之中国践天子位焉”，这里的“中国”也许是指“帝王所都为中故曰中国”[①]，但《史记》中事实上已有了大范围的“中国”概念，如《天官书》的“中国”就是如此[②]。做中国主宰的人都是黄帝后裔，故《五帝本纪》中写道：“自黄帝至舜禹，皆同姓而异其国号，以章明德。”这样，以后任何一个统治者都是黄帝子孙，乃至于曾一度称“霸王”的项羽，他都要寻找其祖宗关系：“吾闻之周生曰：‘舜目重瞳子’，又闻项羽重瞳子，羽岂其苗裔邪?”不仅如此，司马迁还说：“匈奴，其先祖夏后氏之苗裔也，曰淳维。”[③] 这真正是“四海之内皆兄弟”！司马迁的思想是有代表性的，也可以说是对中国国情的一种卓越见识。它在一定意义上反映了中国古代文化一脉相承的关系，也可反映各地之间统一性的关系，秦汉文化及其发展的特点，其悠久性、连续性、统一性等，是当时世界独一无二的。世界上几个古老的文明，除中国之外都已经成为过去或者中断衰落了，唯独中国的文化在秦汉时期更为发扬光大，中国的文字称为汉字，中国的语言称为汉语，时至今日，汉学成为中国文化的代称，这一切都说明秦汉历史在世界历史上的地位。

秦汉历史在世界历史上的地位，对世界历史的贡献和影响，是一个值得重视并且有待于进一步研究的课题，这里就不再多谈了。

---

① 裴骃：《史记集解·五帝本纪》。

② “及秦并吞三晋、燕、代，自河山以南者中国。中国于四海内则……”，“故中国山川东北流”，“其后秦遂灭六王，并中国”，等等。

③ 司马迁：《史记》卷一百一十，《匈奴列传》，中华书局 1959 年版，第 2879 页。

二

秦汉时期包含着秦和汉两个王朝，秦朝虽然很短，但地位重要，影响很大，一般可以说周秦是一大变，汉朝分前后两段历史，并且其中还有一个王莽的新朝，实际上是有好几个阶段的。但是，秦汉相连的称呼以及某些事实上相连的看待也是可以并且应该的，它完全可以作为一个完整的历史时期，在整个中国历史的长河中，秦汉时期是一个相对独立的比较完整的历史时期，长达近五个世纪，其地位自然是很重要的。

讲秦汉史在中国历史上的地位重要，主要应看它在历史发展过程中如何承前启后，看它有哪些创造和成就，看它对以后历史发展的影响等。一般来说，这一时期政治方面的发展变化比较明显，影响也很大。其实经济、文化乃至社会的各个方面，也都是有很大变化的，只是有些内容需要经过分析才能揭示出来。下面就作一粗略概述：

首先，政治方面，长期以来形成的一个说法就是，影响中国两千年的专制主义中央集权制度是秦汉时期形成的，这个说法有一定道理，是符合中国历史实际的。虽然秦以前的王朝也可以算是统一王朝，也是统一的国家，但秦以后不论是统一的范围，还是统一的内容和性质，都有所不同。概括地说就是专制主义中央集权。虽然许多具体的制度并不是突然出现的，有一个变化发展的过程，例如与中央集权有关的郡县制、官僚制以及军事制度等，自然都是渊源有自，在春秋战国乃至更早的历史时期，可以找到其产生和发展的具体事实。但是，十分明显的是：郡县制之正式代替分封制，“海内为郡县”，从秦汉以后可说是有质的变化，尽管汉初也还有分封，尽管以后很长时间还有“分封”问题的讨论，但汉以后分封制的内容和性质已经大不相同了。作为国家机器重要组成部分的官吏，是夏商周以来早就有了的。但世卿世禄制度之基本废除，影响中国历史两千年的新官僚制度的建立和完备是以秦汉为明显阶段的。军事制度以及其他一些较为重要的政治制度，都有某些根本性的变化，而所有的变化可以集中到一点，就是高度的中央集权，所谓“海内为郡县，法令由一统”。同时，这高度的中央集权也确实有专制主义的特点。所谓专制主义，主要是君主专制，法国路易十四“朕即国家”的名言，是最形象的解释，而秦始皇的确定皇帝称号，制定联、诏、制等皇帝专用词语等，又是最具体的表现。郡县制、官僚制等都是有利于中央集权的，制度的本身及其运作都表现出中央集权的加强，特别是君主权力的加强。

其次，主要讲经济制度方面。因为生产力的水平、生产工具、技术等，是很难划分阶段的，至少在秦汉时期的前后，是没有很大变化的，而土地所有制、分配方式、赋税制度等，秦汉时期的变化则是有明显阶段性的。中心问题就是土地私有，包括地主和农民的私有，得到确认和保护。虽然从所谓“井田制”到土地私有的变化，早在战国乃至春秋时期就开始出现了，但在一个统一国家大范围内，从法律上明确宣布和肯定土地私有，都是在秦王朝统一中国之后，那就是秦始皇三十一年（公元前216年）的“使黔首自实田”，汉代完全继承这种“民得买卖”的土地私有制，汉政权建立之初，“复故爵、田宅”[①]之类的法令就是重申土地私有。当然，秦汉政府的赋税、徭役制度等，也正是建立在这种确认土地私有制的基础之上。

除经济政策之外，也有一些其他的经济措施，例如统一度量衡、统一货币、铁器、牛耕等技术的推广，治理黄河等大规模的水利建设等，都是有划时代意义的。

再次，思想文化方面。这方面的前后连续性更为广泛，也更为复杂，但复杂问题简单说，也可以明显看到秦汉文化思想的特殊地位。例如称战国为“子学时代”，称两汉为“经学时代”[②]，就是这种特殊地位

① 班固：《汉书》卷一下，《高帝纪》，中华书局1962年版，第54页。

② 冯友兰《中国哲学史》中有此分法，不过他是整个汉以后都是“经学时代”，这里只是借用。

的表述之一。可事实是，汉代对前此的诸子学术思想乃至儒家所有的经典（所谓“六艺”）进行了总结和整理，形成了新的汉代的学术思想文化：表面上似乎是儒家独尊，实际上是新的儒家和新的道家相互斗争，相互影响，相互补充；表面上用儒术而不容法家，实际上是“霸王道杂之”。汉代学术思想文化的形成，可说是一个更为广泛的“汉文化”的形成。

从历史发展分期来看秦汉史也处于一个突出的地位。按照马克思主义学说划分中国历史阶段，有的主张中国封建社会从西周开始，战国到秦汉是封建领主制到封建地主制转变的阶段，转变开始于战国，完成于秦汉；有的主张秦汉仍是奴隶社会，但战国到秦汉是由早期奴隶制到发达奴隶制的转变，战国开始秦汉完成；当然也还有秦开始封建社会，或者西汉、或者东汉开始封建社会的少数主张。20 世纪早期采用西方新史学的分期观念，当时新编中国历史，把中国历史分为上古、中古、近代几个大的阶段，有的人把秦汉放在上古的最后，有的人把秦汉放在中古开头，各自也都言之成理，持之有故。美国加州大学陈启云教授在对以上这些分期“研究反思”之后，给汉代历史作了一个“定位”的论述：

> 中国历史发展的四个时代都和汉代历史文化以及汉文化传统有密切关系。在上古时代，构成中华文明之各文化因子之诞生，包括秦统一帝国政权之出现，均在汉代以前；但此各文化因子之凝聚为整体之中华文明，则在两汉四百多年之间。此整体中华文明所显露出在政治方面之缺失和弱点，及在文化上的优点和韧力，不在于汉以前的各个个别文化因子之本身，而在此等因子在汉代凝聚为整体之中华文明所经历的发展历程。这些缺点和优点决定了中古时代中国历史发展的趋向——政治结构的错失和弱点引起了中古政治上的大分裂，文化传统和韧力则维持汉族与汉文化延绵于汉帝国覆亡之

后数百年，中古文明的发展亦以胡人之“汉化”及“汉文化”在南方扩展的高潮为结局。至于宋、元、明、清时代的开始和结束，以及此时代到底是“近代初期”“中古后期”，抑或“新传统时代”之属性问题，更与汉代历史及汉文化传统的特性息息相关。①

陈先生是明确反对中国历史某些内容，如专制主义是中央集权两千年不变的，同时又是主张东汉为一大变化时期的。但以上给汉代历史的“定位”，也很清楚地证明了秦汉历史在整个中国历史上的地位。

三

至此，有两个问题还值得进一步说明：

第一，专制主义中央集权在秦汉确立，并且影响深远，但绝不是一成不变，其间大大小小的变化多得很。举例来说，官僚制度从汉代开始历朝历代的变化，多少卷书也难以讲清楚，作为皇帝主要辅佐的宰相，秦和西汉时称为相国和丞相，后来名称、地位、职掌、作用等都不断地发生变化，这是有目共睹的，这里无法具体说明。不过，我们从另一方面看，它又有万变不离其宗的一方面。宰相又称宰辅，他即是主宰、主管一切的人；又是辅助君主的，是辅助皇帝主管一切的人，专制君主仍是主角。所以历来就有一个君权与相权矛盾的问题，宰相地位、职掌乃至名称的变化与此有关。这可以说是“专制主义”长期不变的一个方面。

郡县制也是如此，名称乃至两级、三级或者四级，历代的变化是很多的，然而万变不离其宗的是加强中央集权。地方长官，特别是郡这一级长官，实际是一方诸侯，是一方主宰，是一方君长，在汉代也被称为

① 陈启云：《从历史发展分期宏观看汉代文明和汉文化传统》，《汉晋六朝文化·社会·制度》，台北新文丰出版公司1997年版，第12页。

"府君"，其权力相当大，可以自辟幕僚属吏，乃至自置令长，可以因地制宜设立各种条例，在郡内，政治、经济、军事各方面的权力都很大。因此，往往在中央失去控制能力时，他们就成为军阀割据，东汉末年的历史就是明显的证明。但在制度上，他们是绝对服从中央的，要接受丞相、御史大夫的监督，并定期向丞相汇报工作（"条上郡内众事"，谓之"上计"），西汉武帝以后，还要接受部刺史的直接监督。两汉皇帝还经常差遣官员分别循行天下，名曰"举贤观风"或"班宣风化"，实际上是"察吏治得失"、"举实减否"，对地方官实行监督，有时候是雷厉风行，例如东汉顺帝汉安元年选遣八使分行天下，"其刺史、二千石有臧罪显明者，驿马上之，墨绶以下，便辄收举。其有清忠惠利，为百姓所安，宜表异者，皆以状上"①。顺帝时又有一次，雷义"为守灌谒者。使持节督郡国行风俗，太守令长坐者凡七十人"②。由此可见中央集权对郡县的有效控制。秦汉以后，地方割据势力的膨胀，往往形成外重内轻的局面，而中央政府也就不断地与这种情况进行斗争。郡县制是中央集权制的一个不可分割部分，即使是在割据势力发展时期，强大的割据势力也不以割据为安，而是力图"挟天子以令诸侯"，或者自己称王称帝以求统一天下，汉末的历史，董卓、曹操等人都是这样做的。

第二，秦汉时期可以作为一个整体在中国历史上存在并发生影响，但不等于说四百年的历史没有变化，有的变化还相当大。虽然，20 世纪前期的新体中国史大都把秦汉作为一个整体看待，但 1947 年出版的吕思勉的《秦汉史》开头就说："自来治史学者，莫不以周、秦之间为史事之一大界，此特就政治言之耳。若就社会组织言，实当以新、汉之间为大界。"此后，在国内中国古代史分期问题讨论中也有人主张是从东汉开始为"中古"之开端的（周谷城《中国通史》就是如此）。这个问题与魏晋封建说紧密相连，着眼点也可说是在社会组织方面。近几年

---

① 范晔：《后汉书》卷六十一，《周举传》，中华书局 1965 年版，第 2029 页。
② 范晔：《后汉书》卷八十一，《独行列传·雷义传》，中华书局 1965 年版，第 2688 页。

来，陈启云先生又从思想文化研究的角度“将‘中古时期’的开始，从魏晋推前到两汉之际”，因为他“发觉魏晋时代许多学术思想文化潮流是在东汉开始衍生发展的”①。这些深入具体的研究，对于我们进一步划分秦汉史的具体阶段，无疑有很大的参考价值。不过，似乎也并不因此就可以否定秦汉史是一个整体。吕思勉《秦汉史》的政治、经济、文化各专题，均冠以“秦汉”之名就是如此。上引陈启云先生那一大段议论也是如此，着眼点只是一个整体的“汉文化”。

① 陈启云：《从历史发展分期宏观看汉代文明和汉文化传统》，《汉晋六朝文化·社会·制度》，台北新文丰出版公司1997年版，第12页。

秦汉历史的纵与横

纵是指秦汉历史的发展阶段，横是指当时社会政治、经济、文化等各方面的发展及其互动关系。纵、横之间有着密切的联系，本文将概述这两方面的情况。

四百多年的秦汉历史，秦、西汉（或称前汉）、东汉（或称后汉）是随着几个王朝兴衰的自然分段。秦朝的历史不长，从公元前 221 年统一六国正式建立秦王朝，到公元前 206 年子婴向刘邦投降，只有 15 年。但是它各方面的特点十分突出（前已略述），这一阶段一般是独立记述的。两汉时间都比较长，西汉从公元前 206 年至公元 8 年，东汉从公元 25 年至公元 220 年（公元 8 年至公元 24 年是王莽政权），都有 200 年的历史。阶段划分可以多一些，有的著作把西汉和东汉都分成前后期，西汉前期一段划分到宣帝（公元前 73 年至公元前 49 年）时，东汉后期，是从安帝（公元 107 年至公元 125 年）开始。有的则分别把西汉和东汉分成初期、中期和晚期，西汉的中期即武帝、昭帝、宣帝时期，从公元前 140 年到公元前 49 年，也是西汉王朝的鼎盛时期，东汉的中期不十分明显，大体上以时间划分，可以包括章帝、和帝、安帝、顺帝几朝，从公元 76 年到公元 143 年。所有这些划分，主要着眼于王朝的治乱兴衰，政治上的强大与衰落，社会上的安定与混乱。

整个社会、经济、文化等各方面的发展，与政治的发展是密切相关的，相互之间影响很大。但社会、经济、文化的发展变化更为复杂，它们的发展阶段有时与政治一致，有时又并不一致。其发展变化的过程更细、更复杂，没有政治的变化明显，但影响却是不小的。

根据治乱兴衰的发展情况，有些通史又以一个个帝王在位的时间为发展阶段，所以就有如下记述法：西汉的“高祖初政”“文景之治”“武帝内外之功”“昭宣中兴”“元成哀平”以及“新室始末”等，东汉则有“光武中兴”“明章之治”，然后和帝、安帝时期开始衰乱，灵帝以后成为乱亡之世。这些发展，是大的最明显也是最表面的历史现象。但是，秦汉史上各个阶段的历史地位是很不相同的，从政治、经济、文化等制度的创立来看，秦和西汉最为重要，其中如秦始皇、汉武帝时期又尤为突出。从社会组织、文化思想的演变来看，东汉又有自己的特点。其发展大势是：汉朝初年，所谓“接秦之敝”，主要是“与民休息”，因而有“轻徭薄赋”、提倡节约，信奉黄老清静无为思想等。这一阶段的休养生息，成绩是显著的：“至武帝之初七十年间，国家亡事，非遇水旱，则民人给家足，都鄙廪庾尽满，而府库余财。京师之钱累百巨万，贯朽而不可校……众庶街巷有马，阡陌之间成群……”① 正是凭着这样的物质基础，汉武帝才能大有作为。

汉武帝从公元前 140 年起到公元前 87 年在位整整半个世纪，如果把汉初的七十年算这一时期的准备和基础的话（史书上也是说“武帝因文景之富”），那就是一百多年，是整个西汉的一大半，所以西汉历史以这一阶段特别丰富，内功外事众多。一些历史遗留问题，在这一时期得到了彻底解决，如中央与王国斗争的问题、匈奴边患问题、儒道之争问题等。一些新的制度在这一时期开始建立，如盐铁专卖、“均输”、“平准”的实行等。内事兴作，外事夷狄，功过是非都有，封禅、修宫室、迷信方士等，是劳民伤财的；铸五铢钱、修水利、推行“代田法”等，是有利于经济发展的；凿通西域、开疆拓土，其功是不可没的。这一段

① 班固：《汉书》卷二十四，《食货志》，中华书局 1962 年版，第 1135 页。

历史是汉代历史最光辉的一页。武帝以后“昭宣中兴”，不过是再一次实行轻徭薄赋等措施，以缓和日益尖锐的社会矛盾，各种政策基本上是武帝时期的延续，社会矛盾愈益加深，其中土地、奴婢问题最为严重，元、成、哀、平各朝一直到王莽新室，都致力于解决这两大问题，但都未能解决，终于导致了西汉末年或者新莽时期的绿林、赤眉起义。西汉以后建立的东汉，虽曾一度“中兴”，但基本上是西汉政治社会的继续，特别是在西汉末年社会结构的基础上发展的，其保护豪强地主利益的根本国策，决定了东汉发展的局限性，所以东汉一代，长时期处于各种社会政治矛盾之中，因而东汉历史上突出的是宦官、外戚专权，党锢之祸，豪强地主的发展，直到武装割据等。而社会组织、文化思想的演变正是在这种种矛盾之中发生，为下一个历史时期提供了一些新的变化因子（如田庄经济所反映的社会组织、老庄思想的重新兴起之类）。这里我们要强调指出，东汉历史与西汉历史的发展显然不同。西汉经过汉初七十余年的恢复发展，到汉武帝达到鼎盛，又有半个世纪。以后还有所谓“昭宣中兴”，长达一二百年繁荣发展时期。而东汉安定繁荣的时间短，政治社会危机来得快，光武帝三十年有将近二十年在平定“群雄”的战争中，其黄金时期仅有“明章之治”略可称道，前后不过三十年，从和帝开始，就是外戚、宦官之祸接踵而至了，并且伴随着不断的“外患”、“内乱”，东汉时北方匈奴之患虽然小了些，西方羌人之乱大大加强，几乎与东汉王朝相始终，其他少数民族以及内地各地的反抗斗争，从中叶以后连绵不断。东汉实际上没有什么中期可言。

以上可以说是秦汉史的发展大势。但政治方面的发展变化，也远非以上所列举的这些，还有许许多多的具体内容。仅以政治制度为例，再作一些说明。例如一般以“三公九卿”来概括秦汉的中央官制，这是不太确切的。所谓“九卿”不过沿袭一种旧的说法，实际上相当于这个级别的官吏不止九个，而是十一二个，有时还更多，东汉人刘熙就有“汉置十二卿”的说法①。不过，“九卿”的变化还相对小一点，“三公”则几乎从未起过作用，西汉初年基本上是丞相制，丞相“掌佐天子，助理万机”，有时把汉初的太尉、丞相、御史大夫称为“三公”，如枚乘《上书重谏吴王》云：“今汉亲诛其三公以谢前过”，注：“谓诛晁错也，错为御史大夫，故曰三公。”但汉初御史大夫与丞相是不能比的，丞相金印紫绶，秩万石，他只是银印青绶，秩中二千石。到西汉末成帝更名为大司空之后，才“金印紫绶，禄比丞相”②。但自从武帝以后，形成以“侍中”、“常侍”等加官的“中朝”，取代了丞相的权力，再以后又以“中书”、“尚书”等皇帝近侍取代丞相的权力。所以，虽然形式上成帝以司徒、司马、司空三公官分掌中央的权力，东汉也确认这种制度，但“虽置三公，事归台阁（台阁谓尚书也）”③，实际上是“众务悉归尚书，三公但受成事而已”④。在秦汉历史上，“三公”始终是名义上的，实际起的作用比较少。这具体的发展变化，与君权和相权的矛盾相关，与政治上的治乱兴衰密切相关，相互之间影响很大。

地方行政制度也是如此，虽然总的说来秦汉实行的是郡县制，但是也曾有过封国与郡县并存的时期，和实际上的州、郡、县三级制时期。东汉时的州牧，成为独霸一方的割据势力，与治乱兴衰大有关系，如刘昭注《后汉书·百官志》时所说：东汉末年，“大建尊州之规，竟无一日之治。故焉牧益土，造帝服于岷、峨；袁绍取冀，下制书于燕、朔；刘表荆南，郊天祀地；魏祖据兖，遂构皇业。汉之殄灭，祸源乎此”。州牧有时称为刺史，名称改过几次。而汉武帝最初所设刺史，官卑权重，主要是用来监督地方官的，发展的结果，走向了反面。诸如此类的发展变化，就是本书“国家控制篇”的内容。

从经济方面说，土地所有制是一个根本性的问题。秦汉时期的土地

① 李昉等：《太平御览》卷二百二十八引。
② 班固：《汉书》卷十九，《百官公卿表》，中华书局1962年版，第725页。
③ 范晔：《后汉书》卷四十九，《仲长统传》，中华书局1965年版，第1657页。
④ 杜佑：《通典》卷二十二。

制度，是封建土地所有制，它包括封建国家土地所有制、封建地主土地所有制和自耕农土地所有制这三种基本形式。秦汉王朝在这种土地所有制的基础上，征收田租、赋税，征发兵、徭役，维持着政治的统一和稳定。例如，西汉初年，“至武帝之初七十年间，国家亡事，非遇水旱，则民人给家足……人人自爱而重犯法，先行谊而黜愧辱焉”①。社会相对安定，阶级矛盾比较缓和，较大规模的反抗斗争比较少，政治经济发展是协调一致的。武帝以后，这种协调发展逐渐被打破了。突出的表现就是政府的财政出现困难。“天下虚耗”使原有的积累耗散殆尽，所谓“臧钱经用赋税既竭，不足以奉战士”，可以说已经是入不敷出了，其原因当然是汉武帝的“外事四夷，内兴功利”，消耗了大量的财力、物力、人力。但是人们往往忽略了收入相对减少这一原因。汉武帝为了增加财政收入，实行币制改革、盐铁官营、均输平准，采取算缗、告缗等措施，增加了人民群众的赋税负担。但是汉武帝却无法阻止土地所有制的变化，那就是自耕农民的破产，豪强地主的土地兼并。这种变化自然影响政府的财政收入。这种变化从汉武帝时就已经开始，所谓“并兼豪党之徒以武断于乡曲。宗室有土，公卿大夫以下争于奢侈”②。西汉后期，土地兼并的问题日益严重，董仲舒等人的“限田”解决不了问题，王莽的“王田制”也没有办法。除了农民大起义一度解决了部分土地问题之外，东汉政权事实上是承认和保护大土地所有者利益的。两汉时期，土地兼并日盛，大土地所有者势力越来越大，反过来又影响政治的发展，加深了地方割据势力的发展，形成统一国家的分裂因素，影响着政治上相应的许多改变。

土地所有制的变化，王公贵族大官僚及豪强地主大土地所有制的发展，直接威胁中央集权。如“济南瞷氏，宗人三百余家，豪猾，二千石莫能制”③。这是景帝时就已经有了的事，各地豪猾有的数以千百计，

---

① 班固：《汉书》卷二十四，《食货志》，中华书局 1962 年版，第 1135～1136 页。
② 班固：《汉书》卷二十四，《食货志》，中华书局 1962 年版，第 1136 页。
③ 司马迁：《史记》卷一百二十二，《酷吏传》，中华书局 1959 年版，第 3133 页。

他们不仅“武断于乡曲”，而且与朝廷官府较量，逃避赋税就是一大害：“大抵逋赋，皆在大家，吏已畏惮，不敢笃责。”① 因此朝廷不得不采取相应的措施，任用“酷吏”打击豪强就是一重大举措，据《史记》《汉书》的《酷吏列传》记载，所谓“酷吏”“皆以酷烈为声”。但其突出事迹之一即打击豪强，以“诛锄豪强”（田延年）为务，“其治务在摧折豪强，扶助贫弱”（严延年），在哪里为官，就在哪里打击豪强，“所居郡，必夷其豪”（周阳由），王温舒为河内太守，“部吏如居广平时方略，捕郡中豪猾，相连坐千余家。上书请，大者至族，小者乃死，家尽没入偿臧，奏行不过二日，得可，事论报，至流血数十里”，成效很大。司马迁说：“虽惨酷，斯称其位矣。”可见打击豪强是十分有力的。汉武帝在制度上也采取措施，元封五年（公元前 106 年）设立部刺史，“以六条问事”，第一条就是：“强宗豪右田宅逾制，以强凌弱，以众暴寡。”（《汉书·百官公卿表》师古注引《汉官典职仪》）此外，汉中央政府对待诸侯王的各种措施，如元朔二年（公元前 127 年）颁行“推恩令”之类，使得“藩国自折”②，实际也是解决“有土”宗室的土地问题。土地兼并，大土地所有制的发展，影响是很广泛的，表面上看起来关系不大的兵役制度，由征兵制向募兵制的转变，在很大程度上也是因为大土地所有制的发展，影响了征兵制的兵源。如此等等，这里不再详举。

大土地所有制的发展，与政治发展的阶段性不是同步的，而是成反比例进行的。中央集权强大、政治相对稳定时，能在一定程度上遏制大土地所有制的发展。但是，大土地所有制按照自身的规律发展，无论是西汉末年的“限田”、“王田制”，还是东汉初年的“度田”，哪一种措施，都改变不了它的发展规律（应该说农民起义倒在一定时间和范围内起一定的遏制作用，但封建政权保护地主阶级的利益又冲淡了其影响），以至于在东汉时期逐渐形成一种新的组织形式——豪强地主控制下的田

① 桓宽：《盐铁论·未通篇》。
② 班固：《汉书》卷十四，《诸侯王表》，中华书局 1962 年版，第 395 页。

庄。这种田庄经济在当时农业生产中起着愈来愈大的作用。

如果从土地制度发展的角度看，东汉地主田庄应该是有阶段性意义的，无论经营方式、内部结构、阶级关系等哪一方面，都有较为突出的特点。而这种田庄的发展本身又有几个阶段，西汉中晚期可以作为一个初步形成的阶段，东汉时期是一个主要的典型的阶段。东汉末年，田庄逐渐发展成兵农合一的坞堡，开启了下一个历史时期的经济和政治模式。新的所谓“田庄”是指豪强地主的田庄，从西汉中晚期开始，田庄经济就明显地发展起来了，到东汉时逐渐普遍，逐渐完善。其特点表现在生产关系上是，一个个豪强地主占有大片相连的土地，方圆几十里，或者几万亩的土地，如樊重“开广田土三百余顷”①、郑太“有田四百余顷”②，同时还占有众多的奴婢和佃客，所谓“奴婢千群，徒附万计”③。这样，大量的劳动者脱离了政府控制，不再是国家的编户齐民，豪强地主奴役和剥削这些奴婢以及各种各样的依附农民，即所谓“上家累巨亿之资，斥地侔封君之土……下户踦跂，无所跱足，乃父子低首，奴事富人，躬率妻孥，为之服役”④。此外，汉代田庄还有一个突出的特点，它是聚族收宗，对立的阶级关系上笼罩着一层宗族、亲戚关系的纱幕，如《四民月令》记述田庄情况时说：当“冬谷或尽，椹麦未熟”的青黄不接时，田庄主要“振（赈）赡穷乏，务施九族，自亲者始”。秋收之后，田庄主又“存问九族孤寡老病不能自存者，分厚彻重，以救其寒”。并且，“乃顺时令，救丧纪，同宗有贫宴久丧不堪葬者，则纠舍宗人，共与举之，以亲疏贫富为差，正心平敛，无相逾越，先自竭以率不随”，“十二月，请召宗族，婚姻、宾旅、讲好和礼，以笃恩纪……惠必下浃”。“贫富”与“亲疏”搞在一起很容易模糊不清。剥削和压迫是客观存在的，“父子低首，奴事富人”，是其关系的本质。但是，另一方

---

① 范晔：《后汉书》卷三十二，《樊宏阴识列传》，中华书局1965年版，第1119页。
② 范晔：《后汉书》卷七十，《郑孔荀列传》，中华书局1965年版，第2257页。
③ 范晔：《后汉书》卷四十九，《仲长统传》，中华书局1965年版，第1648页。
④ 崔寔：《政论》。

面，田庄主或者有一定的组织生产的作用，这一点特别是在战乱期间表现得尤为突出，田庄主组织族人起来自卫。所以田庄主又拥有私人武装，即所谓家兵、部曲，这种武装力量在东汉末年和以后的三国时期，在社会、政治生活中，发挥着很大的作用。豪强大族拥有田庄，控制宗族，不仅有经济实力，而且有武装力量，当然在整合政治生活中能发生影响。他们甚至还能操纵选举，把持仕途，垄断学术文化。所以说，东汉虽是西汉的继续，但在田庄经济发展的基础上，整个社会政治又发生着新的变化。

再从思想文化方面说，比经济方面的发展变化更为复杂，它既与政治的发展有密切关系，又有很大的独立性和复杂性。

秦朝"以法为教"，汉初崇尚黄老，汉武帝独尊儒术，这是几个大的明显的变化，这些变化是由政治变化而引起的。这中间有统治者如何选择统治思想的问题，也有各种思想流派如何适应统治需要的问题，但任何时候都不是简单的对号入座。例如从统治思想来说，虽然有时对某一流派的主张比较器重，但从来没有真正完全排挤过其他各派，因而所谓"焚书坑儒"、"罢黜百家"等都是值得重新分析和评价的。从我们研究秦代的社会思潮来看，除开法家主张明显地被采纳和运用外，儒家、道家的思想和主张都有较大的影响，无论在统治阶级内部还是在整个社会都是如此。汉代统治思想的真实情况，正如汉宣帝所说，"汉家自有制度，本以霸王道杂之"，并且明显是针对"宜用儒生"的建议而言的，他接着说："奈何纯任德教，用周政乎！且俗儒不达时宜，好是古非今，使人眩于名实，不知所守，何足委任！"① 人们概括汉代是德刑并用的两手政策，自有一定的道理。因为在大的政治原则上虽是采用儒家的理论，但实际上阴阳家的学说也起很大的调节作用，具体的处理政事则多半用的是法家主张，道家的思想、权谋也经常得到运用。对知识分子，

① 班固：《汉书》卷九，《元帝纪》，中华书局1962年版，第277页。

借儒学“劝以官禄”，以章句、词赋消磨其精力，对下层人民则宽猛相济，尽量使之安分守己。

另一方面，从各思想流派本身的发展看，为了达到“其务为治”的目的，为了适应政治统治的需要，谁也不能固守自己原有的思想主张，必须吸收其他流派的东西。所以汉代的诸子，虽同春秋战国一样有儒、墨、道、法之分，但却是大不相同的，实可以称之为新儒家、新道家、新法家。如果从思想文化的发展来划分历史阶段，笼而统之地有时称两汉为经学时代，这是从儒学的发展来说的，表面上看儒学的“一统”天下，实际上汉代的儒学明显有一个形成和发展、变化的过程，在“独尊”之前有一个斗争和准备的阶段。例如众所周知的汉初儒道之争，我们看到儒家的代表人物是辕固生、申公及其弟子王臧、赵绾等一批人，这些人可说是先秦儒家的“遗老遗少”，他们思想僵化甚至顽固，但势力不小，公孙弘曾不得不“仄目而事固”，师古曰“言深惮之”[①]，可见一斑。因而也很难能做到“黜老子”——虽这与汉初形势也有关系。而后来能“推明孔氏”的人，却以杂糅了阴阳、道、法思想的董仲舒为代表。由此可见这一阶段思想文化发展的一个特点，儒家的再分化与改造，应该是汉代新儒家形成阶段的情况，然而这方面却缺少深入具体的阐发。即使“定于一尊”以后，汉代儒学发展变化也从未停止过，统治者再三组织讨论“五经异同”，如西汉宣帝时的石渠阁会议、东汉章帝时的白虎观会议等，在一定程度上就反映其发展变化，这中间可以细分为若干阶段，也是一个值得深入研究的问题。一直到东汉末年，儒学发展的总趋势是：不断重新整合，正如郑玄说他自己毕生努力的事：“述先圣之玄意”、“整百家之不齐”[②]。实际上这是许多学者都在做的事，大家都在那里体会、解说“先圣”的“元意”，也都是在那里努力做“整齐”、“百家”的工作，这“百家”既包括经学的各家，也包括诸子

① 班固：《汉书》卷八十八，《儒林传》，中华书局1962年版，第3612页。
② 范晔：《后汉书》卷三十五，《张曹郑列传》，中华书局1965年版，第1209页。

百家，许多“大儒”、“通儒”都在那里融会贯通，往往都是兼通数经，兼善《论语》《春秋》，乃至通“百家语”，不过成绩的大小有所不同罢了。写一部两汉经学史，应该细分阶段，就可以把这种发展变化充分地展现出来。

再从道家思想学说的发展来说，其发展阶段又有所不同，汉代也被称为是一个儒道互补的时代，道家思想在汉代是有一定的地位的，后来有些时候有些方面也是有较大影响的。东汉初年，刘秀也曾和西汉初年一样，采用道家学说作为统治的指导思想，《后汉书·循吏传》记载说：“光武长于民间，颇达情伪。见稼穑艰难，百姓病害，至天下已定，务用安静，解王莽之繁密，还汉世之轻法。”他自己也说：“吾理天下，亦欲以柔道行之。”他用“柔道”，“务用安静”，“量时度力”，“苟非其时，不如息人”[①]。他“身衣大练，色无重采，耳不听郑卫之音，手不持珠玉之玩，宫房无私爱，左右无偏恩”，并且采取了“损上林池籞之官，废骋望弋猎之事”，“广求民瘼，观纳风谣”等许多节俭、勤政的措施，其结果是：“勤约之风，行于上下”，“内外匪懈，百姓宽息”[②]。抛开其中溢美之词，亦可见与文景之治“与民休息”的西汉初情况大体相似。这可说是道家休养生息主张的再次登场。再以后，有楚王英之喜好黄老，有宫中之祠老子，等等，直至诸葛亮“淡泊以明志，宁静以致远”，在一定程度上也是实践着黄老道家思想[③]。整个东汉时期，黄老道家思想的传播和地位，有不少材料可供叙述，不少上层人物都学黄老，如外戚樊瑞“好黄老言”[④]，开国功臣耿弇的父亲曾“学《老子》于安丘先生”，“弇少好学，习父业”（以下数人未注出处者均见《后汉书》本传），大司空张纯“务于无为”，章帝时司空任隗“少好黄老，清静寡欲”，等等。黄老学者受到尊重和礼遇，如“少好黄老书”的郑均受到

---

① 范晔：《后汉书》卷一，《光武帝纪》，中华书局1965年版，第68～69页。
② 范晔：《后汉书》卷七十六，《循吏传》，中华书局1965年版，第2457页。
③ 参看熊铁基：《诸葛亮是秦汉新道家的殿军》，《道家文化研究》第一辑。
④ 范晔：《后汉书》卷三十二，《樊宏传》，中华书局1965年版，第1125页。

章帝敬重和礼遇。“修黄老”的杨厚受李固的推荐，梁冀也给以礼遇，马融、苏章等著名学者“皆推先于”“少好黄老”的矫慎，等等。东汉时孔老并提，老子是颇受尊崇的，孔融对李膺说：“先君孔子与君先人李老君同德比义，而相师友，则融与君累世通家。”另一方面，许多异端思想家从道家思想中寻找理论武器，高举黄老的旗号，如王充就自称是“虽违儒家之说，合黄老之义也”①。道家在汉代自有自己的发展阶段。

从以上举例式的记述看，政治、经济、思想文化等各方面的发展变化，既有相互之间密切的关系，又各自有很大的独立性。实际情形是复杂多样的，具体深入的分阶段进行研究，可以给人以更丰富、更深刻的启示，避免许多简单化的理解。在记述历史的某一方面、某一现象时，很难面面俱到，在学习和理解时则应该考虑到尽可能多的方面。

这里我们要进一步提出理论思考问题。我们看到秦汉时期的辉煌历史成就，常常会引以为骄傲，但如果不作进一步的理性思考，那么学习历史的意义就会大大降低。如果不作理论的思考，面对很明显而需要回答的问题只会瞠目结舌，诸如：秦汉这样一个统一大国究竟是怎样形成的？它与夏、商、周王朝有无区别？绝对的君主专制为什么会出现？为什么皇帝能将一切权力集中于自身而且统治所有的人民？等等。学习和研究历史是应该回答的。我们所写的历史，往往对于“是什么”“是怎样的”描述得很多。而对于“为什么”“如何如何”分析得就少。这就是一个理论思考问题。马克思主义理论在我国有半个多世纪的传统，过去用马克思主义理论研究历史，取得了一定的成绩，也存在一些问题，例如运用阶级斗争理论和阶级分析方法，曾经很好地解释了一些历史现象，但也出现过片面、形而上学的问题，后者应该说是违背马克思主义精神的。如果我们因噎废食，抛弃这一新的传统，似乎也是不应该的。

① 王充：《论衡·自然篇》。

这方面我们想说一下日本学者的研究，日本研究中国古代史的学者很多，他们一方面深入发掘材料进行具体历史事实的研究，另一方面在深入具体研究的基础上展开理论性的讨论。以秦汉史为例，他们的许多具体研究是围绕“秦汉帝国论”展开的，老一辈的史学家西嶋定生，从1949年就开始以“家长式家内奴隶制”的理论分析“秦汉帝国”，几十年如一日地探讨，1983年他又发表《中国古代帝国形成史论》①，虽然他的观点前后有变化，但其理论分析的精神是值得称道和学习的。他始终想探讨的问题是：“秦汉帝国里的皇帝与人民的关系如何？这种关系又如何成立?”为此他从一些具体问题说起，如“从封建到郡县”“君权强化与官僚制的成立”“社会变动与士族制的解体”“德治主义与专制主义”“结合皇帝与人民者”“赐爵与礼的秩序的形成”“爵制秩序的实态”“再论郡县制的成立”“秦汉帝国形式”等，逐一进行具体分析。和对整个中国史的研究一样，对秦汉史，日本学者前后相继，没有中断过理论讨论②。我们原有的理论探讨，似亦应在新的时期、新的条件下作新的认识，诸如经济基础与上层建筑的关系、制度与意识形态的关系、政治对经济的作用、意识形态的能动作用等。在原有的基础上批判继承，我们的秦汉史研究或有可能出现新的局面，取得新的进展。

改变我们历史著作的面貌。欧美学者对中国历史的研究也值得一提，以《剑桥中国秦汉史》为例，它不但结构、体系与我们不同，在内容上也有突出的特点，一方面广泛引用文献资料，并且很注意文献的考订，另一方面同时着重规律性的探讨，处处充满着理论性的分析。国外学者的一些方法是值得我们借鉴参考的。

最后要说的是，总结秦汉史纵、横的发展，应注意两个特点和两个方面的关系：一是纵向发展中的连续性和阶段性的关系，二是横向发展

---

① 《日本学者研究中国史论著选译》二，中华书局1993年版。

② 可参考东晋次的《秦汉帝国论》，《日本学者研究中国史论著选译》二，中华书局1993年版。

的统一性与不平衡发展的关系。这两点在前面的内容中均已分别涉及，此处再综合地说几句。

连续性的特点也是整个中国历史、文化的特点，秦汉史在这方面不但很明显，而且在整个中国历史上也占有突出的地位，如夏曾佑在其《中国古代史》中所说："中国之教，得孔子而后立，中国之政，得秦皇而后行，中国之境，得汉武而后定，三者皆中国之所以为中国也。自秦以垂二千年，虽百王代兴，时有改革，然观其大义，不甚悬殊。"① 还可以补充说，不但"微此两皇，中国非今之中国也"。"得孔子而后立"的"中国之教"，即现在有人所说的"儒教"，可以说是在汉代完成的。秦皇所行之政，为汉所继承（"汉承秦制"）；开疆拓土方面，汉武帝继承和发展了秦皇之功等，我们在前面都已指出。值得一说的是人们思想上的连续性观念，无论是秦统一，汉灭秦或东汉之代西汉，上上下下都注意历史的连续性，秦汉均以"五德终始"说来论证自己统治的合法性，并且这种学说在汉代得到进一步的解释和发挥。所以政治、经济、文化各方面虽有许多具体变化，也可以划分成若干小的阶段，但是"观其大义，不甚悬殊"，也有"万变不离其宗"的一方面。

秦汉是大统一的王朝，因此有前述的大一统和大统一的特点。但由于地域辽阔，所谓"天地之间，九州八极，土有九山，山有九塞，泽有九薮，风有八等，水有六品"②。东西南北各地的自然条件、人文状况都有所不同，从而形成相对独立的许多区域，这些不同的区域，经济、文化乃至社会各方面的发展都是不平衡的，既有发展程度的差异，也有各自的特点。因此，虽有大一统国家的存在，虽有大统一政策的推行，区域经济、区域文化等丰富具体的表现形式始终存在。国家可以规定"车同轨"，但山区、平原、水泽的道路和交通工具不可能完全相同，《史记·河渠书》说："陆行载车，水行载舟，泥行蹈毳，山行即桥。"

① 夏曾佑：《中国古代史》，生活·读书·新知三联书店1995年重印本，第225页。
② 刘安：《淮南子·地形训》。

《淮南子·修务训》说："水之用舟，沙之用鸠，泥之用盾，山之用梮"等（《说文》《汉书·沟洫志》《文子·自然篇》《吕氏春秋·慎势篇》均有类似的记载），是所谓"舟、车、梮、肆、穷庐，故有所宜也"①。国家可以规定"文字一形"，但各地的方言很难统一，各地的音调有所不同，这或者的确与自然条件有关，所谓"清水音小，浊水音大，湍水人轻，迟水人重，中土多圣人"②。因为各地自然条件的不同，甚至人的形体、相貌乃至性格等都有不同："坚土人刚，弱土人肥，垆土人大，沙土人细，息土人美，耗土人丑。"《淮南子·地形训》中，还有对东南西北中各地方人的形体、面目和性格的具体描绘："东方川谷之所注，日月之所出，其人兑形小头，隆鼻大口，鸢肩企行，窍通于目，筋气属焉，苍色主肝，长大早知而不寿……南方阳气之所积，暑湿居之，其人修形兑上，大口决眦，窍通于耳，血脉属焉，赤色主心，早壮而夭……中央四达，风气之所通，雨露之所会也，其人大面短颐，美须恶肥，窍通于口，肤肉属焉，黄色主胃，慧圣而好治……"这样的描绘，显然有某些附会和偏见，但也有与实际相符的某些因素，反映了各地方人的一些特点。至于因自然条件、人文历史的不同，而风俗之类的不同，内容是十分丰富的，可以作许多具体研究，也有人在这方面展开了研究。对于各方面的不平衡发展，秦汉王朝发挥政权的作用，运用行政的手段，采取过各种"整齐风俗"的办法（以后各王朝也继承了），这对汉民族、汉文化的形成是起了很大作用的。在统一性的影响下，不平衡发展，能够互相补充，也必然互相影响，这样使得我们的历史、文化更加丰富多彩，异彩纷呈。这是我们在秦汉史中可以并且已经看到的。

① 刘安：《淮南子·齐俗训》。

② 刘安：《淮南子·地形训》。

简帛在秦汉史研究中的地位

简帛在秦汉史研究中的地位这个一般性的题目，要做好也并不容易，可以从许多不同方面展开讨论。这里仅从一个学习和研究历史者的角度，并且结合个人经历，谈谈多年来的一些想法和看法。

当前简帛之学成为显学之势已经形成，诸多问题有待深入研究、讨论、确定。

首先，我想谈一个"命名"问题，大约是1991年，马先醒先生赐我《〈居延汉简〉命名之合理性与精确化》手稿复印件，给我印象极深，当时他对"居延新简"提出质疑，并且说："当今急务，趁《居延新简》新刊，人心未定，无虞积重难返，将新、旧居延汉简，乃至未出简牍之命名问题，一劳永逸，彻底解决。"然而旧简、新简之类名称，今天似又已约定俗成。我们现在尚可理解，不过是旧出土之简和新出土之简的区别，若干年后之人恐怕又要出许多注释。同样，简牍学也已经呼之欲出了，我们有简牍学会、简牍学报、简牍研究等，可以说是有了一门"简牍学"。然而今天我们的讨论会又是"简帛学术讨论会"，这样就又提出了一个命名问题，是"简牍学"好，还是"简帛学"好？也许是"简帛学"更好一些。从字面上看，虽说是有竹简木牍之分，简、牍二字也可混用，木牍亦可称木简。但帛书与简牍就不好混用了，帛书与简牍也许在书史上代表两个不同的阶段，但现在出土的帛书和简牍，大多是相同时代的物品（主要是战国秦汉时期的东西）。研究它们的这一门学问，当然是叫“简帛学”为好。原来没有帛书出土，所以称简牍或简牍学，今已有帛书出土（很难说以后不会再有出土），就不能无视这一客观存在。事实上以“简帛研究”为名的专业刊物有了，“简帛研究中心”也有了。这里我是借马先生“命名之合理性与精确化”作文章。我想这应该是一个值得讨论和确定的问题，简帛学的研究者和史学工作者可否共同商定，以利于日后学者，以利于21世纪简帛学之研究和发展。

其次，从一个秦汉史研究者角度，谈点看法。

简帛材料我有所接触，但够不上研究，因为出土的简帛以秦汉时期的最多，而我近二十多年来主要学习和研究秦汉史，所以总是或多或少与简帛材料打交道。70年代云梦秦简出土时，得地利和人和，生活在湖北，又与当时湖北省博物馆的谭维四先生有交往，所以比较早地看到了云梦秦简释文和照片，当时除了与工农兵“结合”写点“大批判”文章之外（此一问题当另作检讨），也写过一点研究性的文章，在资料极为缺乏的情况下（“下放”农村分校），写了《啬夫考》（署名郑实）、《秦代的封建土地所有制》（与王瑞明先生合署）等文章。后来返回武汉才有更深入一点的研究，发表《释南郡守腾文书》《秦代邮传制度》《秦代赋役制度》等文章。从80年代初开始研究秦汉制度史，与安作璋先生合写《秦汉官制史稿》，照理说应该更多地接触简牍资料，可惜当时条件仍有诸多不便，能够看到的只有陈梦家先生的《汉简缀述》（这在官制史稿中有反映），陈盘先生的《汉晋遗简识小七种》还是跑到北京看的，复印了二三十页回汉。所见所用简牍资料不多，这是官制史稿的一大缺陷。至于新出土简牍，一是整理不及，二是很难看到（个中有种种原因），以至于造成我干脆就不管它了，我想：谁一个人也是研究不完的，“居延汉简”研究半个多世纪了，仍有许多问题需要再研究，以后再说吧。就这样造成了现在“落伍者”的状况，乃至于我虽然研究秦汉思想史，但对新出土的帛书《老子》和竹简《老子》，也不能紧跟上去。

但是，我对简帛学的研究和发展，并不是不关心，也不是没有看法

(上述有一段时间很难看到材料就很有些看法)。我的主要看法有两方面：

第一，简帛学和简帛研究，是一门边缘科学，不是历史学者一个方面所能进行的，需考古、文字等多学科的协同努力，才能取得更有价值的成果。同样考古学者也不可能离开文献资料，离不开历史学的研究。我以为，简帛材料在历史学中的运用才能更显其特殊的价值。过去由于某些客观原因，使得简帛材料难以在史学著作中充分反映。现在的情形大不一样了，简帛研究的人员力量加强了，研究条件更好了，速度加快了，基础更扎实了，深度广度都有了。这方面，文津出版社出版廖伯源先生的《简牍与制度》和万卷楼图书有限公司出版丁原植先生的《郭店竹简老子释析与研究》，堪称突出的先进事例。顺此我还要说一点，有一批学者积极推动此项学术事业功不可没，马先醒先生的功绩有目共睹，在台湾创办《简牍学报》，成立“简牍学会”，奔走两岸各地，有时“兴致勃勃去，伤心败兴回”，历尽千辛万苦，无需我一一细说。他的学生都是很积极的，其中陈文豪先生就是突出代表之一，如廖伯源先生出版《简牍与制度》时所说：“本书得以在《尹湾汉墓简牍》出版后仅七个月即完成初稿，当归功于文豪兄公开史料，今本书出版，亦当先感谢文豪兄。”由此可见一斑。据我所知，陈文豪先生近十多年来，除了自己深入做学问之外，极为关注学术动态，长期托大陆友人搜求图书资料，并主动“公开”、交流，这方面我个人也颇有体验。1992 年出版《汉唐文化史》要自己推销一部分，陈文豪先生认购了一批，大约是送给学生和朋友们了，现在我联想起来，这是他一贯的精神。他知道我正在研究老学，最近又及时地寄给我丁原植先生的大作，这就更加清楚了。简牍学会还有吴昌廉、张寿仁、陈鸿琦等许多先生，都各有建树。据说史语所成立汉简小组，邢义田、萧璠、刘增贵、林素清等先生，利用红外线仪重新整理了居延汉简，并率领研究生每月逐字读汉简。这样扎扎实实的工作，是极为有意义的。大陆学者比较集中在北京和甘肃等地（恕我不一一列举），忙于整理和研究不断新出土的简帛资料。有这样一大批简帛研究学者，他们的敬业精神和诸多贡献，是应该表扬和值得学习的。

相比而言，多数的历史学工作者，对简帛学及简帛研究关注不够，尤其如我者，相当滞后，这就造成简帛材料不能及时和充分地在史学研究中得到运用。简帛材料以秦汉时期的居多，然而在秦汉史的著作中，反映和利用是很不理想的，最近出版的拙作《秦汉文化志》（当然也是五年以前的作品）仍然如此，对考古和简帛采取了极为简略的介绍，看起来是慎重的，事实上可以说是很保守滞后的。此种研究状况当亟待改变，过去我总以为："居延汉简"出土于当时边陲，主要反映边陲情况，与内地状况不一定完全吻合，我暂时不用也可以。这"暂时"就"暂"过了近二十年！秦简研究我曾一度参与，后来陆续出土简帛，我又因偏见的惯性而作壁上观了。现在认真想来，有些史学问题进一步研讨的时机比较成熟了。例如，我曾涉及的地方行政制度问题，啬夫、有秩以及乡、亭等问题，都可以根据新出土的材料作进一步的研讨。1978 年我在资料极为困难的条件下所写《啬夫考》，在当时引起了重视，高敏先生与我展开了争论（开始时他不知为我所作），裘锡圭先生给予了较高的评价，他在那个粗浅的基础上，展开了深入研究，写出了六七万字的《啬夫初探》，当时已有的考古和简牍材料他利用了很多，但还没有尹湾的材料。如有可能，我真想再写一次"啬夫补考"或"再考"，也该修订一下《秦汉官制史稿》。乡、亭问题我也有自己的看法，写过文章，在王毓铨、杨树藩、曲守约、劳干、裘锡圭、高敏等先生讨论的基础上，想就乡、亭、里关系作一"决断"，也许并未"决断"得了，其最大的不足就是没有充分运用简牍材料。从新出土的《尹湾汉墓简牍》看，我的论断可得到进一步证明。这里，我可以进一步提出如下两点看法：

（一）关于乡、亭关系，乡与亭没有统属关系，而是并列关系。这一点可进一步肯定。乡的啬夫和亭长在《集簿》和《东海郡吏员簿》中是并列的。首先分析一下《集簿》的材料，在首列县邑侯国三十八的情况之后，接着是乡、亭、里的情况，其文曰：

乡百七十，□百六，里二千五百卅四，正二千五百卅二人，亭六百八十八，卒二千九百七十二人；邮卅四，人四百八，如前。

谢桂华先生分析说："根据《集簿》的人统计，东海郡共设置 170 个乡，2534 个里，平均约合 15 个里一乡，和文献记载有一定的差距。"

这个分析的重要疏忽是：在乡、里数之间有一个"□百六"，170 加上 106，276 再除 2534，刚好是 9 个左右，这就与文献记载的"十里一乡"和"十里一亭"① 基本一致了（虽然大多数情况不会是整齐的 10 个里）。缺字是个极为重要的字，到底是什么百六？我认为完全可能是"亭"字，照我以前的"决断"，此亭是街亭之亭，乡与亭的并列和区别，如同今日乡与镇之并列和区别。而且我也曾指出，亭，除了街亭之外，还有邮亭、门亭等，所以《集簿》在记作为地方基层单位的乡、亭、里数之后，再记邮亭之数。里正和亭卒之人数在这前面记载了，后面再记吏员总数时，不再重复。其吏员数的记述也值得分析：

令七人，长十五人，相十八人；丞卌四人；尉卌三人；有秩卅人；斗食五百一人；佐使、亭长千一百八十二人。凡千八百卌人。

这是在记太守府廿七人和都尉府十二人之后，各县邑侯国吏员的总和。其中令、长数多出县、邑数 2 个，是因为 1 个伊卢盐官长和 1 个下邳铁官长，他们秩三百石，与秩三百石的县长和侯国相同一级别。秩二

① "十里一亭"对于辖里之衢争来说是"里落"，对于邮亭来说是"步里"之"里"。

百石的丞、尉之后分别为有秩、斗食、佐使、亭长，包括县府各种属吏和地方基层组织（乡亭）的负责人，但在《集簿》中没有啬夫一职，和《东海郡吏员簿》之有官、乡啬夫的记载不同，主要是按级秩的不同而记载的，相当于斗食的佐吏和亭长因为数量大，所以特别专门记述。《集簿》在记乡、亭、里之后，主要按秩级统计员吏，官称是顺带的，不涉及乡亭关系以及啬夫和亭长的关系等问题。《东海郡吏员簿》更具体记述官称时，才涉及得更具体点（详下）。

另外，《集簿》记述的县以下吏员总数，与《东海郡吏员簿》分别记各县的数目的总和，基本相符。《吏员簿》合计为 2163 人，除去《集簿》单独计算的侯家臣等 324 人，为 1839 人，与《计簿》的“凡千八百卌人”仅一人之差。侯家臣等人的任用可能与一般郡县吏员的任用不同，俸禄也可能是单列的。侯家臣“秩比三百石”或“秩比二百石”，相当高，和“秩三百石”的相与“秩二百石”的丞、尉差不多，这里作相当解的“比”字更有特殊意义。

尹湾简《集簿》和《吏员簿》都把亭长算作“吏员”，比文献记载更为明确，有的文献记载模糊不清，似乎可说是一种服役。实际上应该是吏，《史记·高祖本纪》中的“试为吏，为泗水亭长。廷中吏无所不狎侮”的记载是说得很明白的，出土物中有亭长印也可证明。问题是亭长的情况比较复杂，如同今之科长、局长一样，既是职务，也是一种级别。按职务分工来说，有邮亭、门亭、街亭等之分，职掌既有不同也有相同之处，如《急就篇》所说：“亭长、游徼，皆督察奸非者”，主要负告警、防捕盗贼的责任。不过亭长之下有亭卒，有“求盗”具体负责，发展时期每亭绝不只两卒，所以《集簿》中记载是：“亭六百八十八，卒二千九百七十二人。”我认为，作为治民的亭是存在的，那就是城区的或者某些乡村有较集中居民的街亭，此亭与乡的存在，如同今之乡、镇并存一样。我们现在这样的解释，古人也有，《史记·高祖本纪·正义》说：“亭长，盖今里长也。民有讼诤，吏留平辨，得成其政。”这是指管民政的亭长而言。蔡质《汉仪》说："洛阳二十四街，街一亭。"这街亭应该是辖里之亭，整个洛阳城内的居民，是聚里居住的，《洛阳伽蓝记》中保留有许多里名，如果每亭和乡一样下辖十里，则洛阳有 240 里，每里百户，洛阳城内有 24000 户，这是与实际大体相符的。《汉书·地理志》河南郡 22 个县有户总数为 276444 户，但在郡下特别注明："洛阳户五万二千八百三十九。"城市人口总是集中一些，洛阳城内有二三万户分属 240 个里（《洛阳伽蓝记》卷五城北末云"合有二百二十里"，考证疑是"二百"乃"三百"之误）是可能的。而管辖这些里的机构很可能是那 24 个街亭。这可以说明在乡村是乡辖里，在城市是亭辖里。这种亭长自然是与乡啬夫或乡有秩是一样的。只是另外还有门亭的亭长，特别是有更多的邮亭长，大一点的邮亭，居民较多，除了起邮亭作用之外，自然也还治民，这相当于今日农村之集镇。不论哪一类亭长，都是县属之吏员，乡亭之间没有隶属关系是可以肯定的。

（二）有秩与啬夫问题。这个 1979 年我和高敏先生未曾讨论下去的问题，通过尹湾汉简的材料，可以作进一步的讨论甚至是确定了。关于乡以下吏员，《集簿》中提到了（里）正、佐使、亭长，甚至有乡三老、孝悌、力田，没有啬夫（太守下有啬夫一人，显然与乡之啬夫无关），其统计包括乡、亭的所有县邑吏员数，主要是按秩级分的，除令长丞尉外，主要分有秩、斗食和佐使、亭长，如上所说，各种名目的佐使和各种性质的亭长数量多，有的可能享受斗食的待遇，有的或者斗食也没有。而乡的啬夫则在有秩和斗食中都有，这是《东海郡吏员簿》所能证明的。

《东海郡吏员簿》中，官有秩、乡有秩、官啬夫、乡啬夫有明确的区分。各县的合计数目，与《集簿》的统计数相当，各县两类有秩总数为 30，与《集簿》"有秩卅人"相合，而乡啬夫合计数 137，与乡有秩 25 相加为 162，与《集簿》的"乡百七十"，只相差 8 个。比较明显的是主要乡官，有啬夫和有秩之分，结合文献材料，乡的主管官员，既可笼统地简称“啬夫”（如许多文献记载一样），也可以具体地称“乡啬夫”“乡有秩”，后者全称或应该是“乡有秩啬夫”。有秩与啬夫的区别，主要只是秩级的区别，一般乡啬夫只不过斗食，居延简就有“斗食啬夫”（《甲》78），大乡或者主要一点的乡，主管官的级别高一些，是为“有秩”。又，从《吏员簿》的记述情况看，首县和大县，乡的数多一些（有的多到十个或十几个），小县乡数三至五个，更有一两个乡啬夫记载的，后者多半是侯国的情况。这一点《后汉书·百官志》区别得很清楚，其本注曰：“有秩，郡所署，秩百石，掌一乡人；其乡小者，县置啬夫一人。”只可惜未言啬夫秩如何，也还有户满五千而置有秩之类的记载。

又，《集簿》中令长丞尉以下吏员，“有秩卅人”，与“斗食五百一人”，与《东海郡吏员簿》的合计数是一致的，有秩 30 人是后者官有秩 5 人和乡有秩 25 人的合计；斗食五百一人，包括《吏员簿》中令史 144 人、狱史 78 人、官啬夫 60 人、乡啬夫 137 人、游徼 82 人等，总和恰为 501 人；《吏员簿》中牢监 34、尉史 83、官佐 277、乡佐 88、邮佐 10、亭长 688，总和 1180 人，与《集簿》的“佐使（史?）、亭长千一百八十二人”的记载基本相符。亭长数与《集簿》前面所记之亭数相同。由此可见乡啬夫在斗食之列。

但由此而产生的问题之一是：佐史亭长当然与“有秩”的吏员是不同的，但他们有无俸禄呢？与啬夫之类的员吏的级别是否也大不相同呢？官佐、乡佐与官啬夫、乡啬夫的关系，也许和丞与县令长的关系一样，正副关系，而尉史与令史、狱史，还有亭长与啬夫等，恐怕主要是职责分工的不同。所以单列出佐使（史?）亭长另一类，如同侯家丞、仆、行人、门大夫等单列一样，写在后面，并非秩级最低，侯家丞的秩比三百石，比一般县丞还要高。

记述的先后有时是按秩的级别排列的，有时又不完全是，这在文献记载中也有很多例子，例如《后汉书·百官志》注引《汉官》所记洛阳令、丞、尉下之“员吏七百九十六人”，“十三人四百石。乡有秩、狱史五十六人，佐史、乡佐七十七人，斗食、令史、啬夫、假五十人，官缘史、干小史二百五十人，书佐九十，循行二百六十人”。佐史乃至乡佐又记在斗食之前，而且斗食与啬夫又并列在一起，小史、书佐、循行之类又是不知何秩，完全未提到亭长，等等，所有这些，如同今日职务、职称、职级等之交叉一样。

当然佐史的俸秩低于斗食也是有记载的，《汉书·百官公卿表》中有明确的记载：“百石以下有斗食、佐史之秩。”注引《汉官名佚簿》云：“佐史，月俸八斛也。”而《后汉书·百官志》的“百官受奉例”更明确以“斗食奉，月十一斛；佐史奉，月八斛”加以区别。不过百石以下（含百石），这些秩级之吏，又统称“少吏”，与“长吏”相对而言又是一条大杠杠，有秩与否是一条小杠杠。有秩大约是百石的另一种说法，其月奉十六斛与“二百石奉月三十斛”相差甚多，与“斗食奉月十一斛”比较相近，也许因此而皆为“少吏”。

另外，啬夫和亭长一样是一种职务，也是一种级别，如同今日之县团级，相当处级，从职务来说就有县长、团长、处长。简文中“啬夫”之前加上“乡”字，显然是要与“官啬夫”区别一下（职务的区别），而“乡有秩”的名称，又可解决我们曾讨论过的“有秩”与“啬夫”的关系问题，我曾认为乡的啬夫中有“有秩”与无秩的区别，这一点似乎可以得到印证，而且《吏员簿》中“官有秩一人，乡有秩四人……官啬夫三人，乡啬夫十人”这样的记载，可说是十分清楚明白的。

假如我们通过简帛材料，把一些关键性的问题弄清楚，再写入各种通史、教科书中，那当然就是高质量的科学著作了。

第二，简帛材料的作用和意义，简单地说即为补史、证史，或者还加上正史（正史之失）而改史。说来简单，其实并不容易，事实证明是如此。一般来说，补史好说，原有史书文献中没有，或者没有发现，就可以“补”。文献记载有，出土帛书中也有，那就可证，但如何证也有不少学问。至于正史之失，更不好轻易而言。此举一例，有的先生以云梦秦简《大事记》正《史记》系年之误，说"《史记》《年表》魏哀王十三年曰：'秦击皮氏，未拔而解。'""移在魏哀王十四年之下，方才符合史实"。《大事记》有"二年，攻皮氏"的记载，何以见得在前一年就没有"击皮氏"之事呢？因为《史记》《年表》明明说"未拔而解"，《史记·樗里子列传》也说："还击皮氏，皮氏未降，又去。"这是当年"击皮氏未下"，那么第二年再"攻皮氏"是有可能的。《战国策·魏策》的记载说："秦楚攻魏，围皮氏。"也可说明有另一次"攻皮氏"，与樗里子将伐蒲而后"解蒲而去""还击皮氏"不是一回事。事实上关于攻伐皮氏还有另外的记载："（隐王）八年（《水经》汾水注引作魏襄王十二年），秦公孙爰帅师伐（围）我皮氏，翟章帅师救皮氏，围疾西风。"又："九年，城皮氏，褚里疾围蒲不克。"[①] 此记载证明有两次攻皮氏的可能。由此看来，"攻皮氏"之系年问题，决不是秦简《大事记》的一条记载所能改"正"的。事实上是《史记》和《大事记》各自都只记载了皮氏这地方所发生事情的一部分。这样，在"攻皮氏"这一点上《大事记》所起的作用当为补史和证史，而不是正失。

通过以上具体而微的例子，我们可以认为，补史、证史好说，"正失"的话难讲，真是说"有"易，说"无"难，这涉及方法论的问题。简帛材料价值极高，极为珍贵，这是毋庸置疑的。但我们应该充分注意其个性，出土在边境的材料，要注意其与内地的异同，即便出土在内地的材料，也要考虑其地区性的特点，考虑具体的时代条件和环境的影响。简帛材料当然是当时实际情况的反映，但反映情况的是人，是人书写的，书写之人又有本身的主观因素。加上了当时人的主观和种种客观因素，我们在今天研究时也不能不加以注意。乃至于真实与否的问题，也不妨加以分析。出土的东西，当然是当时真实的东西，但所记之事和

① 《竹书纪年》卷下。

反映的情况是否就真正是真实的？这方面当今现实生活中存在的问题也可以给我们启发，就不必说它了。以上这些，卑之无甚高论，谁也不会反对。但简帛研究中的一些实际问题，某些分歧，恰是这些方法论的问题引起的。

例如前些年长沙马王堆出土了帛书《老子》，现在又出土了荆门郭店竹简《老子》，与传世本有较大的不同，当然是真真实实的，这一真实情况，给思想文化的研究带来了许多新课题，因为都是战国秦汉时期的东西，为研究战国秦汉思想史开辟了新的视野。事实上比原来更明确更突出地表明，《老子》在战国秦汉时期有不同的传本。然而不同传本反映不同人的思想，不同的人如何传、习《老子》，而且如何表达自己的思想？后来又经过怎样的淘汰？以至于有的继续流传和发展，有的遭到湮没？以此扩宽思路，再看其他出土古籍的情况，看其他古籍传、习的情况，进而再研究整个思想文化的发展变化，等等。这是我们史学工作者研究思想文化史特别要注意的。当然，前提是要作好简帛材料本身的研究。

简帛中的古籍，是近二三十年形成的一大类，对思想文化史有重大意义。而另一大类的各种材料，可以归结为与制度文化有关。原来出土的“居延汉简”，内容是比较广泛的，政治、经济、军事以及科学文化方面都有，但是地处边陲，而且记载农垦屯田的材料较多，有一定的特殊性和局限性。而居延地区出土的新简内容范围扩大了很多，再加上内地一些地方出土的材料，大大丰富了制度文化研究的材料。而在研究方面，我们应该承认，台湾地区以马先醒先生为首的一批学者所作的贡献就是巨大的，台北简牍学会在 1974 年就成立了，读一读马先生为《简牍学会十八年》所写的代序，至今对其历经艰辛，筚路蓝缕之功，肃然起敬。而二十五年来取得的成绩是巨大的，只是由于我孤陋寡闻，一时无法说得清楚。大陆地区也有一批学者致力于简帛的研究，往往因地利之便，能够掌握先机，相应的机构，如中国社会科学院历史研究所之简帛研究中心之类，也已建立，进一步起组织、推动作用，与台湾地区简帛学者的交流、联系日益加强，马先醒先生十年前所预言的“简牍世纪”（不知是否可以以“简帛”易“简牍”）的开始，已经有了很好的基础。

战国秦汉史学的研究者，理当积极参加简帛研究的行列，并且尽快地将简帛材料研究的成果运用到史学著作中去，使各种史学著作呈现一种崭新的面貌。

单从史学的角度说，我们应该做而且可以做的事情是很多的。主要有以下一些方面：一、与考古、文字等学结合确定出土简帛的时间，考证简帛内容所反映的时代；二、对照文献资料，论证简帛内容及其与文献记载的关系；三、从简帛中作些专题性的研究，例如政治、经济制度方面的，思想文化方面的，等等；四、把大家公认、比较一致的重要结论，及时写入通史、专史和断代史之中，以更好地发挥简帛材料的作用。

试论秦代的军事制度

马克思曾说："一般来说，军队在经济的发展中起着重要的作用。"① 我国的战国时代，兼并战争非常频繁、激烈，秦朝就是在这样的历史条件下建立起来的。因此，军事问题是一个影响社会生活各方面的非常重大的问题，我们应当以马克思主义为指南，认真分析文献和云梦秦简的材料，来研究秦代的军事制度。

一、秦代的征兵制度和人民的兵役负担

恩格斯指出："暴力还是由经济情况来决定，经济情况供给暴力以配备和保持暴力工具的手段。但还不仅如此。没有什么东西比陆军和海军更依赖于经济前提。装备、编成、编制、战术和战略，首先依赖于当时的生产水平和交通状况。"② 在我国历史上，从春秋到战国，社会经济发生了根本的变化，即由奴隶社会进入到了封建社会，因而军事上也随之发生了根本变化。在战国之前，军队很明显地分为两个部分，即所谓"甲士"和"徒"、"卒"。这和欧洲历史上的情况大体一样，"甲士"是由征集来的中小奴隶主和富裕的自由民组成，他们装备齐全，身披甲

① 《马克思恩格斯列宁斯大林军事文选》，中国人民解放军战士出版社 1977 年版，第 146 页。

② 《马克思恩格斯选集》第三卷，人民出版社 1995 年版，第 206 页。

胄，手执矛盾或弓弩，平时乘坐马车行动，战时也乘马车作战。“徒”、“卒”是由征集来的奴隶和穷苦的自由民组成，他们是“甲士”的随从，为“甲士”服务，干最重最苦的杂役，也要打仗。“徒”、“卒”不仅徒步随从，使用的武器也比“甲士”要差劣，或是木器，如《秦简》中：“以木梃贼伤人，可（何）为梃？木可以伐者为梃。”或者是石器，如《左传》中所载“桀石以投人”[①]。

从春秋末年到战国以后，军队中明显的两部分就逐渐消失了。所以战国时期的情况就是士兵都称甲士，而且甲、卒不分（“徒”字除少数地方用到外，基本上不再用了）。例如苏秦、张仪等人说燕“带甲数十万，车六百乘，骑六千匹”；赵“带甲数十万、车千乘、骑万匹”；韩“带甲数十万”（或说“韩卒悉之不过三十万，而厮养在其中矣”——厮养当指非战斗人员如伙夫之类）；魏“带甲三十六万”（或“魏卒不过三十万”——苏、张二人说法不一样，一个夸大，一个缩小）；齐“带甲数十万”；楚“带甲百万、车千乘，骑万匹”[②]。其他的名称有“虎贲”、“奋击”、“武士”等，但主要称“甲卒”或“甲士”。秦将王翦带六十万人伐楚时曾说“今空秦国甲士而委于我”[③]，这就说明到了战国和秦的时候，过去那种数量不多、身份特殊的“甲士”已经消失了。国土之内的臣民都一样地对国君有兵役的义务，国君可在其统治范围内实行普遍的征兵制度，并可随时根据需要下令征发。例如苏秦曾对齐王说：“即有军役……临淄之中七万户……下户在男子，三七二十一万，不待发于远县，而临淄之卒固已二十一万矣。”[④] 临淄之民可以普遍征发，同样远县也是如此。而且临淄之民男子悉发是二十一万之卒，和过去的“甲士”不同，再也没有大量的作为随从的徒、卒了。如果“甲士”之外还有徒、卒的话，那苏秦也是会要计算进去的。又如“赵氏悉其士民，军

① 《左传·成公二年》。

② 引文见《史记·苏秦张仪列传》和《战国策》。

③ 司马迁：《史记》卷七十三，《王翦列传》，中华书局1959年版，第2340页。

④ 《战国策·齐策一》。

于长平之下，以争韩之上党”①。作为战国七雄之一的秦国以及统一六国后的秦代情况，“发年十五以上，悉诣长平”②，自然是一样的。

既然从战国以来就实行普通的征兵制，而适应这种情况的一个主要的相应措施就是实行户籍制度。我国户籍制度始于何时有待查考，但战国时期实行了户籍制度是毋庸置疑的。《史记·秦本纪》上说：“献公十年，为户籍相伍。”以后经过“商鞅变法”进一步整顿，直至秦统一以后，是一直沿袭着这种制度的。户籍是以户为单位登记人口，主要内容有两条，一是年龄，二是身份。实行户籍制度的主要目的也是两条，一条是“令民为什伍，而相牧司连坐”③，实行连坐法，防止和镇压人民的反抗斗争；另一条就是为了收税征役。因此户籍制度是关系重大的一项制度，必须雷厉风行，不准诈伪。秦简的《傅律》告诉我们：“匿敖童，及占瘩（癃）不审，典、老赎耐。百姓不当老，至老时不用请，敢为酢（诈）伪者，赀二甲；典，老弗告，赀各一甲；伍人，户一盾，皆䙴（迁）之。”这中间一方面反映了“相收司连坐”的问题。典，是主其事的官吏；老，当指伍长而言。伍长也称伍老④，伍人及同伍之人。另一方面主要的是不允许人民在年龄上诈伪，即不允许已成年的还隐匿年龄，不允许还未老的而合算为老。这显然是为了保证兵徭役的征发。年龄是一个很重要的问题，秦简《编年纪》中秦始皇十六年有“自占年”的记载，与《史记·秦始皇本纪》上“初龄男子书年”的记载完全相符。秦始皇十六年，即公元前 231 年，是秦开始统一六国（公元前 230 年灭韩）的前一年，对壮丁来一次大登记，可以说这是秦始皇整个部署中的一个重要环节。古代希腊、罗马都有一定年龄服兵役的规定，恩格斯写道，“在斯巴达，每一个自由公民从 20 到 60 岁都列入军队的花名册”，在罗马，服兵役的年龄是 17 岁到 45 或 50 岁⑤。

① 《韩非子·初见秦》。
② 司马迁：《史记》卷七十三，《白起列传》，中华书局 1959 年版，第 2334 页。
③ 司马迁：《史记》卷六十八，《商君列传》，中华书局 1959 年版，第 2230 页。
④ 《韩非子·外储说右下》：“訾其里正与伍老。”
⑤ 《马克思恩格斯军事文集》第一卷，战士出版社 1981 年版，第 349 页。

需要进一步弄清楚的是：究竟秦代是规定从什么时候开始服役？什么时候为老？《通考》说："秦制，凡民年二十三附之畴官"，或者说："古者二十而傅，三年耕有一年储，故二十三年而后役之。"[①] 汉代也许是如此，或者说春秋战国时某一个国家某一个时期是如此，而且过分美化了。统治者打仗要人，哪里管得上什么"三年耕而一年储"，有时候不到规定的年龄或者超过了规定的年龄都是要征发的。战国时代，十五岁以上就服役，这不是个别例子。《周礼》上说："国中自七尺以及六十，野自六尺以及六十有五，皆征之。"[②] 七尺是二十岁，六尺是十五岁（见《周礼正义》），所以《后汉书·班超传》载曹昭上书说："窃闻古者十五受兵，六十还之。"又，《战国策·楚策三》载昭常对齐使说："我典守东地，且与死生。悉五尺之六十，三十余万，弊甲钝兵，愿承下尘。"秦简有"小高五尺以下"或"小未盈六尺"的记载。就是说，五尺以下或不满六尺就是小，就没有达到服役年龄。前面，我们已经引了长平之役，秦国"发年十五以上"，则十五以上或者十六，是秦开始服役的年龄。秦简《编年纪》更提供了有力的证据，从昭王四十五年（公元前 262 年）"喜产"到秦始皇元年（公元前 246 年）"喜傅"，刚好是十六年，喜"傅之畴官"的年龄是十六岁，达到这个年龄后的第三年就服役，参加了战争[③]。既然是正式傅籍，那就不是临时的或特殊的征发。据上所述，我们可以认为，十六岁是秦代开始服役的年龄。至于是否"六十而还"，这对于秦代恐怕只能是一句空话，而且"发年十五以上"，没有说多少年"以下"，是否可以说是老弱都征发呢？还有，秦简中说的"至老时不用请"是什么意思？也值得研究。汉初是有发老弱的例子的，如高祖二年"萧何发关中老弱未傅者诣军"[④]。

人民当兵之后，武器当然由国家提供，国家有专门保管武器的仓

---

① 裴骃：《史记集解·项羽本纪》引孟康曰。

② 《周礼·地官·乡大夫》。

③ 参看黄盛璋：《云梦秦简〈编年记〉初步研究》，《考古学报》1977 年第 1 期。

④ 班固：《汉书》卷一，《高帝纪》，中华书局 1962 年版，第 37 页。

库，秦简《效律》中就有一些关于兵器保管的规定："甲旅札赢其籍及不备者，入其赢旅旅札，而责其不备旅旅札。"这是关于甲的保管规定。"殳、戟、弩、漆涢相易殹（也），勿以为赢不备，以职（识）耳不当之律论之。"这是关于兵器的保管规定。又，《工律》说："公甲兵各以其官名久刻之，其不可刻久者，以丹若漆书之。其叚（假）百姓甲兵，必书其久，受之以久。入叚（假）而而（此字衍）毋（无）久及非其官之久也，皆没入公，以赍律论之。"这是关于甲兵授还的规定。此外。秦简中动辄赀甲、盾，一方面说明需要量之大，另一方面亦说明战士的甲盾是由国家提供的。

军用粮食，看来也是国家提供的。秦简中写道："不当禀军中而禀者，皆赀二甲，法（废）；非吏殹（也），戍二岁。徒食，敦（屯）长、仆射弗告，赀戍一岁；令、尉、士吏弗得赀一甲。军人买（卖）禀禀所及过县，赀戍二岁。同车食，敦（屯）长、仆射弗告，戍一岁；县司空，司空佐吏，士吏将者弗得，赀一甲；邦司空一盾。军人禀所，所过县百姓买其禀，赀二甲，入禀公；吏部弗得，及令丞各赀一甲。禀卒兵，不完善（缮），丞、库啬夫、吏赀二甲，法（废）。"禀是公家给食的意思。"禀军中"、"禀卒兵"，当是给士兵以食的意思。还有几条《传食律》告诉我们，对不同身份的人禀给不同数量的粮食和菜羹之类的东西。

秦简中也有"禀衣"的记载，但不包括士兵。《金布律》说："禀衣者，隶臣、府隶之毋（无）妻者及城旦……隶臣妾之老及小不能自衣者，如舂衣。亡，不仁其主及官者，衣如隶臣妾。"只有无妻的奴隶和罪犯，还有老小"不能自衣"的奴隶，才禀给衣服。从这条规定看，不会发给士兵衣服。相反，云梦睡虎地四号墓出土的两方木牍却告诉我们，士兵的衣服是要自备的，而且必须精打细算。黑夫信上说："母视安陆丝布贱，可以为禅裙襦者，母必为之，令与钱偕来。其丝布贵，徒（以）钱来，黑夫自以布此。"惊也是要"钱"、"衣"，衣物自备，各种零用钱也是由家庭负担的。惊的信上还说："……用桓柏钱矣，室弗遗，即死矣。急急急。"桓，可作官舍解，柏，有紧迫之意，说不定时借了公款，要不归还恐有杀头的危险，所以非常紧急。秦简中有一条法律问答写道："府中公金钱私贳（贷）用之，与盗同法。"

兵役是秦代人民异常沉重的负担，因为战争，大批的劳动者被迫脱离生产，人民服兵役，对于家庭来说，不但减少了劳动力，还增加了额外的开支。当兵打仗，不但"伤未可智（知）也"（四号墓木牍），而且"战死事"时，即令不死也要罚为奴隶。秦简上说："战死事不出，论其后，有（又）后察不死，夺后爵，除伍人；不死归者，以为隶臣。"陈胜、吴广起义不就是因为要在死里求生吗？"今亡亦死，举大计亦死，等死。死国可乎！"①

二、戍卒、正卒和兵种、军队组织

《汉书·食货志》上记董仲舒的话说："秦用商鞅之法，月为更卒，已，复为正一岁，屯戍一岁，力役三十倍于古。"这段话我们把它翻译一下是：秦代的制度，有（每人每年）一月的劳役，完了，又加上有兵役，一年当正卒，一年当戍卒守边，兵徭役加起来三十倍于古代之多。马端临作《通考》时也是这样认为的。他说："秦制，凡民年二十三，附之畴官，给郡县一月而更谓卒，复给中都一岁谓正卒，复屯边一岁为戍卒。"作为规定的兵役时间来讲，就是：正卒一年，戍卒一年。这一点，劳干曾在《汉代兵制及汉简中的兵制》中作过一些论述。现在看来，上述两年的兵役规定，是正确的解释。

先从戍卒说起。《汉书·昭帝纪》元凤四年，颜师古注引如淳曰："天下人皆直戍边三日，亦名曰更，律所谓繇戍也。虽丞相子亦在戍边

① 《史记·陈涉世家》。唐长孺先生批改此文时指出："秦汉时文武区分并不严格，所谓文武不分途。"

之调，不可人人自行三日戍，又行者当戍自三日不可往还，因便往一岁一更，诸不行者出钱三百入官，官以给戍者，是谓过更也。”所谓“古者夫皆当戍边三日”①，究竟是不是合适的制度？又如何变成一岁一更？如淳显然没有讲清楚。也许“戍边三日”是战国或者以前的制度，有待考察。但是可以认定“屯戍一岁”是秦代规定的制度。至于实际上是否实行，那是另一回事。

屯戍是很苦的差事，不仅远离家乡戍守边境，而且没有战事也要干很重的劳役，所以屯戍又叫“外繇”。秦简上说：“戍者城及补城、令姑（嫴）堵一岁，所城有坏者，县司空署君子将者，赀各一甲；县司空佐主将者，赀一盾。令戍者勉补缮城，署勿令他事；已补，乃令增塞埤塞。县尉时循视其攻（功）及所为，敢令为它事，使者赀二甲。”对带队和督办的官吏要求很严，那就必然是戍者遭殃。陈胜、吴广那一队戍卒对那两个“尉”的仇恨不就是一个例子吗？正因为是苦差事，所以就不得不作出具体而又严格的规定。秦简告诉我们有专门的《戍律》，《戍律》曰：“同居毋并行，县啬夫、尉及士吏行戍不以律，赀二甲。”究竟有哪些具体规定，还可以进一步考察，“失期当斩”即为一例吧！屯戍很苦，“而戍死者固十六七”②，所以汉代往往有人建议以奴隶和犯罪去代替。贡禹曾上书说：“诸官奴婢十余万人，戏游无事，税良民而给之，岁费五六巨万。宜免为庶人，禀食，代关东戍卒乘北边亭塞候望。”③ 事实上，秦代就已开始“谪发”了，《汉书·晁错传》说秦时“以谪发之，名曰谪戍”。《史记·秦始皇本纪》记载：三十三年“发诸尝逋亡人、赘婿、贾人，略取陆梁地，以谪遣戍，西北斥逐匈奴。自榆关中并河以东，属之阴山，以为三十四县，徙谪实之”。三十五年“益发谪徙边”。又三十七年“徙天下有罪适吏民，置南海故大越处，以备东海外越”④。秦简

---

① 《后汉书·明帝纪》注引《前汉书音义》。

② 班固：《汉书》卷三十一，《陈胜传》，中华书局1962年版，第1787页。

③ 班固：《汉书》卷七十二，《贡禹传》，中华书局1962年版，第3076页。

④ 《太平寰宇记·越绝外传》。

中告诉我们，戍边还可以赎免奴隶："百姓有母及同牲（生）为隶妾，非适（谪）辠（罪）殹（也），而欲为冗边五岁，毋赏（偿）兴日，以免一人为庶人，许之。"有时又把它当作一种惩罚手段，如前引关于禀食的条文。

话又说回来，是否真正人人都要"戍边一岁"呢？事实上也是无法做到的，而且没有那种必要。劳干根据《汉旧仪》所说"民年二十三为正，一岁以[1]为卫士，一岁为材官骑士，习射御骑驰战阵"（这是劳干的引文和断句）及其与前引董仲舒讲的有所不同，他曾经指出："如果作卫士，便不戍边"（见前引劳干文，下同），这个推论也是正确的。秦代先是统一六国，后来北筑长城，南戍五岭等，需要服役的人多，人民自然是不当卫士就要当戍卒，所谓出"更赋"（以钱代役）的事恐怕是从汉代才开始吧！

劳干虽然把卫士和屯戍的关系讲清楚了，并且还能指出《汉旧仪》所说是"一岁作正卒，一岁作卫士"，但是他的断句却不妥，应该和对董仲舒的话断句一样："为正一岁，为卫士一岁。"那么下文"为材官骑士，习射御、骑驰、战阵"如何解释呢？我以为，正卒、戍卒或卫士这些兵的名称，是以其任务而名之，戍卒和卫士的任务比较清楚，正卒的任务那就是"习射御"之类的事，材官骑士是正卒的又一种叫法（详下）。

因此，正卒为正一岁，那就是当一年兵受军事训练的意思。这件事由郡国负责，《汉书·刑法志》说："汉兴……踵秦置材官于郡国。"人民当兵是需要训练的，《汉书·冯唐传》说："夫士卒尽家人子，起田中，从军，安知尺籍伍符。"汉代还规定不训练就不得征发，《汉书·武五子传》上说："非教士不得从征。"具体负责训练的当是郡尉，《汉书·百官表》，"郡尉、秦官，掌佐守典武职、甲卒"，而且"常以八月、太守、都尉、令长、丞、尉会都试材官骑士，习骑驰、战阵、课殿最"。

---

① 《史记·项羽本纪》注引《汉仪注》无"以"字。

郡国有责任训练士兵，但征调的权力却在中央，如果因为战事需要征调郡国的正卒——材官骑士，就得用虎符。战国时魏国有用虎符发兵的记载，汉代也用虎符，《史记索引·孝文本纪》引《汉旧仪》说："铜虎符发兵，长六寸，竹使符出入征发。"（记载中还有用"檄"或"羽檄"发兵的）汉承秦制，秦代当然是用虎符发兵。容庚《秦金文录》有秦代的铜虎符两个：一个是"阳陵兵符"，其文曰："甲兵之符，右才（在）皇帝，左才（在）阳陵。"另一个是"新郪兵符"，其文曰："甲兵之符，右才（在）王，左才（在）新郪。凡兴士被甲，用兵五十人以上，必会王符，乃敢行之。燔队（燧）史（事）虽母（毋）会符行殹。"[①] 这后者讲得十分清楚，用兵五十人以上就必定要合王符才行。《史记集解》引"应劭曰：铜虎符第一至第五，国家当发兵，遣使者至郡合符，符合乃听受之"[②]。但如果是在边境上，事情紧急，可以不必发符而行。这说明当时既是兵权集中，又有军事上的灵活性。

根据各种记载综合起来看，当时的兵种有三：

一是材官，有的记载又叫材士，秦二世时"如始皇计，尽征其材士（《正义》："谓材官蹶张士之"）五万人，为屯卫咸阳，令教射狗马禽兽"[③]。材官往往与骑士并提，显然是指步兵而言，《汉书·赵充国传》就把"淮阳、汝南材官"叫作步兵。恩格斯说："步兵——军队中徒步的士兵。除了游牧部落以外，一切民族的军队，如果不是全部，那么大部分总是由徒步士兵组成的。"[④]

二是骑士，有的记载叫车骑，《汉书·惠帝纪》上就说是"发车骑、材官诣荥阳"。春秋以前，车战是比较盛行的，但战国以后，"大规模的步骑兵的野战和包围战已代替了整齐车阵的冲击战"[⑤]，秦汉以后的军队

① 容庚：《秦金文录》。
② 司马迁：《史记》卷十，《孝文帝本纪》，中华书局1959年版，第414页。
③ 司马迁：《史记》卷六，《秦始皇本纪》，中华书局1959年版，第269页。
④ 《马克思恩格斯全集》第十四卷，人民出版社1965年版，第354页。
⑤ 杨宽：《春秋战国间封建的军事组织和战争的变化》，《历史教学》1954年第4期。

中车子仍然有，但已不是主要的了，所以许多记载就单称骑士。《史记·灌婴传》："汉王乃择军中可为车骑将者，皆推故秦骑士重泉人李必骆甲习骑兵。"从数量上讲，骑兵是仅次于步兵的一个兵种。但是恩格斯指出："在中世纪，骑兵是具有决定意义的兵种。"又说："中世纪所赐给我们的唯一进步是骑兵的创立，我们时代的骑兵就是从那个时代的骑兵直接传下来的。"① 这就使我们想到，战国时赵武灵王的"胡服骑射"那个重大的改革，显然是一次军事改革，或者就是赵国创立骑兵之始。

三是楼船，这就是水兵，已如前述，史书上有秦"使尉（佗）、屠睢将楼船之士，南攻百越"② 的记载。

上述几个兵种，看来是按地区不同而有所侧重的，钱文子《补汉兵志》说："大抵金城天水、陇西、安定、北地、河东、上党、上郡多骑士，三河、颍川、沛郡、淮阳、汝南、巴蜀多材官，江淮以南多楼船士。"

史书上关于兵的名称多种多样，有的是不同时期的称号，有的是同一时期不同的叫法，也有的是因某一特征而名之。如"陷阵"、"奋击"、"锐士"、"虎贲"之类，多用于统一之前的秦国，并具有某些特点；"卒"、"步卒"、"甲士"或"带甲"则是不同叫法，《史记》上说周勃曾为"材官引强"③，申屠嘉则叫"材官蹶张"④，还有所谓"弓关"、"佽飞"、"射士"、"羽林"之类，都是因某一特征而名之。前已引秦简中的"轻车"、"趣张"、"引强"等名称。恩格斯在讲古代埃及的情况时曾说："军队中还有使用不同武器而且按不同武器类型分编为营的各种步兵队、长矛队、短剑队、狼牙棍队、投石队等。"⑤ 骑士又叫畤骑，汉代还有

① 《马克思恩格斯军事文集》第一卷，战士出版社1981年版，第364～365页。

② 司马迁：《史记》卷一百一十二，《平津侯主父偃列传》，中华书局1959年版，第2958页。

③ 《史记集解》引《汉书音义》曰："能引强弓，官如令挽强司马。"

④ 《史记集解》引如淳曰："材官之多力，能脚蹋强弩张之，故曰蹶张，律有距蹶张之士。"

⑤ 《马克思恩格斯列宁斯大林军事文选》，中国人民解放军战士出版社1977年版，第85页。

胡越骑、羌骑的叫法，后者显然是当时少数民族组成的骑兵。古代罗马军中也曾有“西班牙骑手”①。

关于军队的组织，看来有平时和战时之分。平时，郡国之兵，如上所述，是郡尉（或叫郡都尉）主管其事。中央的情况，根据《汉书·百官表》的记载：有“太尉，秦官，金印紫绶，掌武事”。这是军事方面的最高官吏，但他并不具体管军队，有“卫尉，秦官，掌宫门屯卫兵”；有“中尉，秦官，掌徼循京师，有两丞，候，司马、千人”，“中尉如郡都尉”，还有“关都尉”也是秦官。《汉书·魏相传》说：“函谷京师之固，武库精兵所聚，故以丞相弟为关都尉，子为武库令。”（注意：这里也有放武器的仓库）此外，边郡还有“部都尉”②。当时，各种各样的带兵官，都带有一个“尉”字，所以军队中还有校尉、将尉等。

至于战时，军队的统帅都是临时任命的，这被任命的人有时是武官，如白起、王翦、蒙恬等人，有时也不是，如“秦令少府章邯，免郦山徒人、奴产子，悉发以击大楚军”③。队伍也是从各地征发来的（如前所述）。但作战时如何编制呢？劳干曾根据《后汉书·百官志·将军》的记载指出：“将军出征的编制是：将军——（部）校尉，军司马——（曲），军侯——（屯）屯长。这种制度在秦时已是如此，《汉书·萧何曹参传》《樊郦滕灌传》《靳周传》所言的秦将官职名称都与此相合，所言楚将与此便不相合。汉朝开国以后是完全袭用秦制，一直到后汉。”大体上是可以这样说的，秦代的具体名称也许有些不同罢了。不过劳干说“现在可以假定在屯以下，尚有队的组织，和什伍组织”则是错误的假定，应该说屯以上还有一些组织。《商君书·境内篇》写道：“其战也，五人来薄（孙诒让《札迻》说‘来疑当为束。薄，古簿字’）为伍……五人一屯长，百人一将……”还有“五百主”、“二五百主”等，

① 《马克思恩格斯全集》第十四卷，人民出版社1965年版，第298～326页。

② 班固：《汉书》卷二十八，《地理志》，中华书局1962年版，第1597页。

③ 《史记·陈涉世家》。唐长孺先生批改此文时指出：“秦汉时文武区分并不严格，所谓文武不分途。”

陈胜起义时，那九百个戍卒的带兵官就叫“将尉”，而陈胜、吴广本人则是屯长。两个“将尉”或者就是五百主，这一队人一千差一点，由两个五百主带领，这是合情合理的事。

此外，《史记·王翦传》上说，李信和蒙恬“将二十万南伐荆”，最后打得大败，有七个“都尉”被杀。都尉当即郡都尉。胡三省注《通鉴》时说：“此郡都尉将兵从伐楚者也。”[①] 据此，我们还可以认为，在秦时，各地征调来的士兵，是由原各地的郡、县武官带领。这样确也切实可行。我们在史书中看到，从秦到汉，军队中士兵的籍贯都分得清清楚楚，也可以证明他们是按原来的郡县编制在一起的，如赵充国带的兵，本来是有“三河，颍川，沛郡，淮阳，汝南材官，金城……上郡骑士，羌骑……”后来他“愿罢骑兵，留弛刑应募及淮阳、汝南步兵与吏士私从者”[②]。这种情况是从秦代开始的，从《资治通鉴》卷六载秦始皇十八年“王翦将上地兵下井陉，端和将河内兵共伐赵”即可看出。这里还值得提出一个可以注意的历史现象，恩格斯曾经指出，斯巴达“和雅典一样，同一部落或同一地方的人员编在同一部队”[③]。是否可以由此而总结出一种有规律性的现象呢?!

总起来说，作战时由将军率领，有时为了提高其地位称大将军、上将军，也有时只用一个都尉或太守率领，将军之下则按各兵种各郡编制在一起，其下大体上是按十和五进位制形成许多级，包括校尉、将尉……直至最低的屯长。

三、论功行赏和封建的等级制度

在战争中论功行赏，这本是战国时的一个普通现象。《战国阳秋》

① 司马光：《资治通鉴》卷七，《秦纪二》。
② 班固：《汉书》卷六十九，《赵充国传》，中华书局1962年版，第2986页。
③ 《马克思恩格斯全集》第十四卷，人民出版社1965年版，第12～13页。

注云："乐毅既破齐，昭王亲至济上劳苦，令军中曰：'将军得齐祭器，谓之下功；得齐城郭，谓之中功；得齐人民心，谓之上功。上功飨太牢，受锐赏。其次中功，中功飨少牢，受钧赏。其次下功，下功飨乡牢。'无功不飨，赐之壶浆，谓之报次，报劳之谓也。"①

但是，自古以来，秦国却背了一个"上首功"的罪名。《七国考》卷十一《上首功》条写道："鲁仲连曰：'彼秦国者弃礼义而上首功之国。'谯周曰：'秦用卫鞅计，制爵二十等，以战获首级者计而受爵。是秦人每战胜，老弱妇人皆死，计功赏者至数万，天下谓之上首功之国，皆以恶之也。'《汉书解诂》曰：'秦功者，获首也。'"实际上这获首功也不单秦国如此，齐国同样是"得一首者，则赐赎锱金"（见下文）。

不过，秦国的论功行赏制度，在保持它军事胜利上是起了一定作用的。这里我们要从《荀子·议兵篇》中关于齐、魏、秦的比较谈起。荀卿道："齐人隆技击，其技也，得一首者，则赐赎锱金，无本赏矣。是事小故毳则偷可用也；事大敌坚则涣焉……兵莫弱是矣，是其去赁市佣而战之几矣。魏氏之武卒，以度取之。衣三属之甲，操十二石之弩……中试则复其户，利其田宅，是数年而衰，而未可夺也，改造则不易周也。是故地虽大，其税必寡。是危国之兵也。秦人……劫之以势，隐之以阸，忸之以庆赏，鰌之以刑罚，使天下之民所以要利于上者，非斗无由也；阸而用之，得而后功之，功赏相长也；五甲首而隶五家，是最为众强长久，多地以正。故四世有胜，非幸也，数也。"从这一大段话中，我们看到，中心问题是个是否论功行赏以及如何行赏的问题。

齐国重视技击，同时也进行赏赐，其弊病在什么地方呢？杨倞作注说："本赏，谓有功同受赏也。其技击之术，斩得一首则官赐锱金赎之。斩首，虽战败亦赏，不斩首，虽胜亦不赏，是无本赏也。"而且，冒着生命危险，只不过是八两金的奖赏，差不多是雇佣关系，当然是很不可

① 董说：《七国考》卷十一引。

靠的，至于魏国的武卒呢？选拔的标准是不低，它的问题是一旦选中之后，就免除其家庭的徭役和田地房产的租税。就是说，只要有本领就可以享受优待，衰老了也“未可夺”，这样不但国家收入减少，而且打仗未必能用得上，因为其打仗卖力与否并不影响他的既得利益。

秦国就不同，它是“陀而用之，得而后功之，功赏相长也”。杨倞的注说：“有功而赏之，使相长。”则是功与赏相对而长，功多则赏多，功少则赏少。那么，如何论功行赏呢？“五甲首而隶五家”这句话过分简单，我们必须参考《商君书·境内篇》来作较详细的解释，《境内篇》说：“能得爵（甲）首一者，赏爵一级，益田一顷，益宅九亩，一（疑衍）除庶子一人，乃得人（朱师辙《商君书解诂》：‘得人当作得入’）兵官之吏。”除庶子即同篇上文所说：“有其爵者乞无爵者以为庶子，级乞一人。”这与荀子“隶五家”的话就一致起来了。不过，决不能笼统地说斩一敌首就赐爵一级（那是很不合情理的）。我认为，上述这条奖励是对待特别勇敢的士兵，而不是身披铠甲的长官。意思是说，如果士兵勇敢作战，斩了敌军官长之首，那就可以赏爵一级，得到田宅，役使庶子，而且取得了做军队或衙门中官吏的资格。这是秦论功行赏的措施之一。

其实，关于论功行赏，《境内篇》还有其他一些规定，那就是：“其战，百将，屯长不得斩首，得三十三首以上盈论，百将、屯长赐爵一级。”高亨《商君书译注》认为“不得斩首”当为“不得首、斩”。这里有赏有罚，在打仗的时候，如果一百人的队伍毫无战功、一个敌人的首级也得不到，那么这个带兵官乃至屯长就要被斩首（这就是“鳍之以刑罚”吧），至于如何“忸之以庆赏”呢？一百人的队伍，至少要斩敌首三十三个以上，才对百将和屯长赐爵一级，一般士兵看起来还没有份。

下面又接着说：“能攻城围邑，斩首八千以上，则盈论；野战，斩首二千，则盈谕（论）。吏自操及校以上，大将尽赏。”这是说在比较大的战斗中，或攻城围邑，或野战，能取得比较大的战果（攻城斩敌首八千以上，野战斩敌首二千——当然也是以上），则这支军队中的大大小小的带兵官都得赏赐。够得上“吏”的才赏，也没有士兵的份。下文接着又说的是赏赐办法，都按原来的爵位提高一级，而“大将、御、参皆赐爵三级”。

还有一条就是：“陷队之士知疾斗，不得斩首队五人，则陷队之士，人赐爵一级，死则一人后，不能死之，千人环规，谏黥劓于城下。”这是关于敢死队的奖赏，十八人能斩敌首五人，就赐爵一级，牺牲了的家中可以有一人继承爵位。但是如果不能拼命也要当众处罚（又是“忸之以庆赏，鳍之以刑罚”）。

读了以上这几段文字，我们可以得到以下认识：

第一，在论功行赏方面，规定是很详尽的，其中再三提到“盈论”，说明国家制定有行赏的详细办法。

第二，两段关于战功的规定都只是提到大大小小官长的赏赐，而没有赏给一般士兵，如是所述，士兵只有在立了特殊功（即斩了敌方长官首级的情况下），或者是当敢死队而且勇敢作战，才能赏赐一级。所以《韩非子·定法篇》上那一段话也应如此解释，《定法篇》说：“商君之法曰：‘斩一首者爵一级，欲为官者为五十石之官；斩二首者爵两级，欲为官者为百石之官。官爵之迁与斩首之功相称也。’”这里只是少了一个“甲”字，应为斩一甲首。“欲为官者”云云当是上文所说“得入兵官之吏”的具体化。

第三，可以解释一个疑问，即“斩一首爵一级”太不合情理，爵制共二十等，斩首三十又怎么办呢？更多怎么办呢？仔细读《境内篇》可以明白：首先，一个普通士兵要杀死（甚至以竹、木为器）一个身披甲胄（当然是有精锐武器）的官长那是极不容易的事；其次，在当时的条件下，戈矛刀剑（甚至木梃）一百人要杀死敌方三十三人以上那也是相当不容易的事；再次，一次大战，杀死敌方八千以上“则盈论”，那就是说再多也只算一次，也不过只提高一级，这样论首功那是可以行得通的。

这里，我们还要再回到荀卿的那个比较上面去看一看。秦国论功行赏，和魏国“以度取”武卒不一样，不是仅仅看本领，而要看你的本领能否立功。魏国对于武卒的优待是先“复其户，利其田宅”；秦国则是鼓励将士以立功去争取“益田一顷，益宅九亩、除庶子一人”。而且还要指出，魏国免税免役，特别是免田税，必然减少国家收入，“是故地虽大，其税必寡”，而秦国则把无主荒地赏赐给人，土地利用起来了，还可以多收田租，增加国家收入，“多地以正”。秦国对锐士的奖励比起齐国对技击的奖励来那就强得多了。齐国不问全军胜败，单凭“得一首者，则赐赎锱金”，秦国则“忸之以庆赏，鳝之以刑罚”，“功赏相长”。齐国斩获敌首一个，得八两金的奖赏（或抵罚金），拼死战斗，得之很难，金是浮财，失之很易。秦国的赏赐得到虽然也不易，但奖给的田宅，既得之后，有利于子孙后代，即使战死还可以由子孙继承。加上秦国又是“劫之以势，隐之以阸”，各种因素凑在一起，使得官兵们“非斗无由也”，所以说秦国“四世有胜，非幸也，数也”。

秦代实行奖励军功，而且确曾制定并推行过一套爵位制度，这在秦简中也可以得到证明，《军爵律》：“从军当以劳论及赐”，而且有“赐未受而死”“予赐”的规定，这和《商君书·境内篇》敢死队“死则一人后”完全一样。又，爵位还可以用来赎罪或赎奴隶，“欲归爵二级，以免亲父母为隶臣者一人；及隶臣斩为公士，谒归公士而免故妻隶妾一人者，许之，免为庶人”。赎免之后，爵位就取消了，秦简中不仅有公士，还有上造、不更、大夫等二十等爵制中的名称。

《汉书·百官表》上说秦代是二十级爵制，这正如《共产党宣言》所指出的：“在过去的各个历史时代，我们几乎到处都可以看到社会完全划分为各个不同的等级，看到由各种社会地位构成的多级阶梯。”但是我们要指出，秦代的“多级阶梯”还不止二十等。《商君书·境内篇》中说：“军爵，自一级已下至小夫，命曰卒。”这里提出了“军爵”和

"公爵"的问题，公爵是从二级起，即从上造起，一级的公士当然也包括在公爵之内。问题是这里提到了军爵，在一级以下还有等级，这一点在秦简中也可以得到证明。《传食律》说："上造以下到官佐，史毋（无）爵者，及卜史司御寺府……"上造不过是二十等级中的第二级，它以下还有这么多的名目，当然有些不是爵名，这里的无爵者是否指无公爵，但并不排斥军爵，是否可以这样认为：公爵是指大小官吏之爵，所以《境内篇》在论功行赏的规定中写道："行间之吏也，故爵公士也，就为上造也。"可见队伍中的官吏，旧爵是公士，升为上造。《境内篇》是从二十等爵的第一级讲起，这第一级就是官吏。王先谦《汉书补注》引钱大昭说："自公士至公乘，民之爵也。生以为禄位，死以为号谥。凡言赐民爵即此。自五大夫至辙侯，则官之爵也。"也许这是汉代的情况，秦代不是如此，前引《韩非子·定法篇》的那段话也可以证明，有一级爵就可以为五十石之官。秦代的这二十等爵就是官爵，当时叫做公爵。从军爵来看呢？除了这二十等公爵同时是军爵之外，二十等之下还有若干等级。这好像近世之上等兵、下等兵一样。

列宁告诉我们："在奴隶社会和封建社会中，阶级的差别也是用居民的等级划分而固定下来的，同时还为每个阶级确定了在国家中的特殊法律地位。所以，奴隶社会和封建社会（以及农奴制社会）的阶级同时也是一些特别的等级。"① 从秦代的军爵看正是如此，一般士兵和当官长的在受赏赐这一点上就显然不一样，下级军官和高级将领的赏赐也大不相同，大夫（第五级）是一个杠杠，五大夫（第九级）又是一个杠杠，《商君书·境内篇》反映了各种不同的特别的等级；"故爵［不更，就］为大夫。爵吏而为县尉，则赐虏六，加五千六百。爵大夫而为国治，就为［官］大夫……就为五大夫，则税邑三百家。故爵五大夫，［就为大庶长……就为大良造］。皆有赐邑三百家。有赐税三百家。爵五

① 《列宁全集》第六卷，人民出版社 1986 年版，第 93 页。

大夫，有税邑六百家者，受客。大将，御、参皆赐爵三级。故客卿相，论盈，就正卿。”① 同时，这各种各样的等级也正好反映了当时确实“存在的是等级的阶级”②，而且不同的等级都有不同的“特殊法律地位”！

从秦代的论功行赏和军功爵制中，我们看到了封建等级制度。

① 引文据高亨：《商君书注释》，中华书局1974年版。

② 《列宁全集》第六卷，人民出版社1986年版，第93页。

秦始皇的最后十年

关于秦始皇，我们还能说些什么？这是使人颇感困惑的一个问题。最近我经过思考，有些话还想说一说。首先是要摆脱汉人“过秦”评论的一些影响，对某些记载的思想倾向也应注意；其次是对秦始皇的分析要具体、再具体。现以秦始皇的最后十年为例，略加述说。

公元前221年，秦统一六国。关于这一年的记载内容甚多，除了立皇帝尊号，制定各种礼仪制度外，还有分天下为36郡、统一度量衡、统一货币、统一文字等，这都是关系国计民生的大事，当然还有其他一些内容。为此，秦始皇所花的时间、精力，所需的智慧、魄力，研究者怎样去想象都可以。

公元前220年，“始皇巡陇西、北地”，“治驰道”。

公元前219年，“始皇东行郡县，上邹峄山，立石。与鲁诸儒生议刻石，颂秦德。议封禅望祭山川之事，乃遂上泰山，立石”。“南登琅邪，大乐之，留三月，乃徙黔首三万户琅邪台下，复十二岁。”

公元前218年，“始皇乐游，至阳武博狼沙中，为盗所惊”。

公元前217年，“无事”，但《通鉴》有“使黔首自实田”的记载。

公元前216年，“始皇微行咸阳……逢盗兰池。……关中大索二十日”。

公元前215年，“始皇之碣石……刻碣石门，坏城郭，决通堤防”。“始皇巡北边……乃使将军蒙恬发兵三十万，北击胡，略取河南地。”

公元前 214 年，“发诸尝逋亡人、赘婿、贾人，略取陆梁地，为桂林、象郡、南海，以谪遣戍。西北斥逐匈奴，以为三十四县，城河上为塞。又使蒙恬渡河”。

公元前 213 年，“谪治狱吏不直者，筑长城及南越地”，议“焚书”。

公元前 212 年，“除道九原，抵云阳，堑山堙谷，直通之”（《通鉴》云：“千八百里，数年不就。”）。“隐宫徒刑者七十余万人”分作阿房宫、骊山。“立石东海上朐县中，以为秦东门。因徙三万家丽邑，五万家云阳，皆复不事十岁。”坑儒。

公元前 211 年，乐郡陨石。“黔首或刻其石曰：始皇帝死而地分……尽取石旁居人诛之。”“卦得游徙吉。”

公元前 210 年，“始皇出游”，“上会稽，祭大禹，而立石刻颂秦德”。“七月丙寅，始皇崩于沙丘平台。”（按：此次历时九个月。）[1]

从司马迁的这些记述看，在秦始皇的最后 11 年（含去世的当年）中，秦始皇有 5 年巡行各地（公元前 216 年的“微行咸阳”不算）。未出巡的年份，他也以不同的方式关注着各地，如公元前 214 年之“略取陆梁地”，公元前 213 年之“筑长城及南越地”（《正义》谓“戍五岭”，《通鉴》作“处南越地”），公元前 212 年在作阿房宫的同时还有“除直道”以及徙民丽邑、云阳之举。

从始皇出巡及其对全国关注的情况看，这明显是一个巩固统一的政治问题，可作如下分析。

第一，秦始皇多次而且主要是巡行东方郡县。这是因为东方是原六国之地，东方郡县是在统一战争中新设立的郡县，情况如何？秦始皇去巡视一番，正表现出他的眼光和魄力。他不辞劳苦地出巡，条件是比较艰苦的，汉人所谓修驰道是“天子之道”的说法，恐怕始皇出巡并未享受多少；相反，记载中常常反映出出巡时“逢大风”、遇

① 司马迁：《史记》卷六，《秦始皇本纪》，中华书局 1959 年版，第 241～260 页。

“水波恶”，甚至“风雨暴至，休于树下”等，这和后世隋炀帝游江都不应相提并论，而且经常要承受“为盗所惊”等风险。这里所说的“盗”即六国旧势力的反抗，在当时是一个非同小可的问题，也与他出巡的目的有关。

东巡中做了些什么？记得较多的是“刻石颂秦德”。汉人强调的是政治宣传，其中包含着一些政治主张。在已有的研究中研究者已从不同角度涉及这样的问题，如经济史的研究中注意到“诸产得宜，皆有法式”，思想史的研究中注意到儒、道各家的思想。巡行的当中，秦始皇有各种各样的活动，包括封禅，祭祀名山大川之类，也有一些当与巩固统一有关，如上述公元前 219 年徙民于琅邪台下之类。这好像是“现场办公”一样，就地解决一些问题。另外，经过巡视了解，也有为日后作某些决定参考之意。公元前 212 年，秦始皇未出巡，但有立石“以为秦东门”之措施，应该就是他前几年视察之后为东部“边界”所作的结论。

第二，秦始皇北巡，目的是对付匈奴。毋庸置疑，匈奴是一个长期的边患，秦始皇两次巡视北边以及发兵“击胡”、修长城等，取得了一段时间“胡人不敢南下牧马”的成绩，这些都是众所周知的。这里顺例分析一下“亡秦者胡也”的问题，史书记载因此而派蒙恬发兵击胡。《史记集解》引郑玄之说，胡是“胡亥”。我看这个说法有问题。卢生等人奏录图书之事，即始皇二次巡北边之说，是在公元前 215 年，距始皇去世还有 6 年，当时胡亥只有十四五岁，而且他是始皇的第十八子，还有始皇“怒”扶苏也是公元前 212 年的事。卢生公元前 215 年预言胡亥亡秦，恐怕是东汉郑玄的臆想。

第三，秦始皇为巩固统一的操劳，还有一个重要方面，那就是“平南越”。也许他没有来得及南巡，但公元前 214 年“以谪戍南岭”的记载却是确凿的，较早的记载还有《淮南子·人间训》《淮南衡山列传》等几处更具体的材料。《通鉴》综合记述说：“以谪徙民五十万人戍五岭，与越杂处”，“秦代初平南越”，这应该是一个大手笔。

平南越的问题，和以上论述的其他问题一样，其中自有功过是非值得评论。仅以“徙民”一事为例略作分析：当时的“徙民”主要有两种情况：一是徙“黔首”，如前所引，那是有“复不事十岁”等措施的，其目的包括充实新县之类；另一种情况是“以谪徙民”或“徙谪实之”，包括“尝逋亡人、赘婿、贾人”，还有“谪狱吏不直及覆狱故失者”等。戍五岭、筑长城是如此，作阿房宫、骊山也是“隐宫徒刑者七十余万人”。除了对赘婿、贾人的歧视值得分析外，其他可说是各种罪犯和有过失的人，这或者反映刑罚太滥，使罪犯面扩大，但也不一定都是罪犯，后来的南越王赵佗（原为真定人）就是当时到南海去的，“秦时用为南海龙川令”，也许是个带兵官。但如果悉指罪犯“发配”、充军，这种既有先例后世也沿用的办法，其利弊当然也值得进一步分析。

总之，秦始皇在最后十年，做了那么多大事，应该说是颇有建树的。有人说他“建树中包着破坏”，“善行中蕴着恶德”，事实已如上述，可以作具体分析、评论。

当然，在秦始皇最后十年的大事中，还有修宫殿和修骊山墓的内容，这虽然是历代帝王都有的行为，但由70多万刑徒分作，规模确实不小，与北逐匈奴、南戍五岭、筑长城、修驰道、通直道等加起来，兵徭役之重确实是一个大的社会问题。不过，具体分析也有可注意之处：首先是修宫作墓者明确指为刑徒；其次，虽然已出的“秦俑坑”规模确实不小，但宫和墓是否如后人所描述的那样宏大，恐怕也是可以考虑的，考古学者对阿房宫的实地调查，应该说不会像夸张描述的那样；再次，阿房宫之类的工程是否都最后完成了，也是成为问题的；最后，始皇在使用劳力方面也不是毫无顾忌的。例如，“始皇尝议欲大苑囿，东至函谷关，西至雍、陈仓。优旃曰：‘善。多纵禽兽于其中，寇从东方来，令麋鹿触之足矣。’始皇以故辍止”①。作这些具体分析，或者可以对秦始皇最后十年的总评价有些帮助。

至于对秦始皇最后十年的种种政策、措施的具体分析，也当如此。重新审视汉人的记载和评论，在鉴别史料的基础上，作具体、再具体的分析，或者有利于秦史乃至整个秦汉史的再研究。

① 司马迁：《史记》卷一百二十六，《滑稽列传》，中华书局1959年版，第3202～3203页。

汉代对先秦典籍的全面改造

孔子删《诗》《书》，作《易传》，著《春秋》，被认为是“对经典创造性的改造和诠释”。后世一般所说的先秦经典即所谓“五经”、“六经”，就是指孔子改造过的。但是此后经历了战国的“百家争鸣”、秦代的“焚书”等重要历史事件，孔子时代及其以后的所有先秦典籍（包括“五经”以及“诸子”和其他典籍），到了汉代是如何保留下来，又是如何流传下去的？这是一个不可忽视的问题。当时以口耳相传为主，所传之内容必有各种情况的走样，如晁错从伏生受《尚书》，因听不懂话，就有十分之二三是“以其意属读”的[①]，再加上传授者有意无意地曲解和疏忽，结果必失其真。《诗经》在汉初的情形也是如此，“汉兴，鲁申公为《诗》训故，而齐辕固生、燕韩生，皆为之传。或取《春秋》，采杂说，咸非其本意。与不得已，鲁最为近之。三家皆列于学官。又有毛公之学，自谓子夏所传，而河间献王好之，未得立”[②]。在汉初，这四家《诗》除开训诂、传解不同之外，经文本子是否相同，也是值得讨论的问题，而阜阳双古堆出土的西汉早期的竹简中就有100多支《诗经》简，据研究，既与世传的《毛诗》不同，也与三家《诗》有异，不仅有许多异文，甚至编次也是不同的（参见《文物》1984年第8期）。除《诗经》外，汉代其他各经的传授也有各种不尽相同的情况，例如《易

① 司马迁：《史记》卷一百一，《晁错列传》，中华书局1959年版，第2746页。

② 班固：《汉书》卷三十，《艺文志》，中华书局1962年版，第1708页。

经》，马王堆帛书中有《周易》，双古堆又有《周易》竹简，它们与传世本不同是肯定的，究竟是怎样的不同，并未完全清楚。但可以证明，汉初的或者说先秦的《周易》，有过与后来不同的本子。其他如《礼》《乐》之类更不消说，后世只能看到汉人编次、传记的一些东西，先秦原籍只有等待出土了。总之，所有经典在传授过程中，必失其真，失去孔子所编的原貌之真，盖因汉代对其进行过不同程度的改造。

另一大类典籍就是先秦“诸子”，现在最明显的就是《老子》一书，1972 年长沙马王堆出土的帛书《老子》（且有大同小异的甲、乙两种本子），与后世流传的《老子》颇不相同，使人们大开眼界，为《老子》研究开辟了新天地。没有想到 1993 年湖北荆门出土的郭店竹简中，又发现了更为不同的《老子》版本。这里我们要说的是，以上情况说明《老子》文本不仅从战国到汉初有很大变化，而且在汉代也有不小变化。如果说汉初两个帛书本也是汉人的作品，那是汉代对《老子》的第一次改造，后来严遵的《老子注》《河上公老子章句》，那就是对《老子》的第二次、第三次改造了，还有我们现在无法看到的邻氏、傅氏、徐氏和刘向的传说，所有这些，应该说在一定程度上都是创造性的改造和诠释。相关例子俯拾即是，不妨试举一二：后世流传本的《老子》第一章，在帛书中原在“德经”之后，这个大的改变应有其深刻意义，再就是一连去掉了七八个“也”字。更重要的是诠释，例如释“有名万物之母”，严遵《老子指归》释为：“有名者之为化也，遵道德，贵神明，师太和，则天地，故为万物母。”而《河上公老子章句》释为：“有名谓天地，天地有形位，阴阳有柔刚，是其有名也。万物母者，天地含气生万物，长大成熟，如母之养子。”这些文字和思想，虽然在汉代其他著作中也可以看到，但这里作为《老子》注文，不能不说是对《老子》的创造性诠释。

其他子书被改造的脉络难得有《老子》一书这样明显。但近几十年新出土的简帛资料，足够我们说明问题了，《文子》，《庄子》，《鹖冠子》,《尉缭子》,吴、齐两《孙子》,乃至《墨子》《鬼谷子》等,都有多少不同的文字,可供研究参考。可以武断地说一句,都不会与传世本相同,都能够说明汉人对它们的改造。总之,不同的人以及不同的派别,在传授"六艺""诸子"的过程中,肯定有各种各样的改造和诠释,如果我们发现有些记载和新出土资料有不同之处,那正是典籍被改造的证明。

关于改造典籍的事实,我们还可以从另一个十分明显的方面予以说明,那就是众所周知的西汉末年的刘向校书,此次校书是一次大的图书整理,学术界已经注意,但深入探讨还不够。这次图书大整理的情况,此处暂不详说,只想说明一点,这也是一次对先秦典籍的大改造。刘向每校一书之后,"辄条其篇目,撮其旨意,录而奏之"[①]。从保存的几篇《书录》看,刘向对先秦典籍的改造,包括内容选择、重新编日以及文字校订等许多方面,现举《晏子叙录》一例如下:

凡中外书三十篇,为八百三十八章,除复重二十二篇六百三十八章,定著八篇二百一十五章。外书无有三十六章,中书无有七十一章,中外皆有以相定。中书以夭为芳,又为备,先为牛,章为长,如此类者多,谨颇略椾,皆已定,以杀青,书可缮写……

晏子盖短,其书六篇,皆忠谏其君,文章可观,义理可法,皆合六经之义。又有重复,文辞颇异,不敢遗失,复列以为一篇。又有颇不合经术,似非晏子之言,疑后世辨士所为者,故亦不管失,复以为一篇,凡八篇。其六篇可常置旁御观。谨第录。(严可均校辑:《全汉文》)

这里引文稍长,但很说明问题,刘向等在整理时,除了重新编次编

① 班固:《汉书》卷三十,《艺文志》,中华书局1962年版,第1701页。

目、校定文字之外，对内容的选择，更能表明其改造之功：一方面态度似乎很“客观”，感觉到“似非晏子之言”的篇章也“不敢遗失”，予以收录编入（这又使后人能看到一些刘向当时所看到的流传篇章）；另一方面“主观”意识又相当强，注重“忠谏”君、法“义理”、“合六经之义”等，凸现出“独尊儒术”之后的儒家观念。关于后者，其他“书录”中都有明显的表示，如对非儒家典籍的《管子》《列子》也说它们“晓合经义”“合于六经”之处。如果我们要谈“改造”、谈“创造性（一般意义上的）改造”，当然与改造者的“主观意识”是分不开的。

刘向等人有组织、有计划的校书，是对先秦典籍一次大规模的、全面的改造，并且是完成了的。最后刘歆“总群书而奏其《七略》”就是完成后的总结。《七略》后来遗失了，《汉书·艺文志》“删其要，以备偏籍”，使我们能知道当时的大概情况，《艺文志》中著录 52 家儒家诸子，有 31 家是先秦的；著录 37 家道家诸子，有 29 家是先秦的。这些应该都是经过刘向等人改造过的，只是到班固时又大多亡佚了。当然，亡佚是就班固当时的国家藏书而言，就他个人所见而言，并非从社会上完全消失，后世有人引用、有人辑佚，又可以恢复某些典籍的部分内容。而现代出土资料，如马王堆帛书中有可以被称《黄帝四经》的内容，郭店竹简中有一些儒家和道家思想的内容，均可以从另一角度证明班固记录属实，刘向等人整理过先秦典籍（确有过那些书）。从数量上看，刘向等人对先秦典籍的改造，也可以说是“全面的”。

有组织、有计划的全面改造，除了刘向校书之外，还有许多。在汉代，校书是经常的事，设有“校书郎”之类的专门官职，建有“东观”“兰台”之类的专门机构。另外，又有一系列官方会议（石渠阁会议、白虎观会议等），讨论“五经异同”，从不同的角度整理、诠释经典，一直到石经的刊刻。所有这些，都必然对典籍的改造产生影响。

以上简要地从民间和官方两个方面分别说明了汉代对先秦典籍的全面改造，说“全面”可以从两方面理解：一是改造典籍的数量较多，后世流传的、能够知道的先秦典籍，几乎都在其中；二是对每一种典籍整个面貌都有不同程度的改变。至于其改造是否可以说是“创造性”的，也许会像评价孔子删《诗》《书》一样，其是非功过那就见仁见智了。

关于本文这个话题，最后还想谈以下几点看法：

第一，先秦典籍的形成本身就是动态的，一种典籍最原始的面貌是什么样子？何时何人编成？六艺情况如何？汉代人都不十分清楚，他们也无法看到一部完整的典籍，而礼、乐方面的散佚更为严重。例如记载说有人向河间献王献《周官》，加上补一个《考工记》，因而有《周官经》六篇，也只是河间献王编的，并不一定是先秦原貌。诸子更是如此，如刘向“书录”所反映出来的，这里有几篇，那里有几篇，都是单篇分散流传的，实难清理出一个完整的原貌来，郭店竹简《老子》的情况，或可提出一种看待问题的思路。

第二，汉人对先秦典籍改造时，必然打上汉人的时代烙印，也就是打上汉人的思想烙印。哲学界的朋友在讨论哲学与哲学史时，提到经学家与经学史家不同，说经学家有自我，经学史家没有自我（其实也不尽然）。有自我就是“六经”为我所用，体现自我。因而改造和诠释是有汉人的“我”在其中的，这是不可避免的，也是必然的。而且，如果不是如此，那可以说就没有学术文化的发展，改造的“创造性”应该就在这当中了。

第三，汉代的先秦典籍没有也不可能脱离先秦的基础，但又确实有很大变化，而且不断变化（《庄子》文本在魏晋的继续变化就是明显的一例）。汉代生成的文本及汉人对它的诠释，既是我们了解先秦文化、社会的基本材料，也是我们研究中国传统文化源头的主要依据。

最后，与此相关，我们在讨论“疑古”等问题时，注意到汉人改造先秦典籍这一情况，可以重新认识很多问题，这是有方法论意义的。

论汉代新儒家

探讨秦汉新儒家，比探讨秦汉新道家更困难，因为秦汉时期以黄老面貌出现的道家，与老庄道家相比，有很大的不同，这是非常明显的。在历代鼓吹儒家道统的影响下，人们很容易忽略区分不同历史时期的不同儒家，后世虽有汉儒、宋儒、清儒之类的说法，但对不同时期儒家的不同特点，注意是不够的。汉代以董仲舒为代表的儒家，与先秦儒家有所不同，学者已有所注意。少数学者也提到汉代新儒家问题，但很少充分加以论证，这里想就此做较全面的论述。

一、先秦儒家的演变

儒家以孔子为开山祖这是确定无疑的。我们可以设想，孔子在世时，在学术思想上，一切都是他说了算，他教导学生，谈学论道，褒此贬彼，无一不体现他的政治思想、伦理思想等。学生当然会有不同的思想，但不能表达，很少反映出来。孔子死后，情况就大不一样了。《韩非子·显学》论述说：

> 自孔子之死也，有子张之儒，有子思之儒，有颜氏之儒，有孟氏之儒，有漆雕氏之儒，有仲良氏之儒，有孙氏之儒，有乐正氏之儒……故孔、墨之流，儒分为八，墨离为三，取舍相反不同，而皆

自谓真孔、墨，孔、墨不可复生，谁将定世之学乎？

照韩非的说法，因为“取舍相反不同”（思想主张不同），“儒分为八”，他所说的儒家八派不一定很准确，而且时段很长，其中有的是孔子弟子，有的是再传，有的是隔了几代，如果孟氏是孟轲，孙氏是孙卿的话（不一定），其所指八派是就战国几百年的时期而言的。很少有人对此八派的演变做系统的论述。但先前儒家演变问题，在韩非的论述中已经凸现出来。

子思倡中庸之道，孟子讲仁义之政，还有一些其他的思想、言传的发挥，谁得孔子之真传？确是难以裁“定”。但可以肯定的是，他们发展了孔子的思想，丰富了儒家的理论，发展到汉初，司马谈眼中的儒家是：

儒者博而寡要，劳而少功，是以其事难尽从，然其序君臣父子之礼，列夫妇长幼之别，不可易也。

儒者则不然，以为人主，天下之仪表也。主倡而臣和，主先而臣随。如此，则主劳而臣逸。

夫儒者以六艺为法，六艺经传以千万数，累世不能通其学，当年不能究其礼。故曰“博而寡要，劳而少功”。若夫列君道、父子之礼，序夫妇长幼之别，虽百家弗能易也。①

什么时候儒家变成了这个样子？当然有一个发展过程，从司马谈关于儒家特点的概述中，我们不难看出：第一，儒家以为人主是天下代表，只能“主倡而臣和，主先而臣随”，政治上是尊君抑臣的；第二，强调父子和君臣一样是主从关系，相应的还要“序夫妇长幼之别”，这

① 司马迁：《史记》卷一百三十，《太史公自序》，中华书局1959年版，第3290页。

是一套伦理关系；第三，“以六艺为法”，强调学习“六经”，并从中究习一套繁文缛礼。简要地说，一是讲政治，二是讲伦理，三是重六经，四是摘繁文缛礼（儒者的老本行）。这些就是儒家的主要特点，是长时间逐渐发展和丰富起来的。

讲政治是诸子百家的共同之点，“百虑而一致，其务为治者也”（司马谈语），而正君臣上下，与法家完全相同；论伦理，则是儒家自己特别突出之点，把父子关系与君臣关系相联，使得伦理政治更显特色。“以六艺为法”也是它与别家不同的一个重要方面，把本来不是儒家专有的古籍，变成了似乎是儒家的专利。繁文缛礼，是为了更好地发挥“教化”作用，虽然难学难通，“劳而少功”，始终无法取消。

和其他一学些派相比，有些重要思想是儒家所欠缺的。从孔子罕言天道鬼神开始，有关自然方面的思想，儒家论述比较少。中国古代一个“道”字，内容本很丰富，老庄道家给予了充分的发挥，孔孟儒家则更多的是把它局限在伦理道德方面。儒家重礼，礼和法有着密切关系，但法家有些思想儒家最初也是很缺乏的。繁文缛礼带来的奢华，则为墨家所强烈批评。先秦儒家还有一个特点，那就是自以为是、派性十足，这从孟子非杨、墨，破口大骂人家无父无君看得出来。《荀子》“解蔽”“非十二子”等不无道理，但唯我正确，也是给人的突出印象。不过，受“相反相成”规律的支配，为了生存和发展，儒家也非吸取别家之长不可，势必继续演变。

二、汉初儒家的状况

儒家以从政、为政为主要目标，其学说、其思想理论是在政治实践中不断演变的。司马迁在写《史记·儒林列传》时，对他以前儒家的政治命运做了如下的记述：

孔子闵王路废而邪道兴，于是论次《诗》《书》，修起礼乐。……世以混浊莫能用。是以仲尼干七十余君无所遇。曰："苟有用我者，期月而已矣。"西狩获麟，曰："吾道穷矣。"故因史记作《春秋》以当王法。……自孔子卒后，七十子之徒，散游诸侯，大者为师、傅、卿、相，小者友教士大夫，或隐而不见。故子路居卫，子张居陈，澹台子羽居楚，子夏居西河，子贡终于齐。如田子方、段干木、吴起、禽滑厘之属，皆受业于子夏之伦。为王者师。是时独魏文侯好学。后陵迟以至于始皇。天下并争于战国，儒术既绌焉。然齐鲁之间，学者独不废也。于威宣之际，孟子、荀卿之列，咸遵夫子之业而润色之，以学显于当世。①

一方面，在春秋战国那种"礼崩乐坏"的政治局面下。孔子及其传人在政治上未成大的气候，孔子"干七十余君无所遇"虽有所疑问，但他在政治上没有大的作为是可以肯定的；另一方面，他在混乱的政局当中，论《诗》《书》，兴礼乐，是做了很多工作的。在后来"儒术既绌"的情况下，他的后学，特别是在齐鲁地区的学者，继续了儒学的工作，包括孟子、荀卿这样"以学显于当世"的大学者，他们"遵夫子之业而润色之"。这个"润色"就是儒学的丰富、儒家的发展，如果从儒学、儒家演变来做文章，是有很多要做的。

众所周知，秦始皇的"焚书坑儒"，对儒家、儒学是一次重创，司马迁也注意到了，并且说"六艺从此缺焉"②，这仅是从儒家经典而言的。而习"六艺"之人并未被斩尽杀绝，秦始皇坑杀的"术士"并非全是儒家，这一点是毋庸置疑的。

秦末汉初，见于记载有名有姓的儒生，是以齐、鲁为中心的一批学

① 司马迁：《史记》卷一百二十一，《儒林列传》，中华书局1959年版，第3115～3116页。
② 司马迁：《史记》卷一百二十一，《儒林列传》，中华书局1959年版，第3116页。

者及其弟子。战国时期，齐鲁是文化中心，也是儒学最发达的地区，所以在秦末时，“鲁诸儒持孔氏之礼器，往归陈王，于是孔甲为陈涉博士”①。汉高祖“举兵围鲁”时，“鲁中诸儒，尚讲诵，习礼乐，弦歌之音不绝”②，不是一两个人，而是一群群的人。到了文、景之时，“招方正贤良文学之士”就有：

> 言《诗》，于鲁则申培公，于齐则辕固生。于燕则韩太傅。言《尚书》，自济南伏生。言《礼》，自鲁高堂生。言《易》，自菑川田生。言《春秋》，于齐鲁自胡毋生，于赵自董仲舒。③

在这段记述中，“六艺”各经的传人，主要都在齐鲁。当然也不完全局限在齐鲁之间，齐鲁的学者如申公，汉初也游学长安。汉初的齐、鲁、韩三家诗，韩诗作者韩婴就是燕人，“燕赵间言诗者由韩生”，而且“其语颇与齐鲁间殊”，还“以《易》授人”④。应该说，当时其他一些重要文化区，如长安、洛阳，也有不少传经之人。

这里想指出的是，上述传经的儒生之中，有不少人不太识“时务”，如申培公、辕固生都是几次征召，几次罢免。而另一批儒生则不同，能够审时度势，并且能够创造性地用其所学，其中最突出的代表应该是叔孙通。司马迁对他的评语是：

> 叔孙通希世度务。制礼进退，与时变化，卒为汉家儒宗。

我认为这是一个比较客观、恰当的评价。叔孙通迎合世俗对不对？这是价值判断的问题，能够“与时变化”应该无可厚非，当然主要看他

---

① 司马迁：《史记》卷一百二十一，《儒林列传》，中华书局1959年版，第3116页。
② 司马迁：《史记》卷一百二十一，《儒林列传》，中华书局1959年版，第3117页。
③ 司马迁：《史记》卷一百二十一，《儒林列传》，中华书局1959年版，第3118页。
④ 班固：《汉书》卷八十八，《儒林列传》，中华书局1962年版，第3613页。

究竟做了些什么。“卒为汉家儒宗”这句话很有意思，原文是说他的所做所为终于成汉代儒家之祖，汉家儒之宗师。“汉家儒”即指汉代之儒家。这里透露出汉代儒家不同于先秦之儒家。借用这句话，我认为汉代新儒家可以从叔孙通开始，他算是新儒家的开山祖。下面根据司马迁的记述来说说他的事迹：秦时叔孙通先是以“文学”被征召为待诏博士，后转为博士，文学虽泛指文章博学，其原本为孔门四科之一①，应该属于儒家。他有弟子百余人，和那些儒学专经人士教授弟子一样，以何为教？正史无明文，但可推想是以《礼》为教。记载说，在秦末汉初“矢石”之中，叔孙通带着“儒生弟子百余人”无所事事，刘邦为皇帝之后：

> 叔孙通就其仪号高帝悉去秦苛仪法，为简易。群臣饮酒争功，醉或妄呼，拔剑击柱，高帝患之。叔孙通知上益厌之也，说上曰：“夫儒者难与进取，可与守成。臣愿征鲁诸生，与臣弟子共起朝仪。”高帝曰：“得无难乎?”叔孙通曰：“五帝异乐，三王不同礼。礼者，因时世人情为之节文者也。故夏、殷、周之礼，所因损益可知者，谓之不相复也。臣愿率古礼，与秦采杂就之。”上曰：“可试为之……”叔孙通使征鲁诸生三十余人。鲁有两生不肯行，曰：“公所事者且十主，皆面谀以得亲贵。今天下初定……公所为不合古……”叔孙通笑曰：“若真鄙儒也，不知时变。”遂与所征三十人西，及上左右为学者，与其弟子百余人，为绵蕞。……乃拜叔孙通为太常……②

由此可见，叔孙通是儒家，是通《礼》学的一位专家，熟悉古今礼仪，并且对“礼”有较深刻的认识。叔孙通是汉朝第一个掌礼之官——

① 《论语·述而》。

② 司马迁：《史记》卷九十九，《叔孙通列传》，中华书局 1959 年版，第 2722～2723 页。

太常，他继承秦及以前的古礼，创造了汉朝的礼仪，是否为其后的整个古代朝仪所继承，有待详考。从“六艺”之一的礼学看，叔孙通“为汉家儒宗”是名副其实的。他与申培公、辕固生不同的是能够“制礼进退，与时变化”。被后世视为“繁文缛礼”的一套东西，该如何评价？是一个值得深入讨论的问题，在当时一套“礼仪”不可缺少，则是不可否认的。

除叔孙通之外，在汉代新儒家形成过程中，公孙弘、董仲舒等人也是起过很大作用的人。公孙弘是一个颇有争议的人物，司马迁为他立传，对当时的争议写得很具体，粗读很容易给人以圆滑世故的印象，但仔细分析一下，他人品还是很好的，他“养后母孝谨”，在地方上声望很高，一再被地方上推举，“其行敦厚，辩论有余，司文法吏事，而又缘饰以儒术”①，为汉武帝所赏识。至于对“有郤者”，是否“虽详与善，阴报其祸”？杀主父偃、徙董仲舒，是否“皆弘之力”？恐怕都是值得讨论的问题。司马迁在公孙弘的本传中，纠缠于争议，没有列举其“贡献”。但在《儒林列传》的序言中有所记录，那就是在公孙弘为丞相期间，为“独尊儒术”所做的影响极大的实际工作，记载的有关文字是：

> 公孙弘以《春秋》，白衣为天子三公，封以平津侯，天下之学士，靡然乡风矣。公孙弘为学官，悼道之郁滞，乃请曰：“……劝学修礼……为博士官置弟子五十人，复其身。太常择民年十八已上，仪状端正者，补博士弟子。郡国县道邑，有好文学、敬长上、肃政教、顺乡里、出入不悖所闻者，令、相、长、丞上属所二千石，二千石谨察可者，常与计偕，诣太常，得受业如弟子。一岁，皆辄试，能通一艺以上，补文学掌故缺，其高第可以为郎中者，太

① 司马迁：《史记》卷一百一十二，《平津侯列传》，中华书局1959年版，第2950页。

常籍奏，即有秀才异等，辄以名闻。其不事学，若下材，及不能通一艺，辄罢之。而请诸不称者罚。……以文学礼义为官，迁留滞，请选择，其秩比二百石以上，及吏百石，通一艺以上补左右内史、大行卒史，比百石已下，补郡太守卒吏，皆各二人，迁为一人。先用诵多者，若不是，乃择掌故中二千石属，文学掌故补郡属，备员。请著功令，它如律令。”制曰：可。自此以来，则公卿大夫士吏，斌斌多文学之士矣。

这是一个相当详细的记述。公孙弘本人因为通《春秋》而为三公封侯，榜样使得“天下之学士，靡然乡风矣”。由他提出并且实行的重要政策是：第一，在已有五经博士的基础上，明确设置正式的弟子五十人，享受一定待遇，并且从各地陆续选定一些品学兼优者“受业如弟子，员额不定”，成为“太学”的一种制度。第二，“通一艺”与否成为选拔、升迁或罢免官吏的重要标准。其结果是：“自此以来，则公卿大夫士吏，斌斌多文学之士矣。”“文学”实际是“儒学”（回到孔门四科的原本意义），具体即指后称为“经学”的“六艺”。“儒学能尊”，公孙弘“功莫大焉”。

汉初的儒家人士很多，学界、政界都有，公孙弘是最成功的代表之一。

三、董仲舒是汉代新儒家的理论代表

研究董仲舒的文章和专著相当多（包括思想史、哲学史中的专章专节），人们似乎在一些问题上也形成了共识，几乎一致肯定他在儒学发展史上有重要地位。但是，细究起来，有些问题是值得置疑的。

首先，董仲舒在当时的地位及影响，不像后人想象得那么高大。关于董仲舒最早的两个传，是《史记》和《汉书》的“董仲舒传”，《史记》的记载相当简略，当然也肯定他是当时大儒之一，“学士皆师尊之”，教授过不少弟子，政治上并未得到重用，为江都相也未能长久，而且“中废为中大夫”，且曾获死罪被赦免。《汉书·董仲舒传》则不同，篇幅增加近十倍，详细记述了他的“天人三策”（有人说是班固之伪作，且不采纳），而且有不同于《史记》的一些主观论述：

> 及仲舒对策，推明孔氏，抑黜百家，主学校之官，世郡举茂材、孝廉，皆自仲舒发之。①

对策是这些内容，结合上述公孙弘的建言及其实行，再参照当世思想学术界的实际，就很难说“皆自仲舒发之”，这方面辩驳的文章是不少的。班固在传末的“赞曰”中写道：

> 刘向称董仲舒有王佐之材，最伊吕亡以加。管、晏之属，伯者之佐。殆不及也。至向子歆，以为……曰管晏弗及，伊吕不加，过矣。至向曾孙龚笃论君子，也以歆之言为然。

这应该说还比较客观，但班固的态度比较肯定这个“大儒”，也可看得出来。董仲舒的地位从刘向、班固开始就被“炒作”起来，这有儒学已居统治地位的背景，此处就不详论了。

其次，“天人三策”如何评价？从记载情况看，他是在汉武帝一再启发下②，不断揣摩汉武帝的心思和意愿而逐渐明确起来的。当然有他一些基本思想，如“天人相与”的思想（包括“天不变，道亦不变”）、大一统的思想、兴学修礼的思想以及“更化”“阴阳灾异”等思想。这

① 班固：《汉书》卷五十六，《董仲舒传》，中华书局 1962 年版，第 2525 页。

② 诸如“子大夫其精心致思”，“子大夫其尽心靡有所隐”，“各悉对著于篇，毋讳有司，明其指略，切磋究之，以称朕意”，“其悉之、究之、孰之、复之……朕将亲览焉”。

里要指出以下两点。第一，这些多半是当时的时代思潮，并非董仲舒的单独发明，例如讲天人关系。众所周知，司马迁就公开说要“究天人之际，通古今之变”，公孙弘在奏言中也有：“诏书律令下者，明天人分际，通古今之义……”① 而公孙弘代拟之诏制，也一再说“劝学修礼”②“大一统”更不消说，不仅是汉武帝的追求和实践，也是当时所有政治家、学者毫无异议的共识。至于“更化”，实即跟上形势的变化，叔孙通、公孙弘都是这样做的，董仲舒的贤良对策本身就是在不断“更化”。第二，董仲舒对上述思想又是有自己的贡献的，结合他所著“数十篇十余万言”，更是“切当世，施朝廷者”③。（下面再说）

从上述情况看，董仲舒当时地位并不是太高，影响远不及公孙弘治《春秋》封侯的榜样力量，在政治上更无大的作为。要说他的贡献，主要还是在儒学理论上，他留下的《春秋繁露》为我们全面论述他的思想和理论提供了原始的资料。在已有的众多论述基础上，这里着重指出如下几点。

1. 切合汉朝统一的时势，利用其明于《春秋》的专长④，大倡和深化“大一统”的政治理论。

董仲舒认为，孔子作《春秋》是为了讲“大一统”，司马迁写《太史公自序》时引用了他的话：

> 余闻董生曰：周道衰废，孔子为司寇，诸侯害之，大夫壅之。孔子知言之不用，道之不行也。是非二百四十二年之中，以为天下仪表，贬天子，退诸侯，讨大夫，以达王事而已矣。

董仲舒在提出对策时，始终是“谨案《春秋》”，最后说出：“《春

① 司马迁：《史记》卷一百二十一，《儒林列传》，中华书局 1959 年版，第 3119 页。
② 司马迁：《史记》卷一百二十一，《儒林列传》，中华书局 1959 年版，第 3119 页。
③ 班固：《汉书》卷五十六，《董仲舒传》，中华书局 1962 年版，第 2526 页。
④ 司马迁：《史记》卷一百二十一，《儒林列传》，中华书局 1959 年版，第 3128 页。

秋》大一统者，天地之常经，古今之通谊也。”根据这天经地义的“大一统”理论，进一步提出了“绝”“百家殊方”、“灭”“邪辟之说”的主张（当然可理解为“罢黜百家”）。

2. 论“天人相与”，倡君权神授。

孔子敬天[①]、畏天[②]，但讲得不多，而且不认为天会发号施令[③]。孟子也说“天不言”[④]。孔孟儒家讲天的问题是不多的。董仲舒则和汉初许多讲“天人之际”的学者一样，大讲“天人相与”，创立天人感应学说，明确倡导君权神授。他的贤良对策被称为“天人三策”，就是因为他处处都把“天”抬出来，大讲“天命”“天意”，或者“上天就之”，或者“天乃先出灾害以谴告之”等。在《春秋繁露》中“天人相与”、天人合一的论述更多、更详。他关于天人感应的思想，研究者已经从各个不同的方面进行了很多论述，这里不想多说了。

但其“君权神授”的思想。要是不算他首创，也是他大力宣扬的，在他的思想中，天是有喜怒、司赏罚的神：

> 天者，百神之君也，工者之所最尊也。[⑤]
>
> 天者，百神之君也，事天不备，虽百神犹无益也。[⑥]

天是至高无上的神，主宰天上诸神。人间帝王当然要尊崇它。

人间帝王被称为天子，虽也是古已有之，但董仲舒做了更多的阐述：

---

① 《论语·泰伯》。
② 《论语·季氏》。
③ 《论语·阳货》。
④ 《孟子·万章上》。
⑤ 董仲舒：《春秋繁露·郊义》。
⑥ 董仲舒：《春秋繁露·郊祭》。

受命之君，天意之所予也，故虽为天子者，当视天如父，事天以孝道也。①

传曰：惟天子受命于天，天下受命于天子。一国则受命于君，君命顺则民有顺命……故曰一人有庆，万民赖之，此之谓也。②

天子乃天之子，他“受命于天”，天下则“受命于天子”。天子是替天行事，或者如其《天人三策》中所说“王者承天意以从事”。天是至高无上的，天子自然也就神圣而唯我独尊了。这就是君权神授的基本思想，是有利于巩固统治的。当然，君王、天子是承天意行事，替天行道，这样有些问题就好解释了。《春秋繁露》中有《尧舜不擅移，汤武不专杀》一篇，似乎回答了景帝时辕固生与黄生的那场关于“汤武革命”的争论，“有道伐无道此天理也”，“王者天之所予也，其所伐者皆天之所夺也”。一切都归之于天意、天命。被人称引的一句名言，“天不变道亦不变”③，曾有过一些不同的理解，其实看它的前后文更清楚一些，其前面一句是“道之大原出于天”，其后面说的是“是以禹继舜，舜继尧，三圣相受而守一道，亡救弊之政也”。而且他说这话是针对汉武帝的发问而做的回答，汉武帝之疑问是：“夫三王之教所祖不同皆有失，或谓久而不易者道也，意岂异哉!”似不必往什么“形而上学”之类的话题上引。

3. 论三纲五常。

儒家所重视的伦理思想，可概括为“三纲五常”，应该是董仲舒明确提出并予以具体论证的。“三纲”的思想在他之前有各种表述，从孔子到荀子，都讲君臣、父子、兄弟、夫妇关系，韩非子甚至是规范了“三纲”，他说：

① 董仲舒：《春秋繁露·深察名号》。

② 董仲舒：《春秋繁露·为人者天》。

③ 班固：《汉书》卷五十六，《董仲舒传》，中华书局1962年版，第2519页。

臣事君，子事父，妻事夫。三者顺则天下治，三者逆则天下乱，此天下之常道也。①

“三纲”呼之欲出。而董仲舒则明确把这三种关系称为“王道之三纲”：

君臣、父子、夫妇之义，皆取法阴阳之道。君为阳臣为阴，父为阳子为阴，夫为阳妻为阴。阴道无所独行其始也，不得专其终也，不得分功有所兼之义。……王道之三纲可求于天，天出阳为暖以生之，地出阴以成之，不暖不生，不清不成。然计其多少之分，则暖暑居百，而清寒居一。德教之与刑罚犹此也。②

董仲舒的阐述，首先，不忘记的是“天”，“三纲可求于天”，“三纲”是符合天道的，这就天经地义了。而且，天与地、阳与阴是百与一的比分，那当然是天尊地卑、阳尊阴卑了，这在《阳尊阴卑》《顺命》等篇多有论述。其次，他又把阴阳学说纳入，以充实其论证。其顺便谈到的德教与刑罚之比。足见其思想之周密。

“五常”也是如此。孔子、孟子的言论中，仁、义、礼、知、信、忠、孝、仁、悌、恭等有不少论述，最终概括成“五常”的人，似亦为董仲舒：

夫仁谊礼知信五常之道，王者所当修饬也。五者修饬，故受天之佑，而享鬼神之灵，德施于方外，延及群生也。③

---

① 《韩非子·忠孝》。
② 董仲舒：《春秋繁露·基义》。
③ 班固：《汉书》卷五十六，《董仲舒传》，中华书局1962年版，第2505页。

讲这“五常”之道，就会“受天之佑”，同样与神圣的天联系在一起。此外他也用阴阳、五行的学说来论述“五常”，这里就不多说了。

把“三纲”“五常”明确提出的应该是董仲舒，但后世讲儒家伦理道德，“三纲五常”连用是东汉后期的事。马融注《论语·为政》“殷因于夏礼”“周因于殷礼”，认为“所因，谓三纲五常”。

4. 兼采各家思想，大量引用阴阳五行学说。

战国时期思想领域的“百家争鸣”，一方面是互为水火，争论得相当激烈；另一方面又相生相灭、相反相成。这就是班固所说的：

> 其言虽殊，辟犹水火，相灭亦相生也。①

还有一个发展趋向，就是相互吸取，为了完善和发展自己的理论，采纳他人甚至论辩对方的思想。越往后，这一趋向越明显。到了汉代，不仅是道家“因阴阳之大顺，采儒墨之善，撮名法之要，与时迁移，应物变化”②，成为秦汉新道家。以董仲舒为理论代表的新儒家同样如此，他兼采道（黄老）、墨、名、法，充分吸取阴阳五行学说。这些问题，又被或多或少地论证。这些年董仲舒的黄老思想是被研讨得最多的，如台湾学者陈丽桂的《董仲舒的黄老思想》“结论”说：

> 一代儒宗在推阐阳尊阴卑的“三纲说”与大一统思想时，吸取了相当分量的黄老帛书一系阴阳大义、《管子·心术》、《内业》乃至法家申韩一系静因无为的刑名技巧与权谋独断之术，或以为推论的理据，或加以诠释与疏解，终于完成了他天道与治道通贯、厚德简刑的思想纲领，与君尊臣卑、君暗臣明、君静臣动，契名考质的君道思想，以为其天人合一、灾异感应说的基础。并为此后刘汉朝

① 《艺文志》。
② 司马迁：《史记》卷一百三十，《太史公自序》，中华书局 1959 年版，第 3289 页。

廷阳儒阴法、王霸杂治的统治方向与形态提供了重要的理论基础。①

这是一个相当全面、准确的结论。从采纳各家思想来看，一目了然，无需多说了。虽言黄老，实际上阴阳、名、法都讲到了。诸子的主要流派，没有提到的只有墨家，但20世纪30年代，顾颉刚先生曾写过《董仲舒思想中的墨教成分》②，笔者一时尚未见到原文，无法多说，也不必在此多说，这里主要说的是董仲舒采纳各家的学说和思想。

还要补充说明的是，阴阳五行是邹衍的学说，但是没有得到流传，董仲舒则大量吸取了阴阳五行思想，甚至有创造性的发明和运用，前面已经提到他用阳尊阴卑来证明“三纲”，用五行来阐释“五常”。所以说他是以阴阳五行为框架建立了汉代新儒学的体系。《汉书·五行志》写道：

董仲舒治《公羊春秋》，始推阴阳，为儒者宗。

就是讲他大量吸取并发挥阴阳五行学说，“推”就是推广、推求之意，《春秋繁露》中有《阳尊阴卑》《阴阳位》《阴阳终始》《阴阳义》《阴阳出入》《天地阴阳》等篇名，而虽无篇名却讲阴阳之处数以百计。阴阳与五行是紧密相连的，专讲五行的篇名有《五行对》《五行之义》《五行相生》《五行相胜》《五行逆顺》《治水五行》《治礼五行》《五行变极》《五行五事》，从各个方面阐释五行。“推阴阳”实际是包含五行，阴阳五行是一个整体，《汉书》也是在《五行志》中讲他“始推阴阳”的。一个“始”字，一个“推”字，还有一个“宗”字，都是值得仔细玩味的，邹衍的阴阳五行学说失传了，董仲舒开始进行推求，而又是他

① 陈鼓应：《道家文化研究》第六辑，上海古籍出版社1995年版，第217～231页。
② 顾颉刚：《董仲舒思想中的墨教成分》，《文澜学报》1937年第1期。

开始把阴阳五行思想推广到儒学之中，阐释“天人之际”，论证“三纲五常”。这里的“为儒者宗”和前述叔孙通“为汉家儒宗”不同，是他的吸收和运用阴阳五行为后来的儒者所尊崇效法。事实也是讲阴阳五行成为汉代新儒家的主要特点。

这里自然会产生另一个问题，董仲舒的这一套体系，与司马谈讲的道家（我认为是新道家）的“因阴阳之大顺”，采、撮各家之善要又有何不同？不同也是显然的，一个重天，一个重道；一个大讲君权神授、“三纲五常”，一个强调君子无为、虚静为要。各有自己的理论重心和体系。

除上述四个主要方面，董仲舒还有一些重要思想，也是有发明意义的。例如他根据五德终始，提出“三统”“三正”的历史观，也是有一定影响的。

四、汉代新儒家的演变

学派的思想理论是动态的，始终处于发展变化之中。大的阶段有自然的呈现，如先秦儒学、汉儒、宋儒、清儒等，同一大阶段中也有不少演变，不过变化的程度、条件、性质等不同罢了。

如前所述，汉代新儒家从叔孙通算起，到公孙弘、董仲舒前后，适应统治的需要（“务为治者也”），制度上，理论上日益成熟。汉代新儒家的主要特点是，适应形势的潮流，大量吸取和运用阴阳五行学说，兼采各家思想，构造儒家思想的新体系，倡导大一统、君权神授、“三纲五常”等思想，把先秦儒家的思想系统化、理论化、神圣化，有很高的实用价值。当然基本定型之后，小的变化又不断发生。班固在说董仲舒推阴阳为儒者宗之后写道：

> 宣元之后，刘向治《穀梁春秋》，数其祸福，传以《洪范》，与

仲舒错（师古曰：错，互不同也）。至向子歆治《左氏传》。其春秋意亦已乖矣，言五行传又颇不同。是以揽（师古曰：谓引取之）仲舒，别向、歆，传载眭孟、夏侯胜、京房、谷永、李寻之徒所陈行事，讫于王莽……①

一个阴阳五行问题，前后就不知有多少不同的阐释，一个《五行志》分写成五大篇，足见这个问题在当时的意义和影响。

在新儒学的发展过程中，人们对经义的理解会产生不同，“五经异同”的问题常常出现，为了更好地符合社会政治的要求，统治者有时会出面组织研讨，诸如西汉的石渠阁会议，东汉白虎观会议，后者甚至形成了“法典化”的《白虎通义》。统一是不可能的，但政治干预，例如立五经博士或者争立某一经博士，设置博士弟子，当然会影响儒学的发展。最为明显的就如《汉书·儒林传》“赞曰”：

自武帝立五经博士，开弟子员，设科射策，劝以官禄，讫于元始百有余年，传业浸盛，枝叶繁滋，一经说至百余万言，大师众至千余人。盖利禄之路然也。

学习五经的人多了，学问成了利禄工具，学问本身日趋烦琐，造成儒学本身的衰落。又如《汉书·艺文志》所说：

后世经传既已乖离，博学者又不思多闻阙疑之义。而务碎义逃难，便辞巧说，破坏形体。说五字之文，至于二三万言。后进弥以驰逐，故幼童而守一艺，白首而后能言。安其所习，毁所不见，终以自蔽。此学者之大患也。

---

① 班固：《汉书》卷二十七，《五行志》，中华书局1962年版，第1317页。

这简直是对人的摧残，难怪说魏晋士人是求解放。

汉代新儒学演变的另一个重要事项，就是谶纬之学的兴起。据记载，西汉末到东汉，出现了大量谶纬图书，一度影响极大，甚至成为政治斗争的直接工具。它就是受今文经学的影响，特别是受董仲舒《春秋繁露》的影响发展起来的，据研究：

> 不论从《春秋繁露》中天人感应的主导思想，对《春秋》大义微言的阐述，礼制、训诂以及篇目命名都可以看出董仲舒的著作是谶纬的先导，谶纬是董仲舒思想论著的继承和发展，甚至援用董子之文，不改一字。①

这里我们不再多做论述，谶纬之学不必简单予以否定，后来的衰微也是事实，作为汉代新儒家演变出来的一种学问，也有一定的历史地位和影响。

从以上演变的主要情况看，汉代新儒家思想理论发展到一定高度之后，加上政治、制度等方面的一些外在影响，它继续前进，又必须有更新的因素注入，必须继续在理论和方法上更新，东汉时期从专经到"通儒"，兼及诸子，到魏晋、隋唐的士人转向佛、老的探求，直至宋代新儒家的出现。

---

① 钟肇鹏：《谶纬论略》，辽宁教育出版社1991年版，第127页。

我的三十年秦汉史研究报告

《史学月刊》组织“三十年秦汉史研究的理论反思”笔谈，我有话可说。从1979年发表《重评〈吕氏春秋〉》开始，刚好三十来年，回顾一下自己的研究历程，或者也是一种“反思”。

20世纪50年代以后，我学习研究中国古代史，编教材，写文章，各个朝代都涉及过。1975年，湖北云梦秦简出土，当时学校正在“斗、批、改”，和工农兵学员一起写文章，既写过大批判的文章（“反复辟”之类），也写过《啬夫考》（署名郑实——“政史”之谐音）这样有一定研究性的小文。十年动乱结束了，想读点书，搞点研究，就从秦开始。首先读《吕氏春秋》，原本是想从中寻找一些有关秦史的资料，可读下来的结果，感到这部书除了一些具体的历史资料之外，更重要的是一部思想史方面的著作，整个书是有思想体系的，其整体的和局部的一些思想都是有时代背景的。因此，我写了《重评〈吕氏春秋〉》，应该说这已经涉及理论和方法的问题了。接着阅读和研究《淮南子》，写《从〈吕氏春秋〉到〈淮南子〉》。一直到1984年出版《秦汉新道家略论稿》，引起了史学、哲学界一些学者的注意。这也应该是有理论和观点的，所以这才会有一些影响。

其间，我还编写过《秦代官制史》《秦统一六国》等资料，为秦汉史的进一步研究做了一些准备和基础工作。与此同时，因为1979、1980年一些秦汉史文章的发表，引起了同行的关注，我被邀为中国秦汉史研究会筹备组成员，尔后三十年所举行的12次年会中“全程”参加的很可能只有我一个人。因而对三十年秦汉史研究我有比较特殊的感受，包括眼看着一批批新人的成长和发展，也包括秦汉史研究的诸多变化。

80年代的研究成果，主要是安作璋先生和我合作的《秦汉官制史稿》以及我独自撰写的《秦汉军事制度史》。写这两本书时，可以说我们是自觉地、努力地想以马克思列宁主义理论作为指导，这不单是从两本书的绪论中可以看得出来，在后一本书中，还在一些具体问题上引用和参考了一些马列经典著作。应该说还是发现了一些发人深省的思想内容，可以做进一步的研究。所以，关于“兵役”“基层编制”以及“步兵”“骑兵”等部分，都具体引证过恩格斯关于西方古代军队的论述。

90年代，我转向了秦汉文化史、学术史的研究。首先，当然要搞清楚什么是文化？什么是学术？当时，这方面的讨论已经不少，论著也有一些。我总得选择一种自己认可的定义、说法。坦率地说，至今我也没有很明确的定义，但是在我研究的实践中，或者可以反映出一些观点和看法。例如先写的《汉唐文化史》分“综论”和“分论”两篇，“综论”中有“秦汉以后中国古代文化发展的轨迹”“从制度文化的建设到精神文化的发展”“汉唐文化发展的特点”“南北与中西”（讲文化交流与创新），共四章；“分论”有“家庭”“经学”“社会思潮”“文学艺术”“风俗习惯”，共五章。现在看来，这本书应该叫做《汉唐文化史论》。后来又写百卷本《中国文化通志》中的《秦汉文化志》（2007年上海东方出版中心纳入“断代文化史系列”，改名为《秦汉文化史》），除“导言”之外有十章：“社会概况”“政治制度和政治思想”“文化政策与教育制度”“社会思潮的发展”“综合性的学术”“文学与艺术”“礼仪与风俗”“衣食住行与工艺”“文化的地域性与中外交流”和“文献与考古”。列举以上二书的目录，可反映我在撰写时对“文化史”的一些思考，如有的书评所指出的：“体例和结构表面上看也是一个外在形式问题，其实这和内容有非常密切的联系”，“体例的变化，结构更新，其实质乃在于内容的丰富与疆域的拓展，还有文化方面局部的内在勾连”。在和其他文化史相比较来看，显然不难发现其异同，略加思考，即可看出其中“运以别识心裁”，求其“义意所归”，“而自为经纬”之意。关于社会、政治的内容是对文化背景的思考，“社会思潮的发展”“综合性的学术”等是对文化内容的认识，每一章的具体内容和写法也是有反复考虑、斟酌的。

2000年前后我又开始研究学术史，首先是与人合作撰写了《中国老学史》《中国庄学史》等著作。写作时的一个主要思想是：不同的时代、不同的历史时期有不同的文化、不同的学术，文化、学术有继承性，也有不同时代的时代性，既有继承也有创新，大小程度不同的创新。中国传统学术多数是以诠释各种经典的形式存在的，对“五经”“六经”的注释就形成为“经学”，对《老子》《庄子》等诸子的注释就形成了“老学”“庄学”等。其重要特点如宋元之际的道士杜道坚所说：“道与世降，时有不同，注者多随时代所尚，各自其成心而师之。故汉人注者为《汉老子》，晋人注者为《晋老子》，唐人、宋人注者为《唐老子》《宋老子》。”① 以后自然也就是“明老子”“清老子”“近代老子”“当代老子”了。这是《中国老学史》的特点，也是整个中国学术史的一个重要特点。这个思想观点对于研究文化史、学术史应该是有很重要的意义的。

再回到我的“本行”秦汉史研究。在原来十四万字的《秦汉新道家略论稿》基础上，2001年出版了四十万字的《秦汉新道家》。对于原来的书稿写作，我的老师张舜徽先生在《题辞》中写道：“（熊君铁基）始治本国古代史实，多所辨证，后乃廓其封域，以及周秦两汉诸子。于《吕览》《淮南》，治之三反。持以上衡先秦百家言，时有不合，比其异

① 《玄经原旨发挥》卷下，《道藏》第十二册，北京文物出版社、上海书店、天津古籍出版社1988年版，第773页。

同，校其趣向，始悟秦汉道家之论与先秦道家之论，相因而实不同。因揭橥‘新道家’之义，扬摧古今，论证益广。”原来不过是十余篇论文，“都为一集”。到《秦汉新道家》分《历史》《思想》两篇，共19章，外加几篇附录，分别论述秦汉新道家的形成和发展以及秦汉新道家主要代表人物的思想。秦汉史同行都注意到了，朱绍侯先生说我这本书已经自成体系。或者在某种意义上，也可以说“自为经纬，成一家之言”了。当然，我清楚地知道，这“一家之言”是有人并不认可的，但深入讨论下去，对学术发展肯定是有益的。

关于秦汉学术史的一些主要研究，将集结为《汉代学术史论》出版。对于汉代学术史的历史地位及其辉煌成就，我反复思考，做过一些探讨。关于汉代全面改造先秦典籍的看法，李振宏同志曾一再表扬。关于秦汉新道家、新儒家的说法引起了较广泛的注意。关于经学垄断地位的确立、传统学术特点的形成等一些问题，都做出了自己的阐述，并提出了一些值得进一步研讨的大、小问题。

以上叙述我三十多年的秦汉史研究，目的是想回顾研究中的理论和方法。这也是响应李振宏同志的“号召”，振宏在新出版的《历史学的理论和方法》一书中写了“改善史学方法论研究的几点思考”，其中之一是：“要培养自觉的方法论意识，从较为成熟的研究中总结、概括、抽象和升华出一些具有普遍指导意义的方法论思想。”我的研究也许并不“成熟”。不过，前面的叙述中应该多少有一点“方法论思想”。但我又不会“总结”、“概括”。因为我对什么是“理论”还讲不太清楚。有的同志解说过“什么是历史理论”“什么是史学理论”等，都讲得有些道理，但具体用起来，好像还是有点困难。什么是理论？英文的“theory”有学理、原理、学说、论证、意见、推测、分析等多种意思，比较抽象。中文“理论”二字除了“据理辩论”之外，主要是“说理立论”，源于“理”字之“治理”“道理”“法则”等本意。《简明不列颠百科全书》解释“理”字说，“指事物的条理、法则”。看来，理论除包含原理、原则、观点之外，方法、法则是主要的内容。因此，有些学者和振宏一样把史学理论问题最后落脚到“史学方法论问题”。亡友赵吉惠教授在著《历史学概论》之外，又专门撰写过一本《历史学方法论》。他有一个简单的叙说：“史学方法是研究历史的认识工具，具体地说，它是采集、整理、运用、分析史料，发现其因果联系与历史本质，探索历史发展规律的方法。”具体的研究方法已有不少的总结和概括，既有传统的，也有现代的，包括历史的、阶级的、逻辑的，乃至心理的诸多分析方法，也包括比较的、系统的、计量的、宏观与微观的研究方法等等。社会史、经济史、文化史乃至历史人物评价等等均有各自的理论和方法。在研究的实践过程中，需要多种方法的结合，这是大家所知道的。如当前许多研究生在硕士、博士论文中常说的那样，自己运用多学科的研究方法。然而，运用之妙存乎一心，多种方法的自然运用，有一个较长时间锻炼的过程。如前所述，我在研究过程中，从谋篇布局到具体问题的撰述，从理论构思到资料的选取、运用，都会分别涉及方法论的各个问题。早年的两本书出版，正是系统论等所谓“新三论”流行之时，有人就说我们运用了“系统论”。我暗自思想，至少是没有自觉的。

多年以来，我读书、研究，都会有自己的一些想法和看法，而且越来越多。随着年岁的增长，视野不断开阔，新的看法和意见也不断产生。

有一种说法，那就是有不少人说秦汉史是一块“熟地”，资料不是太多，几乎所有问题都曾研究过，没有什么新问题可做了。对此，我一直持不同意见，认为不是这样。是不是任何新问题都提不出来了？不是的！在我个人的研究中，提出的秦汉新道家问题、汉人改造先秦典籍问题等，虽然前人也有相关内容涉及，并非“全新”的，但应该多少有点新意，而且会对许多研究有不同程度的影响。是不是所有的问题都研究得很充分了？不是的！甚至还有研究得很不够的问题。比如就东汉和西汉相比，以往对西汉的问题研究得更多一些，对东汉的研究就相对弱一些。是不是材料被充分解读、运用了？不是的！我写过“官制史”“军事制度史”，但对于汉代各种武装力量的关系及其发展演变还想进一步弄清楚。我常常找人问：我们现在的公安、武警、军区、野战军……是什么关系？乡、亭关系讨论得不少，我也写过文章，但好些年来，我一直在考察和询问近代以来的乡与镇的关系。再加上，近些年来新出土的简帛材料不少，更让研究者有做不完的事。总而言之，秦汉史仍然可以，而且需要继续做下去。可以发现新问题，对已研究的，甚至研究得比较多的问题，也可以重新梳理，重新发现，重新总结、分析。

这次回顾是想从方法论上做些总结，以便推动秦汉史的研究。我想不如组织（集众人之力，分工协作）编写一本关于20世纪秦汉史研究的书，给今后的秦汉史研究借鉴、参考，以继续前进。

道家·道教·道学

20世纪80年代以来，兴起了一股研究道家道教文化的热潮，至今仍可以说是方兴未艾。这股研究热潮的兴起，一方面是有一批海内外学者（如王明、汤一介、陈鼓应、卿希泰等许多学者）的推动，另一方面又是与传统文化研究的发展一致的。

在中国传统文化中，儒、释、道是否三足鼎立，似乎是一个可以进一步讨论的问题，除了佛教、佛学是外来的，儒、道二家都是中国土生土长的，究竟谁的资格最老，也是一个可以进一步讨论的问题。不过，它们在产生和发展的过程中形成了各自的特点，则是毫无争议的。

和儒、佛二家相比，道家以“道”为主要特点，名实相符，一目了然。但是，“道”字原本并非道家之“专利”，周秦诸子“道论”之作很多，汉以后的儒者讲“道统”“原道”，也使用这个“道”字。到了宋代，从周敦颐、二程至朱熹一批被称为理学家的大儒，他们以儒家为主，兼容佛、道二家思想的某些内容，再一次改造儒学，被认为是继承道统之学，《宋史·道学列传》中，其序言反映了儒家对“道”字与“道学”的理解：

“道学”之名，古无是也，三代盛时，天子以是道为政教、大臣百官有司以是道为职业，党、庠、术、序师弟子以是道为讲习，四方百姓日用是道而不知。是故盈覆载之间，无一民一物不被是道之泽，以遂其性。于斯时也，道学之名，何自而立哉。

文王、周公既没，孔子有德无位，既不能使是道之用渐被斯世，退而与其徒定礼乐……期使五三圣人之道昭明于无穷。……孟子没而无传。两汉而下，儒者之论大道，察焉而弗精，语焉而弗详。异端邪说起而乘之，几至大坏。

千有余载，至宋中叶，周敦颐出于舂陵，乃得圣贤不传之学……迄宋南渡，新安朱熹得程氏正传……大抵以格物致知为先，明善诚身为要……道学盛于宋，宋弗究于用，甚至有厉禁焉。后之时君世主，欲复天德王道之治，必来此取法矣。

这里，似乎和道家的“道”一样，是“无所不在”的，所谓“盈覆载之间”。但是其儒家的特点也是十分鲜明的，那就是重礼乐、《诗》、《书》，实行王道之治，“以格物致知为先，明善诚身为要”。无论是目的或方法，都是与道家、道教之修道不同的。

至于佛教之用“道”，相对要简单些，“道”字在佛经中难得找到一个较确切的对应词，早在唐代译“道”为“菩提”抑或“末迦”就是争论过的问题，这里我们无法深究。从历史事实看，佛教在初传中土之时，曾借用过道家之“道”是可以肯定的。当时人讲佛教，常常使用“佛道”、“释道”这样的词。宗密在《盂兰盆经疏下》中说：“佛教初传北方，呼僧为道士。”两晋南北朝时期，僧人被称为“道人”、“道士”的很多（不必一一列举），佛教诵经礼拜之所乃至佛寺也被称为“道场”，甚至“道具”一词，开始也是佛家用的器物。这种情况，是一种表象的情况，理应与当时道教已产生并流行有关。一开始，人们祭祀黄老，浮屠难分，而外来的佛教又特别需要努力与中土民情相结合。从魏晋到隋唐，道教日益成长，佛教越来越站稳脚跟，佛、道之争愈演愈烈，围绕着“道”的争论也是很多的：一方面佛教不时诘难道教的“道”，比如道教强调道“至极最大”，佛教就会说道既法自然，那就不是至尊，用这种思辨诘问，使道教陷入自相矛盾的困境；另一方面佛教有时又引用道教的“道”论，例如唐初因傅奕上言“废佛法事”，法琳奉命“陈对”，就曾用过“至道绝言”，且引老庄之言，但其目的却是“演涅槃”，“说般若”，还用“历史”证明关令尹之后“事佛不事道”（《集古今佛道论衡》卷丙）。再者，佛教中“道”字的用法与含义多与道教不同，有时候“道”是菩提或涅槃的代名词，如“道树”就是“菩提树”；有时候“道”与“法”“义理”“因果”相连，如北魏昙鸾注解“胜过三界道”说：“道者，通也。以如此因，得如此果……通因至果，通果酬因，故名为道。”（《无量寿经优婆提舍愿生偈》注）如此之类例子颇多，不必详列。从上述情况看，佛教的“道”字，主要只是名词的借用以及相近梵言的意译，没有道家、道教那样的深刻意义。

对于道家、道教来说，这个“道”字就有根本的、全面的、深刻的意义了。道家、道教离不开“道”，名实相符，“道”也在道家、道教思想文化中得到充分的发展，由此而形成中国所特有的“道学”。关于道家与道教，大家都习惯用了，也不必时时刻刻去定义它们，如果要概括地表述一下，我想直接引用 20 世纪 80 年代初王明先生在《道家和道教思想研究》一书“序言”中的几段话：

> 道家和道教两个术语，有联系又有区别。习惯上有时把道教也称为道家。说严密些，道家和道教不是一回事。
>
> 道家属诸子的学派之一，是一种哲学的派别。如先秦的《老子》《庄子》以及后世的《阴符经》都属道家，它们本身都不是宗教性质的书。
>
> 至于后来有些道教徒注释《老子》《庄子》和《阴符经》，那是另外一回事。道家的思想跟后来道教的理论有某些相似和相通之处，但也有根本不同和相反的情况。《老子》五千文，有不少神秘的语言，能为宗教所利用。东汉时，原始道教一个派别五斗米道的

祭酒主诵习《老子》同时托名河上公注的《老子章句》和《老子想尔注》都是专门宣扬道教的典籍。桓帝时，除了多次遣使到苦县祭拜老子外，还亲祀老子于濯龙宫。老子逐渐被神化，竟至成了道教的教祖，以《道德经》编列诸经之首。道教的形成和发展，跟道家老子确实具有某些历史的渊源关系。

汉刘歆《七略》，道家与神仙家原分为二，各自为录，只是到了后世，道教与古神仙说关系才密切起来。但是，作为宗教信仰的基本标志之一必须有个至上神的观念。道家的《老子》和《庄子》都没有这种思想言论，它摆脱了殷周以来上帝和天神的传统宗教信仰，大力描述一种宇宙的绝对精神（“道”）作为至高无上的支配力量。

我想，关于道家与道教的联系和区别，以上的表述是比较清楚的，多加阐释、发挥，也离不开这基本说明。

截至目前，我们和许多学者一样，一直谨慎地使用“道家道教文化”这样的词语，而没有用“道学”一词。但是近年来，有些学者正式打出了“道学”的旗帜，出版了《道学研究》专刊，不止一次地召开了道学研讨会。我在一次会上谈到了“道学”这个提法问题。过去之所以避免提“道学”，是因为关于“道学”的提法和理解，存在一些歧义，例如上述《宋史》的道学类传实际是大儒传，儒、道难分怕引起误会；又如过去在生活中，“道学先生”似乎是一个贬义词，形容有些迂腐习气，《红楼梦》中的袭人就被晴雯说成是“越发道学了，独自个在屋里面壁呢”（六十四回）。当然，这些都是过去的事了，现在和今后，人们不会再去清这些老账了。公开倡导作为道家、道教文化的道学，应该是没有什么问题的。而且，从历史上看，称道家之学为“道学”，也是渊源有自的，《隋书·经籍志》在子部记《老子》《庄子》等道家著作之后写道：

> 自黄帝以下，圣哲之士所言道者，传之其人，世无师说。汉时，曹参始荐盖公能言黄老，文帝宗之。自是相传，道学众矣。

这是唐初人的记述，是当时人的一种对道家的看法，也是汉以后学者们看法的总结和发展，是有代表性和普遍性的。我们从以上引文的前后叙述看更为清楚，关于道和道家的说明，既有黄老之言道的基本观点，也有儒家学者对道家的评判，这里就不详说了。但是，从以上引文及其所述对象看，凡是述《老子》《庄子》的，“言黄老”的，可以总称为“道学”。从《隋志》记载看，除《老子》《庄子》之外，包括《鬻子》《抱朴子内篇》乃至《夷夏论》《简文谈疏》《广成子》等一些后起的道家著作，正所谓“道学众矣”。

另外，《隋书·经籍志》在集部又附有《道经》377 部，1215 卷。这些道教经书，当然是今天“道学”研究的主要组成部分之一，不过道教经书与道家原典《老子》《庄子》之密切关系，《隋志》是已经注意到了的。所以它写道：

> 自上古黄帝、帝喾、夏禹之俦，并遇神人，咸受道箓，年代既远，经史无闻焉。推寻事迹，汉时诸子，道书之流有三十七家。大旨皆去健羡，处冲虚而已，无上天官符箓之事。其《黄帝》四篇，《老子》二篇，最得深旨。

这唐初的史书表明，时人清醒地知道，“道箓”之类的书是后起的，“经史无闻”，原本“道书”只有《老子》、“黄帝四篇”等类可以查考（实际上黄帝之书也是后人编造的，不过早于“道箓”之类罢了）。《隋书·经籍志》接着还讲了陶弘景、寇谦之等人“受道经符箓”之事，有的受之于太上老君等，一直写到隋朝：

大业中，道士以术求进者甚众。其所以讲经，由以《老子》为本，次讲《庄子》及《灵宝》《升玄》之属。其余众经，或言传之神人……道士讲经，以《老子》为本。

连同上引记载，以及整个道教、道经发展的事实，反映了老子其人（太上老君）其书（《道德经》）在道教和道经中的突出地位。

《隋书·经籍志》似乎未明确把“道经符箓”列入“道学”，但并不能影响我们今日把道教文化（以各种“道经”为重要内容的文化）列入“道学”范围，如果要找点根据，葛洪时代人们已经把道教法术称为“道学”，其《神仙传·李仲甫》记载，李仲甫“少学道于王君”，“兼行遁甲，能步诀隐形”，有张生用匕首对他“左右刺斫”：

仲甫已在床上，笑曰：“天下乃有汝辈愚人，道学未得，而欲杀之，我宁得杀耶？”

此所谓“道学”，显然指的是“法术”、“道术”，则道教之各种法术，亦可称为“道学”。

最后应该说明的是，无论道家、道教文化或者道学研究应该包括哪些内容，主要的当有：

首先，关于《老子》《庄子》的研究，我们称为“老学”“庄学”，或者“老庄学”，包括对老子、庄子其人其书的再研究，历代对《老子》《庄子》的改造和诠释，《老子》《庄子》的现代价值，等等。《老子》《庄子》的思想对诸子百家有很大的影响，《老子》《庄子》及其注释在道教经典中分量不小，无论在道家还是道教的研究中，都是最重要的内容之一。

其次，关于黄老之学的研究从前引《隋书·经籍志》的记载看，当时的“道学”，原本即指“言黄老”之“道”而言，《史记·陈丞相世家》说陈平“少时，本好黄帝、老子之术”，应该就是好黄老之学。对黄老之学的研究，学术界早就开始了，并且有较多的成果，但看法不完全一样，大家公认黄老之学是以老子道家学说为主而兼容他家。兼容，本是战国秦汉学术思想发展的一个趋势，问题是以什么为主，秦汉最为明显的是有以道家为主的兼容综合，和以儒家为主的兼容综合，前者我们称为新道家，后者有人称为新儒家（秦汉时期的新道家、新儒家，儒道二家在以后的历史发展中，还会继续有新的变化，可称为魏晋新道家、宋明新儒学，乃至当代新儒家、当代新道家等）。这样划分，是为了对学术思想作进一步梳理和深入的研究，至于具体哪一些学派、学人、学说应如何归并，那是可以具体研讨的，并不是所有具有综合性特征的思想都笼统称为黄老之学，无法否定的是大儒董仲舒显然也有综合性特征，人们甚至可以从他的著作中找出一些黄老思想，但黄老之学中决不会包括董仲舒。黄老之学当然是有一定范围的，我们要研究的是，主要言黄老之道的学人和学说。这些，可以也应该纳入道家、道教文化和道学的研究范围。

再次，其他道家诸子的研究。如《汉书·艺文志》和《隋书·经籍志》中所著录的道家诸子，包括《伊尹》《太公》《辛甲》《鬻子》《管子》《文子》《蜎子》《关尹子》《老成子》《长卢子》《王狄子》《公子牟》《田子》《老莱子》《黔娄子》《宫孙子》《鹖冠子》《黄帝四经》《黄帝铭》《黄帝君臣》《杂黄帝》《孙子》《捷子》《曹羽》《郎中婴齐》《君臣子》《郑长者》《楚子》《道家言》等，还有《隋书·经籍志》中补录的《守白论》《任子道论》《唐子》《杜氏幽求新书》《抱朴子》《符子》《夷夏论》《简文谈疏》《无名子》《玄子》《游玄桂林》《广成子》等。

这一部分内容有几个问题要说明：一是它将与上一部分黄老之学的内容交叉重叠；二是大部分图书早已亡佚，后来辑佚的或者后出的，要仔细考辨；三是新出土的简帛，如 1972 年长沙马王堆出的帛书“黄帝四篇”等，有可能即为原来的《黄帝四经》等著作。与此同时，新出土的资料中完全可能有一些原来没有著录过的内容，那就需要我们加以探究和归类。

最后，道教研究，包括道教历史、道教经典、道教思想等的研究。道教史的深入研究，不仅是回顾过去，更重要的是正确理解现在和更好地展望未来。道教经典很多，也可以用“汗牛充栋”来形容，一部五千余卷的《道藏》就是一个尚未充分开发的大矿。道教思想可以从多方面展开研究，道教信仰、道教戒律的研究都将很有意义，道教醮仪和法术、符箓的研究对道教的发展也是重要的。道教文化的研究、道学研究理应包括这些内容。

以上所作简要的概括，应该不会有大的偏差，重要的是今后我们如何实行，望有志于道家道教文化研究、有志于道学研究的同道，共同努力，弘扬和发展道家、道教的道文化。

关于老学和老学史

我们出版《中国老学史》之后，一个原本呼之欲出的“老学”，进一步明确了。老学从黄老学与老庄学中，从道家、道教学术思想中独立出来，有它可以独立的理由和意义。但是，时下“×学”“××学”颇多，甚至有点滥，在此作些阐述，似有一点必要。

“学”的原本意义不少，学习、模仿是学，讲述、讨论也是学，甚至知觉、觉悟也是学，还有学校之学等。作为学问、学识之学也是很早就有的，《易・乾》曰“君子学以聚之，问以辨之”，《墨子・修身》中的“士虽有学，而行为本焉”，此学即学问。《荀子・大略》中有了“学问”之词，学问进一步发展有学术之意，专门而有系统的学问就是学术，《庄子・天下》的“百家之学”，与“方术”“道术”相对应而言，当开始了“学术”二字的意义。与“学术”紧紧相连的又是“学派”，《韩非子・显学》中说：“世之显学，儒、墨是也。”实即指儒、墨两个学派。学术的发展到了实际上的分科，这就有了学科。中国古代没有学科之名，但较早就有了学科之实，例如汉代把六艺、六经称为“六学”（见《汉书・儒林传》），从两晋南北朝开始更有了与近代相近似的分科，例如史学、律学（见《晋书・石勒载记》），律学又称法学，《南齐书・孔稚珪传》在请置律学时有“古之名流，多有法学”之语。极有中国特色的“谱学”或“姓谱学”也是南北朝兴盛起来的。《南史・贾希镜传》：“先是，谱学未有名家，希镜祖弼之广集百氏谱记……”可见其学之盛。从唐宋以后的记载中，更可以看到有算学、书学（见《唐书·选举志》）、医学（《旧唐书·太宗纪》）、画学（《宋史·选举志》），以及武学或者兵学（《宋史·艺文志》），还有艺学、字学、篆学以及梵学等分科之名。不过，虽然有了许多分科，但这些学科的划分及其内容与现代的分类学科是不同的，此不必多说。

作为学问、学术之学，在中国古代还有多种用法，除了儒学、经学、玄学、理学这些今日常见者之外，还有曾在历史上一度流行过的内学（《后汉书·方术列传》序）、秘学（《晋书·程训传》）、隐学（《晋书·隐逸传》）。《宋书·夷蛮传》记载有沙门慧琳"兼外内之学"，在所著《均善论》中，更有"白学先生"和"黑学道士"之词。还有淫学、伪学、俗学、新学等，都是特有所指的。

值得注意的是，有几种类型的学问，既是古老的，但也在今天继续存在并发展：其一是以地区为中心的学问，如齐学、鲁学（见《汉书·儒林传》）、蜀学（《华阳国志》）等。后代越来越多，如湖学、关学、洛学、闽学等。近年徽学被特别提出，当是历史的延续。其二是以某一本书为中心的学问，如周官学、春秋学、三传学或者分别为左氏学、公羊学、穀梁学等。其三是以人为中心的学问，又分两种主要情况，一种是创始性的人物如战国诸子之学，另一种是研究各种元典的大师级学者及其传人，例如，汉代的易学专家田何，三传之后，"易有施、孟、梁丘之学"，施雠以后，"施家有张、彭之学"，孟喜之后"有翟、孟、白之学"，孟喜再传，"易有京氏之学"（以上均见《汉书·儒林传》），京房易对后世影响是很大的。又如汉代的贾、马、许、郑之学等。以上三种类型的学问，有很多时候又是交叉着的。例如，除了春秋学、三传学、左氏学这本身的交叉之外，与研究者的学问也交叉着。又如《南史·崔灵恩传》记载"灵恩先习《左传》服解，不为江东所行，乃改说杜义……时助教虞僧诞又精杜学"，则杜预之义可称杜学，杜预主要是注解《左传》，他的学也就是左氏学，或者是后世左氏学的主要内容。地区之学与人有密切关系，这是很明显的，不必多说了。

根据以上梳理，中国自古以来称“×学”或“××学”，与近代学科的分类是显然不同的，但是似乎有一种约定俗成的习惯，在中国传统文化中仍可以采用。如上所述，左氏学和杜学有很密切的关系，但左氏学可以包括杜学，杜学不能代替左氏学。儒学和经学的关系也是很密切的，现在儒学一词仍可广泛使用，经学的使用范围就有一定限制了，儒学有时也被称为孔学，但孔学用得较少，现在一般不用它了。这约定俗成也许还有值得探究的道理。

在以上叙述的基础上，再说到我们的主题——老学上来，也就容易多了。古代早已有黄老学、老庄学乃至孔老之学的说法，老学的独立提法现在尚未查找得到，但它是客观存在的。中国传统文化的两大支柱——儒家和道家两大学派，儒家有儒学，沿用至今，且继续发展为新儒学之类；道家也曾有过道学这个名称，《隋书·经籍志》三云“汉时，曹参始荐盖公能言黄老，文帝宗之。自是相传，道学众矣”，但是后来这个词为宋代理学家所用了，如朱熹在《中庸章句》序中说“中庸何为而作也？子思子忧道学之失传而作也”，元人作《宋史》，把理学大家周、程、张、朱等归为一类，列为《道学传》，道学成了理学的同义语。尽管有人对此有异议，但已为既成事实。再后来，道学又成了贬义词，形容过分的拘执和迂腐习气，如道学先生，又如《红楼梦》第64回中：“晴雯道：袭人吗？越发道学了，独自个在屋里面壁呢!”如此看来，无论过去或者现在，如果用道学这个词概括道家和道家思想，那就很不合适了。所以，历史上或者用黄老学，或者用老庄学来指称道家思想，道家还有与之密切相关的道教，虽然宋以后有佛老和释老之类的称法，似乎老可以代表道教，然而要说道教思想是黄老学或者说老庄学，显然又是不合适的。

儒学可以概括儒家思想，道家思想则很难有这种简明的表述，不管用黄老学或用老庄学都不很确切。由于“黄”是后人附会上去的，黄老有很大的不确切性。老庄虽然顺理成章，沿用很久了，但老和庄的区别是很大的，因此实际应是老学和庄学分开来。这样区分，既渊源于中国古代的学术分类，也结合了近代学科区分的原则。

把老子作为一种学问研究，称为老学。对于近代学科分类来说，它不仅包含整个社会科学的许多分科，也涉及自然科学（事实上它对近代自然科学都有影响），社会科学的许多分科（哲学、历史学等许多）都在老学中有体现。这是中国特有的学问之一。宋明以后，出现的“学案”（后来又有相近之“学记”），可用来规范儒学、老学这类学问。“学案”开始于黄宗羲的《明儒学案》，该书叙述了整个明代的学术发展，办法是“以有所授受者，分为各案。其特起者，后之学者不甚著名，总列诸儒之案”（见该书凡例）。按地区学派、按有授受关系的学者，一一条述，如清代莫晋作序所说：“言行并载，支派各分，择精语详，钩玄提要，一代学术渊源，了如指掌。”黄宗羲的著作影响是很大的，后来他又作《宋元学案》，并且影响后世之作。但他也是在前人基础上前进一步所作成的，在他之前有周海门的《圣学宗传》、孙钟元的《理学宗传》（宗传之名说明学术渊源更为明显），是因为对这些著作人们不满意，黄本人也不满意，才先作《明儒学案》的。黄宗羲特别注重的是学问的宗旨，他在凡例中写道：“大凡学有宗旨，是其人得力之处，亦是学者入门之处。天下之义理无穷，苟非定一二字，如何约之使其在我。故讲学而无宗旨，即有嘉言，是无头绪之乱丝也。学者而不能得其人之宗旨，即读其书，亦犹张骞初至大夏，不能得月氏之要领也。”这话很有启发意义，也很有普遍意义。研究老学，也应当是如此，首先从其宗旨入门。实际上历代以来，人们也都是从探讨老子“本义”“原旨”等开始的，只不过见仁见智不同罢了。

老学这门关于老子的学问，其内容就应该包括主要两个方面：一方面是老子其人、其书、其宗旨、其道德、其思想乃至其嘉言等；另一方面是后人对老子的学习和研究，包括注解、考释、义理的发挥，以及老子社会、思想的影响等。

两千多年来，老学形成了一个庞大的体系，有关著作很多。在众多的著作中，注释占了很大比例，特别是在古代，人们对宗旨的理解、义理之发挥，大多是从注释中表现出来的。到了近代，特别是20世纪以后，老学的面貌就有很大改变，因为受近代科学发展的影响，人们采取了新的方法，用新的眼光学习和研究老子，除了对老子作新的注解、考校以及集释等之外，义理的探讨增加了许多新的视角。与此同时，以学案体的形式综述老学的著作也出现了，20世纪二三十年代，先后有郎擎霄、刘其宣、王恩洋等人的《老子学案》出版。近几十年用新的观点综述老子学问的著作更多，据初步统计，20世纪约有三百四五十种，而近五十年占了2/3以上。事实表明，老学还在继续发展，且势头很盛。

站在世纪之交，写一部老学发展史，回顾与总结一下，是有这种需要的。20世纪90年代以来，在几次关于老子的学术讨论会上，朱伯崑、钟肇鹏等先生一再呼吁，应该编写一部《中国老学史》，1993年底我在西安的第二次老子学术讨论会上，就老学的历史发展作了一个粗浅的发言，深感其意义重大。后即与刘韶军、马良怀两位同志合作，在福建人民出版社特别是李瑞良先生的支持下，1995年出版了《中国老学史》，受到学术界的关注。这本称为“第一本”的老学史，实际上只写到魏源，有人认为应该称为《中国古代老学史》更为适合。现在我们弥补了这一不足，继续编了一本《二十世纪中国老学》（已由福建人民出版社出版），这两本书应视为一个整体，才是一部关于老学发展的全史或者简史。这和黄宗羲写的《明儒学案》补《圣学宗传》《理学宗传》之“疏略”一样。但我们还不敢也不应指前贤之什么“疏略”，这不过是我们的设计而新编的一部供深入研究这个课题的参考书罢了。

设计，主要是体例上的设计，我们《中国老学史》的设计，现在已有同志提出异议，就此我想作一些强调性的说明。有同志认为，讲老学发展史，不必要讲老子其人其书，只需讲以后的老学。我们认为这个虽然是讨论得很多的问题，但在一部系统的老学史中，仍有必要给一定的篇幅，分量的多少则视具体情况而定。老子其人其书，是后代老学发展之源，若这个源弄得比较清楚，以后的发展才讲得清楚。老子其人其书，至少在司马迁写《史记》时就已不太清楚，有多种说法，因而对其进行一番清理是必要的。我们写老学史时，虽已有了大体与今本相近的帛书《老子》，然郭店竹简本《老子》尚未公布，否则清理这个源头，还需花更多的笔墨（持异议的同志认为其人其书写多了）。

设计的另一个重要方面，要不要写时代背景。这恐怕是现在写学术史与过去编"学案"所根本不同之点。很多新的特别是接受马克思主义理论的学术史、思想史、哲学史等都用不同的形式论述了时代，特别是时代的思想文化特点。当然如何论述时代以及论述得如何，那是另一个问题。而时代与学术文化思想的关系，是客观存在的，而且是很重要的，这一点我们在写老学史时已经反复指出过，不过并未作理论性的探讨，理论探讨可以作很大的文章。从实际方面理解，直观、具体，任何人只要想一想自己某些思想、观点的形成，不难发现时代的印迹。

再次，一部老学史，不论多么大的部头，对于某一著作、某一学者都是不可能很全面深入展开论述的，但如黄宗羲所说，要能反映出某人某书的"宗旨"和"精神"，这就有必要对某书的内容"提要钩玄"，对某人的言行进行一些考察。这种工作自然是见仁见智。大多数的人和书都是已经有各种评论的，做鉴别、评判工作，也是一己之见，或有雷同那是免不了的。特别是一人之闻见极为有限，"竭泽而渔"只是一种理想，要真正做到很不容易，只要不故意抹杀前人工作，不私自窃取他人成果，尽力而为，能做到什么样就什么样，那就问心无愧。这样的工作，多少会有利于学术的进一步发展。

关于老学和老学史目前想说的就是这些。

抱道持身，履践三宝

——如何解读《老子》六十七章及其他

明末清初张尔岐作《老子说略》之后说：“古人寄意于言而著书，后人领意于书而生解。解也者，将以古人意自我而转寄之后人者也。”① 诚如斯言，对于为《老子》作注解的书如何看待？这是一个很值得玩味的话题。其下文还说“两篇俱在，读者自得之，说何为者。”② 即并不是不要作注解，而是如何看注解。这就是笔者常引杜道《玄经原旨发挥》的一段话要表达的意思“汉人注者为汉《老子》，晋人注者为晋《老子》，唐人、宋人注者为唐《老子》、宋《老子》”③。

读老、解老各人有各人的理解，任何时候、任何人都可以有自己的看法，关键在于《老子》书原样如何，本义如何。我们并不排斥新编《老子》，也不反对求其“本义”或者“古义”，但流行两千多年、影响两千多年的传世本《老子》，却是客观存在的。只有在弄清楚其发展演变情况的基础上，再“以古人意自我转寄之后人”，才会更好一些。

今本《老子》第六十七章，历代许多注本称为“三宝”章，“三宝”是其核心内容。流传的王弼本（《道德真经注》）六十七章原文为：

---

① 熊铁基、陈红星主编：《老子集成》第八卷，宗教文化出版社 2011 年版，第 741 页。
② 熊铁基、陈红星主编：《老子集成》第八卷，宗教文化出版社 2011 年版，第 741 页。
③ 熊铁基、陈红星主编：《老子集成》第五卷，宗教文化出版社 2011 年版，第 534 页。

天下皆谓我道大，似不肖。夫唯大，故似不肖。若肖，久矣其细也夫。

我有三宝，持而保之。一曰慈，二曰俭，三曰不敢为天下先。

慈故能勇，俭故能广，不敢为天下先，故能成器长。今舍慈且勇，舍俭且广，舍后且先，死矣。

夫慈，以战则胜，以守则固。天将救之，以慈卫之。①

对于这一章如何理解？笔者想就下列诸问题进行讨论。

一、长期流传的六十七章是一个整体

在拙著《老子集成》所收集的二百五十多种《老子》注中，只有一个例外，即清乾隆时的黄文莲作《道德经订注》时认为“今舍慈且勇”至“死矣”，非应有之文。而“天下皆谓我大”前几句没有被认为是“非应有之文”②。近代以来则有几位学者认为，“这一句和下文的意义毫不相应，显然是他章错简”③。严灵峰认为可移到三十四章“故能成其大”句下④，古棣则编入七十章，放在“吾言甚易知”之前⑤。这都有些想当然。其实一直以来，各种注解都认为，“天下皆谓我……似不肖”几句是对“道”的描写，而“我有三宝”则是讲道之用，讲道的践行，是“修道之宝”⑥。至于“天下皆谓我（道）大”有无“道”字并不影响，主要是讲道的“似不肖”。至于一句话中究竟是哪几个字，蒋锡昌的《老子校诂》讲得很详细，例如解“天下皆谓我道大”曰：

① 熊铁基、陈红星主编：《老子集成》第一卷，宗教文化出版社 2011 年版，第 232 页。
② 熊铁基、陈红星主编：《老子集成》第九卷，宗教文化出版社 2011 年版，第 774 页。
③ 陈鼓应：《老子注释及评价》，中华书局 1984 年版，第 318 页。
④ 严灵峰：《老子达解》，台北华正书局有限公司 2008 年版，第 348 页。
⑤ 古棣、周英：《老子通》（上部），吉林人民出版社 1991 年版，第 615 页。
⑥ 熊铁基、陈红星主编：《老子集成》第十卷，宗教文化出版社 2011 年版，第 184 页。

"皆"字无（严）；"谓"作"以"（辛、龙）；"我"作"吾"（傅、范）；"道"字无（碑、御、景、识、辛、壬、傅、上、严、龙、林、危、范、河、奈）："似"字无（碑、龙）；"肖"作"笑"，下同。（辛、龙）范应曰："'吾大'傅奕本与西晋本同古本。"……锡昌按："我"指圣人而言。①

其解下一句"夫唯大"也是如此，详列史上各注本字之有无。这说明历史上不同版本是有许多字、句的不同，但做出"正确"的判断又是另一回事。蒋锡昌说"我大"是指圣人，就是可以商量的。"我大"多数注解认为是指"道大"，故有许多注本就直接用的是"我道大"。道的广大，不像任何具体的东西。

"道"该如何践行呢？那就有"三宝"，即三大至宝。汉代严遵的《道德真经指归》就称"得道之士"有此三宝②。唐代成玄英说：

老君所以圣德尊高，独不夸笑于物者，为归依三宝，宝重而守持之，故得然者也。③

这就是把今本两段连起来说。唐玄宗御注说：

我道虽大无所象似，然有此三行甚可珍贵，能常保倚执持，可以理身理国也。④

这也是将二者连起来说的。唐李约《道德真经新注》说：

---

① 熊铁基、陈红星主编：《老子集成》第十四卷，宗教文化出版社 2011 年版，第 678 页。

② 熊铁基、陈红星主编：《老子集成》第一卷，宗教文化出版社 2011 年版，第 110 页。

③ 熊铁基、陈红星主编：《老子集成》第一卷，宗教文化出版社 2011 年版，第 338 页。

④ 熊铁基、陈红星主编：《老子集成》第一卷，宗教文化出版社 2011 年版，第 443 页。

我虽不肖，然有三行，可谓修身理国之至宝也。[1]

杜光庭《德真经广圣义》认为，“此章通前后之旨”，疏云：

前章明善下为王，标圣人不争之德。此章明喻大不肖，示三宝以慈之行。初六句标道大所以不肖。次五句示三宝，劝其用慈。又八句覆释以慈之利，舍慈之害……。[2]

宋陈景元《道德真经藏室纂微篇》：

虽我道虚无，无所象似，然有此三行可以保倚执持，实为修身治国之至宝。[3]

南宋吕知常《道德经讲义》说：

且人能抱道持身，有如持宝，固当爱护持守，而不敢失也。所履践者有三：体仁博施，爱育群生，慈也。[4]

此为本文标题所取，也是贯通《老子》六十七章的主要思想，讲道之用，行道、修道和道之践行。

如果移去“天下皆谓我”几句，显然就不完整，并非“非应有之文”。所以整个六十七章是一个整体。

① 熊铁基、陈红星主编：《老子集成》第一卷，宗教文化出版社 2011 年版，第 554 页。
② 熊铁基、陈红星主编：《老子集成》第二卷，宗教文化出版社 2011 年版，第 250 页。
③ 熊铁基、陈红星主编：《老子集成》第二卷，宗教文化出版社 2011 年版，第 641 页。
④ 熊铁基、陈红星主编：《老子集成》第四卷，宗教文化出版社 2011 年版，第 298 页。

二、“三宝”的涵义及各种解读

明杨起元作《道德经品节》，在“天下皆谓章（多数注为‘三宝章’——引者注）第六十七”的眉批中说：

犹龙之学，以三宝为宗，故每篇具见此意。①

“三宝”是《老子》之学的主要意旨。而且《老子》的每一篇都能见到此意，三宝成为践行大道的具体和主要的内容，也是道教“尊道贵德”的具体内容，所以白玉蟾在其《道德宝章》中就直接注为：

道尊德贵。②

或者可以说“德”是“道”的实行，“三宝”是“德”的主要内容，是应该践行的主要内容。这在唐宋以后越来越成为人们的共识，不仅在诸《老子》的注解中，也在其他一些文献中表现出来。有学者已经注意到，一些地方性的实物，如地方志、碑刻之类中，都有这种反映。陈垣编《道家金石略》，其中北宋苏轼的《上清储祥宫碑》写道：

道家者流，本出于黄帝、老子，其道以清静无为为宗，以虚名应物为用，以慈俭不争为行……如是而已。③

元代程巨夫撰《郑真人碑》写道：

---

① 熊铁基、陈红星主编：《老子集成》第七卷，宗教文化出版社 2011 年版，第 342 页。
② 熊铁基、陈红星主编：《老子集成》第四卷，宗教文化出版社 2011 年版，第 537 页。
③ 陈垣：《道家金石略》，文物出版社 1988 年版，第 295 页。

犹龙氏之宝三，曰慈、俭、不争……今之所谓大道者，其守慈、俭、不争之宝者与……慈俭之宝，衍五千言，蔽之以一，不为物先。[①]

另一位元朝学者王恽，撰《元奉圣州新建永昌观碑铭并序》说：

道之大原，玄文五千，慈俭不争，清静自然。辞固奋激，至理无边，修道谓教，由是之焉。[②]

明徐有贞《福济观新建祠宇记》有云：

吾道之所宝者三：慈也，俭也，清静也。[③]

还有不少方志、碑刻都是这样讲“三宝”的，足见其为人之共识。

各种记载中的“三宝”，对“慈”、“俭”的理解是完全一致的，对“不敢为天下先”有不同的表述，如“不争”、“不为物先”、“静退”乃至“清静”等。“不敢为天下先”与“清静无为”的关系，是人们需要理解的问题，也是值得研究的问题，这就是整部《老子》处处都可以看到“三宝”的原因。

在旧注中对“三宝”的理解，也是值得研究的。为《老子》作注的人，有各家各派人士，儒、佛、道三家的较多。不同的解释所强调的方面不同，但也有一个共同的理解，即如《河上公老子序》所说：

今夫儒者高仁义，老氏不言仁义，而未尝不用仁义。儒者蹈礼

① 陈垣：《道家金石略》，文物出版社 1988 年版，第 826～827 页。
② 陈垣：《道家金石略》，文物出版社 1988 年版，第 694 页。
③ 《石刻史料新编》第 3 辑第 5 册，台北新文丰出版公司 1982 年版，第 467 页。

法，老氏不言礼法，而未尝不用礼法……慈非仁乎？俭非义乎？不敢为天下先非礼乎？故用世之学，莫深于老氏。①

该序批评儒者，但认为三宝与儒学之仁、义、礼有关。许多注都有这种解释。也有作温、良、恭、俭、让解释的。近代学者陈柱作《老子集训》时写了一个“按”语：

此三宝，殆墨氏之学所从出。一曰慈者，兼爱也；二曰俭者，节用也；三曰不敢为天下先者，非攻也。②

这种联想也是很有意思的，或可作为思想、文化共性之一种事例。佛教人士也是如此，他们也会认为佛老相通，明高僧释镇澄作《道德经集解》的“三宝”章时说：

《阿含经》佛教比丘修慈，慈能散敌消毒。大哉，太上悬契佛心欤！③

大多数儒者认为“三宝”是与儒合的。如清顾如华、孙承泽撰《道德经参补注释》曰：

释氏亦有三宝之说，如法宝《坛经》，归依自性三宝，佛、法、僧是也。其言未免空而无着，老氏三宝则慈、俭、退，皆与六经、孔孟之言相合。④

---

① 熊铁基、陈红星主编：《老子集成》第八卷，宗教文化出版社2011年版，第3页。
② 熊铁基、陈红星主编：《老子集成》第十四卷，宗教文化出版社2011年版，第207页。
③ 熊铁基、陈红星主编：《老子集成》第七卷，宗教文化出版社2011年版，第465页。
④ 熊铁基、陈红星主编：《老子集成》第九卷，宗教文化出版社2011年版，第107页。

具体如何解释“三宝’，《老子》在叙述时本身有一些解释（见六十七章原文），后人的注解多种多样。“慈”是主要的，六十七章结语时再次单提，被认为“慈”可以包含其他二宝。不仅如此，恐怕儒家的“仁慈”、佛教的“慈悲”也都包括进去了。人们追寻《老子》本义、古义，追到韩非之《解老》，那就是“慈母之于弱子也”。

如何评价“三宝”，有学者说“三宝”观念是“道教文化的主旨精神”①。我想，或者可以说“三宝”是道教“尊道贵德”的行为准则，“学道者，必有三宝而行之，然后可以入于大人之域也”②。

三、舍“三宝”，死矣

清人黄文莲作《道德经订注》，对王弼以来“注家之言，驳而不纯者，加以商定，名其编曰订注”。他认为，王弼之前已有注本，在流传过程中有注语阑入正文，故他“谨就臆见，略为删节”。在六十七章注文中说：

> 今舍慈且勇至死矣，非应有之文。节之。③

为什么是“非应有之文”？他的“臆见”根据是什么？没有说明，毫无道理。这是现在看到的唯一的不同看法。

其实“死矣”这二字很值得玩味，有的本子作“是谓入死之门”④，意思更清楚，即违背或放弃了“三宝”，就不会有好的结果，死路一条。其实关于这几句也有一些很好的解说，例如印玄散人之《老子尺木会

---

① 何建明：《经典诠释与文献表达——地方志、碑刻文献中所表达的道教文化之精神主旨》，载《中国人民大学美国罗格斯大学首届国际道教文化前沿论坛文集》2016年。

② 熊铁基、陈红星主编：《老子集成》第八卷，宗教文化出版社2011年版，第81页。

③ 熊铁基、陈红星主编：《老子集成》第九卷，宗教文化出版社2011年版，第774页。

④ 熊铁基、陈红星主编：《老子集成》第九卷，宗教文化出版社2011年版，第750页。

旨》解“三宝”时引《素履之》曰：“此则履道之原也”，而解“舍此三宝”则说：

> 今天下之人舍此三宝，且贵勇敢，尚广大，夸进锐，非人祸，即天刑，死矣，无以善其后矣。所谓自作孽，不可活也。①

明憨山德清的《老子道德经解》说：

> 以此三者（三宝），乃大道之要妙耳。且今世人，舍慈而言勇，舍俭而言广，舍后而言先，死矣。此死字非生死之死，如禅家所云死在句下，盖死活之死，言其无生意也。以世人不知大道之妙，但以血气夸侈争胜做工夫。故一毫没用头，皆死法，非活法也。②

佛家人的解释有特色也很精辟。

从明代开始人们有了一些新的思考。如“三教先生”林兆恩撰《道德经释略》，他在这一章写道：

> 林子曰：何以谓之三宝？夫孰能持而宝之？太史公曰：申韩原道德之意，夫道德慈矣，而申韩之徒其能慈乎？道德俭矣，而申韩之徒其能俭乎？道德后矣，而申韩之徒其能后乎？③

这里，涉及“三宝”如何理解，与其他思想关系如何，又如何理解司马迁说“申韩原道德之意”等等。

明末思想家李贽作《老子解》，沿着“道德”与申韩关系这个思路进行讨论。在“三宝”章之后只写了一句话：

---

① 熊铁基、陈红星主编：《老子集成》第七卷，宗教文化出版社2011年版，第383页。
② 熊铁基、陈红星主编：《老子集成》第七卷，宗教文化出版社2011年版，第434页。
③ 熊铁基、陈红星主编：《老子集成》第七卷，宗教文化出版社2011年版，第99页。

舍慈而勇，舍俭而广，舍后而先，死矣。此老已预为申韩道破矣，乌能免哉?①

把申韩之未能善终、“死矣”或“入死门”，说成老子早有预言。

李贽的这个说法，使我们联想到外国学者对道家思想的一些积极评价，说中国道家的思想在两千多年以前，已经预言到人的“有为”会破坏生态自然（如“舍俭而广”之类），必然会遭到自然的惩罚。在这方面，如英国的汤因比，美国的卡普拉、马夏尔，日本的汤川秀树等，特别是他们在讨论生态文化时，都对道家、老子有许多溢美。道家、老子的这方面思想，人们已经和正在研讨之中②。

四、余论

本文论述中已经涉及一些值得进一步探讨的问题，这里归纳如下：

首先，对《老子》文本中的诸多不同，应如何看待?

前面提到清乾隆年间“吴中七子”之一的黄文莲作《道德经订注》时，写了一篇不短的“序”文，他写道：

书亡于秦火而乱于注家，注家之言各以所见训释原文，或发明一句之旨，或疏通只字之义。按简讨寻，经传自别。③

其下文还有不少，大意有：一、秦火之后诸家保存的东西已“经传乱矣”，文本本身就有问题，这也是事实。二、注家之乱，多种注本，有些已不存在，世传王弼本问题很多。三、在流传、转注过程中，或有注

① 熊铁基、陈红星主编：《老子集成》第六卷，宗教文化出版社2011年版，第630页。

② 陈霞：《他者之镜——西方道家与生态研究简介》，《道家道教与生态文明》，华中师范大学出版社2015年版。

③ 熊铁基、陈红星主编：《老子集成》第九卷，宗教文化出版社2011年版，第754页。

文当正文的。这也是古书流传中存在的现象。所以他“谨就臆见，略为删节”，删了不少，删得不足五千言。他说的现象，也确实是流传中的问题，所以历代都有许多考证、校补，是无可非议的，要确定一个很完善的本子又会很难。

但是，从另一方面看，有些本子（如王弼本）流传了近两千年（当然还会有些大小不同的差异），近两千年人们看到的就是那样的《老子》，这《老子》的思想影响了一两千年，必须承认这个事实。后人、特别是当今之人，似无必要花太大力气去改编。新出土的文献，例如马王堆帛书中的《老子》、郭店竹简的《老子》，应该研究，但它们与流传两千年的《老子》并不是一回事。先秦《老子》流传中有不同，汉人又进行了较大的改造，这些问题也应该研究：人们为什么要“改造”它？它的原来思想又有什么意义？等等。

其次，《老子》中的思想意义，它在传统文化中的意义等问题，也是值得进一步研究和讨论的。在过去众多注解中，许多都是要探讨“本义”或者“古义”，这古义、本义该如何看？今天，弄清楚的目的还是为了继承、弘扬和创新。例如“三宝”在《老子》中如何定位，在道教中如何定位，今天该给它一个什么结论，这些不都是一些很重要的课题吗？

最后，笔者想重申和再次强调多年来的一个看法：随着考古事业的发展，如同战国时期出土的郭店竹简本《老子》那样，先秦的《老子》也可能和流传至今的《老子》不太相同，甚至很不一样，那是因为汉人对先秦典籍进行过多方面的改造（改造的原因和具体情况等值得进一步研讨）。如上所述，流传至今的通行本，历来也会有或多或少的字句不同，我们可以而且应该作多方面的考释，可以作今注今译今释，也可以探讨《老子》的本义或古义，但是没有必要新编什么《老子》，重新编一个少于或多于八十一章的《老子》，或者对《老子》章节做过多的调整，那都是不必要的，没有什么意义。除《老子》之外，对所有先秦古籍也应作如是观。

重述庄子的历史地位

庄子的历史地位已有不少的论述，本文不可能提出完全新的见解，当然也不应该简单地重复。但是我感到今天仍有必要再作一番清理，因为近代以前，只是或多或少地涉及庄子渊源和宗派等问题，20 世纪以来就开始了这方面的探讨。有一些非常精辟的论述，只是多半语焉不详。近几十年明确论述这一问题者，又由于历史的原因，往往侧重于其阶级利益、阶级意识之类的分析。本文想从学术发展史的角度，对庄子的历史地位重述一番，在这里我们不强调区分其人其书的问题，而着重以其主要思想立论。

一、在道家形成中的地位

道家是古代一个学术流派，这里我想首先要谈一谈学术流派的问题，国外有的学者指出，诸子自家有没有必要分家分派。我回答说，不是有无必要的问题，而是一个客观存在。《汉书·艺文志》根据《七略》分诸子为九流十家（更早的是司马谈的《论六家要旨》），是客观存在的反映，虽然其概括各家的特点以及具体的归类不无可商之处，都是一种很好的总结。客观上是存在着阴阳、儒、墨、名、法，道德几个大的学术流派。

其次，我曾一再指出，各学术流派的形成和发展是颇有不同的。客观上是如此。儒、墨两家很早就形成了派别，有祖师、有宗旨，甚至有组织等，而其他的派别则有所不同，没有明确的祖师、宗旨和组织，其主旨的形成有很明显的发展过程，有的甚至始终只有大体相同的思想，单个的互不相同的代表人物，名家、阴阳家莫不如此。法家也是如此，无论从势力、影响看，法家都是不可低估的，但李悝、商鞅、韩非之间，似乎找不出什么渊源关系，只不过他们都是主张"明罚饬法"罢了。其中有些人是典型的法家，如商鞅、韩非，有些人的著作和思想则可分记别处，如法家中有《李子》三十二篇，儒家中也有"李克七篇"，而且《申子》《慎子》的作者都可说是黄老学派形成过程中的人物，等等。总之，各家的形成和发展是有很大不同的。

但是发展到最后，或者说发展到汉代，"相灭亦相生"的诸子百家，有的销声匿迹了如墨家，有的逐渐转为暗流，如阴阳、名、法各家，为儒家或道家所吸收利用。在以后的历史中，儒、道之分野似乎是始终存在的，虽然有儒道互补、儒道合流之类。

儒家的道统比较清晰，道家的发展曲曲折折，从它的形成开始，就不太好厘清。关于道家的形成，我想作如下一个概述：

老子作为道家开山祖的地位，是后世确认的，并不是像孔子、墨子那样当时即被认为是宗师。但是，不论老子其人其书如何讨论，历史上确有一个有学问的有道德的老子是可以肯定的，"仲尼学乎老聃"之类的记载不好轻易否认，至于《老子》书，马王堆帛书证明汉代已有了大体相当于今本的《老子》，郭店竹简出土证明《老子》书早已流传。从而确认了司马迁的一些概述①是可靠的，如"言道德之意"而且"深远"的《老子》书，以及很多人的思想学问本于老子或者黄老，很多人学习《老子》或者黄老并发明其旨意等。

司马迁断言：庄子"其学无所不窥，然其要归本于老子之言"，"庄

① 参见《史记·老庄申韩列传》《史记·孟荀列传》。

子散道德放论，要以归之自然”[1]。这是些根本性的结论，对庄子学说的渊源及主旨所作的结论，今天来审视，应该说仍为不易之论。尽管从唐宋以来，就不断有人对庄子学说的渊源提出各种疑问，但似乎都难以改变老庄相连的基本事实。这些就不详论了。

我曾经指出，和孔子死后儒分为八，墨子死后墨离为三的情况不同，在道家形成发展的过程中就形成黄老和老庄两派，黄老学派的形成过程我作了较多的探讨，老庄学派的形成尚未深探。我的初步看法是，庄子出现就是老庄学派的开始。这就涉及了庄子的历史地位问题。

大家比较熟悉郭沫若在《十批判书》中的一些论述，诸如庄子“并没有存心以‘道家’自命，他只是想折衷各派的学说而成一家之言”，“事实上成为道家的马鸣、龙树”，“庄子这一派或许可以称为纯粹的道家吧”，等等。有些学者认为马鸣、龙树的比喻不确切，而赞同“纯粹道家”的提法[2]。我也同意这些说法，并且认为庄子想建立的这个新宗派就是道家的老庄派。但是要论证这一点，至少要探讨两个问题：一是老庄的渊源关系，二是老庄一派的大致发展。

关于老庄渊源。唐宋以来韩愈、苏轼等人发其端，把庄子往儒术方面靠，清人章太炎、廖平也有所论述，近代学者钟泰的《庄子发微》可谓集其大成，据“内圣外王”之学的发展，断言《庄子》属于儒家。只是该书出得较晚，20 世纪 60 年代曾以石印本问世，1988 年才由上海古籍出版社出版发行，影响不是很大。不可回避的是，大家都能看到，《庄子》一书和黄老学派的著作一样，兼采了儒家乃至其他各家的学说，当然又有一个庄子本人或其后学所作的问题。应该说司马迁已经看到了这一点，才说“其学无所不窥”“然其要归本于老子”。与老子的连接点是什么呢？“归之自然”。这“自然”的精神、特点、理论，也正是与儒家学说不同的根本的分水岭。老子的“人法地、地法天、天法道、道法

---

① 司马迁：《史记》卷六十三，《老子韩非列传》，中华书局 1959 年版，第 2143 页。

② 张恒寿：《庄子新探》，湖北人民出版社 1983 年版。

自然”，在《庄子》中得到了充分阐发。如果论述庄子的学术思想不讲其“自然”特性，那就不是庄子了。

关于老子一派的发展，我和其他一些学者一样认为，清人关于汉代言黄老，魏晋才言老庄的说法是不确切的，至少汉初已有“老庄”相连的出现，《淮南子》中有最明显的例子。但是汉初因为黄老学派当道，不太重视庄子，那也是事实。不过至少东汉开始，已经是老庄并行了，绝不要等到魏晋玄风大畅之时。从学术发展史上看，确有一个庄子开始的老庄道家学派，它和黄老道家学派也有所不同，黄老学派是很多人假借黄帝之名，共同陆续创造出来的，老庄学派则是庄子用自己的思想所开创的，庄子的历史地位由此也可见其重要了，没有庄子，道家很难成为始终与儒家抗衡的独立学派。

二、在传统文化发展中的地位

历史上儒道两家始终并存，而道家两派——黄老和老庄也始终在历史上独立发挥着自己的作用。黄老派主要在政治上起作用，不仅在汉初，在整个两汉时期它都有所表现（拙作《秦汉新道家》作了较系统的论述）。而且不仅在汉代，在整个中国古代，不时会有人运用它。老庄派的影响和作用主要在学术和思想文化方面。

前几年蔡尚思先生写《庄子思想简评》时说：“在道家思想史上，庄子地位的重要实高于老子。儒家或可以只述孔子而不必述孟、荀二子，道家就不可以只述老子而不述庄子了。”① 并且说庄子“集道家思想之大成”。从在传统文化发展中的影响看，庄子的重要性确实很大。这一点也有不少学者进行过探讨，如崔大华先生的《庄学研究》中就有《庄子思想和中国历代思潮》，对其进行了较系统的论述，还有其他一些

① 《道家文化研究》第二辑，上海古籍出版社 1992 年版，第 106 页。

关于庄子各方面的论著，都涉及这方面的问题。这里我们再按时代顺序补充说一些。老子只有五千字，庄子十余万言，同一问题，充分展开，思想更为丰富，其“汪洋自恣”的语言风格，颇为后代文人喜爱和模仿。

（一）两汉

汉初行黄老政治，在窦太后等人的提倡下，似乎是以读《老子》为主，但人们没有忽视庄子，读庄子并从中吸取营养的人为数不少，而且都是大家。首先是司马迁父子，司马谈习道论于庄子的情况不可得其详，司马迁写庄子传，看来是仔细读过十余万言的《庄子》的，否则不可能概述得那么确切，他能够举出哪些篇的主旨、哪些篇的得失，说明读得很仔细。其次是《淮南子》“考验乎老庄之术”。引庄子之处很多，并且淮南王还有过《庄子要略》和《庄子后解》。前几年董治安先生所作《汉赋中所见〈老〉〈庄〉史料述略》①，也是很有力的证明。其中贾谊是西汉初年人，赋中多处用庄子的典故、词语，其他三人都是东汉人，东汉人之学老庄更为普遍。东汉是一个经学统治的时代，一般学人为利禄所趋，当然是以学儒家经典为主，只有那些淡泊名利的学者，或者博学通儒，才会旁及诸子。“老严之术”自然是其所贵者，如班固的伯父班嗣就是如此，班固受其影响，并融入到其思想之中，董治安先生已就其《幽通赋》进行分析。其实在《两都赋》这样的大赋中也有所流露，如“永平之事，监乎太清”，《后汉书》注引《淮南子》及高诱注解为“无为之化”，其实最早用“太清”的应该是庄子，其《天运》篇中有“行之以礼义，建之以太清”。汉代学者如何学习庄子，具体材料有待进一步发掘，东汉有没有人作注，还不好说死，似乎没有，大学者马融遍注群经，仅未注《左氏春秋》，这一点他有交代。《老子》《淮南子》

① 董治安：《汉赋中所见〈老〉〈庄〉史料述略》，《道家文化研究》第四辑，上海古籍出版社1994年版。

他都有注，为什么不注《庄子》，这是一个疑问。庄子的章句之学虽然没有，庄子思想影响是很可说明的，如汉末大思想家仲长统在写明志之诗时说："安神闺房，思老氏之玄虚；呼吸精和，求至人之仿佛。"[①] 这后两句，就是《庄子》的词语和思想，《庄子·刻意》篇有"吹句呼吸，吐故纳新"这样的名句，而"至人"更明显是庄子的思想，《天下篇》说："不离于真，谓之至人。"《田子方》篇说："得至美而游乎至乐，谓之至人。"前述董治安先生的论文，其结论是很好的："在西汉阶段，《庄子》即使一时尚未完全能与《老子》并驾齐驱，其本身也已流传甚广，影响不可低估。"我完全同意。

（二）魏晋南北朝

这是一个以"玄学"著称的时代，在这个时代，庄子有非常特殊的地位，极其重大的影响，这是大家所共识的。具体的论述也很多，例如崔大华先生在《庄学研究》一书中，就"玄学理论主题中显现的庄子思想"、"玄学的思维方法源出《庄子》"以及"庄子思想与魏晋士风"等问题就作了较详细论述。这里我们再作一些补充和强调。

玄学、老庄是一较为普遍的说法，具体地讲，又有所谓"三玄"，《颜氏家训·勉学》中说："《庄》《老》《周易》，总谓《三玄》。"我看这个顺序反映了庄子影响大的实际，正如近代学者闻一多论庄子时所说："一到魏晋之间，庄子的声势忽然浩大起来，崔课首先给他作注，跟着向秀、郭象、司马彪、李颐都注《庄子》。像魔术似的，庄子忽然占据了那全时代的身心，他们的生活、思想、文艺——整个文明的核心是庄子。他们说：'三日不读老庄[②]，则舌本间强。'尤其是《庄子》，竟是清谈家的灵感的源泉。从此以后，中国人的文化上永远留着庄子的烙

① 范晔：《后汉书》卷四十九，《王充王符仲长统列传》，中华书局1965年版，第1644页。

② 《世说新语·文学》中作"三日不读《道德经》"。

印。他的书成了经典。他屡次荣膺帝王的尊封。至于历代文人学者对他的崇拜，更不用提。别的圣哲，我们也崇拜，但哪像对庄子那样倾倒、醉心、发狂?”① 这个评论已经讲到以后的历史年代，包括闻一多先生本人在20世纪三四十年代也是反复读过《庄子》的，除当时发表过《庄子内篇校释》之外，还有《章句》《校补》《义疏》等未刊稿可证。

再回头来说魏晋南北朝的情况，章句、注疏是中国古代学习某一经典的重要形式。作注的人多，反映学习的人多，魏晋当时的注肯定不只上述所列名家，《世说新语·文学》中说：“初，注《庄子》者数十家，莫能究其旨要，向秀于旧注外为解义，妙折奇致，大畅玄风。”数十家是个约数，肯定是会有一些注的，此说或可说明有些注可能东汉就有了，因为向秀是三国晋初的人，前此有几十家，非一个很短时间能形成的。

此一时期注解《庄子》的情况，据《隋书·经籍志》记载有：

《庄子》二十卷（晋散骑常侍向秀注，本二十卷，今缺。梁有《庄子》十卷，东晋议郎崔譔注，亡）。

《庄子》十六卷（司马彪注，本二十一卷，今缺）。

《庄子》三十卷、目一卷（晋太傅主簿郭象注。梁《七录》三十三卷）。

《集注庄子》六卷（梁有《庄子》三十卷，晋丞相参军李颐注《庄子》十八卷，《孟氏注录》一卷，亡）。

《庄子注音》一卷（司马彪等撰）。

《庄子音》三卷（郭象注。梁有向秀《庄子音》一卷）。

《庄子外篇杂音》一卷。

《庄子内篇音义》一卷。

《庄子讲疏》十卷（梁简文帝撰，本二十卷，今缺）。

---

① 闻一多：《庄子编·庄子》，《闻一多全集》(9)，湖北人民出版社1993年版，第7页。

《庄子讲疏》二卷（张机撰，亡）。

《庄子讲疏》八卷。

《庄子文句义》二十八卷（本三十卷，今缺。梁有《庄子义疏》，十卷，又《庄子义疏》三卷，宋处士李叔之撰，亡）。

《庄子内篇讲疏》八卷（周弘正撰）。

《庄子义疏》八卷（戴诜撰）。

《南华论》二十五卷（梁旷撰，本三十卷）。

《南华论音》三卷。

《玄言新记明庄部》二卷（梁澡撰）。

虽然有一些在作《隋书》时已经亡佚了，但多少可以反映人们爱读《庄子》的一些情况。和汉代情况相比，那是大有不同的。

魏晋南北朝时期学老庄的达官名士很多，郎擎霄在《庄子学案》中作了一个列举："如魏王弼、何晏、山涛、阮籍、嵇康、向秀、郭象，晋王济、王衍、卢谌、庾敳、庾亮、桓石秀、司马彪、崔譔、李颐，宋戴颙、李叔之，齐祖冲之、徐白珍，梁红紑、伏曼容、贺玚、严植之、刘昭、庾曼倩，陈周弘正、徐陵、张讥、陆瑜，北魏程骏、邱宴，北齐杜弼等其最著者也。"在这个名单中，虽然是魏晋时期的居多，南北朝始终未绝。

人们读注《庄子》，是有目的的，简言之，就是表达自己的思想，像阮籍那样作《达庄论》是一种表达，作注疏也是一种表达。在中国古代学术史上，后者还是主要的一种形式。当然，注疏者所表达的思想，不一定与庄子原来的思想一致，甚至很不一致。钱穆先生在他的《中国思想史》中，就比较详细地说明了郭象注庄与庄子的思想"绝不同"。

但有一点可以肯定，《庄子》的影响是很大的。有人说《庄子》由两汉潜行到魏晋走红，是一个比较形象的说法。《文心雕龙·序时》篇云："自中朝贵玄，江左称盛……诗必柱下旨归，赋乃漆园之义疏。"《庄子》对中国古代文学的影响，又是一个好大的专题。

（三）隋唐

隋朝的时间较短，材料有限，但隋代学者也有不少人是“诸子百家无不毕览”的大儒。何妥就曾有《庄子义疏》四卷，另外张羡有《道言》五十二篇。很难说隋代庄学是否兴盛！当然不如魏晋那样风行也是可以肯定的。

到了唐代又是另一番景象。唐初李氏王朝借神化老子而神化唐宗室，崇道抑佛，中间虽有武则天的先佛后道政策，到了唐玄宗时期不仅继续其先祖崇道抑佛的政策，并且有重大的发展，他一再给圣祖玄元皇帝老子加封，《老子》一书被尊为《道德真经》。与此同时，庄子、列子等也被尊为“真人”，其书被尊为“真经”，《庄子》就是《南华真经》。随着政治上的重视，文化教育上自然也是相应地提倡，置崇玄学，令学习老、庄、列诸子之文，像“明经”一样的可以举送。庄子和老子一样，取得了官方重视的地位。官方的重视和提倡是有很大作用的，汉代儒学兴衰的例子是最突出的，两汉书的《儒林传》对此有明确的论述，唐设崇玄学可以举送为官，自然会促使一批人去学老庄，不过未出现突出的人才罢了。

从注解《庄子》的情况看，《旧唐书·经籍志》和《新唐书·艺文志》所录的《庄子》注总数不是太多，但遗漏（因亡佚）也是不少的，初步考察唐代的《庄子》注有：卢藏用《注庄子内外篇》十二卷，陆德明《庄子文句义》二十卷，成玄英注《庄子》三十卷、《庄子疏》十二卷，文如海《庄子疏》十卷，张九垓《庄子指要》三十三篇，元载《南华通微》十卷，还有孙思邈、柳纵、尹知章、甘晖、魏包、陈庭玉等人的注疏（《新唐书·艺文志》注说，甘晖、魏包是“开元末奉诏注”），这些注数量不算少，不过大多亡佚了，也许因为内容平平。但也有一两种影响是很大的，如陆德明的东西，用现在学术标准之一的说法，后世引用率是比较大的。再就是唐初道士成玄英的注疏，是很有思想内容、很有影响的著作，现在学界认为，他是唐代重玄学的代表人物。他的《老子》注疏早已散佚，《庄子》疏则流存较完整，其主要思想发挥是在《庄子》之中。他自己写的序说："少而习焉，研习覃思三十年。"是精心之作，文献学的价值也颇高，叶德辉跋慎思堂旧抄本《庄子》成玄英《疏》时说："玄英所见六朝以前古本古书，有出陆德明《释文》外者。疏于人名，每详其字，地名，亦必实证其处，是足补郭注之所略。其于内篇《养生主》老聃死，《疏》称当周平王时，去周西渡流沙，适之罽宾，而内外篇竟无其迹。"

唐代《庄子》的流传，庄学的发展，对文人学者的影响是广泛的、深刻的。例如唐代文学史告诉我们，由于道教、神仙信仰的流行，老庄思想自然广为渗透，大诗人李白、李贺、李商隐等人，都是崇信道教的，崇尚自然、淡泊名利以及浪漫主义等都是属于道家老庄思想的，李白的放荡不羁，难道不可以说是庄子遗风。而文学家兼思想家的韩愈、柳宗元、刘禹锡等人，都受到《庄子》思想的影响。有不少研究者作过具体比较探索，而柳宗元自己说，他"每为文章"，"参之庄老以肆其端"①，并且教导他人说，一个人的文与行，除了先读六经，次论孔孟之外，应读"《左传》、《国语》、庄周、屈原之辞，稍采取之"②。韩愈在《进学解》中亦有"下逮《庄》、《骚》、太史所录，子云、相如同工异曲"③ 的言论。这些都是自己所表白的，二人颇有相同之处，说明他们无论是思想或文学技巧对庄子都有所承袭。

（四）宋元

在中国古代学术、思想文化发展史上，宋代进入了一个新的时代，形成了宋学。史学家邓广铭先生认为应该把理学和宋学区别开来，理学

① 《柳宗元集·答韦中立论师道书》。
② 《柳宗元集·报袁君陈秀才避师书名》。
③ 《韩昌黎集·进学解》。

是从宋学中衍生出来的一个支派①。作为与汉学对立的宋学，当然也有一个形成和发展的过程，其形成与佛教和佛学的影响分不开，也与道教和道家思想的影响分不开，虽然许多时候“释老”或“佛老”相连，但也常常“老、庄、儒书”并列，甚至是“庄老”或者“庄、列、老、释”这样排列的。作为“纯粹道家”的庄子自然发挥很大的影响。

从注解《庄子》的情况看，宋不如唐，《宋史·艺文志》所记不过三五家，但有自己的特点，如道士褚伯秀的《南华真经义海纂微》有一百零六卷，总纂郭象以来特别是宋代学者十三家之说（实不止十三家）“断以己意，谓之管见”，《四库全书总目》说：“盖宋以前解《庄子》者，梗概略见于是。”有些遗佚了的书，赖是书得以保存一些内容。林希逸的《庄子口义》也是很有特色的。

《庄子》在宋代的影响主要体现在两个方面，一方面是学习和吸取向纵深方面发展，另一方面是对《庄子》展开了深入的研究和批判，前者在崔大华先生的《庄学研究》中有较具体的论述，其他许多著作都讨论过这一问题，兹不赘述。这里仅就后一方面再补充说几句。由于道家庄老思想对儒家的冲击，维护儒学立场的人一方面努力学习、吸取，一方面设法调和或者展开反击，北宋开始苏轼、王安石等人设法调和，苏轼就致力于鉴别《庄子》之真伪，或许为了去掉那些不利于诋毁孔子之言，他在《庄子祠堂记》中写道：“余以为，庄子盖助孔子者，要不可以为法耳。……庄子之言皆实予而文不予，阳挤而阴助之，其正言盖无几至于诋訾孔子。”文中认为《盗跖》《渔父》《让王》《说剑》四篇非庄子作。而这几篇“诋訾”孔子也确实比较厉害。王安石有长篇《庄周论》，其用意与苏轼大体相同，所以他在论中说：庄子“为书之心”是好的，只是“矫枉过正”，读庄子应该“善其为书之心，非其为书之说”。而“今之读者，挟庄以谩吾儒曰：庄子之道大哉，非儒之所能及

① 邓广铭：《略谈宋学》，《邓广铭治史丛稿》，北京大学出版社1997年版。

知也，不知求其意而以异于儒者为贵，悲夫！”由此亦可想见庄子影响之大。宋代学者，理学家们，一方面吸取庄、老思想，另一方面极力否定和批判《庄子》，因为如黄震所说：“《庄子》之可录者固过于《老子》，然其悖理者又甚于《老子》，盖《老子》隐士之书，而《庄子》乱世之书也。”[①] 所谓“悖理”，即有悖于伦理道德之理，庄子的自然主义思想和超世、遁世的处世态度与儒家、理学是水火不容的，宋代捍卫道统的学者自然是要尖锐批评，或者在论述一些具体问题时进行否定（参见崔大华《庄学研究》），或专门进行批评，如叶适的《论庄周》就指责他不顾人伦、事理，“小足以亡身，大足以亡天下，流患盖未已也”。因而黄震甚至说“盖火其书”！

金元时期，据《补三史艺文志》道家类所录除李纯甫的《庄子集解》和吴澄的《校正庄子》之外，还有赵秉文的《南华略识》、杨云翼的《庄列赋》、赡思的《老庄精论》等数种。

（五）明清

这是两个大的朝代，时间都很长，照理应该分开记述，这两个朝代虽然有所不同，社会经济有很大变化，各方面都是可以分开来讲的，但也有些地方也有一贯之处，合起来讲也是可以的，例如学术思想的发展就是如此，明清两代儒、释、道同时存在，而且由于长期互相斗争、交流、吸取、融合，似乎已经各自找到了自己的位置，虽然儒学仍然是占主导地位，但对道、释没有歧视，明太祖为了寻求治国之道，在“试览群书”时阅读《老子》并亲自作注，他说：“朕虽菲材，惟知其经乃万物之至根，王者之师，臣民之极宝。”[②] 儒、释、道各安其位，学者们似乎平心静气多了，认真深入细致地进行注解、研究、讨论。

---

① 《黄氏日抄·诸子》五十五卷。

② 明太祖：《大明太祖高皇帝御注道德真经》，《老子集成》第六卷，宗教文化出版社2011年版，第2页。

有关《庄子》的著述甚多，一一仔细阅读实可发掘出很多东西，但注解大体上仍沿着传统的考据和义理两方面继续发展，自然时不时也会有新的现象出现，例如明代学者陆长庚注意佛学与《庄子》的比较，以佛释庄，就可说是开辟一新途径，他在《南华经副墨》的序中明确指出："予尝谓震旦之有《南华》，竺西之《贝典》也，《贝典》专谭实相，而此则兼之命宗。盖妙窍同玄，实大乘之秘旨。学二氏者，乌可以不读《南华》!"然后就一些主要思想一一加以比较。他的书"名之《副墨》，相与二家之说，参订异同"，开以佛释庄的风气之先，后继者有方以智《药地炮庄》之类。

义理的发挥因人而异，有的是议论陈因，也有的累有创获。明代许多大学者如杨慎、焦竑等人都是认真读过《庄子》的，以《老子翼》特为著名的焦竑，同时也作有《庄子翼》，我们看他《庄了翼采摭书日》近五十种，即可见其用功之勤。

明清实学兴起，"崇实黜虚"，但人们并不再把老庄作为虚的代表，而是反对"以明心见性之空言代修己治人之实学"，所以顾炎武说："昔之清谈谈老、庄，今之清谈谈孔、孟。"① 实学的学者都能客观地读《庄子》，并读出许多新义。清初王夫之的《庄子解》和《庄子通》是很有价值的学术著作，清末曾国藩也很崇仰庄子。这里就不想一一论述了。

随着清代考据学的兴盛，《庄子》在考据方面的成就更是极力丰富，重要的至今不可忽视的成果累累，列举书目将是长长的一串，而总结性的注释，如郭庆藩的《庄子集释》、王先谦的《庄子集解》以及刘师培的《庄子校补》，等等，至今为学界所重视。

以上明清时期的丰富庄学已经叙述得很简略了，近现代的庄学这里更不打算多说，留到日后或他人去作，但也想初步提一点看法，读《庄

① 顾炎武：《日知录》卷七，《夫子之言性与天道》。

子》、注释研究《庄子》，既有各个人的具体情况，更有时代条件、背景。如果说明清开始已经是在以儒学为主体的情况下平视诸子了。到了近现代，那更是孔、孟、老、庄平等看待，并且随着时间推移日益“平等”，乃至于会产生中国传统哲学的道家主干说。当然这是整整一个世纪的发展过程，其中特别是早期还会有个别少数的儒学“卫道者”，那不是发展主流。至于《庄子》的义理发挥有近代特色也是很明显的，严复既读《老子》，也读《庄子》，从《庄子》中找到西方的自由主义，就是20世纪开始时的典型例子，在近现代学术史上，庄子是受到了应有的重视的。用近代学术方法研究《庄子》是所有的思想史、哲学史著作中都表现出来的。《庄子》至今有不可忽视的学术地位。

三、略说当代价值

当前要弘扬传统文化，如何弘扬？当然首先要弄清楚什么是传统文化并且对它进行一番清理，有些内容要重新认识、重新发掘。例如伦理道德在历史上曾经为封建统治所利用，因此近代非反对不可。但对于今天某些道德沦丧的情况来说，它未尝不是一付“济世良药”，例如现今有人写《孝的当代价值》就讲得很有道理。

传统文化中儒和道两大支柱，道家的理论基础是老庄奠定的，庄子的理论深度、广度及其繁复性都大大超过老子，这是学界共识。

历代文人从文字、文学的角度都特别欣赏庄子，但《庄子》是古文，文字虽然不晦涩，但今天的青年人读起来也不是很容易，哲理很深且比较曲折复杂，不太好理解。

那么今天还值不值得、应不应该读《庄子》，这是一个可以讨论的问题。如果不对传统文化采取虚无主义的态度，是值得读的，如果还想从中吸取一些对今天有用的东西，是应该读的。西方曾有不少学者读过《庄子》（同时也读《老子》和其他中国古籍），并从中得到启发，这有人介绍过此类情况。现代西方人也有对庄子感兴趣的，为什么？德国费南山写《现代西方人为什么对庄子感兴趣》说：“我们很欣赏《庄子》的富有比喻、富有神话传说的文体。这种写法在西方文学中很难找到，它的启发作用给我们留下很深刻的印象。”除了好奇、新鲜之外，《庄子》有“启发作用”，这在思想影响上是主要的，我在美国就看到“道（TAO）如是说”的小册子，就是翻译一些《庄子》的话。

要说庄子的当代价值，那就应该首先看它的主要思想内容，对其内容“吸取其精华，剔去其糟粕”，遁世的消极思想是不合适的，放达无羁也不可取，然而其自然主义精神和理论，也许为当代社会的进一步发展所需要，或者对个人精神状况的调整有所裨益。还有，所谓与后现代理论的关系，也是值得探讨的。

对“神明”的历史考察

——兼论《太一生水》的道家性质

郭店楚简中的《太一生水》篇被认为是关于宇宙生成论的遗籍，开篇即说：

> 大（太）一生水，水反辅大一，是以成天。天反辅大一，是以成地。天地［复相辅］也，是以成神明。神明复相辅也，是以成阴阳。阴阳复相辅也，是以成四时。……成岁而止。

下面倒过来又说一遍：有“神明者，天地之所生也。天地者，大一所生也”。在这生成过程中，有些是比较实的，具体的，除水之外，还有天地、四时以及沧热、湿燥等；有些又是虚的，抽象的，大一即是，阴阳也相对抽象，我认为神明也属相对抽象的一类。

有的学者认为，神明应该是具体的，相当于日月之光，或者是“光之精华”。这一论断，恰恰与《淮南子》的一段话有点矛盾，其《道应论》有如下一段记述：

> 罔两问于景（高注：“罔两，水之精物也。景，日月水光晷也。”）曰：“昭昭者，神明也？”（高注：“罔两恍惚之物。见景光明，以为神也。”）景曰：“非也。”罔两曰：“子何以知之？”景曰：

“扶桑受谢，日照宇宙。昭昭之光。辉烛四海。阖户塞牖，则无由入矣。若神明，四通并流，无所不及，上际于天，下蟠于地，化育万物而不可为象，俯仰之间而抚四海之外。昭昭何足以明之！”

这里明确地说，神明不是“昭昭之光”①，它“不可为象”或“无所不及”。那么神明究竟是什么呢？一言难尽，得从头说起。

神明一词有多种内涵。一为神祇，乃至专指日神②，如《左传·襄公十四年》，“敬之如神明”。《易·说卦》的“昔者圣人之作《易》也，幽赞于神明而生蓍”，应该也是指神祇。二为无所不知，如神之明，如《淮南子·兵略》所云：“见人所不见谓之明，知人之所不知谓之神。神明者先胜者也。”引申开来，神明又有神圣而不可知、高深、微妙难穷之义。如《易·系辞》所说“阴阳不测谓之神”，孟子也说：“圣而不可知之之谓神。”③ 神圣之意亦当由此而衍生出。三为与物质对立之精神。首先是人的精神，如《黄帝内经》所说：“心者君主之官，神明出焉。”如《楚辞·远游》之“保神明之清澄兮”。如《庄子·齐物论》：“劳神明为一，而不知其同也。”皆指人的精神而言。但是，在古代，已经把作为人的精神的神明，由人及物，天地、万物都有神明，而道家著作中尤为突出（详下）。

以上三种含义，彼此间有一定联系，因而在文献中碰到“神明”一词，有时还不易分辨，既可逐一具体讨论，也可以综合考察。

“神明”一词大家都可以使用，先秦两汉的载籍，后世所分之经（《书》《易》《礼》）、史（《春秋》经传）、子、集（《楚辞》）中都有。道、儒、墨、法诸子，除《墨子》④ 外，各家都使用过神明，但是有明

① 主张神明相当于光的庞朴同志大约注意到此，所以说光之精华或曰明。

② 《史记·封禅书》：“或曰东北神明之舍，西方神明之墓也。”《集解》云：“神明，日也。”

③ 《孟子·尽心下》，《诸子集成》本，中华书局1954年版。

④ 《墨子》书中讲鬼神、天鬼、神祇等，似无“神明”一词，大约墨子除了“尊天右鬼”之外，主要讲实际问题多。《荀子·解蔽》所谓“墨子蔽于用而不知文”。

显的区别。属于儒家系统的，开始多半是当神祇讲的，例如《礼记》中可见之“神明”约有十四处，有“神明之道”、“神明之德”等，其所谓“天地神明”即为神祇。如《祭统》所言：“敬尽然后可以事神明。”又如《春秋》经传中也有两三处，前引“敬之如神明”，显然亦为神祇。当然，作为思想家的儒家，并不局限在“神祇”之义上讲“神明”，而有精神、神圣等义，例如《荀子》约有五见，《劝学》之中“神明自得”，《儒效》《性恶》的“通于神明”，以及《解蔽》的“神明之主”，虽皆与天地相配，皆为精神之义，指最高的精神，或者像天地一样的精神。《王制》的“神明博大”则是与“至约”相对的一种形容。一直到汉代儒家，例如董仲舒，在他的《春秋繁露》中，神明凡七见，“神明之所接”（《重政》），“若神明皆聚于心也”（《天地之行》），亦无神祇之意。

以神明形容人的智慧或精神作用，甚至扩大到天地精神，与道、与天地联系起来，属于道家系统的著作，讲得更多，更为明确。《管子》《庄子》以及新出土帛书《黄帝四经》，大多从人乃至天地的精神方面使用“神明”这一概念。《庄子·天下》一篇就出现四次，开篇即讲天地、神明：“神何由降？明何由出？”一开始就把神和明连在一起。注家一致认为，神明是指天地自然之灵妙。“古之人其备乎！配神明，醇天地……”即言圣人的完备是配合造化的灵妙，取法天地等[①]，然后在述老子之道术时有“淡然独与神明居”，述庄子之道术时说：“天地并与，神明往与！”总之，神明在道家思想中占很重要的地位。

到了汉代，在集黄老道家之大成的《淮南子》中，当然有关于“神明”的论述，在半数以上的篇幅中，至少有二十多处，除了如上述讲人的精神和天地自然的灵妙之外，我们可以摘引几处作些说明，如《精神》[②] 中说：“天静以清，地定以宁，万物失之者死，法之者生。夫静

① 参阅陈鼓应：《庄子今注今译》，中华书局1983年版。
② 以下引《淮南子》文仿此，只注篇名。

漠者，神明之宅也；虚无者，道之所居也。”“夫天地之道，至纮以大，尚犹节其章光，爱其神明。”一是天地有天地之神明；二是和道一样，有静漠、虚无的性质。

《兵略》中说：“所谓道者，体圆而法方，背阴而抱阳，左柔而右刚，履幽而戴明，变化无常，得一之原，以应无方，是谓神明。”这里涉及道与神明的关系。

《泰族》有两处说：“故阴阳四时，非生万物也；雨露时降，非养草木也；神明接，阴阳和。而万物生矣。”“天地四时，非生万物也，神明接，阴阳和。而万物生之。”今人有的解释“神明接”即符合道的规律，未知确否？《泰族》自己的解释是：“天设日月，列星辰，调阴阳，张四时，日以暴之，夜以息之，风以乾之，雨露以濡之。其生物也，莫见其所养而物长，其杀物也，莫见其丧而物亡，此之谓神明。”神明一般是不容易“见”的，实际又有养长、杀亡万物的作用。从前引几段文字看，它与道有关系，与天地有关系，是道的一种性质、精神、作用，也需要人们“多为之辞，博为之说”。

那么，在道家思想体系之中，这个神明，与道、一、天地、阴阳，还有太一、太和等，究竟是一种什么关系？从宇宙发生学说看，道家是有自己的见解的。《老子》的说法是：“道生一，一生二，二生三，三生万物。万物负阴而抱阳，冲气以力和。”这个说法比较明确，讲万物的产生过程。但长期以来，人们很难取得很一致的意见，一、二、三究竟指的什么？道与一的关系如何？还有，道与有、无[①]等又是什么关系？《庄子》没有专门解释《老子》这方面的说法，但有大体相同的论述：“泰初有无，无有无名；一之所起，有一而未形；物得以生，谓之德。未形者有分，且然无间，谓之命，留动而生物，物成生理，谓之形。形体保神，各有仪则，谓之性。”[②] 这也是肯定物的生成有一个由无到有

① 如《老子》第四十章说“天下万物生于有，有生于无”等。
② 《庄子·天地》，《诸子集成》本，中华书局1954年版。

以及“一之所起”的过程。《淮南子·天文》试图解释《老子》：“道(曰规)① 始于一，一而不生，故分为阴阳，阴阳合和而万物生，故曰：‘一生二，二生三，三生万物。’”而它自己的表述是：“天坠未形，冯冯翼翼。洞洞漏漏故曰太昭。道始于虚霩，虚霩生于宇宙，宇宙生气。气有涯垠。清阳者薄靡而为天，重浊者凝滞而为地。”所有道家的宇宙生成论，基本思想是一致的。严遵的《老子指归》是逐字逐句解释《老子》原文的，很明确，也很有见地，关于“道生一”这一篇，严遵写道：“虚之虚者生虚（虚）者，无之无者生无（无）者，无者生有形者。故诸有形之徒皆属于物类。物有所宗，类有所祖。天地，物之大者，人次之矣。夫天人之生也，形因于气，气因于和，和因于神明，神明因于道德，道德因于自然，万物以存。”② 这几个“因于”在其他篇中又有不同的表述法。如《上德不德》篇：“天地所有，物类所以，道为之元，德为之始，神明为宗，太和为祖。……神有清浊，和有高下。清者为天，浊者为地，阳者为男，阴者为女。”《得一》篇：“一者，道之子，神明之母，太和之宗，天地之祖。于神为无，于道为有，于神为大，于道为小。”综合起来看，有一个大体的公式：

道（虚无，一）→神明→太和→（气）→天地→万物

这是一个与宇宙生成论有关的公式。第一，它与其他道家不同，没有突出阴阳，但强调了“神明”与“太和”；第二，与《太一生水》篇的生成顺序显然不同，后者一是有水这样的具体内容，二是神明成于天地之后。

在《老子指归》中，道德、神明、太和、天地成为一个整体，绝大多数篇章中都整体出现，而“神明”一词出现得更多，如果算上“神”

① 据王念孙考证“曰规”二字系衍文。

② 《老子指归》卷二，《道生一》篇，以下只注篇名。

或者“神气”，几乎每一篇都有。到底什么是神明？它与道以及天地人物是什么关系？研讨这种问题，对我们理解道家的宇宙生成论是有意义的。

《老子》中没有“神明”这个词，但它是从《老子》思想中引申出来的，这一点我想应归功于韩非。《韩非子》中“神明”凡四处，有两处“以君为神明”[①]，是“了不起”的意思，另一种意思，在《喻老》中（恰恰是喻老！）写道：“空窍者，神明之户牖也。……故曰：‘不出于户，可以知天下；不窥于牖，可以知天道。’此言神明之不离其实也。”神明是不离其实的，但可意会难以言传。

《老子指归》中则有关于什么是神明的论述，在具体解说“一生二”时写道：“一以虚，故能生二。二物并兴，妙妙纤微，生生存存。因物变化，滑淖无形。生息不衰，光耀玄冥。无响无存，包裹天地，莫睹其元，不可逐以声，不可逃以形，谓之神明。”在解说“二生三”时，也有“……受命于神者，谓之三”的说法。其他地方有“神明微妙”“神明无为”“神明寂泊”“神无常体”等与道的性质相近的描述。《言甚易知》篇说：“夫无形无声而使物自然者，道与神也；有形有声而使物自然者，地与天也。”《生也柔》篇讲什么是神明：“有物俱生，无有形声，即无色味，又不臭香。出入无户，往来无门，上无所蒂，下无所根。清静不改，以存其常，和淖纤微，变化无方。与物糅和，而生乎三，为天地始，阴阳祖宗。在物物存，去物物亡，无以名之，号曰神明。”这个“在物物存，去物物亡”的神明，虽然看不到，听不见，闻不出，摸不着，微妙难测，实际又如韩非所说，是“不离其实”的。有时候“道德神明”是二而一的，道德即神明，或者说神明是道的性质和作用。在《道生》篇中又说：“或曰：道德，天地之神明也；天地，道德之形容也。”从生成论说应该是：

道→（神明）→天地……（万物）

① 见《内储说上七术》。

再回头看看上引《道生一》中的顺序：

自然→道德→神明→和（按：当即它处之太和）→气→形

总而言之，《老子指归》始终注意的是道或者一生天地万物。至于《老子》的一、二、三，在他看来，“一以虚故能生二”，“二以无之无，故能生三”，“三以无，故能生万物”。在这“生息不衰”的“变化”过程中，有看不见，摸不着，“不可揆度，不可测量，冥冥窅窅，潢洋堂堂”的东西，如神明、清浊、阴阳、和气等，是它们起作用，才“天人得以生”、“万物得以存”①。这种作用，《出生入死》篇讲得简洁明了：“道德神明，清浊太和浑同瀹而为体，万物以形。”道德、神明、清浊、太和这些是相互牵连浑同为一体的，是这整体作用，才“万物以形”。这样笼统地说，似很明确。具体解说则不易。一、二、三都是虚无的。神明、太和也是难以言状的，但在物物存，去物物亡，是一种精神，或者神气，或者简称神。因而天地万物、人类皆有神明在，神明是可以“接”、可以“化”的，神明是应该“贵”、应该“顺”、应该“陶冶”的。《老子指归》从方方面面论“神明”，在古代应该是绝无仅有的了，有原则的论述，也有比较具体的解说。具体的如《生也柔弱》篇论“神之在人”就很值得玩味：

夫神明之在人也，得其所则不可去，失其所则不可存，威力所不能制。而智惠所不能然。苟能摄之，富贵无患，常在上位，久而益安。是以，人始生也，骨弱筋柔，血气流行，心意专一，神气和平。面有荣华，身体润光，动作和悦，百节坚精。时日生息，旬月聪明。何则？神居之也。及其老也，骨枯筋急，发白肌羸，食饮无

① 参阅《道生一》篇关于一、二、三的论述。

味，听视不聪。气力日消，动作月衰，思虑迷惑，取舍相违。及其死也，形槁容枯，舌缩体伸。何则？神去之也，草木之始生也，枝条润泽，华叶青青，丰茂畅美，柔弱以和。何则？阳气存也。其衰也，华叶黄悴，物色焦殃。及其死也，根茎枯槁，枝条坚刚。何则？阳气去之也。

故神明所居，危者可安，死者可活也；神明所去，宁者可危，而壮者可煞也。阳气之所居。木可卷而草可结也；阳气之所去，气可凝而冰可折也。故神明、阳气，生物之根也；而柔弱，物之药也。柔弱和顺，长生之具而神明、阳气之所托也。

人事、万物、天地、宇宙，《老子指归》作了统一的思考。他说："非独人事，万物然矣。"他突出了神明在宇宙生成、万物发生中的作用。

最后，我们回过头去看《太一生水》，即便在发生顺序中神明的位置不同，也不是太大的矛盾。太一当然相当于《老子》的一，不过多一个具体的水，然后是天地、阴阳、四时等，中间又有一个神明，这个神明是虚无的，可在天地之间，亦可在天地之后（按照《老子指归》的解释），基本思路是一致的。是否也有一种可能，《太一生水》也是对《老子》"道生一"宇宙生成论的一种解释，或者是另一道家学者与《老子》基本相似的宇宙成论。现存的《太一生水》篇残而不全，是否还有其他说明，已无法知道了。但是严遵作《老了指归》时是否参考和借鉴了《太一生水》这样的著作呢？这不是不可能的。

《老子》的"道生万物"并不好解释，所以才产生许多分歧。假如按现在通常的理解，一生二的二是阴阳，那么"三生万物"之后，又来一句"万物负阴而抱阳，冲气以为和"，不就很难解说吗？因而《太一生水》《淮南子》《老子指归》等之不同解说，是客观存在的，也是可以理解的，都不能尽善尽美。

再论“秦汉新道家”

我曾经就战国的“百家争鸣”总结出几条认识，它们是：“同源异流”、“殊途同归”、“相生相灭”、“相反相成”、“求同存异”、“齐万不同”，这反映了学术发展的必然趋势。不同主张、互相水火的各种学派的存在是客观事实，但在发展过程中，每一派都会采取他者之“善”、“要”，取长补短，以发展完善自己的特色，这也是历史的实际状况。如果说先秦的诸子百家有“九流十家”的话，其中几个大的派别发展到汉代，仍然会自觉不自觉地举起原有学派的旗帜，只不过具体的思想内容有很大的不同罢了。这就是人们提出“新道家”、“新儒家”的原因，如同现今提出“后××主义”一样，是为了反映不同时代变化了的思想主张。

汉代从汉初开始，就是一个大讲道家、儒家的时代。司马迁说：“世之学老子者则绌儒学，儒学亦绌老子。”[①] 人们纷纷打着老子、孔子的旗号，发表“其务为治”的思想主张，这就是汉代新道家、新儒家乃至新法家等学派的共同特点。

汉代最先发展起来的是新道家。

我曾提出过一个“秦汉新道家”的观点，对此有人赞成，有人反对。反对者发表过一些论文乃至十多万字的专著加以论析。我手头有一

① 司马迁：《史记》卷六十三，《老子韩非列传》，中华书局1959年版，第2143页。

本黄汉光的《黄老之学析论》，其中有很大篇幅是针对我的“秦汉新道家”的。因为其是在先后几篇论文中加以讨论的，故有重复也有自相矛盾之处，较难一一辩论。大体上说对方提出了以下几点批评或问题：(1) 不该把黄老之学叫做新道家；(2) 说黄老之学是新道家只是“由名称而来的想当然”；(3) 如何理解司马谈之论道家与班固之论杂家；(4)《吕氏春秋》、《淮南子》是否杂家。其他还有究竟如何看待“黄老之学”、“黄老之治”以及陆贾的思想等一些具体问题。对于这些，如果逐一回答会纠缠不清，比如，说我把司马谈的论道家与班固的论杂家混为一谈，这就是一个无中生有的指责。对此我可以辩论，但那就越谈越远了。这里只作如下申论：

一、关于学派的划分与“秦汉新道家”

我认为学派的划分是客观存在的，是汉人对先秦诸子客观情况的总结和分析。这种学派的划分客观上有利于学术发展史的研究。否则，面对如《墨子·尚同》所说的“一人则一义，二人则二义，十人则十义，其人兹众，其所谓义者兹众”，要找到完全相同的两个学派是不可能的，学术史的研究也会因此更加困难。《庄子》、《荀子》、《韩非子》中都有学术的分类（它们是不自觉的），汉人从司马谈到刘向、刘歆一直到班固，则有更明确的学术分类，这些分类本身即为学术发展史上的大事，是对学术发展史研究的重大贡献。当然，具体的划分与归类有不尽如人意之处，这就引起了后来的许多讨论；后人的立场、理解不同，自然又会生出许多不同的看法。但一个显然的问题是，汉代以后直至今日，我们仍沿用儒家、道家之类的划分法，就因为客观上始终存在一个学术思想的分歧问题。过去或以“醇儒”、“通儒”、“道学”自居，排斥佛、老，反对释、道，似乎有一个“道统”存在，其实有的人尽管自己标榜“孔步亦步，孔趋亦趋”，事实上不可能有一个一成不变的孔子、老子，也绝没有一个一成不变的儒家、道家。这一点早在《韩非子·显学》中即有明确的认识，韩非子说：

> 故孔、墨之后儒分为八，墨离为三，取舍相反不同，而皆自谓真孔、墨，孔、墨不可复生，将谁使定世之学乎？

后世学者不明此理，在那里争什么“道统”，这当然是不可能争清楚的。不过，事实上不同时期又有一些大体相同的知识群体，相互间有较多的共识之处，有相同的目标，当然也有相同的依据，这也就形成了新的学术派别。到了现代，学人为了更好地认识传统学术，于是理出“玄学”、“理学”、“实学”之类的头绪；为了更好地继承传统，于是标出“新儒学”、“新儒家”。近时更有“新道家”的提出，大家似乎也都认可。历史上的儒家、道家的影响至今是否存在，还可以研讨。我想，为了对历史上并非一成不变的儒家、道家作更具体的分析，为了说明不同时期的儒家、道家，给予一定的界定应该也是可以的。这就是我提出“秦汉新道家”的主要原因，也是现在才更清楚一些的认识。这里又碰到另一个问题：过去冯友兰先生曾经提到魏晋时期的新道家，那么就又涉及玄学以儒为主还是以道为主的问题。我想，冯先生是看到了玄学与道家的关系既有联系又有区别，故以新道家名之，我则是看到了汉代黄老之学与道家的联系和区别，故提出新道家之说。如果有学者要采用冯先生之方法，应该可以用“秦汉新道家”“魏晋新道家”……“当代新道家”等说法，不同时期可以有不同的“新”。“新儒家”也是如此：过去有学者提出过汉代儒家是新儒家之说，又有人认为宋代理学家是新儒家，现代新儒家的说法也与此同理。

我还认为，“秦汉新道家”也可称为“黄老道家”。这一点我曾提到，没有突出提“黄老道家”是有意与“黄老之学”作点区别。所以我论述过从黄老之学到黄老道家有一个发展过程的问题，这一点反对我的主张者似未加注意。驳论者肯定：

> 黄老之学的产生，当然是由于老学无为而治的政治哲学的出现，加上黄帝一名的传奇色彩的流行，黄帝被想象成最早实行道家哲学的实行者，而被加在老学的前面而成为黄老之学。①

但他接下来说："这样子说明黄老之学名称的由来，很容易使人产生黄老之学由老、庄原始道家直接发展出来的联想。"再下面就是批评我不该提"新道家"。至于应不应该联想，联系对不对，此处没有明说。当然驳论者也在别处明确表示："道家哲学与黄老思想不同。"是什么样的不同？这倒真是一个值得讨论的问题。有了发展变化，当然与原来不同；用一个新字来区分，也就是表明发展变化。具体的比较这里从略。

"黄老之学"、"黄老道德之术"等在史书记载中都曾出现，但从学派划分来看，无论司马谈、刘向、班固都没有单独列出这么一个学派。在《汉书·艺文志》中，属于黄老之学的一些子书，如《管子》、《文子》、《鹖冠子》以及《伊尹》、《太公》等，皆列于道家一类；更不消说《黄帝四经》、《黄帝铭》、《黄帝君臣》（与《老子》相似）、《杂黄帝》以及《力牧》等，这些无疑应为黄老之学的著作。马王堆中的《经法》四篇，不论是否即《黄帝四经》，被认为是黄老之学的典型著作。如果"黄老"独立成为一派的话，这些冠以黄帝之名的图书还有不少，在《艺文志》的《兵书略》、《数术略》、《方技略》中列了许多，不下二十余种。仅从图书分类来看，完全可以单独列为一类，但是班固没有这么做，刘向、刘歆当然也没有。为什么？应该说这与学派的思想体系有关系：它们源于《老子》或者与《老子》思想有密切关系，是属于"道家"这一大类。所以我们说："黄老道家"或者"秦汉新道家"，并非不能成立。

---

① 黄汉光：《黄老之学析论》，鹅湖出版社2000年版，第28页。

二、关于“秦汉新道家”的特点

早在1981年写《从〈吕氏春秋〉到〈淮南子〉》时，我就提出了关于秦汉新道家“新”在哪里的几点看法：第一，由批判儒墨变成了“兼儒、墨，合名、法”；第二，由逃世变成了入世；第三，发展了老子天道自然无为的思想，把它创造性地运用到人生和政治上去了。后来在1984年出书时，我又补写了一篇《秦汉新道家与先秦道家之主要比较》，补充了一些具体看法。再后来主要是对秦汉新道家一些代表人物和著作进行具体研讨，没有再去深入思考这一提法。但是在深入研究的过程中，自己发现了一些问题，如兼合儒、墨的问题；朋友们也提出一些问题，如陈鼓应先生赞同秦汉新道家之说，但认为特点讲得不对，特别是像入世、出世问题，等等。现在看起来，这些问题是还有深入讨论的必要。我已经发现并有所纠正的，例如兼合儒、墨的问题。“兼儒、墨，合名、法”是班固的说法，司马谈说的是“采儒、墨之善，撮名、法之要”。我认为，这两个表述是有区别的：班固之说没有讲兼、合什么，如何兼、合，而司马谈之说明确是采善、撮要；班固之说主要反映杂凑在一起的意思，而司马谈之说表明的是一种“综合”趋向。当然，他们在这两句话的前后都有文字：从各自的前后文看，两者所言的内容也显然不同。班固的《汉书·艺文志》说：

> 杂家者流，盖出于议官。兼儒、墨，合名、法，知国体之有此，见王治之无不贯，此其所长也。

唐人颜师古作注时解释说：

> 治国之体，亦当有此杂家之说。

王者之治，于百家之道无不贯综。

颜师古的理解是不错的，班固的意思是杂家也有利于“王者之治”，这一点和司马谈的“其务为治者也”说法一样。所谓兼、合，只是一种不完全、不准确的客观描述，而司马谈关于道家特征的描述则是比较全面、准确的：

道家使人精神专一，动合无形，赡足万物。其为术也，因阴阳之大顺，采儒、墨之善，撮名、法之要，与时迁移，应物变化，立俗施事，无所不宜，指约而易操，事少而功多。①

此描述对道家这一派学术的精神、特点均一一指出。道家在发展过程中吸收了阴阳、儒、墨、名、法各家的重要思想，吸取各家之长，这正是战国以来学术综合性发展的反映。班固与司马谈的上述说法及其反映的思想之差异，显而易见。

这里顺便说明一下，我在早些年写新道家特点时，没有充分注意这两种表达的区分，所以引起了误解。有的学者就指责我不该说班固所说的杂家就是新道家（如黄汉光说：“熊氏认为《汉书·艺文志》所说的杂家，就是司马谈所说的道家。”）。其实我不是这样认为的，似乎也没有这样说过。我只是认为班固的“杂家类”所列《吕氏春秋》和《淮南子》是新道家的代表作。为了把这两种书从杂家中分出来，我举过前人讨论《汉书·艺文志》分类不尽合理的例子，也还专门写过一篇《关于古书目中的杂家类》②。总之，我不会把司马谈与班固之说混在一起。

关于秦汉新道家的另一个特点：逃世变入世，似乎陈鼓应先生对此

① 司马迁：《史记》卷一百三十，《太史公自叙》，中华书局1959年版，第3289页。
② 熊铁基：《秦汉新道家》，上海人民出版社2001年版。

很不以为然，因为他认为老子是关心政治的。对于这一点，我讲得不是很清楚，反对我的黄汉光先生倒是作了一个较好的说明：

> 首先要明白道家的哲学思想到底是不是真的逃世这一问题是仍然有争议的。不过，这可能牵涉到对道家的学术性格的不同了解，这是很难达成共识的，然而先秦老、庄没有具体地讨论现实政治问题，那是事实；而《吕氏春秋》说了很多具体的现实政治，也是事实。①

不过黄先生注意的是“这两者是否为一有机的发展”，“根本看不到其中发展的过程”，这则是另一个问题了，而且不知道该如何理解“有机的发展”。也许把陈鼓应先生的看法加进来，那就会“有机”了。

关于我提出的秦汉新道家的第三个特点，黄先生在“驳斥”“其非”时更是无力，而主要是赞同的：

> 从引文看，熊氏的第三点新道家的观点是能够成立的，因为文中不单只有无为的思想，而且指出这思想是由虚静无知、素服而无智的修养功夫而来的……
>
> 熊氏认为《吕氏春秋》作为新道家，吸纳了儒家任贤的政治于其中，而发展了老子的自然无为思想。②

在叙述了这后一意思之后，黄先生认为不应把“无为”看成道家的专利，儒家也有“无为”，“因此《吕氏春秋》的无为政治看来并不一定是只从老、庄发展而来的唯一可能”③。这似乎没有否定“可能”。

① 黄汉光：《黄老之学析论》，鹅湖出版社 2000 年版，第 11 页。
② 黄汉光：《黄老之学析论》，鹅湖出版社 2000 年版，第 12～13 页。
③ 黄汉光：《黄老之学析论》，鹅湖出版社 2000 年版，第 14 页。

据黄先生这些不十分确定的“驳斥”，只能说我的三个理由“都不一定能够成立”，因此，它们也有“可能”成立。

了解了这些反对意见之后，我觉得原来提出的新道家的几个特点，仍可以成立，但是需要提高认识，加深论述。我感到特别是从哲学的角度加深认识很有必要，比如“相生相灭”“相反相成”问题，趋同性问题，综合发展问题等。当然从历史的、事实的论述上也应该更细致更深入，也许这样才能更好地说明老、庄与秦汉新道家的“有机”联系和“发展的过程”。

我认为，新道家就是黄老道家，新道家的特点就是黄老道家的特点。如果因为反对新道家的提法，黄老道家也不愿提，硬要强行分离其“道家”性格，那就很勉强了。例如，黄先生大著中有“原始道家与秦汉新道家”一节，反驳我的“新道家”的特点，以黄老为说，出现了一些很难确定的论述：

> 从思想史的发展看，黄老之学主要是由道家衍化出来的，因为强化了这一类的道家作品的重要性，把黄帝……黄老合称，以作为道家学说的代表……不过，以新道家指称黄老之学的说法只能显示道家与黄老之学在思想上的确有所关联，至于道家哲学因何会发展出黄老之学及黄老之学到底是否为道家的嫡传，以至我们是否可以新道家一名替代黄老之学，都是须要探究的。①

这里除了名称之外，对黄老与道家关系的说法也是含糊的。其论述结果是：只认为两者有关联，但它们的哲学方向不同，都融合了各家入世有为的思想；最后又说到，尊道而无为“乃是战国同时代法家哲学思想流行的结果”，似又牵涉到道与法的关系问题。从哲学上讲区别，是一个

---

① 黄汉光：《黄老之学析论》，鹅湖出版社2000年版，第26～27页。

见仁见智的问题，这里不作讨论。至于“关联”是什么，倒是应该讲清楚的。关联就是与几个特点有关，特别是那个自然无为而不为的道，这是属于道家体系的根本问题，与“新”无关。

“秦汉新道家”是与先秦道家相对而言的，但没有“旧道家”、“原始道家”的提法。我曾说过，道家的形成与儒、墨的形成是有所不同的，它是一个发展过程。这也许就是司马谈论“六家要旨”的前后有综合较难之处，而到刘向、刘歆、班固作图书分类时又不好处理某些新道家作品的原因。

三、兼采各家思想即非千人一面

相生相灭、相反相成、殊途同归的不同学术派别，在各自发展的过程中必然要吸取其他派别思想中重要的有用的东西，以取长补短。这样的发展中的任何一步都会有或大或小的变化，就像《韩非子》所说的，孔、墨死后“儒分为八，墨离为三”。虽然后继者皆称自己是正宗嫡传，但所谓“真孔、墨”实际上没有（也不可能有）。儒、墨如此，其他各家莫不如此。并且越到后来，交流、互补的现象越多，乃至于形成了一种“综合”趋向，从战国后期到秦、汉这种趋势曰益明显。

表面上看，似乎秦朝是以法家思想统治天下，秦始皇对法家思想很欣赏，如他对韩非子之书的赞赏就是事实，但实际上他实行的仍然是《吕氏春秋》中所说的“齐万不同”。人们已注意到，在当时的一些刻石中，除法家之外，儒家、道家的思想都有，这是官方的具有法律性质的文件。各派的学者在实践过程中、在传播发展过程中，自然向“综合”的方向发展，但又各自有各自的基本立场，这样就形成了秦汉时期的新道家和新儒家。

新道家也就是黄老道家，它与先秦老、庄道家相比，是一个相对大的派别，其中包括许多代表人物和代表著作。我在《秦汉新道家》

中列举了一些。这些列举有的是没有争议的，有的就遭到了质疑。除了有关《吕氏春秋》和《淮南子》是否杂家的分歧之外，对于陆贾的《新语》、王充的《论衡》以及刘秀、诸葛亮为政的思想等，都有不同的看法。这些书和思想确实各有不同，甚至有较大的不同，而我只是从它们的主要方面、根本方面来划归道家学派的，这正好说明不是千人一面。一个大的比较成熟的学派，无论在什么时候，无论是兴盛或者衰落，无论面对什么问题，无论社会、政治中的大、小问题，都会从自己的立场出发，表述自己的看法，提出否定或者赞同的看法，提出主张和解决问题的办法。陆贾、刘秀、诸葛亮就是不同时期的代表人物，司马迁父子、扬雄、王充也有各自不同领域的重点论述，所以新道家不是一个面孔。

当然，也不是什么人都可以包括在黄老之内（有人认为我包括的人太多了），如董仲舒也采撮了道家的一些东西，我就没有把他包括进来，他应为汉代新儒家的代表。

道教的产生及其文化意蕴

宗教是一种复杂的社会现象，“杂而多端”的道教之复杂性更多更大。道教的研究还有很多事可做，但道教的起源和产生是研讨得不少的，作出新的论述颇不容易，本文因研究汉代学术史的需要，试图在这方面再作一点努力。以下主要依据汉代史学方面书籍的资料，一般不采用后世道书的记载。

一、道教产生诸问题再探讨

道教形成于汉代，这是多数研究者比较一致的意见，特别是东汉时期，可以说是有了比较成熟的道教。主要的可列举以下几方面的具体事实和材料。

首先，至少东汉后期，已有了普遍的“黄老道”信仰。

西汉中期开始，虽然是“独尊儒术”，但黄老思想仍有一定的流行，到东汉开国，再次以黄老为政治指导思想，并且又特别突出了“黄老养性”、养生的方面。所以东汉时期信奉黄老、祠祀黄老的人越来越多。明帝时，楚王英“晚节更喜黄老，学为浮屠斋戒祭祀”[①]“学”字下断[②]似较合理，意即学习佛教的“斋戒祭祀”方法来祠祀黄老。当时佛道兼

① 范晔：《后汉书》卷四十二，《楚王英传》，中华书局1965年版，第1428页。
② 按：中华书局（北京）标点本如此断句。

奉是普遍的，这种现象一直影响后世。早年傅勤家写《中国道教史》时就注意到这一问题，列有《佛道二教之相互利用》一章，指出“即陶弘景信道亦兼信佛”，并且有一句话想在此一说：“是今人于丧中兼延僧道诵经，有由来矣。”这是上世纪三十年代末写的“今人”，笔者可以为证，正是那时笔者祖母去世，就既请了和尚也请了道士来念经、做道场。特证于此，供日后研究者参考。

到了东汉后期，祠祀黄老，同时还有佛道兼祀之风逐渐兴盛起来，如《后汉书·西域传》所说：

> 后桓帝好神，数祀浮图、老子，百姓稍有奉者，后遂转盛。

当时“宫中立黄老、浮屠之祠”，应是事实。祭祀黄帝是西汉早就开始了的，祠祀老子则在东汉桓帝时有明显的记载：

> （延熹）八年，春，正月，遣中常侍左悺之苦县，祠老子。
>
> 十一月……使中常侍管霸之苦县，祠老子。①
>
> 桓帝即位十八年，好神仙事。延熹八年，初使中常侍之陈国苦县祠老子。九年，亲祠老子于濯龙。文罽为坛，饰淳金扣器，设华盖之坐，用郊天乐也。②

后一条《祭祀志》的记载是又一种概述，故八年之遣使只有一句，而九年之亲祠，是在宫中，《本纪》作“（七月）庚午，祠黄老于濯龙宫”，黄老并提，与“宫中立黄老之祠”一致。据《东观汉记》记载是“北宫濯龙”。

黄老得到较普遍祭祀，也是有材料可以证明的，如：

---

① 范晔：《后汉书》卷七，《孝桓帝纪》，中华书局1965年版，第313～316页。

② 范晔：《后汉书》志第八，《祭祀中》，中华书局1965年版，第3188页。

熹平二年，国相师迁追奏前相魏愔与宠共祭天神，希幸非冀，罪至不道。……愔辞与王共祭黄老君，求长生福而已，无他冀幸。①

第一，魏愔与王刘宠所祭之“天神”是“黄老君”，“黄老君”已经是被供奉起来的神祇了，应该是如“浮屠”一样有了“图画形象”②，以便人们拜祭；第二，这是皇帝宫殿之外的祭祀“黄老君”，说明朝廷内外（包括苦县）均有信奉和祠祭“黄老”的活动。

由此，黄老道是一个呼之欲出的名词，是一个有实际内容的名词，所以《后汉书·循吏王涣列传》就正式出现了“黄老道”之名：

延熹中，桓帝事黄老道，悉毁诸房祀，唯特诏密县存故太傅卓茂庙，洛阳留王涣祠焉。

各种各样的祠祀太多，像淫祀（详下）一样，一律禁毁，以突出黄老道的崇拜和祭祀。黄老道是已经具备宗教礼拜的形式了，不再仅仅是黄老之道的意思。这样再看张角之“奉事黄老道”就更清楚了，《后汉书·皇甫嵩传》：

初，巨鹿张角自称“大贤良师”，奉事黄老道，畜养弟子，跪拜首过，符水咒说以疗病，病者颇愈，百姓信向之。

这显然是宗教行为，有信仰、有组织、有仪式等各种构成宗教的基

① 范晔：《后汉书》卷五十，《孝明八王列传》，中华书局1965年版，第1667页。
② 《后汉书·西域传》记载：“世传明帝梦见金人，长大，顶有光明，以问群臣。或曰：西方有神，名曰佛，其形长丈六尺而黄金色。帝于是遣使天竺，问佛道法，遂于中国图画形象焉。”

本要素都具备了。

我认为，中国道教早期的正式名称，曾经叫做“黄老道”。“号太平道”[①] 之类，实是他人或后人的说法。同样，“五斗米道”“鬼道”之类的称号也是他人或后人的说法。而且，其与“方仙道”“佛道”之类用法也有不同。这些问题有待更深入的讨论。但是，东汉末年肯定有“黄老道”的普遍信仰，“稍有奉者，后遂转盛”的记载，是符合历史实际的。

其次，关于“太平道”与“天师道”。

所有的道教史都记述了早期道教的这两个大派，有关材料也几无遗漏地被引用、阐述过。这里，我们想从另一角度作些论述。

“太平道”和“天师道”，因为与反抗封建统治的农民起义有关，所以当时和稍后的记载多半以“贼”“妖”看待，有关宗教的内容则冠以“鬼道”“妖术”之名，既不全面，也有很多歪曲。二十世纪三四十年代开始，马克思主义的学者从农民起义的角度进行阐述，对它们进行了肯定。但是，其宗教方面的内容则多半被忽略。二十世纪八十年代前后开始的道教史研究，也未多作其积极作用的论述，对资料的缺陷也分析不够。

其实，宗教的产生与被压迫、被剥削者的反抗，与农民起义有密切关系，是很自然的。世界各大宗教都是如此，佛教反对婆罗门的特权，基督教反抗罗马的奴隶统治，恩格斯研究基督教历史时曾经指出：基督教在其产生初期，是一种“被压迫者的运动，它最初是奴隶和被释放的奴隶、穷人和无权者、被罗马征服或驱散的人们的宗教”[②]。下层群众、受苦受难的人，希望摆脱现实苦难的愿望，就会通过宗教活动以及宗教的教义中体现出来。能体现这种教义的，就是下面将讨论的《太平经》

① 这是《资治通鉴·汉纪·光和六年》的说法。

② 恩格斯：《论早期基督教的历史》，见《马克思恩格斯全集》第22卷，人民出版社1965年版，第525页。

和《老子想尔注》。

宗教自然有它的信仰、组织和教义教规，对于太平道和天师道（五斗米道），研究者多有论述。我觉得李养正先生在《道教概说》中关于五斗米道的一段概述值得称引，他根据各种史书和道书，参考《太平经》和《老子想尔注》，“归纳张道陵初创五斗米道的教义教规”为：

> （一）诵习《五千文》；（二）不妄祀；（三）有罪首过；（四）符水治病；（五）用章表与鬼神为誓约；（六）修路；（七）行黄赤之道（即男女和合之法）；（八）立二十四治，置祭酒；（九）收信米五斗。这些统称为三天正法。……故五斗米道特重“盟威之道”及“正一章符”。

这个教义教规的概说，实际上已涉及宗教信仰和宗教组织，二十四治或后来的二十八治，即一种独特的组织体系。“治”，又称“庐”，称“靖”，或称“静室”，是祭祀请祷之所，如后来陆修静的《道门科略》云：

> 今正月七日，七月七日，十月五日，一年三会。民各投集本治。师当改治录籍……正定名簿。三宣五令，令民知之。其日天官地神咸会师治，对校文书。师民皆当清静肃然，不得饮酒食肉、喧哗言笑。会竟民还家，当以闻科禁威仪，教敕大小，务共奉行。

二十四治的宗教活动，肯定是一度进行过。

至于信仰，上述之（一）、（二）两条即言信仰，既然“诵习”《老子》，必然是信奉老子，即《老子想尔注》中所说之“太上老君”。是否也是“奉黄老道”，尚可进一步考证，或者是以黄帝、老子为主神而兼有诸“天官地神”。“不妄祀”是与前述“桓帝事黄老道，悉毁诸房祀”

一致的。

所谓“太平道”也是如此，只不过由于是“妖贼”“反叛”，有关其宗教的内容记载得更少，而且多有歪曲，但有时又多少会透露出一点实情、真情，如“以善道教化天下”“郡县不解其意，反言角以善道教化，为民所归”① 之类。其所“置三十六方”，原本应该如二十四治一样，是宗教的组织。其信仰明确，是“奉事黄老道”，应该就是以黄帝、老子为最高神。当代研究者都注意到“中黄太一”一说，并且说是“信奉”“中黄太一之道”②，或者说“与传统的太一神有了区别，或为太平道所独有的崇拜偶像”③。其根据都是王沈《魏书》的一条记载，如青州黄巾军曾致书曹操说：

> 昔在济南，毁坏神坛，其道乃与中黄太一同，似若知道，今更迷惑。汉行已尽，黄家当立。天之大运，非君才力所能存也。

这里我想就“太一”的信仰再作一点补充论述。从《史记·封禅书》的记述看，“太一”的祭祀和崇拜，主要是从汉武帝时开始的，并且闹腾得非常厉害。开始是“亳人谬忌奏祠太一方曰：天神贵者太一，太一佐曰五帝……”，汉武帝接受了，从而开始了对“太一”的祠祭活动，以后更频繁而隆重。值得注意的，是“五帝，太一之佐也”。我们知道，黄帝乃五帝之首，而且“黄帝仙登于天”，后来武帝欲成仙，乃至于说：“吾诚得如黄帝，吾视去妻子如脱屣耳。”在以后“祠太一、五帝于明堂上坐”，当然黄帝越来越受重视，“太山下祠五帝，各如其方，黄帝并赤帝，而有司侍祠焉”。这些记述，《汉书·郊祀志》照录无遗，但是武帝以后就很难见到祠祭太一的记载了。直至王莽执政时，祭祀天

① 范晔：《后汉书》卷七十一，《皇甫嵩传》，中华书局1965年版，第2399页。
② 卿希泰主编：《中国道教史》第1卷，四川人民出版社1988年版，第213页。
③ 牟钟鉴等：《道教通论》，齐鲁书社1991年版。

地神越来越乱，“（刘）歆等八十九人议”，皆曰：

天子父事天，母事坠。今称天神曰皇天上帝，泰一兆曰泰畤；而称地祇曰后土，与中央黄灵同，又兆北郊未有尊称。宜令地祇称皇坠后祇，兆曰广畤。《易》曰：方以类聚，物以群分。分群神以类相从为五部，兆天坠之别神：中央帝黄灵后土畤及日庙、北辰、北斗……东方帝太昊青灵……南方炎帝赤灵……西方帝少嗥白灵……北方帝颛顼黑灵……

这次群神分类的议论上奏被认“可”之后，一直影响到东汉。

我们阅读《后汉书·祭祀志》，无论天地群神之祭，宗庙社稷之祠，再也没有看到“太一”之名，只有黄帝越来越突出，在五帝之中居先、居中，且引两条记述如下：

陇蜀平后，乃增广郊祀，高帝配食，位在中坛上，西面北上。天、地、高帝、黄帝各用犊一头，青帝、赤帝共用犊一头，白帝、黑帝共用犊一头，凡用犊六头……

黄帝地位之高由此可见。另一条讲“迎时气，五郊之兆”：

立春之日，迎春于东郊，祭青帝句芒……立夏之日，迎夏于南郊，祭赤帝祝融……先立秋十八日，迎黄灵于中兆，祭黄帝后土。车旗服饰皆黄……

无论四时或者四方，黄帝都是居中。“迎黄灵于中兆”，这“中黄”二字呼之欲出了。“中黄太一”是张角等人的创造，还是先此已经形成之词，尚可进一步考证。其与黄老道的黄帝信仰是分不开的。人们对黄帝的祭祀和崇拜早于老子，这是可以肯定的。据边韶《老子铭》之说，信奉祠祀老子就是从桓帝时才开始的。黄老道从桓帝前后开始，为上下共同信仰，这似乎是历史发展的真实脉络。

在形成和发展过程中，会有不断地增饰和改变，这也是历史发展的事实。关于五斗米道的某些记述可以作为实例，如《后汉书·刘焉列传》注引《典略》[①] 的一段记述：

> 初，熹平中，妖贼大起，（三辅有骆曜。光和中，东方有张角），汉中有张修。（骆曜教民缅匿法，角）为太平道，（修）为五斗米道。太平道师持九节杖，为符祝，教病人叩头思过，因以符水饮之。病或自愈者，则云此人信道，其或不愈，则云不信道。修法略与角同，加施净室，使病人处其中思过。又使人为奸令祭酒，主以《老子》五千文，使都习，号“奸令”。为鬼吏，主为病者请祷。（请祷）之法，书病人姓字，说服罪之意思。作三通，其一上之天，著山上；其一埋之地；其一沉之水，谓之“三官手书”。使病者家出米五斗以为常，故号“五斗米师”也。实无益于疗病（但为淫妄），小人昏愚，竞共事之。后角被诛，修亦亡。及鲁自在汉中，因其人信行修业，遂增饰之。教使起义舍，以米（肉）置其中，以止行人。又（教）使自隐，有小过者，当循道百步，则罪除。又依《月令》，春夏禁杀。又禁酒。流移寄在其地者，不敢不奉也。

这样的记述当然也还不全面，但字里行间也透露出一些重要信息。例如“修法略与角同”，虽就“符水”治病、“叩头思过”等法术、科仪而言，“太平道”与“天师道”相同相通之处必有很多：首先，信仰相同，都是信奉黄老道，以黄帝、老子为崇拜对象。两大派都有跪拜、叩

---

① 《三国志·魏书·张鲁传》注亦引其文，文字大同小异。

头之礼，向谁叩头礼拜，甚至朝什么地方礼拜，宫中之祠祭应该是有画像的，前面已提到明帝时“图画形象”之事，其实画像祭祀的记载更早，如《史记·封禅书》记载汉武帝时：

又作甘泉宫，中为台室，画天地太一诸鬼神，而致祭具，以致天神。

看来在木雕泥塑之前，在考古学上的“造像”之前，就是“图画形象”，以作为礼拜的对象。上述二十四治一年有“三会”之日，“其日，天官地神咸会师治”，如何表示诸神“咸会”？自然是“图画形象”，这应该不是设想而是当时应有之事实①。

其次，组织形式也相同。一为二十四治，一为三十六方。治和方都指较大的聚会、祈祷的中心场所。治，前已略加说明，即“治所”之意，设置治所是《史记》《汉书》中比较常用之词，天师道也是在各地设置治所。“方”和“治”是同样的意义，如孔颖达疏《易·系辞》之“神无方”时所说：“方是处所之名。”只不过因为是“妖贼”“反叛”，其宗教治所的意义被忽略了。而袁宏《后汉纪》记述用的是“坊”字，其《孝灵皇帝纪》云：

中平元年，春，正月，钜鹿人张角谋反。初，角弟良、弟宝自称大医，事善道。疾病者辄跪拜首过，病者颇愈，转相诳耀。十余年间，弟子数十万人，周遍天下，置三十六坊，各有所主……

“方”与“坊”皆可为处所之名，不知何种记载为误。说不定这

① 后世也有“佛堂有像，道堂无像”之类的记载，或者是指“本无天尊形象”而言。老子之像应该是早有的。《抱朴子·杂应篇》就记有“老君真形”“身长九尺，黄色，鸟喙，隆鼻，秀眉长五寸，耳长七寸，额有三理……”，这就可以画像了。

"三十六坊"更为当时事实，因邑、里、街、坊在汉代已经为人们常识，以"方"为处所还生僻一些，可以暂时不管它。但《后汉纪》的记述透露了其宗教性质：初，最初，开始是从"事善道"兼行"医"而起的，弟子多了之后才再置"坊"管理。总之是有了大体相同的组织形式，而且分治、分坊管理，"各有所主"，这已是相当成熟的一种表现。汤一介先生说，张鲁、张角建立的"实际上也是政治组织，教会组织还没有独立出来"①。我觉得恰恰说反了，根据《后汉纪》的记载，应该开始是教会组织，后来才"政教合一"的。

再例如"因其人信行修业，遂增饰之"。这里虽只是说张鲁对张修之"业"的"增饰"，只举了"起义舍""禁酒""禁杀"几个例子。前者是实行"太平"理想，也是收买人心的具体措施之一，后者涉及"诫律"，而且"依《月令》春夏禁杀"，其"增饰"是有根据的。应该说，这样的"增饰"行为正是在道教形成和发展的过程中不断发生的，所以教义教规才会越来越丰富完善。

据上所述，我们完全有必要重新在各种不完整的文献记载中，爬梳整理，进一步发掘道教产生和形成诸问题，还历史本来的面目。

再次，关于《太平经》和《老子想尔注》。

有关这两部书的现代研究是从上个世纪开始的。近三十年来，它们已经被研讨得相当充分了。好多问题，学术界取得了比较一致的意见，大多肯定它们是早期的道教经典。对于两书中的内容，也从各种不同的视角进行过爬梳整理。但是仍有许多认识上的问题，还可以进一步讨论。

例如关于《太平经》及其思想如何看待？早年汤用彤先生在《汉魏两晋南北朝佛教史》中曾举例说明《太平经》"颇窃取佛教之学说"(《〈太平经〉与佛教》)，而有人又说《太平经》未受佛教之影响。这问

① 汤一介：《中国传统文化中的儒道释》，中国和平出版社1988年版，第116页。

题关系佛道交涉史，仍可作进一步探讨。

又，上世纪五十年代，特别是在1959年前后，与当时农民战争问题的讨论有关，学界讨论过《太平经》的问题①。有些学者认为，《太平经》是“我国第一部农民革命的理论著作”或者说是“农民道教的经典”②；有些学者反对这种说法，并且认为其政治方向是为统治阶级服务的，是“麻醉人民的鸦片烟”③。现在不会有这种鲜明阶级斗争观念的讨论了，但宗教经典中的思想与时代、与统治思想的关系，仍是一个不可回避的问题。实际上不只道教经典是如此，其他宗教的经典也是如此。由此再进一步思考，上层道教、民间道教之类的划分是否合适？也是一个可以讨论的问题，似不应强行作这样的划分。

全面地深入分析这两部道教经典的内容、思想是必要的，也是有意义的。有些问题并未完全讲深讲透。近来，又有人说：“《老子想尔注》是明确属于道教系统的著作”，而《太平经》和《河上注》《参同契》等“可分类为黄老道学系统的文献”，“不能把它们视为道教文献”④。这又有些节外生枝了。

《老子想尔注》，不论作者是张道陵还是张鲁，或者其他什么人，或者众人之解说，其与“五斗米道”之“都习”“老子五千文”有关系，这一点应该是没有问题的。它神化老子，说老子是“道”的化身，这与崇祀老子也是有关系的。《老子想尔注》自然是道教的早期经典之一，虽然内容相对简略（存留的亦非全本），但也反映了不少有代表性的道教思想，与《太平经》有密切关系，甚至被认为“大部分即以《太平经》解老子，故与韩非以来说《老》者，截然异趣”（饶宗颐说），应该

---

① 如1959年《历史研究》《学术月刊》《光明日报》等发表了好几篇重要文章。

② 戎笙：《试论〈太平经〉》，《历史研究》1962年第4期。

③ 熊德基：《〈太平经〉的作者思想及其与黄巾和天师道的关系》，《历史研究》1962年第4期。

④ 金晟焕：《黄老道探源》，中国社会科学出版社2008年版。该书在西汉初黄老学与东汉末道教之间探讨一个“黄老道学”，不知何意？也不知说些什么？

说与《河上注》也一脉相承，不过有所发展。

《太平经》当然非一时一人之作，但在东汉后期已形成了一个颇具规模的“经典”，与佛教经典之形成相比也是可贵的，“佛教经典绝不是一个人的创造，也不是一个时代的产物”，“佛教典籍既多且杂，很难作历史的考察”①。而道教产生之始就有了一百七十卷的《太平经》，集中了各种各样的法、诀、诫、文，既反映了道教的教义、教规，也反映着中国古代社会方方面面的思想意识，其在思想史、文化史上的价值和意义是不应该低估的。

正是因为有《老子想尔注》与《太平经》这两部反映道教教理、教义、教规的经典，而且在一定程度上还与当时一些教派的行为实践相结合，所以我们说，这也是道教在东汉后期形成的一个标志。

二、道教产生的文化意蕴

如上所述，东汉时期，道教已经产生，宗教的理论、信仰、组织、行为均已具备而且均比较成熟。道教产生和形成的意义是很大的，其文化意蕴是深厚的，这方面似亦阐述不够充分。今择要论说如下几点：

1. 神学宗教正式形成的意义

宗教学研究认为，全世界宗教的产生，都有一个由自然宗教到人为（神学）宗教的发展过程。中国历史也不例外，而且其发展过程非常清晰，内容十分丰富。众所周知，有文字和考古资料证明夏、商、周时代，是从各种各样的自然崇拜、图腾崇拜到鬼神崇拜、天帝崇拜、祖先崇拜以及圣贤崇拜等，并且有巫、祝、卜、史等专门的宗教人员。从自然宗教到人为宗教，有一个长期的演变过程。这一直发展到汉代，甚至出现“方仙道”之类的说法，但现在还无法证明“方仙道”是一种正式

① 杜继文主编：《佛教史》，中国社会科学出版社1991年版，第12页。

的宗教名称，其只可以作“方仙”之“道”去理解。到了东汉后期，开始以“黄老道”为名的道教产生，才正式地形成真正的神学宗教，真正的土生土长的中国宗教。这应该算是历史的进步。它有一定的“统一”作用，对社会也有一定的积极作用。

一种有数理、教义以及诫律等的宗教出现，可以阻止某些愚昧、野蛮的迷信习俗，是有进步意义的。这方面，我们还是从具体事例谈起。

战国时的魏国有一个“河伯娶妇”的故事，地方官吏和祝巫勾结搜刮民财，编造了一个迷信故事，“即不为河伯娶妇，水来漂没，溺其人民云”①。除了每年收取数百万钱之外，还由巫妪选一民女，装模作样地送入河中直至沉没。这一迷信习俗，虽然当时被邺令西门豹制止了，但类似的愚昧、野蛮习俗，在不同时期、不同地区都有很多。汉人把它们归结为“淫祀”（汉又称“房祀”），《礼记·曲礼下》说：“非其所祭而祭之，名曰淫祀。”据《汉书·地理志》记载，许多地方都有“信巫鬼，为淫祀”之风。这一方面是统治者的爱好提倡，从汉武帝开始四处“祠天神，帝百鬼”，各种方术之士、巫祝之人大肆活动；另一方面，民间各地不断的有自发兴起的“淫祀”。所以如《盐铁论·散不足》中说：

> 古者德行求福，故祭祀而宽；仁义求吉，古卜筮而希。今世俗宽于行而求于鬼，怠于礼而笃于祭，嫚亲而贵势。至妄而信日，听訑言而幸得，出实物而享虚福……是以街巷有巫，闾里有祝。

劳民伤财的“淫祀”“淫祠”多得不得了，据《汉书·郊祀志》记载：

> 哀帝即位，寝疾，博征方术士。京师诸县皆有侍祠使者，尽复

① 司马迁：《史记》卷一百二十六，《滑稽列传》，中华书局1959年版，第3212页。

前世所常兴诸神祠官，凡七百余所，一岁三万七千祠云。

到了王莽时期：

莽遂崇鬼神淫祀，至其末年，自天地六宗以下，至诸小鬼神，凡千七百所，用三牲鸟兽三千余种。后不能备，乃以鸡当鹜雁，犬当麋鹿。

鹜雁、麋鹿等珍稀动物难得，以鸡犬代之，其物资消耗之大是很显然的，是劳民伤财。更有直接妨害农业的，如：

会稽俗多淫祀，好卜筮。民常以牛祭神，百姓财产以之困匮。其自食牛肉而不以荐祠者，发病且死先为牛鸣，前后郡将莫敢禁。①

牛为农耕所必需，杀牛祭神，当然是直接妨害农业生产的。

对于诸多淫祀，有识之士常加批评，朝廷和地方官也有时禁止，如西汉平帝时就曾“班教化，禁淫祀”②，东汉桓帝时“坏郡国诸房祀”③以及如第五伦在会稽之断然阻禁④等等。但淫祀之风时有反复。而一种成熟的宗教产生，对于遏阻淫祀之风，理应是有一定作用的。道教产生之时就起了这样的作用。桓帝之举，如前所述，是与“事黄老道”有关的，崇奉道教，可以阻止许多淫祀。而道教本身也是有此意的，如前所述，“不妄祀”是五斗米道派的教规之一。又，上引“昔在济南，毁坏神坛，其道乃与中黄太一同”，就是指曹操任济南相时的禁淫祀而言，

① 范晔：《后汉书》卷四十一，《第五伦传》，中华书局 1965 年版，第 1395 页。
② 班固：《汉书》卷十二，《平帝纪》，中华书局 1962 年版，第 347 页。
③ 范晔：《后汉书》卷七，《孝桓帝纪》，中华书局 1965 年版，第 287 页。
④ 范晔：《后汉书》卷四十一，《第五伦传》，中华书局 1965 年版，第 1395 页。

《三国志·魏志·武帝纪》记载，曹操年轻时（30多岁）即为济南相：

光和末，黄巾起……迁为济南相，国有十余县，长吏多阿附贵戚，赃污狼藉，于是奏免其八；禁断淫祀，奸宄逃窜，郡界肃然。

其注引《魏书》进一步说明了当时济南淫祀及被禁止的情况：

……济南尤盛，至六百余祠。贾人或假二千石舆服道从作倡乐，奢侈日甚，民坐贫穷。历世长吏无敢禁绝者。太祖到，皆毁坏祠屋，止绝官吏民不得祠祀，及至秉政，遂除奸邪鬼神之事，世之淫祀由此遂绝。

曹操禁淫祀这一行为，与“中黄太一”之道是相同的。写信给曹操的“黄巾贼”，“中黄太一”这样的信仰，都说明与道教有关，道教是禁淫祀、不妄祀的。尽管道教在后世的发展，不完全如理想，不完美之处、之时不少，但“不妄祀”的教义、教规是有进步意义的，对打击、阻止、禁断各种劳民伤财、妨农害事的淫祀是有意义和作用的，道教正常的发展，也可以打击和阻止各种“邪道”的产生。

顺便在此谈一下道教与淫祀、与迷信的关系，对于正确了解道教的上述一定程度上的进步意义是有帮助的。如前所述，淫祀是“非其所祭而祭之”，这个说法不很确定，哪些“非其所祭”？什么标准？谁来认定？而“迷信”一词我们用得不少，如封建迷信、宗教迷信、个人迷信等等，很少人注意其定义。旧的《辞海》解释说：

不察事之真伪，惑于世俗之见而妄信之，曰迷信；如拜偶像、尚术数是。

这样的解释不算错，但也有不确定的问题，如真伪问题、偶像问题，乃至术数问题等等。我觉得《简明不列颠百科全书》的解释倒是比较全面而值得进一步玩味：

> 迷信 superstition 指缺乏理性实质的信仰、准信仰或习俗。迷信大致可分为宗教迷信、文化迷信、个人迷信。各宗教都往往积累迷信作为其外围信仰，基督教徒……某事在一人为宗教信仰，在另一人往往就是迷信。一切宗教信仰和习俗，在没有宗教信仰的人看来，全是迷信。文化传统中的迷信有时与宗教迷信分不开，这种迷信种类繁多。几乎所有的人在大多数情况下，在如何祛邪蒙福、预卜未来、防病禳灾等问题上，都有不合理的信念，有的是认真的，有的是不大认真的。人们在生活中往往产生个人的迷信：……历史上迷信具有深远的影响……

在这样比较全面解释的基础上，我们对宗教与迷信的关系以及“种类繁多”的迷信就可以作进一步分析了。诸如前叙的“河伯娶妇”，当然是迷信，而且是野蛮的迷信，理当反对、禁止，河伯不应该祭祀。由此可见，正规的道教之“不妄祀”是有一定进步意义的。

2. 道教信仰的特色及其意义

有的学者概括地说，道教的最高信仰是道，核心信仰是神仙。这样说，不会有人反对。而这一个相对抽象、一个比较具体的信仰，是道教特有的，不同于其他任何宗教，极具中国特色，既有丰富的内容，又有较强的实践意义。

中国的“道”和“神仙”，外国文都不好翻译，一般只好用拼音来翻译“道”（tao）和“仙”（xian），翻译“神仙”则有好几种表述。由此可见其为中国所特有。特别是“道”，其包容性和深刻性之大，是外国人很难理解的，中国人虽也不容易弄清，但因时、因地（不同场境）、因人（各种各类）不同，会有许多的解说。

“道”的信仰，显然不同于上帝、真主、释迦牟尼的信仰，它是抽象的、理想的。但是“道”信仰的深刻含义之被认识是一个长期发展的过程。作为道教的信仰，一开始也是从具体形象开始的，《道德经》本为老子之作，其“道”论最为深刻，到东汉道教形成过程中，老子被崇敬、被礼拜，人们把“道”和老子联系起来，以表达自己的信仰，这是基本的事实。在记载中表述出来的，那就是王阜的《老子圣母碑》和《老子想尔注》，前者文曰：

> 老子者，道也。乃生于无形之先，起于太初之前，行于太素之元，浮游六虚，出入幽明，观混合之未别，窥清浊之未分。

王阜是东汉前期的人，此碑文为《太平御览》所录，关于道的解释是汉人比较熟悉的一些说法，明确地把老子与道等同并不多见，这应该与时人对老子崇拜、祭祀有关，明帝时楚王英之“喜黄老，为浮屠斋戒祭祀”[①] 之类的事实，已经明显的存在。《老子圣母碑》本身也透露出崇拜和祭祀的信息。虽然此碑文不全，许多问题现在无法弄清楚，如“老子圣母”何所指？圣母旧指有神通道法的女子[②]，“老子圣母”是老子的母亲呢，还是老子的妻子？这种崇奉一直延续到清代，武则天文明元年“追尊老子母为先天太后”，这是《新唐书·本纪第四》的记载，《唐会要》卷五十又说是：“其年九月，册元元皇帝妻为先天太后，尊像于老君庙。”这种追尊当然有历史渊源。而东汉前期之《老子圣母碑》应该是最早的尊崇，修庙、立碑、画像是其表现形式。对老子之母或妻如此崇奉，对老子的崇拜、祭祀自不待言。“老子者，道也”，就是对“道”的信仰的人格化。再进一步引《老子想尔注》的解释，就是：

---

① 范晔：《后汉书》卷四十二，《楚王英传》，中华书局 1965 年版，第 1428 页。

② 《后汉书·郡国志》广陵郡有“东陵圣母”的记载。

一者道也……一散形为气，聚形为太上老君，常治昆仑，或言虚无，或言自然，或言无名，皆同一耳。

“道”与“太上老君”是一回事，“太上老君”就是“老子”，道教的“太上老君”的称呼也出来了。对老子的崇奉，逐渐明确为对“道”的信仰。以后对“道”信仰的各种说法，都应该从这里开始。以后的道教经典，又从这人格化的道变为玄虚之道，对这个最高信仰，从诸多方面进行阐释。“道”这个最高信仰越来越丰富，同时也越来越复杂，既有非常理性的思想、理论，也有相对神秘的乃至迷信的说教，精华与糟粕并存。

再说神仙信仰。

神仙信仰源远流长，应该说是先有“仙”，后有“神仙”。还有一个值得注意的现象，“仙”本身也许出现得并不早，而且超凡脱俗的“仙人”“成仙”“登仙”，当时的儒家似乎不太理会，先秦儒家的主要经典中，似乎就没有“仙”字。先秦道家《老子》中也没有“仙”字[①]，《庄子》中有一句“去而上僊（僊即仙）”，主要应该是“升举”之意。但是有“登仙”“成仙”思想，也有后世“仙人”“神仙”的种种描述，那就是《老子》的“长生久视”，《庄子》关于真人、至人、神人的种种描述等等。

什么是神仙？或者说什么是仙人？概括地说有两大特征：一个是长生不死，一个是言行举止乃至音容笑貌超凡脱俗。后者可以从后世关于各种神仙的记载中看到各种各样的表现，但《庄子·逍遥游》中关于“神人”的描述颇有代表性：

藐姑射之山，有神人居焉，肌肤若冰雪，绰约若处子，不食五

① 主要指传世本《老子》，《史记·封禅书》《索隐》：“乐彦引《老子道经》云：月中仙人宋毋忌。”暂无可考。

谷，吸风饮露，乘云气，御飞龙，而超乎四海之外。其神凝，使物不疵疠，而年谷熟。

这应该是神仙的标准、典型形象了，而且神通广大。汉人许慎的《说文解字》对“仚（仙）”字解释说“人在山上”，那就是高入云间、飘飘若仙了。《说文解字》的另一个“僊”字，被认为是仙的异体字，其解释是“长生僊去”。僊就是“迁”，“迁入山也”（见《释名》）。所以《庄子·天地》中有“千岁厌世，去而上僊”之说。这“人在山上”或者“入山”的解释，又是与“长生”紧密相连的。所以，“长生不死”是神仙思想更重要、人们更向往的内容，所以汉代字书《释名》才有“老而不死曰仙”的解释。人们向往长生不死，所以编出一些“不死”的神话，造出一批“八百岁”“千二百岁”的长生仙人。人们希望“不死”，在《山海经》这部古奇书中就有明确反映，其《海外南经》中写道：

不死民在其东，其为人黑色，寿（考）不死。

又《大荒南经》中写道：

有不死之国，阿姓，甘木是食。

人们是幻想不死，并力求寻找不死之食物和不死之药物，故《海内西经》的记载就说：

开明东有巫彭、巫抵、巫阳、巫履、巫凡、巫相，夹窫窳之尸，皆操不死之药以距之。

巫彭这些人郭璞注云："皆神医也。"由此看来，"不死"要靠不死的食物和"距郤死气，求更生"（郭璞注）的药物。

究竟人能否不死而成仙，这是一个大问题，一直到晋代葛洪作《抱朴子内篇》，其《论仙》篇开头就回答："神仙不死，信可得乎?"他的回答及其"天仙""地仙""尸解仙"之类的创造性解说，都是后话，这里就不说它了。要说的是这长生不死的愿望，曾经为人们所狂热的追求，特别是一些当权者的追求，记载表明，从战国时期的燕、齐等诸侯王到秦始皇、汉武帝都狂热的寻找不死之药。这些在《史记·封禅书》中有大略的记述：

自威、宣、燕昭，使人入海求蓬莱、方丈、瀛洲。此三神山者，其传在勃海中……盖尝有至者，诸仙人及不死之药皆在焉。

及至秦始皇并天下，至海上，则方士言之不可胜数……使人乃赍童男女入海求之……冀遇三神山之奇药……

汉武帝时相信李少君、少翁等人之言，四处祭拜鬼神，相信"不死之药可得，仙人可致"，相信"黄帝仙登于天"，他于是说：

嗟乎，吾诚得如黄帝，吾视去妻子如脱躧耳。

既能当皇帝，又能成仙上天，何乐而不为。实质就是求长生不死，因而"复遣方士求神怪，采芝药，以千数"。虽然最终都是"无有验""无有效""天子益怠厌方士之怪迂语矣"，但是"自此之后，方士言神祠者弥众"。汉武帝在位时间较长，经过长期反复的宣传和实践，神仙信仰就日益风行，"神仙"之名也应该是这时候产生的，"其明年，东巡海上，考神仙之属，未有验者"。这也许是记载中时间最早的了。因而也还不很普及，神人和仙人分开为说，所以刘向只作《列仙传》，到葛洪才叫《神仙传》，这反映了历史发展的真相，也可反映神仙信仰的历史发展过程。

道教以神仙信仰为核心信仰，是有深厚的社会文化基础和一定历史渊源的。神仙信仰长生不死与道家思想理论关系密切，如前所述《老子》有"长生久视"之言，《庄子》有长生成仙和超凡脱俗之种种描述，这里我们还应该提出的是汉初《淮南子》一书，《淮南子》是属于道家思想的著作，它不仅"考验乎老、庄之术"，集先秦道家思想之大成，集黄老学之大成，同时也集神仙思想理论之大成，这后者也相当突出。全书充满了对仙境、仙人的种种描绘，它发挥《庄子》逍遥世外的幻想，提出了神仙家理想境界："大丈夫恬然无思，淡然无虑……上游于霄霓之野，下出于无垠之门。"[①] 它将"真人""至人"进一步神化，认为得道之人无所不能、无往不至。它承认有长生不死的神仙存在，在《地形训》中说："食气者神明而寿，食谷者知慧而夭，不食者不死而神。"又说昆仑山上有"不死树"、有"饮之不死"的"丹水"，有"登之而不死"的"阆风之山"[②]。此外，还有《览冥训》中"羿请不死之药于西王母，姮娥（即嫦娥）窃以奔月"等等。前述《山海经》中的那些内容也采集进来了。

一方面是秦皇、汉武那样求长生不死的反复实践，另一方面是《淮南子》这样的思想理论总结，为道教的神仙信仰打下坚实的基础。

当然，神仙的思想理论也是继续发展着的，葛洪之《论仙》及《神仙传》只是最突出的代表。在葛洪前后，许多具体论述也多有变化，是值得进一步研究的。

道的信仰和神仙信仰结合起来，修道成仙，这是有实践意义的，甚至很有现实意义，从积极方面说，长生的愿望可以使人热爱生活，神仙的洒脱可以净化人们的心灵，修炼过程中要人们避恶趋善，这些绝对是

---

① 《淮南子·原道训》，《诸子集成》本，中华书局 1954 年版。
② 《淮南子·地形训》，《诸子集成》本，中华书局 1954 年版。

大好事，我曾在《人皆可以为神仙》一文中阐述这一道理。

3. 教理教义教规的文化意义

和佛教的基本教义（“佛法”）所谓“四圣谛”“八正道”“十二因缘”“三印法”之类相比，道教以“道”与“德”为根本神学原理的基本教理教义，如“尊道贵德”“修道成仙”“生道合一”等等，有鲜明的中国特色，文化底蕴深厚，文化意义重大。

本意为通达之大路的“道”，经过古代思想家们的推演，引申出“引导”“经由”“实行”“治理”等多种含义，春秋时期更在世界本原意义上使用“道”字，这最明显地在《老子》（后称为《道德经》）一书中表现出来，道为天地之祖，万物之宗，如所周知的：“道可道，非常道；名可名，非常名。无名，天地之始；有名，万物之母。”（一章）以及“道冲，而用之或不盈，渊兮似万物之宗”（四章）和“道生一，一生二，二生三，三生万物”（四十一章）等等。《老子》是对古代《易》《书》《诗》《礼》的“道论”继承、总结和发展。道教以老子《道德经》为自己的神学理论基础，所以是有深厚的文化底蕴的。

基本的历史事实是，早期道教普遍崇奉老子，并且以《老子》五千文为道德之经典，这后者在东汉末年的“五斗米道”中就有明确记载，如《典略》所云：

> 又使人为奸令、祭酒，主以《老子》五千文，使都习，号“奸令”……

如何学习《老子》，除了阅读、背诵，必有某些讲解，《老子想尔注》也许就是这种客观需要而产生的。《老子想尔注》说：

> 一者道也，今在人身何许？守之云何？一不在人身也，诸附身者悉世间常伪伎，非真道也，一在天地外，入在天地间，但往来人

身中耳，都皮里悉是，非独一处。一散形为气，聚形为太上老君，常治昆仑，或言虚无，或言自然，或言无名，皆同一耳。

道，就这样被神学理论化了。

从早期道教经典如《太平经》开始，主要的道教经典，都是以这样神学理论化的“道”为基础理论的。无所不在无所不包而又变化无穷的道，给人们的无限想像、发挥、创造的余地，其文化意义是重大的。道教要人们“尊道贵德”，告诉人们可以“修道成仙”。仙人、神仙是人们追求的美好理想，而且修炼可以实现，这种教义的弘扬，积极引道，自然有益于人类的发展，有利于社会和谐。因为它除了膜拜神仙之外，还有许许多多的修持理论以及规范思想行为的准则等等。好的正确的身心修炼，不仅有利于个体生命的延长，也有利于人际关系、社会的和谐。修炼使人趋善避恶，如有学者曾作过如此概括：

所谓恶者，黑暗、污秽、嫉妒、诈伪、怯懦、贼害、伤残、夭折、疾病、困苦之类是也。所谓善者，光明、清洁、仁爱、忠信、宽厚、勇毅、养护、寿考、健康之类是也。试观今日世界高等之宗教，如基督教、回教、犹太、佛教之类，皆以淫、杀、贪、妄语诸戒为根本，而道教之示戒亦莫能外是焉。①

我曾在《人皆可以为神仙》② 一文中引用《抱朴子内篇·对俗》中论积善之功之文，要立 1200 善，做了 1199 都不行，而“积善事未满，虽服仙药，亦无益也”。即使不服仙药，“并行好事，虽未使得仙，亦无可卒死之祸矣”。诸如此类劝善避害的文字，在后来各种道经、道书中很多。广为宣传，岂不是净化人们心灵的一条有效途径。

---

① 傅勤家：《中国道教史·绪言·宗教共同之点》，商务印书馆 2017 年版，第 1 页。
② 熊铁基：《人皆可以为神仙》，见《道教文化十二讲》，安徽教育出版社 2005 年版。

善与恶是相对立而存在的，人心中都有，如《老子想尔注》所说：

心者，规也，中有吉凶善恶。……心为凶恶，道去囊空；空者邪入，便煞人。虚去心中凶恶，道来归之……

如何去掉“心中凶恶”?《老子想尔注》说：

今布道诫教人，守诫不违，即为守一矣；不行其诫，即为失一也。

设诫，圣人行之为抱一也，常教天下为法式。

“一者道也”，“一”就是“道”，守一就是得道，信道守诫可以成仙。所以该书又反复说：

欲求仙寿天福要在信道，守诫守信，不为二过……

道诫甚难，仙士得之，但志耳，非有伎巧也。

不“行诫守道”就会死亡：

诫为渊，道犹水，人犹鱼。鱼失渊去水则死，人不行诫守道，道去则死。

因此：

王者虽尊，犹常畏道，奉诫行之。

天子王公也。虽有荣观为人们所尊，务当重清静，奉行道诫也。

在这部不完整的《老子想尔注》中把道诫已经提到了如此重要的地位。它是趋善避恶、畏道行道所不可或缺的内容。因此道教的清规戒律是与神圣的道、德教理教义相辅而行的。

《老子想尔注》中讲“道诫”比较多（约20处，还有单“诫”字出现20多处），但具体有哪些“诫”并不明确，后人有《想尔·九戒》的说法，那是后人的概括。《太平经》中“道诫”一词用得不多，但具体的禁戒（戒即诫）已经有不少，以标题出现的就有《守一入室知神戒》《忍辱象天地至诚与神相应大戒》《为道败成戒》《大功益年书岁月戒》《贪财色灾及胞中诫》《七十二色死尸诫》《写书不用徒自苦诫》《有过死谪作河梁诫》《衣履欲好诫》《不妄诫长得福诀》《不孝不可久生诫》《见诫不触恶诀》《大寿诫》《不承天书言病当解谪诫》《天咎四人辱道诫》等，实际的诫文当不只这样的戒条。在以后的历史中，不同时期、不同教派有越来越多的造作，名目繁多，有所谓三戒、五戒、八戒、九戒、十戒、十二戒、二十七戒等等，《老君说一百八十戒》还不是最多的，戒条多达数百条乃至一千二百条。当然不同时期，也有根据不同情况的重新整合，重新立规，如《道门十规》《重阳立教十五论》之类。

曾有一种说法，道教的戒律源自佛教，这是不正确的。斋戒之礼，《礼记》中关于“戒斋以告鬼神”（《曲礼》）的记载，是三代历史的反映。道教之“道诫”有中国历史自己的渊源，后来佛教传入后，佛教戒律对道教戒律有一定影响，影响也应该是相互的。

总看道教戒律，是教人趋善避恶，主要是避免恶，戒（诫）字本为防备、警戒、戒除之意，对于前述之诸恶，要防备，要戒除。对于各种戒条避恶之意义，任举一例均可明之，例如所谓“老君二十七戒”分上九戒、中九戒、下九戒；勿费用精神；勿食含血之物，乐其美色；勿伤王气；勿贪宝货；勿妄道；勿妄动；勿枝形名道；勿杀生；勿贪功名，此上九戒；勿为耳鼻口所娱；常当谦让；举百事评心勿惚惘；勿学邪文；勿资身好衣美食；勿求名誉；勿贪高荣强求：勿轻躁；勿盈谥，此中九戒。勿与人诤曲直，得失避之；勿为诸恶；勿厌贫贱，强求富贵；勿多忌讳；勿称圣人大名；勿强梁；勿祷祠鬼神；勿自是；勿乐兵，此下九戒。借老君之口说戒；据称二十七戒全备者神仙，持十八戒备者寿，持九戒备者增寿不横夭①。这些戒条，有的抽象原则，有的非常具体，从思想、言行多方面警戒、戒除，绝大部份从正面理解，都是有利于人们身心修养的。其他戒律莫不如此。

道教的清规戒律很多，任何时候都可以根据新的形势，造作新的条文，现在也可以。这是有利于道教的正常健康发展的。这也是道教教义教理教规的社会文化意义。

① 《云笈七签》卷三十八。

略论道教的名与实

——再论道教的产生问题

道教何时产生？近百年来，中、外学者的研究似有一个较一致的认识，认为道教产生于东汉末年，或者明确说是张道陵"创教"，20 世纪 80 年代开始几本影响很大的《道教史》出版①，以上看法得到了进一步的肯定。20 世纪 90 年代开始有学者对此提出了不同的看法②，但反响还不大。1941 年闻一多写《道教的精神》③ 时曾有"古道教"、"新道教"之说，认为张道陵以后为"新道教"，其以前为"古道教"，其说也未引起注意。本文将从不同角度提出问题，加以讨论。

一、古代历史上"道教"是泛称

在中国古代，不同时期、不同地区的道教，都有不同的具体的称谓，如方仙道、黄老道、太平道、帛家道、五斗米道、天师道、茅山道、楼观道、武当道、正一道、全真道、太一道、真大道、清微道、净

① 卿希泰主编：《中国道教史》，四川人民出版社 1985—1995 年版；任继愈主编：《中国道教史》，上海人民出版社 1988 年版。

② 萧登福：《周秦两汉早期道教》，台湾文津出版社 1998 年版。1991 年去世的潘雨廷先生晚年拟写一部《道教史》也是不同意东汉说，惜未完成，其主要论点见张文江整理之《道教史发微》与《道教史丛论》，复旦大学出版社 2012 年版。

③ 参阅《闻一多全集》第 9 卷《道教的精神》，湖北人民出版社 1993 年版。

明道等，而“道教”是汉以后的一种泛称。

关于“道教”名称之始，人们注意到《魏书·释老志》寇谦之的“清整道教”和《老子想尔注》十七章的“真道藏，邪文出，世间常伪技称道教”①。仔细玩味这两处记载，“道教”都是泛称，是包含具体名为五斗米道、太平道等的“道教”。《释老志》中还有“播扬道教”一语，似言佛道教化之意，“沙门名跋陀有道业”，“道”在该书中常用在佛教方面，佛教徒也称为“道士”。讲佛教时有“不限‘道俗’”、“道俗殊归”、“沙门道士”等语。称佛教，有“浮图之教”（或“浮屠之教”）的用语。篇名《释老志》，所谓“释”，文中除解释“所谓佛者，本号释迦文……”之外，无有“释教”、“佛教”的说法，而所谓“老”，并无有“老教”之说，主要用的是“道教”，如“道教之源，出于老子”，文中还有“清整道教”一语。但更注重的是一个“仙”字，说寇谦之“早好仙道”，有“置仙人博士，立仙坊”“超（超登）真仙”等记述语言。《释老志》中既无“释教”也无“老教”之说。然而在两晋南北朝时期已有“老教”之称，当时或者是佛教徒的一种说法，如《法苑珠林》六十九所说：“道士之号‘老教’，先无河上之言。”“老教”和“道教”以及后来的“玄教”一样，都是一种泛称。

以“道家”称“道教”更是唐宋以前的一种很普通的称谓。除了上述《释老志》中很明显的以“道家”作为“道教”的代称可以代表北朝的一种说法之外，南朝同样也称“道教”为“道家”，例如南齐谢镇之的《重与顾道士书》说：

> 道家经义简陋，多生穿凿，至如《灵宝》《妙真》，采撮《法华》，制用尤拙；及如《上清》《黄庭》所尚，服食、咀石、餐霞，非徒法不可效，道亦难同。②

① 参阅饶宗颐：《老子想尔注校证》，上海古籍出版社 1991 年版。

② 《弘明集》卷六。

此“道家”显然言“道教”，这是当时南方之例。南北朝是如此。唐代道教受到极大的尊崇，“道教”、“道家”也是较普遍的称谓，《唐会要》卷四十九记有：

> 天授二年四月二日，敕释教应在道教之上，僧尼处道士之前。（按：此乃武则天崇佛抑道的反映。）

卷五十又有：

> 元和九年二月，内出道教神仙图像经法九轝，以赐兴唐观。

然而同卷中又记有开元二十二年的一条诏书曰：

> 道家三元，诚有科戒，朕尝精意久矣，而物未蒙福。

宋代仍以“道家”称“道教”，南宋朱熹与人讨论“释老”问题时，一方面重视《老子》书，另一方面以老子为代表的“道家”来称“道教”，如他说：

> 疑得佛家初来中国，多是偷老子意去做经，如说空处是也。后来道家做《清静经》，又却偷佛家言语，全做得不好。……佛家偷得老子好处，后来道家却只偷得佛家不好处。譬如道家有个宝藏，被佛家偷去；后来道家却只取得佛家瓦砾，殊可笑也。①

又：

---

① 《朱子语类》第一百二十六“释氏”，中华书局1986年版，第3008、3009页。

> 向释氏入定，道家数息。[1]

以上所说的“道家”显然就是指的“道教”。

众所周知，马端临作《文献通考·经籍考》时既沿用原有的“艺文志”、“道家类”，又立“房中”、“神仙”等类，而在《道藏书目》（卷255）条下写道：

> 按道家之术，杂而多端，先儒之论备矣。盖清净一说也，炼养一说也，服食又一说也，符箓又一说也，经典科教又一说也。……至于赤松子、魏伯阳之徒，则言炼养，而不言清净。卢生、李少君、栾大之徒，则言服食，而不言炼养。张道陵、寇谦之之徒，则言符箓，而俱不言炼养、服食。至杜光庭而下，以及近世黄冠师之徒专言经典科教。所谓符箓者，特其教中一事。

其所谓“道家之术”就是“道教之术”。

以“道家”指称“道教”，在整个古代都存在，一直到清代都是如此，例如清雍正九年（1731年）的一条“上谕”说：

> 域中有三教，曰儒，曰释，曰道，儒教本乎圣人，为生民立命，乃治世之大经大法，而释氏之明心见性，道家之炼气凝神，亦于吾儒存心养气之旨不悖，且其教皆主于劝人为善，戒人为恶，亦有补于治化。道家所用经箓符章，能祈晴祷雨，让病祛邪，其济人利物之功验，人所共知。[2]

“道家”即“道教”。

---

① 《朱子语类》第一百二十六“释氏”，中华书局1986年版，第3019页。

② 《龙虎山志》卷一，《藏外道书》19册，第427页。

以“道”名教特点十分突出，固而“道教”之名自然而然。但讲述道教具体实际内容时，如开头所说，多半是以“××道”为称，实际情况比较复杂，派别林立，自“方仙道”、“黄老道”之后，东汉末年太平道与五斗米道同时，而三辅地区“骆曜教民缅匿法”，不知是否也可称为“××道”？是否也要算道教的一个派别？历来有许多生生灭灭的道派，乃至晋葛洪有“诸妖道百余种”① 的说法，无疑其中有一些是打着“道教”旗号的“邪门歪道”。

反映实际内容的“××道”称谓，还有两个突出的例子，一个是佛教初入有“佛道”之称，《魏书·释老志》中就称“释氏之学”为“佛道”，南齐顾欢《夷夏论》② 中亦有“于是佛道兴焉”的文字，似乎把佛教当作“诸道”之一，足见道教的兴盛和影响；另一个值得注意的是《魏书·释老志》中还有“及得寇谦之道”与“浩奉谦之道，尤不及佛”的记载，这也是“××道”之实例。此例也是分析道教名与实值得参考的。

另外，“大道”、“神道”、“仙道”之类的称谓，金元时期有“真大道”派别的兴起，从《太平经》到《魏书·释老志》都有“神道”的用法，“仙道”之称更为普遍，成为古籍目录学中之一类。这些，在道教史上也是有一定意义的，值得进一步研究。

近现代韩国的“仙道教”、日本的“神道教”，应该是与中国的道教有关系，可以做历史比较的研究。

二、从方仙道到黄老道——道教的原生性

近百年的道教学术研究，一般认为方仙道与黄老道还不是正式的道教，此二名流行时，道教尚未形成，这个看法似可进一步讨论。

---

① 《抱朴子内篇》卷九《道意》。
② 《南史》卷七十五《隐逸·顾欢》。

既然道教始终是以具体的“××道”为名，“方仙道”、“黄老道”也可视为正式的道教，它们反映的是道教形成发展的过程，也反映道教的特性，道教不是创生性的，其原生性十分明显和突出。

1. 方仙道

方仙道已经具备了宗教的特点，它们有信仰、有信众、有证道方式、有祭祀仪式，具备了宗教的一些基本因素。

关于方仙道记载，如所周知，《史记·封禅书》中明确提到：

> 宋无忌、正伯侨、充尚、羡门子高、最后皆燕人，为方仙道，形解销化，依于鬼神之事。

实际上整个《封禅书》有 20 多处关于方、方上等的论述，都是方仙道的内容，从“苌弘以方事周灵王”开始，司马迁还补论了一句：“周人之言方怪者自苌弘。”周灵王，公元前 571 年至前 545 年在位，为春秋中期。这是司马迁有把握的周人“言方怪”之开始的年代，这就是说，方仙道至少从春秋时期就有明确的记载了。其他如“求仙人羡门之属”，“秦始皇并天下，至海上，则方士之言不可胜数……考人海方士”，以及汉文帝时期的“赵人新垣平以望气见上”，汉武帝时期的“李少君亦以祠灶、谷道、却老方见上”，“齐人少翁以鬼神方见上”，还有栾大、公孙卿等，实皆为方仙道活动的材料。以《史记》记载为基础，再结合先秦和汉代其他文献，可以对方仙道做更深入的研究。也有人做过这方面的工作，例如郑少杰就从“产生和发展”、“方术”、“派系”等三个方面写过《论方仙道》[1] 的文章，并得出结论说：

> 像这样一个有信仰学说，有理想境界，有方术仪式，有派别师

---

① 《中国道教》1990、1991 年相继发表 3 篇文章。

传，有众多信徒而且曾产生过重大社会影响的方术集团，应该看做一个更原始的宗教组织。

我认为，除开这最后一句话不够确切（因为它就是道教）之外，其他的叙述都是相当正确的，而且都是有事实根据的。

有信仰，就是道教的核心信仰——神仙。既有神——天地之神，日、月、山川皆有神，又有仙——包括黄帝之成仙。

有方术仪式，有“望气”、“祀灶”、“谷道”、“郤老”（后二者当即养生之术）……各种各样的方术[①]。仪式，《封禅书》中许多祭祀仪式都与方术有关，例如“亳人谬忌奏祠太一方”，“祠官”按照方士之“方”实行。甚至设有关于方术之官，《封禅书》中有“上乃遣望气佐候其气云”一句，“望气佐”应该是职官名。而拜方士为官之例是不少的，如汉武帝拜栾大为五利将军、拜公孙卿为郎之类。

有派别师传、派别如何分值得探讨，郑杰文分为“海外仙人”、“山岳神人”两派[②]，这是现在的分化，但“不可胜数”的方士，数以万计的方士（“齐人之上疏言神怪奇方者以万数”），自然会有不少派别，不同的师傅所传不同，自然会形成派别，而师传也是自然有的，如栾大拜少翁为师，李少君自称师从安期生，等等。一个有一技之长的“高手”方士，必然会自立门户，带一帮徒弟，他们甚至兴祠以候神人（“方士之候祠神人”），《封禅书》中记载说：“方士各兴祠，各自主，其人终则已，祠官不主。”当时“兴祠”也许不少，但“其人终则已”，自生自灭的很多，没有系统的传承。

有众多信徒也是显然的，能上疏献方者都以万数（当然这是虚数），信徒以×倍数之，自然不是少数，方仙道在当时社会影响是不小的。有

① 郑杰文文章总结有“不死”、“鬼神”、“政治”3类14种方术，《中国道教》1991年第1期。

② 郑杰文：《方仙道的派系》，《中国道教》1991年第2期。

的论著说方仙道只是为上层所信，那是不准确的。

总而言之，方仙道就是道教，是早期道教的另一种称谓，和黄老道以及后来的全真道、正一道之称谓一样，是既泛而又较具体的称谓。

方仙道和黄老道为什么不被确认为早期道教呢？主要应该是两个方面的原因。

其一，长期以来不少人认为道教始于东汉末年的太平道和五斗米道，又特别注重张道陵。而这又是因为对史书记载不能全面地理解，同时受南北朝时期佛道之争佛教矛头直指张道陵的影响。早期日本学者的研究也有影响（日本研究也是上述原因），例如国内较早的道教史专著，商务印书馆 1937 年出版的傅勤家的《中国道教史》，介绍“外人对于道教史之分期”就只介绍日本学人妻木直良、常盘大定的道教研究，常盘《道教发达史概说》的“开教时代”即“指后汉张道陵开立天师道时代至东晋末”。而他的《中国道教史》写“道教之形成”也是从东汉开始的。20 世纪 80 年代以来，国内不少道教论著皆以为道教产生在东汉末，少量的涉及黄老道，对方仙道是以神仙信仰、巫术等来看待的，认为并不是道教。

其二，这是要特别提出的，道教的产生和基督教、佛教那样创生性宗教不同，他没有创教之主。道教开始没有创教之祖，道祖老君是后来加封的，东汉末年以后直到唐代之前，地位还并不高。道教的产生有极大的原生性，是在原神仙信仰、巫术等许多因素的基础上自然而然逐渐形成的，方仙道肯定没有创教主，这表明它的原生性，但没有理由说它不是道教，而后来被认为是道教的各种名称的“××道”仍然有这种原生性。例如黄老道、太平道、五斗米道、于君道等都是如此，有的同样没有创教人，有的不过是创“派”人物或者领袖人物如张角、张修等人，张道陵被奉为祖师，只是正一道或者道教正一派的祖师，而且是后来追认的，如同再以后的“五祖七真”之类的祖师一样，都是后来追认的。

方仙道已经是相当完备的道教，其主要信仰就是道教的核心信仰——神仙，看来所谓魏晋以后才是神仙道教的说法也是值得再探讨的，道教一开始就是神仙道教，晋代葛洪只不过是对神仙信仰着重强调，并将其理论化、系统化。而最高信仰——道的确定则还应有一个发展过程。方仙道既已出现“道”这样的称谓，也绝非偶然。“道”字在战国秦汉人眼中有一种解释就是“神仙”“仙术”，如《汉书·张良传》有“乃学道，欲轻举”之语，颜师古注云：“道，谓仙道。”陈平是西汉初年人。一直到东汉王充也是这样的理解。在他的《论衡》书中有《道虚篇》，这篇就是批判修仙之道，主要讲黄帝、淮南王和汉武帝时李少军等人成仙之事，其文曰：

黄者，安民之谥非得道之称也。

黄非升仙之称也。

夫修道成仙与忧职勤事不同。

世见黄帝好方术，方术，仙者之业，则谓黄帝仙矣。

淮南王学道，招会天下有道之人……是以道术之士，并会淮南，奇方异术，莫不争出。……好道学仙之人，皆谓之然……

还有“卢敖学道求仙”、“曼都好道学仙”、“学道成仙，逾百不死”、“世学道之人”、“世或言东方朔亦道人也”、“世或以辟谷不食为道术之人”等。王充认为以上这些都是“虚言”。我们关注的是到了东汉末期，仍把“道”与“仙”，把“方士”与“道人”或“道术之人”联系起来，仍然是“道，谓仙道”的理解。不过，王充在《道虚篇》里还有两个说法也值得我们注意，他说：

世或以老子之道为可以度世，恬淡无欲，养精受气。……老子行之，逾百度世，为真人矣。

且不讨论他认为“复虚也”，也是“道”之“虚”。值得注意的是，他的这个批评，反映当时或者更早一些的“世人”（或者就是方士、道人）已经把“老子之道”和方仙道中的不死养生之仙道联系起来，老子之道与方仙道之道有一个结合点，那就是养生，而道教由“方仙”到“黄老”又是有一个发展过程的。此其一。

其二，《道虚篇》中又出现了“道家”的说法：

> 道家相夸曰：真人食气。……故传[①]曰：食气者寿而不死，虽不谷饱，亦以气盈。
>
> 道家或以导气养性，度世而不死……
>
> 道家或以服食药物，轻身益气，延年度世……

此篇最后一句是：“诸学仙术为不死之方，其必不成，犹不能使冰终不释也。”通篇所言之“道”，皆为“仙道”，而其中的几个“道家”显然与后世之“道家”、“道教”混称是一样的，不是讲道家学派之“道家”，主要内容是批评“方仙道”之仙术、宗教之术、道教之术。方、仙、道三字以“仙”为核心，方仙道即神仙道教。

2. 黄老道

从以上叙述中我们看出道教由方仙道到黄老道有一个逐渐演变的过程。两年前为了说明道教产生的社会文化意义[②]，涉及黄老道的问题，我曾指出“中国早期道教的正式名称，曾经叫做‘黄老道’，号‘太平道’之类实是他人或汉人的说法”，并未展开深入探讨。李申的《黄老、道家即道教》[③] 一文也有“这个太平道就是黄老道，而这个黄老道就是道教”的说法，而且有较多的论述，但是，也许因为研究的出发点不

---

① 此引文作“传”，待考。

② 香港道教学院的《弘道》第51期全文发表，《华中师范大学学报》2012年第2期只取文章一部分，题为《关于道教产生几个问题的再探讨》。

③ 李申：《黄老、道家即道教》，《世界宗教研究》1999年第2期。

同，他的有些论述是值得商榷的，例如他说："大约从汉末开始，人们所用的'道教'一词，所指乃是我们今天所称的儒家和儒教；而'道家'一词，指的是我们今天所说的道教。"所谓的称儒家为"道教"，恐怕是误解，其所引材料是两条，一条是《墨子·非儒篇》："而儒者以为道教"，细读原文，应该是：儒者以"亲亲有术，尊贤有等"之"道""教"化，"是贼天下之人者也"。另一条是《牟子理惑论》的"孔子以五经为道教，可拱而诵，履而行"，也应该是以五经之道进行教化。李申还说："在《牟子理惑论》中则是'道教'和'道家'的对立"，是误读，越扯越远了。以上这些话或不该说，但关系到"道教"的名与实这个论题，所以多说几句。

回过来再说我原来的研究之不足。首先，于"传统的"东汉末道教形成的说法没有突破，其次，对黄老道论之不深。在西汉和东汉前期，找不到教主或突出的领袖代表人物，就不肯定其为道教，主要原因应该是没有从道教形成的原生性特点来考虑和认识。从实际情况来看，黄老道之宗教性比方仙道更明显，以黄帝、老子为主要祭拜对象，比方仙道的广泛祭祀天地、日月乃至祖先、万物之神是一个发展。但这又是如何具体演进的，应该进一步探讨。在前面的探讨中，例如从王充的论述中可以看出，黄帝成仙这个影响已经很大（实际上至少从战国就开始了）；老子之道论与方术的养生仙道已经结合。一直到汉末的祭黄帝老子，到太平道的信仰"中皇太一"，到五斗米道的《老子想尔注》，黄老道有一个产生、发展、成熟的过程，这个过程可作进一步的探讨，西汉和东汉初的许多迹象都不应该忽视。以"黄老道"为名的道教，是继"方仙道"为名的道教而来的，更加成熟，同时又一样地保留着原生性的一些特点，没有创教人就是主要表现。另外，和"方仙道"一样，与创生性宗教不同，其信仰没有明确的理论色彩，重"方术"、重"祭祀"而不重义理之论，也是它们原生性的特点。

三、道教宗派的发展——创生性与原生性混合

如果说方仙道与黄老道有很大的宗教原生性特点的话，汉以后的道教各种流派，就应该说是创生性的了，因为它们都有明显的创教之主。至今流传的正一、全真两大派，一个明显是王重阳所创；一个是因有得力的世袭传人而被认为是张道陵所创，虽然张道陵开始只不过是黄老道之一支一派。历史上曾出现过的许多宗派，例如五斗米道（天师道）之后的上清、灵宝以及茅山等道派，又例如金元时期的所谓“新道教”①，都是有创教主的。北方在全真道出现的同时并稍前一些，还有刘德仁创“真大道教”，萧抱真创“太一道”，南方稍后又有南昌西山道士刘玉重新创“净明道”，龙虎山道士张留孙又别创“玄教”，等等。

历史上道教的宗派是很多的。宗派林立，情况复杂，有些是曾经出现、很快或后来消失的，有些是某种已有宗派的分衍，有些又是诸多小派整合而成。分衍的派别也有各种不同情况。与佛教宗派均从早期佛教中不断分裂而出显然不一样。宗派之间的分散独立性更大乃至信仰上也有较大的差别，虽然都是求长生、成仙，但途径、方法有很大不同，对神、祖的敬崇区别也较大。例如两晋南北朝时期出现的上清派和灵宝派，与以张道陵为祖师、以太上老君为尊神的天师道（或正一派）有密切的关系，但上清派提出，修行得道乃入“上清之境”，比天师道的“太清”更高，尊崇元始天王、太上大道君等天神。灵宝派更是以“元始天尊”为最高神，在这一派的尊神排位中，太上老君的位置大大后移，陶弘景《真灵位列图》② 中，元始天尊排在第一中位，太上老君排在第四中位，与左位正一真人三天法师张（讳道陵）同在第四。不过太

---

① 参阅陈垣：《南宋初河北新道教考》，辅仁大学 1941 年排印。又见《民国丛书》第一编（13）。

② 《道藏》第三册，洞玄部，第 276—281 页。

上老君之下有几个小字注云："为太清道主，下临万民"，"道主"的地位还是比较突出的。道祖老子的崇高地位，是唐宋以后才日益加封的。

新道派的出现及其各方面的变化，从道教的整体来看，从整个道教的发展来看，我们可以而且应该视为道教的不断改革。同时又能明显地看到，各种派别的相对独立性、宗派与宗派之间的疏离性，基本上不是统一的。唐宋以后才逐渐看到一个模糊的整体道教。唐代追尊老君为"太上玄元皇帝"乃至"大圣高上大道金阙玄元皇帝"，天下诸州、诸郡遍设"开元观"或"开元天宝观"，常常下"诏"、下"敕"令天下道士、女冠如何如何，显然是把道教的道士作为一个整体看待的。天宝"六载五月十三日，后汉张天师册赠太师，梁贞白先生陶宏景册赠太保"①。可见是同等看待，没有什么派别之分。宋明以后，由朝廷管理道观、道士的制度加强，似乎道教的"整体性"更加明显。明太祖朱元璋在正式的文告中对道教作了如下概括：

> 朕观释道之教，各有二徒。僧有禅，有教。道有正一，有全真。禅与全真，务以修身养性，独为自己而已。教与正一，专以超脱，特为孝子慈亲之设，益人伦，厚风俗，其功大矣哉……敕礼部会僧道，定拟释道科仪格式，遍行诸处，使释道遵守。庶不糜费贫民，亦全僧道之精灵，岂不美哉。②

朱元璋所分正一、全真"二徒"，既是金元以来社会上的习俗反映和总结，又进一步地促成了以后道教两大派的形成，因为他以及他以后的皇帝又采取了许多具体措施促成统一道教概念的形成。

但是，实际上两大派中的诸多小派乃至极为分散的道士，是很难统一的，甚至包括信仰在内各个方面的不统一。如敬奉神、祖，修炼途

① 以上引文均见《唐会要》卷五十"尊崇道教"。
② 《道藏》第九册，洞玄部威仪类：(洪武七年)《御制玄教立成斋醮仪文序》，第1页。

径，斋醮、科仪、法术等，皆各有所重，其不统一性十分明显。当然，彼此之间互相借鉴、学习也是很多的。时至今日，港台地区以及一些东南亚国家，有各种各样属于道教的民间信仰，如妈祖、黄大仙等。应该说，这些相对的“独立性”也应该从道教原生性的特点来解释。

历史上全真道的兴衰，也可说明道教原生性特点的保留。它与正一派无疑同属道教，但开始它并不认同原有各派。时间早的《郝宗师道行碑》的碑文写道：

> 道家者流，其源出于老庄，后之人失其本旨，派而为方术，为符箓，为烧炼，为章醮，派愈分而迷愈远，其来久矣。迨乎金季，重阳真君，不阶师友，一悟绝人，殆若天授，起于终南，达于昆仑，招其同类而开导之，锻炼之，创立一家之教，曰全真。其修持大略以……苦己利人为之宗。……老庄之道于是乎始合，重阳唱之，马、谭、刘、丘、王、郝六子和之，天下之道流祖之，是谓七真，师其一也……①

文中“道家”“道流”，当然是我们泛称的道教，全真教与老庄之道“始合”，它是弘扬老庄的，但对“符箓、烧炼”各派道法持否定态度。史学家陈垣在论“全真教之起源”② 时说：

> 全真之初兴，不过苟全性命于乱世，不求闻达于诸侯之隐修会而已。世以为非儒非释，漫以道教目之，其实彼固名全真也，若必以为道教，亦道教中之改革派耳。③

---

① 《道藏》第十九册，《甘水仙源录》，第 740 页。

② 陈垣：《南宋初河北新道教考》，辅仁大学 1941 年排印。又见《民国丛书》第一编(13)，第 11 页。

③ 我也是从改革的角度这样认为，见拙著《略论道教历史上的改革》，《学术界》2014 年第 5 期。

开始的“全真教”与其以前的道教区别是很大的，后来发展中，与正一诸派的交流互摄又随之产生许多共性，而这些又都是宗教原生性特点的反映。学术界曾经讨论过创生性宗教与原生性宗教的性质、特点等理论问题，这里我想参考和借用一下有关的论述。金泽在论述“中国原生性宗教的演变特点”① 时有一段文字写道：

> 在漫长的历史过程中，原生性宗教已经发生了很多的变化，它们不再像氏族—部落宗教那样……也不像文明时代创生性宗教那样具有统一的跨地域（甚至世界性）组织、专业化的神学院、理论化的信仰体系和制度化的神阶体系，但也没有像宗法性传统宗教那样和国家政权紧密结合。一方面，原生性宗教具有了多神信仰的特点，其信仰者无论是个体还是群体，都有可能在保持其原有信仰的同时，接受其他宗教信仰的影响等或皈依之；另一方面，信仰原生性宗教的群体经历了诸多社会形态的演变，特别是在现代化的进程中，许多传统的信仰与仪式已经民俗化……

对比一下道教的情况，在近现代以前，各地不同时间有许多互不相属的道教教派，没有“统一的跨地域的组织”，没有“专业化的神学院”，信仰体系、神阶体系都有自己的特点，而与原生性宗教的特点密切相关。如说“原生性宗教具有多神信仰的特点”，这在道教中也是特别突出的，随着时间的演进，敬奉的尊神不断增加，如我们现在所能见到的，佛教的观音菩萨在较大的道教宫观里都可以见到其神像。当然还接受有其他许多尊神信仰，早年的许地山《道教史》② “绪说”写道：“清代康熙年间成书的《真仙通鉴》甚至将基督教之基督及保罗等人列入道教祖师之列。”其所提之《真仙通鉴》（不知是哪一种）原文一时找不到，但可备

① 金泽：《宗教人类学导论》，宗教文化出版社 2001 年版，第 26—135 页。
② 许地山：《道教史》，商务印书馆 1934 年版。

一说。这些正是在“保持其原有信仰的同时，接受其他宗教信仰的影响甚或皈依之”。

在历史演变中，道教“许多传统的信仰与仪式已经民俗化”，无论是古代历史事实或近现代的一些事实（特别是一些少数民族聚居地区的宗教信仰事实）都可以证明。广泛的民间信仰与道教分散的信仰往往结合在一起，如港、澳、台地区许多道教庙观都是敬奉某一神明的，有的还特别突出，如黄大仙、妈祖、王爷、关帝、城隍……许许多多，各种各样，大多可以归属于道教，他们的祖庙、祖庭都在大陆地区。大陆地区因社会变革的关系，道教信仰曾经有所中断，又有一个慢慢恢复的过程，但在少数民族地区，道教与民俗信仰结合就显得比较突出，例如目前恩施地区，人死之后请斋公、道士、先生、法士做“法事”相当普遍，有的地方有泰山庙、龙王庙，有的家中有家神、灶神等。这些应该都是道教与民间信仰结合的典型范例，这方面也有人作调查研究①。

信仰、仪式等许多方面的多样性、零散性，既是道教不同派别的实际，也是道教整体发展特点的反映。从道教名与实的发展状况看、从道教许许多多宗派的演变看，原生性宗教与创生性宗教的特点，在道教中都有所反映，而且有自己独特的表现，也许这对宗教学理论的研究，是一个新的课题。

① 武汉音乐学院龚道远的硕士学位论文《湖北恩施崔坝火居道“渡职”仪式音乐的研究》就提供了一些资料。

重新研讨道教起源和产生问题

一、为什么要重新研讨

19 世纪下半叶，西方宗教学兴起，宗教起源曾是其研究讨论的重要内容之一，关于宗教起源有各种各样的回答。近百年的研讨，形成了许多理论观点，但没有任何一种观点、学说能得到学术界的公认。这样，西方宗教学界逐渐产生了一种倾向，把宗教起源问题视为一种得不到科学结论的“伪科学”，主张放弃研讨，认为宗教学的主要任务是“单纯收集和整理事实”。这在宗教学的研究中，实际上是很有影响的，还影响到其他方面的研究，影响到现在①。

我国宗教学研究起步较晚，20 世纪最后一二十年才正式开展研讨。具体到编写“道教史”的时候，记述道教产生或形成时才有所涉及。如卿希泰主编的《中国道教史》第 1 章《道教产生的历史条件和思想渊源》、任继愈主编的《中国道教史》第 1 章之二《早期道教的主要来源与产生的社会背景》。问题是这两部影响很大的著作都沿袭百年前的“道教形成于东汉末年”的“成见”。如 1937 年傅勤家的《中国道教史》第 6 章《道教之形成》讲的就是汉末的“太平道”“天师道”。傅著之所

① 参阅吕大吉主编：《宗教学通论》，中国社会科学出版社 1989 年版；罗竹风主编：《宗教学概论》，华东师范大学出版社 1991 年版。

以如此写，是受“外人对于道教史分期”（该书第 2 章）之影响，他详细介绍了日本学人常盘关于中国道教之分期，“第一期开教时代，此指后汉张陵开立天师道时代……”。傅勤家认为“以上常盘之言，实有至理”。日本学者之论也是从中国古书记载中梳理出来的，可查到宋代乃至魏晋以后论佛道之争的一些言论，这里就不多说了。

因此，在道教史的研讨中，就会有“道教前史”“原始道教”“古道教”“民间宗教”等许多提法，来圆说汉末道教“产生”或“形成”之说。现如今更有年轻日本学者以什么“新范式”的名义把道教形成放在南北朝时期，那就更麻烦了。这几百年乃至千年的历史又要找出一套说法以圆其说。

从实际情况看，要新编一本“中国道教史”（实际上已不是一个地方在着手这项工作，包括卿希泰先生主编《中国道教史》的修改），有必要重新研讨一下道教起源和道教产生的问题。

重新讨论道教起源和产生问题，理论和实践意义都非常大，可以丰富宗教学的理论研究，可以更好地认识中国传统文化中的道教文化，吸收其“精华”因素，改造乃至摒弃其“糟粕”内容。

二、释“神道设教”

这里我想从傅勤家《中国道教史》的一段话说起，他写道：

道教之所谓道，其涵义固甚玄奥，但此字实从古代之神道而来。《易·系辞》云：“圣人以神道设教。”《中庸》阐明“神道设教”之意义，引孔子言“鬼神之为德，其盛矣乎？视之而弗见，听之而弗闻，体物而不可遗，使天下之人，斋明盛服，以承祭祀，洋洋乎如在其上，如在其左右”是也。故后汉时即称道教为鬼道，鬼道实继神道而兴者也。

作此详引，不埋没其创见。但要补充说两个问题：

（一）“神道”是不是指鬼神之道？《易经》原文是“观天之神道，而四时不忒，圣人以神道设教，而天下服矣”。有的学者在释读时特别强调：“神表现在天不言语而四时运行无有差忒，不是宗教观念上的神”①，是有道理的，但也不能完全排除“神”的不可知性，唐孔颖达疏解就说：

> 神道者微妙无方，理不可知，目不可见，不知所以然而然，谓之神道。②

“微妙无方”等应该就可以与宗教观念的神相通了。或者道教之名在后人理解或发挥“神道设教”之时从中得到启发是可能的。

（二）鬼神之道是一个值得进一步从多方面研讨的问题。这可以做许多考证：

“鬼”字比“神”字出现得早，甲骨文中有“鬼”字，还未发现“神”字。鬼，《说文》解释是“人所归为鬼”，《礼记·祭义》说“众生必死，死必归土，此之谓鬼”。还有“万物之精灵”的说法。汉人更集中到“人神曰鬼”的解释上。《论语·为政》：“非其鬼而祭之，谄也。”何晏作注说：“郑曰：人神曰鬼，非其祖考而祭之者，是谄求福。”鬼与祭祀相连，鬼与祖先相连，由此可以看到这是从原始的祖先崇拜发展而来的。整个鬼神崇拜，都从原始的自然崇拜、祖先崇拜发展而来，乃至于形成一个庞大的鬼神队伍，人们对之祭祀礼拜。祭祀之礼是古代人们的头等大事，“国之大事，在祀与戎”③。敬神祀鬼是道教的主要内容，也是其形成的直接源头。

---

① 金景芳、吕绍纲：《周易全解》，吉林大学出版社1989年版，第183～184页。
② 《周易正义》，《十三经注疏》本，中华书局1980年版。
③ 《春秋左传正义》，《十三经注疏》本，中华书局1980年版。

原本“鬼”无贬意，而且“鬼”字发明在神之前（这也是值得进一步考证的问题），所以鬼神连称，五斗米道之“鬼卒”、“鬼道”也不一定是贬称（我曾说过是他人贬称为鬼道，也许是不确切的）。

三、“鬼”“神”“仙”的信仰

如果说“鬼”字的出现比“神”字早，“仙”字则出现得更晚一些。“鬼”字甲骨、金文中都有，“神”字金文中也有，“仙”字则甲骨、金文中都没有发现。从文字发明上考证，“鬼”“神”“仙”这个先后次序应该是不错的。

人死为鬼的“鬼”，原本从原始的祖先崇拜发展而来，对祖先首先是尊敬，因而祭奠，所以很早就引入古代的礼仪之中。从有文字记载可考的夏、商、周时代即是如此。“鬼”字本不是贬意，所以道教中会有“鬼道”、“鬼卒”之称。再后一些，例如唐宋时期西南地区边境一些部落习俗尚鬼，称主祭者为“鬼主”，其部落酋长号“都鬼主”①。显然，“鬼”不会是贬意。有贬意之词，如骂人的“鬼子”，妇生畸形儿称“鬼胎”，鬼物为害称“鬼害”，狡诈称“鬼黠”等，这些贬意用“鬼”的形容词，大多出现得较晚，多半是魏晋以后之用词。中性的用法不少。从字义上考证可以作很多讨论，这里就不多说了。从汉代开始，鬼怪妖魔成了害人的迷信，东汉王充《论衡》一书中写了《订鬼》《纪妖》《死伪》《论死》等篇，就是针对负面、贬意的“鬼”而说的。鬼神信仰必然改变了。

人们不想死，不想为鬼，这就创造出了仙、神仙。神仙信仰起源也很早，至少在西周时期，战国时期比较流行则是完全可以肯定的②。《史记·封禅书》就有“鬼神”的记载，如：

---

① 樊绰撰，向达校注：《蛮书校注》，中华书局 1962 年版，第 31 页。

② 参阅拙作《神仙起源考论》，《学术界》2017 年第 7 期。

秦并天下，令祠官所常奉天地、名山、大川、鬼神，可得而序也。

也有“神仙”联称，如：

海上燕、齐之间，莫不扼腕而自言有禁方，能神僊矣。

其明年，东巡海上，考神僊之属，未有验者。

“僊”即“仙”，是“神仙”联称之用见于文献记载的证明。

“鬼神”连用，最后归结为“神”的信仰，乃至排除对鬼的崇拜祭祀。“神仙”连用，实际上主要是讲“仙”的追求和信仰。仅此两个词本身而言，都有一个形成发展的过程。“鬼神”讲的是信仰内容及其演变，“神仙”则是以“仙”为主，并且将“仙”的信仰和道术神圣化。刘向所作称《列仙传》，葛洪作《神仙传》，“神”没有实际的内容，二书所记都是修道成仙的人（历史人物或传说中的人物）。但后来道教的信仰中，是有先天神圣和后天仙真两大类的。

从单一的鬼神信仰到神与仙的结合，神仙信仰成为道教的核心信仰，有一个形成、发展、变化的过程。在以后的历史发展中“杂而多端”的特点十分突出。这里暂不详细讨论。

四、“巫”“方”“道”的演变

这是一个与道教产生、形成有关的最重要的问题。

首先要从“巫”讲起。中外古今都有“巫”“巫师”，都讲“巫术”。说简单一点，这是人类早期由自然崇拜、祖先崇拜发展而出的鬼神崇拜、神灵崇拜，表现了人类对于天神、地祇、万物精灵既崇敬又害怕（敬畏），对于祖先的怀念并祈其保护。如何实现这种人与鬼神的沟通，这就产生了“巫”。人们有了社会组织、国家，“巫”就成了一种职业乃至官职。在世界各地有祭司、巫师，在中国有祝、宗、卜、史，都与“巫”有关系，故有“巫祝”“巫卜”“巫史”乃至“巫医”（兼行医术）等说法。中国古代的文献记载保留有极为丰富甚至是完整的资料。

研究中国“巫”的著作不少，新出的如李零的《中国方术考》有“正考”和“续考”，作过比较详细的梳理，是可以参考的。我们这里不作详细讨论，但想说明几点：

第一，“巫”的起源早，地位高。甲骨文中有“巫”[①] 字，文献记载中商代的“巫”，有“巫咸祒”（《庄子·天运》）、“巫阳”（《楚辞·招魂》）、“巫贤”（《尚书·君奭》）等人，名前均冠以“巫”字。《山海经》中有“六巫”（《海内西经》）、“十巫”（《大荒西经》）的记载。其中可考为商代的巫戊、巫彭名气很大，在其他一些古籍中也有记载，这里就不一一详述了。

巫的地位很高。例如商代与伊尹、太甲相提并论的名臣中就有巫戊、巫贤。《尚书·君奭》记载：

> （周）公曰：君奭，我闻在昔成汤既受命，时则有若伊尹，格于皇天。……在太戊时……巫戊乂王家。在祖乙，时则有若巫贤。……率惟兹有陈保乂有殷，故殷礼陟配天，多历年所。

周公说，是一批名臣的辅佐，成就了殷商统治数百年。可见巫戊、巫贤地位之重要。

第二，“巫”的地位与“巫”的作用是分不开的。“巫”的作用，简单而明确地说就是沟通人神（鬼）。为什么、如何沟通人神（鬼）？古代文献中记载甚多。人在对鬼神敬畏、无奈之时，“巫”代人向鬼神祈祷

---

① 唐兰著：《古文字学导论》，齐鲁书社 1981 年版，第 166～167 页。

求福，或代鬼神向人转达信息乃至施教。所以他们在社会生活、国家政治中起很大的作用，从而有很高的地位。这在“尚鬼”的殷商时代特别突出，他们或为重臣，或主掌要事，甚至商王本身就是“巫”。甲骨文专家陈梦家在《商代的神话与巫术》中提出“商王为群巫之长”说，受到西方学术界的欢迎，这与他们的观点相符合。如英国詹姆斯·乔治·弗雷泽在《金枝》中所说：

> 早期社会，国王通常身兼祭司和巫师两种之为。实际上，国王确实经常被人们认为是用其所精通的法术才获得了权力和王位。

对“巫”的研究，也许真是能够帮助我们“理解王权及其神性化的进程”，同时还可以对古代乃至后代人们的“迷信”有更深的认识。

第三，无论是古意的“以舞降神”（《说文》）或后代的装神弄鬼替人祈祷，必有一套仪式和法术。“舞”本身就是种仪式，后来的礼仪是否源于此，不好断言，学术界也有不同说法。但据《说文》对“礼”的解释：“礼，履也。所以事神致福也。”“礼”的起源确实与“事神”有关。后来道教中的“科仪”当然与传统的礼仪关系密切。法术，与战国、秦汉时期所谓“方术”就有密切关系。“巫”既以舞降神或娱神，同时也会施展一些“术”，即使用一些方法和技艺，统名之曰“巫术”，种类繁多。从大事敬鬼神的礼仪到人们的日常生活都有巫术，李零《中国方术续考》从先秦两汉史料中找出“巫术十六种”，有“见神视鬼”“请风止风”“乞雨止雨”“星算”等涉及天文历算的内容，也有“祈禳厌劾”“转移灾祸”等关系人们生活生存之术。有不少虚的如卜筮、占梦、巫蛊之类，也有实的如医学、房中术之类。几乎可以说无所不包，是后来方术之起源，也与古代的科技发展有关。

其次讲“方”与“道”。

“巫”从文献记载看，殷商巫风最盛，大体上周代开始变衰了一些，宗、祝、卜、史官制正规化，礼仪制度建立和完善（如周公制礼作乐之说法）。但秦汉以后仍然有不少“巫”，只是退居次要方面，在全国各地均有保留（《汉书·地理志》有这方面的反映）。

再讲从“巫”到“方”与“道”的转变。这里我想谈谈《金枝》中几句话对我的启发，他说：

> 在巫术时代结束后，宗教时代才开始。如果我猜测得没错，世界各地都是这样。

我想这话是适用于中国的。中国殷商及其以前（前多少?）可以说是“巫术时代”。殷商以后“巫”从来没有断过，时至近代乃至今日也没有断过，但作为一个“时代”，周以后就可以说“结束”了，这还可以充分讨论。而“宗教时代才开始”，这话也颇值得玩味，“才”“开始”，如何理解“开始”，“开始”和“产生”与“形成”这些词意是应该有区别的。然后就是“什么是宗教”“宗教”的定义等。

事实是中国的“巫”“方”“道”有一个比较明显的发展和演变过程。这方面也有一些研究，如较早的陈国符先生在《道藏源流考》中就有一篇《方士道士术士》，他说：“战国时已有方士之称”，“方士即方术士也”（有的引文中有“术士”），“道士之称始于汉”。“道士之称始于汉”又引“道人，谓有道术之人也”，又引《后汉书·许曼传》：“行遇道士张巨君，授以方术。”又说：“道士之称，虽原于汉，至晋以后，方士之称，始不复通用，而以道士代之。”“初则以道人道士泛指僧道，至南北朝乃以道人称沙门，道士指黄冠。”“按晋代金丹、仙药、黄白……导引……符篆之术，悉谓之道术。”这些考论，基本上是符合历史事实的，也大体上反映了发展变化的过程。

战国时已有方士之称，这方士就是原来的巫师。为什么“巫师”会变为“方士”？这需要进一步考证。从文字学看，在甲骨文“巫”“方”

形与音均相近，也许可以互释①。在后来西周以后，“方”字之义又与“道”相连了。例如《广韵·阳韵》：“方，道也。”在早期的经典中，如《易·系辞上》的“方以类聚，物以群分”这句名言，唐孔颖达《正义》云：“方，道也。是方谓性行法术也。”他在注《礼记·乐记》“乐行而民向方”时又说：“方，犹道也，而民归向仁义之道也。”这是讲义理之“道”，可见“方”与“道”有广义相通之处。这是后话。

至于“方”取代“巫”是在什么时候？为什么？如何取代？也许与“巫术时代”的结束有关。继巫术盛行的殷商之后的西周，是中国古代一个制礼作乐的新时代。王国维《殷周制度论》说：“中国政治与文化的变革，莫剧于殷、周之际”，“夏殷间政治与文物之变革，不似殷周间之剧烈矣。殷周间之大变革……则旧制度废而新制度兴，旧文化废而新文化兴”。此论确实可贵。但王国维仅就嫡庶、丧服等几项进行一些论述，制度、典礼论之不详。实际上从“周公制礼乐”开始，西周的礼乐制度是相当完备的。古代的所谓“礼经”，《周礼》《仪礼》《礼记》大部分所述应该是从西周开始的（当然也有后人理想的东西）。礼仪、制度等的完善，应该可说是“巫术时代结束”的一个明显标志。“巫”在国家政治中再不占显著地位了。例如《周礼》一书，虽有东周时人的一些设想在内，但大体上能反映西周时制度与礼仪的主要情况，其中关于礼仪制度的官职有宗、祝、卜、史等许多分职，分担了原来各种巫师的职能，整个两百来个职务中，仅有“司巫”“男巫”“女巫”三条带有“巫”名，而卜师、龟人、占梦、大祝、小祝、丧祝等等所为之事，原本都是巫师所掌。周代结束了“巫术时代”。如《道藏源流考》所说，“战国时代有方士之称”，“方士”“方术”就代替了“巫师”“巫术”。

战国秦汉时期（特别是秦汉早期）是方士方术的时代。但同时，“道士”“道术”也同时出现。“道士之称始于汉”，至少可以说有一大部

---

① 李零：《中国方术续考》，中华书局2006年版，第39页。

分“方士”即是“道士”。道士之术自然是“道术”，也可以说“道术”即是“方术”。《后汉书·许曼传》：“行遇道士张巨君，授以方术。”亦如《道藏源流考》所说：“至晋以后，方士之称，始不复通用，而以道士代之。”至于“道士”“道人”之称等一些变化，那是以后的事了。

“巫”“方”“道”的演变就说这些，对于道教产生和形成的研究是有意义的。

五、佛道关系的辨正

这应该是与道教产生和形成没有关系的问题，但是被人们硬拉扯进来了，不得不说两句。我对这个问题没有任何研究，但有不少疑问。

早在上世纪初，日本小柳司气太《道教概说》就说道教剽窃模仿佛教之教理及礼仪。时至今日又有小林正美创“新范式道教史”说，“道教”是天师道受到佛教刺激后，有意识地“创造”出来的名，不能脱离儒、佛二教谈论“道教”的产生①，道教又由原来东汉末年形成变成东晋南朝以后才产生了。真是很难理解。佛教的影响如此之大！

佛道关系是一个不可回避的问题，佛教刚传入时，互相之影响是历史的事实。如何看二者之间的互相吸收（互相学习）、互相利用、互相排斥？

汤用彤先生1955年在重印他早年（1938年）的《汉魏两晋南北朝佛教史》时说：

> 佛教在中国的发展，和当时其他反佛教的思想斗争是分不开的，比如对道教的斗争，对儒家思想的斗争，对当时科学的斗争等。我们不能设想脱离了当时思想斗争的全部内容而能单独讲明佛

① 小林正美著，王皓月译：《新范式道教史的构建》，齐鲁书社2014年版，第238页。

教史。

可见佛道关系是一个重要问题。汤先生在开头写第一章《佛教入华诸传说》时指出：

> 后世佛法兴隆，释氏信徒及博物好奇之士……影射附益……信佛者乃不得不援引古逸史、周秦寓言……化胡说出，佛道争先。信佛者乃大造伪书，自张其军。

他认为都是不可靠的，并且作了十来个问题的具体考证。在写第5章《佛道》的“总结”时说：

> 佛教在汉世，本视为道术之一种……其教……流行于民间。上流社会，偶因好黄老之术，兼及浮屠……及至魏晋，玄学清谈渐盛，中华学术之面目为之一变，而佛教则更依附玄理，大为士大夫所激赏。因是学术大柄，为此外来之教所篡夺。而佛学演进已入另一时期矣。

事实上佛教传入是在道教形成之后（汤先生写书一开始就对早期“入华诸传说”进行了批驳）。秦汉时期道家、道教不分，其影响也相当大。汉代道家的黄老学与黄老道影响很大，佛教主要从这时传入，所以不得不向道家、道教学习、靠拢，这早已有一些研究指出。佛教在正式大量传入中国之后，特别是与中国知识分子结合之后，影响加大，与道教的关系就发生了比较大的变化。

这里我主要想讨论两个问题：

一个是道教“剽窃”“模仿”佛教“教理及礼仪”问题。从两晋南北朝开始的佛道之间的相互影响、相互吸收，道教是采用了佛教的某些东西，但要具体比较分析。有些原本是各自都有的，而被认为是抄袭、剽窃，显然是一种偏见。这是受古代佛道之争的影响，也受某些宋人的影响。但需具体分析，例如说“礼仪”，中国商周以至秦汉礼仪制度相当完备，极其丰富。道教的科仪自有承袭，且有创造，如“步罡踏斗”之类流传至今，还需要“模仿”佛教什么？是否佛教还“模仿”了道教？我没有研究，也许并非不是问题。教理方面也需具体研讨，汤用彤先生在其书的《佛道》一章中有一些具体的谨慎的比较，值得参考学习。“剽窃”之说实为一种偏见。有的说法甚至荒唐，好像道教礼拜的神像都是模仿佛教的。某些史书在佛道之争中一些佛徒言论的影响下也会有错误记载，汤先生有《休屠王金人》一节驳《魏书·释老志》“所言之虚妄”，即为一例。长期偏见的影响，现在有人搞田野调查也会有这种“模仿”的联想（如小林正美《新范式道教史构建》中有四川摩崖道教造像的调查）。

第二个问题是两晋南北朝道教的演变对模仿、剽窃说的影响。在道教发展史上，东晋南朝时期，活跃的如上清、灵宝派，掀起了造经和造神两个运动。后世所传的经书，很大部分是这一时期所造，这方面现在流行的《道教史》多有论述。而造神运动则论述不多，实际这也应该是一个比较重要的问题。这里多说几句。前引早年傅勤家的《中国道教史》有“道教之神”一章，他写道：

其初最尊者为老子……太平道、天师道等更皆奉老子为师，尊其书为经。至后代而老子遂成为至尊无上、神变无方之神人……然自六朝以来，元始天尊之名既出，老子之地位骤绌，而道教之神遂愈繁。

当张角、张陵之道教初起时，所谓司人间祸福者，只有三官，即天官、地官、水官，今称为三官大帝者也。迨其后，既有元始太上诸尊位乎上，则神仙官府当然加增。

这个论述是符合历史事实的。“元始太上诸尊位乎上”就是讲的东晋南朝的造神运动。这事该如何看？我这里只说两点：

第一，道教的核心信仰是神仙信仰，“神”和“仙”是两大部分：一部分是“神”，天神、地神、自然界诸神、祖先神等；一部分是“仙”，仙人、真人之类，是由人长生不死所成之仙，是道教信仰、道术的实际内容。没有神的信仰那才不是宗教，然而无论刘向的《列仙传》，还是葛洪的《神仙传》，其所记皆为人（包括传说中的人）变成的仙。没有神的记载，对于宗教——道教，如果没有神的敬祀那是不完备的。实际上如前所述，中国的鬼神信仰和祭祀有很长的历史，有丰富的内容，也一直为巫师、方士和道士在履行。秦汉时的记载，如祠“太一”之类本有不少，只是没有一个神的谱系的整理罢了（实际上在汉代的礼仪制度上也是有过一些整理的）。东晋南朝开始大规模的造神运动，就先后出现了葛洪的《枕中书》、陶弘景的《真灵位业图》等，试图把“神”和“仙”统统记述出来，当然可以说“杂沓纷纶，漫无统纪”。当时创造了不少的神，比如“元始天尊”。葛洪说：

> 昔二仪未分，溟涬鸿蒙，未有成形，天地日月未具，状如鸡子，混沌玄黄，已有盘古真人，天地之精，自号元始天王，游乎其中。①

盘古开天地的历史传说用上了。陶弘景列位第一级的“上清虚皇道君，应号元始天尊”。那么，原来尊崇的老子怎么摆呢？所以有一段时间老子在道教中的地位是游移的，陶弘景把他摆在第四级中位（“太清太上老君”），后来他才被列为三清之一。如果硬要说，“道徒们觉得只老子一人不够用了，比不上三世佛气派”，于是“造出了”三清。这种似是

① 葛洪：《枕中书》，《丛书集成初编》，中华书局1991年版，第1页。

而非的说法，实在不好说。在最高神中列出三个，三个难道不可从中国文化传统自身来比说，更何况早有“一气化三清”之说呢？《老子》不就说“一生二，二生三”吗？

第二，道教造经、造神之时，正是佛道交融和互相排斥之时，造经、造神当然会与佛教有些参照比较。到底谁袭谁？或者各有各的渊源。这是值得深入研讨的。以往的研讨中，较多引用佛徒之说，难免得出“道”抄袭“佛”之说，例如《笑道论》中就用了不少“偷改”“抄袭”之词。试举一例说，其《观音侍老》说：

> 有道士造老像，二菩萨侍之：一曰金刚藏，二曰观世音。又道士服黄布帔，或似服帊，通身被之，偷佛僧伽裟法服之相……学僧服像。

在“臣笑曰”中还列举一些，“自尔至今黄服不绝，像服沙门，良可悲也”，“观音极位大师，老子不及大贤”等可笑而有意思的记述。因为在道教造神造像的过程中，有一些尝试性的做法，“观音侍老”，让“极位大士”观音作老子的侍从，何尝又不是道教贬低佛教之意呢！至于黄色衣服就是学佛教的？黄巾起义用黄巾也是佛教的？后来道服多青紫之类，是不是与当时争论有关，这些都是可以作具体考证的。

再如造像、宫观之类的事也是如此。例如唐释法琳《辨正论》卷6自注云：

> 考梁陈齐魏之前，唯以瓠卢盛经，本无天尊形像。按任子《道论》及杜氏《幽求》云：“道无形质，盖阴阳之精也。”《陶隐居内传》云：“在茅山中立佛、道二堂，隔日朝礼，佛堂有像，道堂无像。”王淳《三教论》云：“近世道士，取活无方，欲人归信，乃学佛家制作形像，假号天尊，及左右二真人，置之道堂，以凭衣食。

宋陆修静亦为此形。”

《道藏源流考》的《道教形象考原》引用上文且说“宋代道教，已有形像”，未作进一步考辨，很易引起误会。实际情况应该是，陶弘景当时“道堂无像”是“无天尊形像”。元始天尊刚造出来，一时无像那是很可能的。要说道教的神祠、神祀原本无像是荒唐的。中国古代，敬神祭祖，原来就是有礼拜对象的，那就是“尸”。“尸”字之意即为神像，而且是很具体的，以臣下或死者的晚辈充任“尸”位，代为受祭，后来逐渐改用神主、画像之类。“尸”字在甲骨文中就有，至少从商周开始，敬神灵、祖先都是有具体礼拜对象的。道教之敬神还要“学佛教制作形像”，岂不荒唐之极？黄老道敬奉黄帝、老子，当然是有像的，否则“宫中祠黄老、浮屠”岂不是一边有像一边无像！老子像是有明确记载的，《抱朴子内篇·杂应》写道：

……老君真形见，则起再拜也。老君真形者……身长九尺，黄色，鸟喙，隆鼻，秀眉长五寸，耳长七寸，额有三理上下彻，足有八卦，以神龟为床，金楼玉堂，白银为阶，五色云为衣……此事出于仙经中也。

《仙经》中所记老君形象难道画不出来？制作不出来？汉画像石孔子问礼中是有老子像的。我看画成啥样，制作成啥样，都是画家、工匠的创造。中国的佛像不也是中国人制作的？到底谁学谁，这是一个不小的问题。不过也有一条，佛教遗留的石窟石像较多，这倒是为后世“田野调查”提供了依据。道教考古这方面提供的资料少一点，佛像的制作不也是中国人的作品吗！我们当然可以而且应该深入研讨这些问题。

佛道之争许多问题需要进一步辨正。

六、理论根据及本人认识的检讨

这里只简单谈一谈。

什么是宗教？宗教学有哪些基本理论？本人没有任何研究，学习也不多，但讨论道教的产生和形成又必须涉及理论问题。所以只能学习学界同仁的研究成果。在学习中会认同一些多数人有共识的结论和看法，随着学习的深入也会不断改变一些认识并提出新的看法。例如约十年前我开始写有关道教的文章，仍采用流行已久的汉末道教形成的说法，后来逐渐产生疑问，觉得历史事实好像不是那样的，读到论述“方仙道”之类的文章，觉得战国已有道教是可能的，因此写了《道教的名与实》《论道教的杂而多端》等论文。再例如关于“黄老道”，开始我认为是东汉时期的一个道教派别，最近我的研究认为黄老道不但西汉初期就有，它源于春秋战国时期的齐，写成《黄老道及其源于齐地初考》，“初考”二字是想说还有“续考”、“再考”的可能。这样研究和认识的变化应该是可以的吧！

那么我现在如何认识道教的产生和形成呢？理论根据是什么呢？我想说以下几点：

第一，无论是宗教学研究中提出的“五要素”还是“三要素”，无非是说要有信仰、有信众、有组织（包括传承）、有仪轨、有经典。我看，战国时期的“方仙道”、“黄老道”，还有可能的“王母道”（李远国根据材料的说法），都基本具备，它们是早期道教的不同派别。

第二，我采用学界同仁所研讨的原生性和创生性之说，道教是原生性的。它的产生和形成有一个较长的过程，在发展过程中又有多样变化（符合道教“杂而多端”的特点）。

第三，道教产生和形成的再研究是有意义的。虽然它不是直接关系当前国计民生的大问题，但却是传统文化中一个不小的问题。我们总不能就让那个不准确的“东汉末形成说”永远误导子孙后代吧。何况现在又出现“新”的南朝形成说呢？作为本土宗教的道教，我们应该把它了解得更深更清楚一些。这是我的愿望。

附记：2014 年，友人萧登福教授赠我一本 1998 年出版的《周秦两汉早期道教》，对我的不断思考启发很大。该著作专门有“论道教的创立年代”、“论道教不始于张道陵”等章节，材料翔实。

黄老道及起源于齐地初考

我在写《论道教的名与实》① 时提到“黄老道”是早期道教的一个派别，具体论述不够，认识也不够精确，今再考述如下：

黄老道是早期道教的一个派别，早于张道陵的天师道（正一道）。这一点还未引起学界的重视。

东汉中期甚至早期，黄老道就已经流行。黄老道的名与实《后汉书》中最明确的记载有两条：一条是桓帝事黄老道，《后汉书·王涣传》说：

> 延熹中，桓帝事黄老道，悉毁诸房祀。②

《后汉书·孝桓帝纪》记载说：

> （九年）祠黄、老于龙濯宫。③（有些记载只说祠老子）

《后汉书·襄楷传》说：

---

① 《世界宗教研究》2015年第5期。

② （宋）范晔撰，（唐）李贤等注：《后汉书》卷七十六《循吏列传》，中华书局1965年版，第2470页。后均引自此版《后汉书》，不再另注。

③ 《后汉书》卷七《孝桓帝纪》，第317页。

闻宫中立黄老、浮屠之祠。①

另一条是张角事黄老道，《后汉书·皇甫嵩传》记载张角时说：

初，巨鹿张角自称大贤良师，奉事黄老道，畜养弟子，跪拜首过，符水咒说以疗病，病者颇愈，百姓信向之。角因遣弟子八人使于四方，以善道教化天下，转相诳惑。十余年间，众徒十万……②

这里透露了黄老道宗教活动的部分内容，因为这个记述主要是记张角起义那个政治事件。在汉代儒家思想占统治地位的情况下，没有很明确的宗教观念，所以才会有“黄老、浮屠”之类的混言，才有“天师道”“正一盟威之道”“五斗米道”“鬼道”等不确定的称呼和记述，但黄老道的存在及其影响却是有记载反映的。

汉光武帝的太子刘庄曾谏劝他说：

陛下有禹汤之明，而失黄老养性之福。愿颐爱精神，优游自宁。③

这应该是受黄老道影响。而楚王英的喜黄老，那就明显是黄老道的信仰了。

（英）晚节更喜黄老，学为浮屠斋诫祭祀。……诏报曰：“楚王诵黄老之微言，尚浮屠之仁祠，洁斋三月，与神为誓……”英后遂大交通方士，作金龟玉鹤，刻文字以为符瑞。④

---

① 《后汉书》卷三十下《襄桓帝纪》，第1082页。
② 《后汉书》卷七十一《皇甫嵩朱儁列传》，第2299页。
③ 《后汉书》卷一下《光武帝纪》，第85页。
④ 《后汉书》卷四十二《光武十王列传》，第1428页。

楚王英虽然佛教、道教都信，但他“交通方士”（应该就是道士）等活动，是黄老道的活动。

黄老道属于道教，当然讲修道成仙，其实例有如安帝时的矫慎：

> 矫慎字仲彦，扶风茂陵人也。少好黄老，隐遁山谷，因穴为室，仰慕松、乔导引之术。……年七十余，竟不肯娶。后忽归家，自言死日，及期果卒。后人有见慎于敦煌者。故前世异之，或云神仙焉。①

矫慎所“好黄老”应该就是黄老道。

东汉时期，修道求仙成为风气，王充《论衡》一书中就专门写了一篇《道虚》，认为黄帝成仙、老子延年等都是虚假的，针对的应该就是黄老道。

上面说张角“奉事黄老道”，《后汉书》注引《典略》又说“张角为太平道”。这“太平道”与“黄老道”又是什么关系？也是值得研究的问题。从史料的相关记载看，或与《太平经》有关，故张角又被视为“太平道”教主。或者可以说《太平经》是后期黄老道的一部经典。《太平经》是由东汉顺帝时于（干）吉所得之神书《太平清领书》发展而来的，这是学界共识，汤用彤、陈国符等均有论述。这说明这部早期的道教经典，有一个发展、完善的过程。现在再来看，这个过程还应该长一些，要向前延伸到西汉中后期成帝时齐人甘忠可的《天宫包元太平经》。《汉书·李寻传》记载：

> 初，成帝时，齐人甘忠可诈造《天官历包元太平经》十二卷，以言“汉家逢天地之大终，当更受命于天，天帝使真人赤精子下教

① 《后汉书》卷八十三《逸民列传》，第2771～2772页。

我此道”。忠可以教重平（服虔曰：重平，勃海县也）夏贺良、容丘（晋灼曰：容丘，东海县也）丁广世、东郡郭昌等。中垒校尉刘向奏忠：可假鬼神罔上惑众，下狱治服，未断病死。贺良等坐挟学忠可书以不敬论。后贺良等复私以相教。哀帝初立，司隶校解海光亦以明经通灾异得幸，白贺良等所挟忠可书事下奉车都尉刘歆，歆以为不合《五经》，不可施行。而李寻亦好之。光曰：“前歆父向奏忠可下狱，歆安肯通此道？”时郭昌为长安令，劝寻宜助贺良等。寻遂白贺良等皆待诏黄门，数召见……

哀帝久寝疾，几其有益，遂从贺良等议。……后月余，上疾自若。贺良等复欲妄变政事，大臣争以为不可许。①

夏贺良等人参与了一场政治斗争，最后以“执左道，乱朝政”罪名被“伏诛”。

我们离开政治活动，考虑记述者的儒家立场（合不合“五经”），可以看到宗教活动，他们（人数不少）有信仰，信仰神仙，“天帝”是神，“真人”是仙；有传承，“教我此道”“私以相教”；或者还有医道的运用，“哀帝久寝疾，几其有益”。从甘忠可到夏贺良，是一批宗教领袖。是什么教？当然是土生土长的道教，或名“太平道”，或名“黄老道”。

由于儒家的敬天祭祖、重礼仪等方面与宗教有相通之处，所以先秦、西汉时期人们还没有明确地认识宗教，但宗教的事实却是存在的。汉初的典型例子，陈平应该是黄老道道士出身，《史记·陈丞相世家》的记载有这方面的线索。司马迁在该卷末尾说：

太史公曰：陈丞相平，少时本好黄帝、老子之术，方其割肉俎上之时，其意固已远矣。……以荣名终，称贤相，岂不善始善终

① 班固：《汉书》卷七十五《眭两夏侯京翼李传》，中华书局 1962 年版，第 3192～3193 页。

哉！非知谋，孰能当此者乎！①

在写他的生平时，有：

少时家贫，好读书……独与兄伯居。伯常耕田，纵平使游学。……邑中有丧，平贫侍丧，以先往后罢为助。……家乃负郭穷巷。……然门外多有长者车辙。……平既娶张氏女，赍用益饶，游道日广。里中社，平为宰，分肉食甚均……②

“好读书”与“少时本好黄帝、老子之术”“游学”“侍丧”“门外有长者车辙”“游道日广”，完全可以看到是一个“道士”的活动。又，司马迁记陈平的晚年自述说：

始陈平曰：我多阴谋，是道家之所禁，吾世即废，亦已矣。终不能复起，以吾多阴祸也。③

他认为自己从政后的行为是违背“道家”精神的，这里道家和道教可以不分，像长时间二者混用一样。汉初与黄老道有关的人不少，如张良、曹参等，是否与黄老道有关？则有待深考。后世一般认为张良与道教有关，有些地方有张良庙，司马迁的记载中也有一些信息：张良早年见黄石公受书，司马迁也觉得“亦可怪矣”，黄石公就是道教人物，张良晚年“愿弃人间事，欲从赤松子游耳，乃学辟谷，导引轻身”（《史记·留侯世家》）。

---

① （汉）司马迁撰，（宋）裴骃集解，（唐）司马贞索隐，（唐）张守节正义《史记》卷五十六《陈丞相世家》，中华书局1959年版，第2062～2063页。

② （汉）司马迁撰，（宋）裴骃集解，（唐）司马贞索隐，（唐）张守节正义《史记》卷五十六《陈丞相世家》，中华书局1959年版，第2051～2052页。

③ 《史记》卷五十六《陈丞相世家》，第2062页。

司马迁对黄老之学是赞同并且崇拜的，“黄老”连称甚至可以说是他的创造。他“论大道则先黄老而后六经”（班固《汉书·司马迁传》赞，本其父班彪之言“其论述学，则崇黄老而薄《五经》”）。他在《史记》中有“黄老之术”“黄老之言”“黄老之意”多种提法，没有“黄老道”的提法，“黄老道”或者与“黄老之术”有点关系，术，既可以是政教之术，也可以是宗教之术。如前所说，他和当时人一样，对宗教、道教没有明确的认识，但观其关于神仙的信仰之记述可知，有一些是宗教之术。在《史记·封禅书》中，记载了不少方士与神仙的事，反映的是早期道教的活动。

古代帝王受命封神，敬天祭祖，离不开巫、祝之类的人物。《封禅书》讲到商朝，有一句具体涉及巫的话，“伊陟赞巫咸，巫咸之兴自此始”。讲到周时具体提到了“方事”：

> 时苌弘以方事周灵王（前571—前545），诸侯莫朝周，周力少。苌弘乃明鬼神事。设射狸首，狸首者，诸侯之不来者，依物怪，欲以致诸侯。诸侯不从，而晋人执杀苌弘。周人之言方怪者，自苌弘。其后百余年，秦灵公作吴阳上畤，祭黄帝；作下畤，祭炎帝。①

这里透露的历史消息是：春秋时期，方、方怪、方事已经开始代替前此之巫、巫风、巫士了，“方士”之称呼之欲出了。记载到秦始皇之后，方士、方术以及神仙之事就大量具体出现了：

> （秦始皇）即帝位三年，东巡郡县……征从齐鲁之儒生博士七十人……诸儒生既绌，不得与用于封事之礼……

① 《史记》卷二十八《封禅书》，第1364页。

于是始皇遂东游海上，行礼祠名山大川及八神，求仙人羡门之属。

秦始皇一开始就寻找神仙了。

自齐威、宣王之时，邹子之徒论著终始五德之运，及秦帝，而齐人奏之，故始皇采用之。而宋毋忌、正伯侨、充尚、羡门高、最后皆燕人，为方仙道，形解销化，依于鬼神之事。邹衍以阴阳主，运显于诸侯，而燕齐海上之方士传其术，不能通。然则怪迂阿谀苟合之徒自此兴，不可胜数也。

……及至秦始皇并天下，至海上，则方士言之不可胜数。①

"方士言之不可胜数"，方士的人数很多，队伍很大。后面记汉武帝时代的事情也有如此描述：李少君"以祠灶、谷道、却老方见上"，自吹见过仙者安期生。"而海上燕齐怪迂之方士，多更来言神事矣。"齐人少翁、栾大"以鬼神方"相继得宠之后，"海上燕齐之间，莫不搤捥而自言有禁方，能神仙矣"。讲到武帝晚年，"方士言神祠者弥众"。敬鬼神、求神仙、言禁方（方术）的众多各种各样的方士，应该说就是后世的道士。

秦汉之初那么多的方士或道士，当然是长时间发展而来的，司马迁讲到了"燕齐海上之方士"，讲到了"方仙道"，讲到了宋毋忌等燕人。有人对"方仙道"曾有初步的系统研究②。我曾指出，这就是道教早期的一个派别。现在看来，这个问题还值得进一步研讨，司马迁既然特别说明那几个"燕人"为"方仙道"，齐人是不是"方仙道"是值得怀疑的，齐人应有自己的道派。"黄老道"应该就是齐人所创。

几乎所有的研究都证明：黄老道与齐是有密切关系的，黄帝与老子

① 《史记》卷二十八《封禅书》，第1368～1370页。

② 郑杰文：《方仙道的方术》，《中国道教》1991年第1期。

相连，齐地的稷下作出了最大的贡献。可从如下一些方面来分析：

第一，田齐以黄帝为始祖。传世的《陈侯因咨敦》上铭文说：

> 其惟因咨扬皇考，绍緟高祖黄帝，侎嗣桓文。

人们已认识到，以黄帝为祖先是田齐取代姜齐之后的一个重要理论宣传，姜齐以炎帝为祖先，田氏代齐以黄帝打败炎帝的历史依据。不论历史真相如何，在这里，炎黄之争的政治意义大于历史意义。

黄帝的传说不是齐国所独有的，也不一定齐国最早。《史记·周本纪》写道：

> 武王追思先圣王，乃褒神农氏之后于焦、黄帝之后于祝。

则商周已有黄帝传说。《史记·五帝本纪》从黄帝开始，司马迁还特别写道：

> 余尝西至空桐，北过涿鹿，东渐于海，南浮江淮矣，至长老皆各往往称黄帝、尧、舜之处。

则全国各地都有黄帝的传说，但《陈侯因咨敦》的记载意义重大。此后，齐国对有关黄帝的一切认同和宣传都会远超他国。

第二，稷下与黄老。稷下学宫、稷下学及其与黄老道的关系，研究的成果很多，值得继续深入研究的问题也不少，稷下与黄老道有无关系，好像很少有人研讨过。但应该是有关系的，如上所引著名人物邹衍，“燕齐海上之方士，传其术，不能通，然则怪迂阿谀之徒自此兴，不可胜数也”。据此来说，邹衍为方士们、为道教，为方仙道、黄老道提供了理论基础。稷下的人物与活动哪些与黄老道有关系，这是值得深入研讨的。

第三，大量的与“老子相似”的黄帝书是稷下学人制造的。后来西汉齐人甘忠可造《天官历包元太平经》与琅琊宫崇所献其师于（干）吉的《太平清领书》。道教最早的经典是山东齐人制造的。这些人的祖师与稷下学人有无关系？这也是值得注意的。

第四，神仙、方术的传播者大多是齐人。《史记·封禅书》所记最早“以祠灶、谷道、却老方”见汉武帝的李少君，故“深泽侯舍人”（中山国，河北人），但他在蓬莱见过“仙者”安期生（琅琊人）。又，“亳人谬忌，奏祠太一方”。接着是“齐人少翁以鬼神方见上”，被拜为“文成将军”。接着又有“与文成将军同师”的“胶东宫人”栾大受宠，“贵震天下”，从而引起“海山燕齐之间，莫不搤捥而自言有禁方，能神仙矣”。再接着齐人公孙卿因宝鼎事抬出“与安期生通”的齐人申公之言黄帝成仙事，使得汉武帝说：“吾诚得如黄帝，吾视去妻子如脱躧耳。”记载中这些言神仙、却老方的人大多是齐人或者在齐地活动的人，他们原本是方士，也就是道士。

记载告诉我们，这些方士都是有师承的，还有同门之人。这些信黄帝、神仙人的师承传统有很长的历史，司马迁在《史记·乐毅列传》之后的一段叙述颇能说明问题。乐毅之后代受到汉高帝之封，“而乐氏之族，有乐暇公、乐臣公，赵且为秦所灭，亡之齐高密（乐毅之后代也跑到齐地来了），乐臣公善修黄帝老子之言，贤闻于齐，称贤师”。然后“太史公曰”：

> 乐臣公学黄帝老子，其本师号曰“河上丈人”，不知其所出。河上丈人教安期生，安期生教毛翕公，毛翕公教乐瑕公，乐瑕公教乐臣公，乐臣公教盖公，盖公教于齐高密胶西，为曹相国师。①

---

① 《史记》卷八十《乐毅列传》，第2436页。

与陈平、张良同时的曹参这里也出来了。司马迁这一记述，至少可注意两点：(1) 黄老之学、黄老之术的传授，至少从战国到西汉有绵延不断的系统，当然决不会只有一个传授系统。(2) 讲黄帝、老子的人，不会仅仅是所谓“学术”研究，而与成仙的道教活动有比较密切的关系。即使司马迁讲的这个看似“黄老之学”的系统，同时，他们也是道教人士，有的被称为神仙，《列仙传》有安期先生，《神仙传》有河上公。

综上所述，黄老道应该是发源于齐地。

司马迁既已在记述中提到了春秋战国时期的方仙道，而以上所述，黄老道事实上是存在的。后来，方仙道在秦汉时期的发展有待考察；黄老道则日益发展，一直到秦汉中后期明确在史书中出现。

再说，在神仙信仰遍及全国的当时，不可能只有“方仙道”一个派别，“黄老道”应该是客观存在的，还有的学者如李远国认为当时还有“王母道”，这也是很有可能的，因为西王母作为神仙的信仰确实曾在一些地区红火过。

更进一步说，本文所涉及的是道教产生和起源问题。我在《重新讨论道教起源和产生问题》[1] 一文中，提到“巫、方、道的演变”，就有利于我们判断何时会有道士出现。正在撰写的《西汉时期的道教》与本文关系更密切。例如，上引《史记》说张良晚年“乃学辟谷，导引轻身”，而《汉书》的记载说：“乃学道，欲轻举。”师古曰：“道谓仙道。”清人说颜师古是“望文为注”，恐怕也是想当然。实际上史书中关于张良的记载还有不少，葛洪在《抱朴子内篇·至理》中曾引《孔安国秘记》云：“良得黄石公不死之法，不但兵法而已。良本师四皓角里先生绮里季之徒，皆仙人也，良悉从受其神方。虽为吕后所强饮食，寻复修行仙道。”从张良、陈平等人前后事迹，找到西汉时期道教的发展，应该是没有问题的。我们对于文献资料仔细爬梳，反复研读，去粗取精、去伪存真，是有不少内容可以发掘的。

① 《宗教学研究》2018 年第 1 期。

论战国时期的道教

——以《史记·封禅书》为中心的思考

中国道教开始于东汉张道陵的说法，影响很大，有其历史原因。笔者曾经撰写过几篇文章来质疑这个观点，并提出中国道教实际的产生时间，不会晚于战国时期。今再从《史记·封禅书》这部有关先秦宗教史的重要文献入手，进一步讨论道教在战国时期的发展情况。

一、从文明史、宗教史的发展看，战国时期道教产生的历史条件已经成熟

19世纪的英国人类学家弗雷泽在其名著《金枝》[①] 中，曾经给人类文明的发展总结出了一个"巫术—宗教—科学"的三段式，他认为人类文明在早期阶段都存在着一个巫术的时代。弗雷泽关于巫术时代的论述，对中国上古史研究的影响是显而易见的。如李泽厚所提出的"巫史传统说"[②]，张光直对商代巫觋与政治的讨论[③]等等，都能看到该学说的痕迹。弗雷泽的学说之所以能启发众多学者的研究，就在于它为我们解读早期文明发展、宗教发生等问题，提供了一条重要的线索。循着这条

① （英）J. G. 弗雷泽：《金枝》，商务印书馆2017年版。

② 李泽厚：《历史本体论　己卯五说》，生活·读书·新知三联书店2008年版。

③ 张光直：《美术、神话与祭祀——通往古代中国政治权威的途径》，辽宁教育出版社1988年版。

线索，我们对于早期中国宗教产生的问题（包括道教的产生）也会有新的认识。

我曾经引述过弗雷泽的话："在巫术时代结束后，宗教时代才开始。"这句话太符合中国历史发展的实际了。夏朝的历史因文献不足征而有待进一步研究，商代是一个"巫术时代"这一观点应当是学界的普遍共识。而商代这个"巫术时代"结束以后，宗教时代究竟是如何开始的？我想大约有两条线索可以去把握：

其一，周代的国家宗教。周公"制礼作乐"，为后世儒家学者所津津乐道。这里的"礼"，既包括国家的一般政治制度，同时也包括祭祀天地、宗庙、社稷、山川群神等的宗教制度，其明文大都保存在"三礼"等古代文献中。以往学者们多从"礼仪制度"的角度去解读它，实际上当时的"礼"包括国家宗教之礼仪，而且是很重要的部分。牟钟鉴曾经将这个周代确立并一直延续到清末的国家宗教，称之为"宗法性传统宗教"，并认为它是中国古代社会中"于佛道儒之外"，"一个绵延数千年的正宗大教"①，其论述是符合历史事实的。

其二，道教的产生。周代的国家宗教与政治制度紧密结合，其最高祭祀对象是"天"，由天子掌握对"天"的祭祀权，其余宗教活动的参与权是按照宗法等级身份确定的，其一系列宗教行为具有浓厚的政治象征意味，普通人根本没有权利和资格参与进去。然而，社会普罗大众的宗教情感和宗教需求是无时不在的，国家宗教无法满足它，其他宗教就会来填补这个空缺，道教应当就是在这样的历史氛围中产生的。道教的最高信仰是"道"，这无疑是对国家宗教中"天"的信仰的超越。因为祭天权为天子一人所独享，而道教的"道"则是人人可以崇敬之乃至通过某种方法得之，得"道"者即为神仙。"道"信仰的确立，无疑使得普罗大众对最高存在的崇奉之情有了一个新的表达渠道。有此信仰即为

① 牟钟鉴：《关于中国宗教史的若干思考》，《中国宗教与文化》，唐山出版社 1995 年版，第 139 页。

道教，舍此信仰不是道教。得道成仙是道教的最高追求，这些在战国时期已经有了。《庄子·大宗师》有一段文字可以剖析一下：

> 夫道，有情有信，无为无形；可传而不可受，可得而不可见；自本自根，未有天地，自古以固存，神鬼神帝，生天生地；在太极之上而不为高，在六极之下而不为深，先天地生而不为久，长于上古而不为老。……日月得之，终古不息；……黄帝得之，以登云天；……西王母得之，坐乎少广，莫知其始，莫知其终；彭祖得之，上及有虞，下及五伯；傅悦得之，以相武丁，奄有天下，乘东维，骑箕尾，而比于列星。

前面一部分是对道的描述，自本自根的道，生天生地的道，万能的道。后一部分是得道之后的一些神话。陈鼓应注《庄子》，根据前人已有的一些说法，认为“无深意”，“无妨删去”[①]，这是不合适的。其实这后半段话颇有深意，那就是“得道”可以成仙。黄帝、西王母等都是得道成仙的先例，既有先例，“修道成仙”就有可能，有希望。

要得道就要修道，修道则需要有方法。后世道教有所谓内丹、外丹之学，《庄子》中的“心斋”（《人间世》）、“坐忘”（《大宗师》）、“吐故纳新”（《刻意》）等当属于内丹学之滥觞。而时人所追求的养生之药、“不死之药”等，也与外丹烧炼有密切的联系。总而言之，要人们相信能长生不死，能修道成仙，还必须用各种各样的方法，统称为方术。

从《史记·封禅书》的记载来看，战国时期确实有一群人以得道、成仙为其信仰和追求，并发展出了种种修道的方术。可以说，道教在战国时期就已经产生了。

① 陈鼓应：《庄子今注今译》，中华书局1983年版，第182页。

二、《史记·封禅书》对战国时期宗教情况的记述

《史记·封禅书》是一篇“宗教志”，它是从封禅之礼、从祭祀神灵的角度记述当时的宗教情况。《史记》所著“八书”，第一是礼，第二是乐，封禅排在第六，这说明司马迁认为“封禅”与当时整个国家的礼仪制度有所不同，而且可能比较次要。（司马迁对“八书”的排序与汉书“十志”的排序不同，这是各有不同含义的，值得另外探讨。）《汉书·郊祀志》与《史记·封禅书》的性质相同，所记内容，汉武帝以前也基本相同。不过班固似乎更加重视，将其排在“十志”的第五，并且开宗明义就说：

> 《洪范》八政，三曰祀。祀者，所以昭孝事祖，通神明也。旁及四夷，莫不修之……是以圣王为之典礼，民之精爽不贰，齐肃聪明者，神或降之。在男曰觋，在女曰巫……

其宗教性质十分明显。

秦和汉武帝以前的情况，《史话·封禅书》和《汉书·郊祀志》基本相同。我再次阅读《史记·封禅书》，发现其所记战国时的情况，材料来源有较大局限，那是因为秦始皇“焚书”，秦史以外的六国史记都被烧掉了。所以其记述内容很明显，“周东迁洛邑”、“秦始列为诸侯”之后，只有秦襄公、文公、德公、宣公、缪公、献公等记载，其中仅仅根据《管子·封禅篇》记述了齐桓公欲“封禅”一事，记述了秦国的“作西畤，祠白帝”、“作鹿畤”、“陈宝祠”、“伏祠”等，东方六国的神祠情况几乎没有。这显然受到材料缺少的限制，主要依据是秦国的史记。

但是秦始皇时期、汉初和汉武帝时期的许多事实，足可以反映战国

时期宗教的一些情况。

首先，神祠甚多。

《史记·封禅书》说：

> 名山大川，或在诸侯，或在天子，其礼损益世殊，不可胜记。及秦并天下，令祠官所常奉天地、名山、大川、鬼神，可得而序也。……诸此祠，皆太祝常注，以岁时奉祠之。至如他名山川、诸鬼及八神之属，上过则祠，去则已。郡县远方神祠者，民各自奉祠，不领于天子祝官……

一直到汉朝初年：

> （高祖）下诏曰：吾甚重祠而敬祭，今上帝之祭，及山川诸神当祠者，各以其时礼祠之如故。

这些数量众多的神祠，可以分为两类。一是由国家主导其祭祀活动，有专门的祠官，当属国家宗教或学界所言“宗法性传统宗教”的范围，它们是朝廷礼制的重要组成部分。二是所谓“民各自奉祠”，由民间社会主导其宗教活动。这部分的神祠，并不在当时的政治制度中，而是民间社会自发生成。总而言之，时兴时废的全国各地的各种神祠不知有多少，“民各自奉祠”不知有多少。其中有从古代“家为巫史”发展而来的，有从邻里相助、师徒相传而来的，也有某时某地特殊情况而形成的，它们就是当时宗教活动的主要场所。

其次，神仙甚多。

《史记·封禅书》对此有着重的描述：

> 自威宣、燕昭使人入海求蓬莱、方丈、瀛洲此三神者，其传在

海中……与仙人及不死之药皆在焉……终莫能至云。世主莫不甘心焉。

一直到后来秦始皇、汉武帝都对神仙孜孜以求，有更多更具体的故事。这些君王一方面是找不死药，另一方面是找仙人。当时的神仙很多，虽然现存的刘向的《列仙传》和葛洪的《神仙卷》中都说只有几十人，但葛洪在《抱朴子内篇·论仙》说，秦大夫阮仓的《列仙图》里“有数百人”。从《列仙传》和《神仙传》的记载看，远古的并不多，春秋战国时的人居多。但两书选录神仙的标准各有不同。例如：葛洪选录老子，且写了很长的传，没有列关尹，刘向则是二者都有；刘向选了汉初有名的安期生；葛洪选的是河上公；刘向把汉人东方朔列入了，葛洪则列了他的从祖葛玄。两传似可比较研究，这是另外一个课题。重要的是，战国以来，人们渴望修道成仙，并且从多方面编造记述了一些修道成仙、得道成仙的人物。

再次，方士甚多。

《史记·封禅书》中常以“不可胜数”来形容方士之多，汉武帝时有“齐人之上疏言神怪奇方者以万数”，仅齐一地就有“以万数”的方士。这成千上万的方士，绝不仅仅是单个活动的，他们会有一定的联系。《史记·封禅书》中记说：“栾大……故尝与文成将军同师。”文成将军就是齐人少翁，少翁以“鬼神方见上”，因以“方”使汉武帝看到其所思念已故王夫人之“容貌”，而被封为文臣将军。栾大、少翁同出一个师门，其师至少是汉初之人，再前推一点就是战国。方士是有传承的。又如：“邹衍以阴阳主运显于诸侯，燕齐海上之方士传其术，不能通。然则怪迂阿谀苟合之徒自此兴，不可胜数也。”“传其术”的“传”字，可以表明一定的关系，那就是师徒相传。因此我们可以认为，邹衍应该是一个方士团体的头领。

从以上的分析来看，战国时期社会上的神祠、神仙、方士数量众多，构成宗教的各要素均已具备，宗教活动十分频繁。这些宗教活动大多不属于国家宗教的范围，笔者认为它们就是当时的道教。

三、方仙道该如何看

《史记·封禅书》的记载中，方仙道是一个引入注目而也确实很有意义的内容，今将原文及相关注释引录如下：

> 而宋毋忌、正伯侨、充尚、羡门子高（《集解》韦昭曰：皆慕古人名，效神仙者。《索隐》乐彦引《老子道经》云：月中仙人宋毋忌。《白泽图》云：火之精曰宋毋忌，盖其人火仙也。司马相如云：正伯乔古仙人。顾氏案：裴秀《冀州记》云：缑氏仙人庙者，秦始皇使卢生求羡门子高是也。）最后皆燕人（按：最后是否人名？两说），为方仙道，形解销化，依于鬼神之事。

如何理解司马迁的这段记述？

首先，保留了“方仙道”这个名称就特别珍贵。这和司马迁之言“黄老”还不一样，不是泛泛而言，而是确认了战国时燕地有这么一个宗教性的道派。

其次，从名称上看，既有方士、方术之“方”，又有神仙信仰之“仙”，而且还有一个既代表信仰也有派别性质的“道”。“形解销化”，“《集解》服虔曰：尸解也”。尸解是一种成仙的途径；“依于鬼神之事”，就是敬神敬鬼的各种活动，鬼神相连应该是战国时期的一种普遍现象，《墨子》中有《明鬼》篇，大多数都是“鬼神”相连的文字，“明鬼”是明鬼神之有无；“效神仙”，说明追求成仙是其活动之目的。从注解来看，后人也显然把宋毋忌那几个人都当作是修道有成的仙人。

再次，从行文上看，司马迁的这段文字是夹杂在秦始皇称帝之后，封禅、上泰山，“礼祠名山大川及八神”之后，附带讲了方仙道和邹衍的派别。它与秦始皇敬神求仙的活动没有直接的关系，讲的是民间社会上存在的宗教活动。

最后，为方仙道的这几个人，应该不是同时代、同一地方的人，而是方仙道的几个代表人物。宋毋忌被后人认为是“月中仙人”，又被视为“火仙”，应该是比较早的，年代越早则不同传说越多。而羡门子高应该是当时比较晚近的，因为秦始皇东游时还有“求仙人羡门之属”的记载。这个“羡门”和以前的河上丈人、安期生等一样，是当时有人曾经见过的，可寻可求。《秦始皇本纪》记载更明确：“三十二年，秦始皇之碣石，使燕人卢生求羡门（《集解》韦昭曰：古仙人）、高誓（《正义》亦古仙人）。”羡门也许就是当时一个很有影响而且有某种专长的方士。这一点《汉书·艺文志》的记述或可作为一个旁证，其《数术略》中有《羡门式法》二十卷和《羡门式》二十卷，应该是一些具体的法术，或者与羡门这个人有关系。既然方仙道有这么一些代表人物，当然他们不会是单个人，会有跟从者，会有门徒，或者就是这个派别的掌门人。所以，他们不是几个人而是几群人。

司马迁的记述文字不多，所含内容却十分丰富，反映的是当时客观存在的一个宗教派别。那就是早期道教的一个派别，人们有意无意地忽略了。

为什么不可以是早期的道教呢？它有道教的核心信仰，相信神仙，而且相信人们可以修道成仙。它有一定组织，代表人物就是代表性的组织，是一个个的小团体。“依于鬼神之事”，相信鬼神，而且敬祀鬼神的，必有一套方士的方术存在着。所有这些无一不表现方仙道是一个宗教派别，而且是早期道教的一个派别。只不过更具体的材料，有待进一步发掘就是了。

四、重新认识邹衍——邹衍的方士身份

《史记·封禅书》在记方仙道之后紧接着就写道：

邹衍以阴阳主运，显于诸侯。而燕齐海上之方士，传其术，不能通。然则怪迂阿谀苟合之徒自此兴，不可胜数也。

这是司马迁记述的战国时期民间社会中的另一类宗教活动和信仰，是以邹衍为代表的道团。

邹衍在当时影响极大，人称邹子。他有很大影响的“大九州说”“五德终始说”等，是当时的一个风云人物。《史记·孟荀列传》载：

邹衍……乃深观阴阳消息，而作怪迂之变、终始大圣之篇十余万言……是以邹子重于齐。适梁，梁惠王郊迎，执宾主之礼。适赵，平原君侧行襒席。如燕，昭王拥彗先驱，请列弟子之座而受业，筑碣石宫，身亲往师之。作《主运》。其游诸侯见尊礼如此。

《史记》中还同时记载了邹衍与“齐之稷下先生，如淳于髡、慎到、环渊、接子、田骈”等“皆学黄老道德之术，因发明序其指意”。

有关邹衍的记载不算太少，但比较分散。人们会因不同的需要而记述他、议论他。例如《史记·封禅书》在记秦始皇敬神求仙之后，在记“方仙道”之前，突然插入几句话：

自齐威、宣之时，邹子之徒论著终始五德之运。及秦帝而齐人奏之，故始皇采用之。

这是讲他的“五德终始”说被秦始皇采用（实际上汉代采用更多）。然后在记述方仙道之后，才有本节开头引用的那些叙说。从以上的分析，我们可以得出以下几点认识：

第一，司马迁记录了与方仙道并列的，另一个以邹衍为代表的道派。

第二，这个道派有“燕齐海上之方士传其术”，说明门徒甚多，有自己的宗教组织。“怪迂阿谀苟合之徒自此兴，不可胜数也。”此说明这个组织的影响很大，吸引了很多外围人士纷纷效法。总之，这是一很大的道派。

第三，“传其术不能通”，虽然没有明说究竟传了邹衍的什么术，但可以肯定这个道派有自己一套独特的方术。关于邹衍道派的“术”，这里还要着重讨论两个问题。

首先，邹衍有哪些“术”？“终始五德之运”，对汉代政治的影响很大，上世纪早年顾颉刚等人多有论述。严格的说这不是什么“术”，只是一种理论。“大九州”说更不是“术”，而是受海上神仙说影响的一种论。阴阳、鬼神、怪迂之术才是术。当然要修道成仙，也会有养生之术，例如《汉书·刘向传》就记有“邹衍《重道延命方》”的书，“言黄金可成”，也许与炼丹有关。汉代把邹子列于“阴阳家”。《汉书·艺文志》说“及拘者为之，则牵于禁忌，泥于小数，舍人事而任鬼神”。宗教，特别是道教，离不开讲鬼神，如东汉末年有明确的“鬼教”“鬼卒”的说法。邹衍如何讲阴阳有待进一步的研究，他的鬼神之说，也有待进一步的发掘。长期以来人们忽视了这方面的关注，其“怪迂”之术有哪些，是有待进一步研讨的。

其次，邹衍与“黄老之术”有没有关系？班固《汉书》批评司马迁，“论大道则先黄老而后六经”，是说到了要害的，“黄老”在司马迁心目中有着相当特殊的地位。他记录了司马谈《论六家之要旨》，但它的《史记》并未严格按所谓六家来选写。所谓诸子百家，专门的传记较少，除开《孔子世家》《仲尼弟子列传》之外，突出的两个就是《老庄申韩列传》和《孟子荀卿列传》。前者把后世所谓道家和法家合在一起，后者较为奇特，把孟子、荀子和稷下学士合在一起。而司马迁之言战国时期的黄老，也就集中在这两处。前者除了“申子之学本于黄老”“韩非其归本于黄老”之外，最后的太史公曰：

老子所谓道，虚无因应，变化于无为……庄子散道德放论，要以归之自然，申子……韩子……皆原于道德之意，而老子深远矣。

所谓的“黄老”，实际上讲的是关于老子的道德理论。而《孟子荀卿列传》则说，一大批稷下学士“皆学黄老道德之术，因发明序其指意”。这批人是仅指慎到、田骈等几个人呢，还是包括所有或大多数稷下先生呢？（“皆学黄老道德术”云云，是写在慎到、田骈等几个人之后。）包括邹衍及大多数是可能的，前后文关联也很密切。前文是“自邹衍与齐之稷下先生”，这里似乎把邹衍与稷下先生分开了，但《田敬仲完世家》中他们都是宣王所喜好之“文学游说之士”，都是“稷下学士”。稷下之研讨黄老具有突出的特点，邹衍与黄老是有关系的，不过他的名声太大、影响太大、学问太大，可记述的内容太多，所以很多地方都会提到他。《孟荀列传》记述较多，涉及的问题也较多。例如“齐有三邹子”（邹忌曾为齐相，邹奭“亦颇采邹衍之术以纪文”），又如阴阳五行（“终始大圣之篇”）、大九洲之说等。他的术也是多方面的，儒术也不少（包括“仁义节俭、君臣上下、六亲之施”等），而“深观阴阳消息而作怪迂之变”，是人们难以相信、难以奉行的。“王公大人初见其术，惧然顾化，其后不能行之。”不能行的，应该就是《史记·封禅书》中讲的关于宗教方面的“怪迂之术”。

邹衍之所以能风行一时，恐怕不是大九州说，也不是五德终始说。五德终始说的影响是在秦汉时期，我们看司马迁在《史记·封禅书》中突然插入的几句话：

自齐威宣之时，邹子之徒论据终始五德之运，及秦帝而齐人奏之，故始皇采用之。

这几句话与前后文均无太大联系，而是说明五德终始说秦始皇时才开始被采用。那么战国时邹衍靠什么得到诸侯的“尊礼”呢？司马迁曾发过一通议论（见《孟荀列传》），并且说过：“邹衍其言虽不轨。”他“不轨”之言究竟有哪些？“怪迂”之事又有哪些？我们只能从道术或法术等方面去理解，所以司马迁写道：“而燕齐海上之方士传其术不能通。然则怪迂阿谀苟合之徒自此兴，不可胜数也。”邹衍这个派别的队伍是很大的。司马迁把与“方仙道”同时的邹衍这个派别联在一起，明显是讲两个民间的道派。邹衍这个派极可能是“黄老道”，而且比“方仙道”流传的范围大，在燕、齐两地流行。只可惜这“黄老道”三字没有表现出来，司马迁重黄老、讲黄老，不过战国文字记载中，至今难以发现“黄老”二字。“黄老道”之名战国时未出现，情况相同。

五、关于神灵的祭祀

宗教一定要祭祀神灵。楚国宋玉的《高唐赋》中说：

> 有方之士，羡门、高谿、上成、郁林、公乐、聚穀，进纯牺，祷琁室，醮诸神，礼太一。

这是战国时期宗教活动的一种概述，列了一串方士的名字，前面提到的方仙道代表人物“羡门”也出现了。他们“进纯牺，祷琁室”礼敬最高神“太一”，同时也祭祀（醮）诸神。这个叙述反映的是，方士们（很可能是各地各派的方士，羡门就不是楚人）除了要敬祀各自的神灵之外，还要共同礼敬最高神“太一”。

人们读《史记·封禅书》时容易发生误解，似乎奉祀“太一”是汉武帝时才兴起来的。王葆玹曾论述过“汉初国家宗教之奉祀太一”（见其《黄老与寻庄》），并纠正这种误解，但不够彻底。秦始皇也是以“太一”为尊神的，丁培仁根据《三辅黄图》，秦始皇二十七年作信宫，“更命信宫为极庙，像天极”的记载，论说道：“秦时就已崇奉北极神，非始自汉武明矣。”（见《太一信仰与张角的中黄太一道》，丁还说准备另外为文，说明还可以进一步研讨。）《高唐赋》所说“礼太一”应该是战国时的情况。出土的战国竹简，有许多文书可以证明，“太乙”是当时的最高神，这可以参考晏昌贵的《巫鬼与淫祀》[1] 等许多竹简研究著作。

然而，“太一”之成为最高、最尊之神，与老子也有密切关系。在《老子》书中，实际上“一”就是“道”，“一”的地位和作用都是很大的：

> 昔之得一者，天得一以清，地得一以宁，神得一以灵，谷得一以盈，万物得以生，侯王得一以为天下正。（39 章）

既然如此，再强调和加重一下，出来一个“太一”，那也就很自然了。关于这一点，是有文献可证的。上个世纪九十年代出土的郭店竹简中就有《太一生水》篇，详细论述了“太一”演化出宇宙万物的生成过程。因该篇“形制及书体均与《老子》丙相同”，故学者们多认为它原来可能是和郭店竹简《老子丙》合编为一册，这说明两者在思想上有密切联系。此外，《庄子·天下》篇中明确说“关尹、老聃”的学术主旨是“主之以太一”。如此看来，从《老子》的“道”“一”，发展出“太一”，再将其宗教化为最高神加以崇拜，这条线索应该是非常清晰的。

除礼“太一”之外，战国时祭黄帝是没有任何问题的，因为历史上礼敬黄帝之事很多，《竹书纪年》记载：

> 黄帝既仙去，其臣有左彻者，削木为黄帝之像，帅诸侯朝

① 晏昌贵：《巫鬼与淫祀》，武汉大学出版社 2010 年版。

奉之。

长期以来礼敬黄帝，从天子到诸侯、从国家到民间都有。田齐认黄帝为始祖，当然会礼敬有加。黄老之学产生、发展于齐地是顺理成章的事，齐地产生与燕地“方仙道”不同的道派也有极大的可能，这个道派必礼敬黄帝，也无需做更多的说明。

问题是：如果有黄老道，是否如东汉的明确记载那样，既敬黄帝，同时也敬老子？老子是否也立祠、设像？东汉后期明确有同时敬祭黄帝、老子的记载，问题是战国时期是否已经开始。关于敬祭老子，我们很难得找到了一条材料，《混元圣记》卷一所引《楼观传》记载：

(秦始皇)二十八年壬午，封禅泰山，乃建老君祠于楼观之南，躬行飨祀。

这是一个重要信息，有具体时间，也有具体地点的记述，应该是当时历史的反映。在秦始皇封禅的同时，在楼观台这个地方建“老君祠”以便秦始皇“躬行飨祀”。这“老君”绝非秦始皇一时心血来潮加封的，应该是受较长时间历史影响下采取的一个措施。楼观台原本是与老子出关有关，秦始皇巡游山东等地，知道有敬祭老子的事情，回头再在楼观台建立或者重修老君祠，这是完全可能的，没有理由怀疑这条材料的真实性。后世全国各地有不少老子庙、老君祠，有些时间很早，清查其历史也会有些线索。动不动就立祠、修庙，是从战国时就开始了的，否则秦始皇之时，全国各地不会有那么多祠庙，如《史记·封禅书》所说，山川、诸鬼、八神当祠者，不计其数，有些是“领于天子之祝官”的，而“郡县远方神祠者，民各自奉祠”。楼观台立老君祠实属正常，只是因为秦始皇要去敬祀，才特记了一笔。其他地方的没有见记载，或者是没有，也或者是比较普遍了，人们习以为常，记不胜记了。

另一个重要的信息是，《老子》之书被称为经典，也是战国时期的事。后世通称的《道德经》之名不是很早，但《老子》被称为经典，则是不晚的。《汉书·艺文志》提供的信息是，虽没有单独的《老子》书目（《庄子》《列子》乃至《关尹子》《文子》都有），但一连列出四部《老子》经传：《老子邻氏经传》四篇，《老子傅氏经说》三十七篇，《老子徐氏经说》六篇，《刘向说老子》四篇。“经传”“经说”表明《老子》之书被尊为经典之作。作者何时之人？仅徐氏有注“字少季，临淮人”。这有待进一步查考，汉初再前推至战国时期也是有可能的。

六、本题的意义

本文开始处引过弗雷泽的话：“巫术时代结束后，宗教时代才开始。”这句话足以说明中国商、周时代的宗教变革。周代是中国宗教开始的时代，上层统治阶级“敬天祭祖”，礼仪日趋完善，逐渐形成一整套繁琐的国家宗教制度，当时留下的文字记载也比较丰富。但这套国家宗教制度与政治制度紧密结合在一起，其最高祭祀对象是“天”，由天子掌握对“天”的祭祀权，其余宗教活动的安排也与宗法等级身份有关，一般老百姓根本无法参与其中去释放和满足自身的宗教情感，这就给道教的产生提供了历史的契机。道教的最高信仰“道”，无疑是对“天”的信仰的一种超越。在周代的国家宗教中，祭“天”权由天子垄断，这等于是排除了天子之外所有人对最高存在的崇奉。而社会上流行的对“道”的崇拜，则让普罗大众对最高存在的崇敬之情有了新的表达渠道。因此，到百家争鸣的战国时期，民间的道教信仰和活动就日益活跃起来，于是便有了“方仙道”之类的出现。

战国时期民间有道教流行，突出的有名的为“方仙道”（燕地）、黄老道(齐地为主)、王母道（西北为主）等道派。如果不承认这种事实，那就有一系列问题：

第一，方仙道以及动不动就数以万计的方士活动，不是宗教是什么？而且该宗教显然不属于国家宗教的范围。

另外，如前面提到的，考古出土文献中的宗教问题是一个值得进一步研究的。近几十年来，考古发现、出土文献与道教的关系已引起了学者们的重视，既有专著，也有论文。但也有明显的局限，主要是局限于汉魏六朝之后。这有两方面的原因，一是受制于道教起源于东汉的“陈说”，二是战国时期出土的资料相对少一些。但主要是视角问题，同样的资料，如何分析，如何解说，会有不同的认识和结论。例如美国学者夏德安的《战国民间宗教的复活问题》写道：“借助放马滩竹简和公元前四世纪至一世纪的考古材料，将有助于重构战国宗教的轮廓。”如何重构？他还列举和推崇索安士的《汉代宗教》的例子，分析汉代宗教一些事例，并指出战国时期也相同。这就是视角问题，分析材料的方法问题。

战国时期的考古发掘、出土文献材料虽然相对少一些，但还是可以爬梳整理一下，从宗教的视角把它清理出来，再进行研究。战国时期民间社会有宗教信仰应该是没有问题的，战国墓葬出土材料，复活、尸解之类，均能佐证，其和汉以后又有什么区别呢？会不断完善是可以肯定的。如果都属于宗教的信仰和方术的资料，和后世相关相同的资料是可以比较分析的。既然已经固定化、程式化，那就没有本质的区别了。

从已经出土和可能再出土的战国墓葬中，从宗教信仰的角度，重新审视和清理，将是战国时期民间社会宗教情况研究的一个重要途径。

第二，上世纪早期，人们因为认同张道陵创教为道教产生，曾提出“古道教”之说（如闻一多）。“古”字何意？古到什么时候？“古道教”与道教有何区别？

在道教发展史上，早期和以后不同时代是有诸多不同的，不同之处甚至是很大。当然能说出张道陵教派与古道教的一些不同，但是张道陵和以后的其他道教派别，其不同之处也是很多的。不说正一、全真之不同，魏晋以后的上清、灵宝与张道陵也是有很大不同的，这些派别甚至认为张道陵是“妖道”等。如何解释呢？谁是道教，谁不是道教呢？也许只有从信仰上来统一。我曾经从《道教的名与实》《道教的杂而多端》等不同角度探讨这方面的问题。

第三，我同意宗教的产生，有“原生性”和“创生性”的说法。佛教、基督教、犹太教是创生性宗教，所以他们都是有教主的，释迦摩尼、耶稣、穆罕默德。而道教属于原生性宗教，没有创教人，老子虽被称为道教祖师爷，但他并不是道教的创始人，后来一些教派有祖师，有的是一个人，有的是几个人，有五祖、七祖等，所以道教中有一个“认祖归宗”的问题，这是创生性宗教中没有的。

第四，道教的产生虽然是遥远的历史问题，但绝不是无关重要的问题。我们对这么一个唯一的“本土宗教”的来源、产生都不清楚，安于不确切的“陈说”（张道陵创教说），甚至至今还说佛教传入之后才有道教等。什么是道教？真是大有问题。阐述历史文化（包括宗教文化），曲为解说，既失其本真，又对不起先贤。再说，从道教的产生和发展中吸取一些什么经验教训，对今后道教的发展也是有好处的。

最后我要说，是解决问题的时候了。现在不少编写新的道教史的朋友已经意识到这个问题，只是因为研究不够，尚未有肯定的结论。再努一把力，问题是可以得到解决的。

附记：初稿完成之后，三个月时间，与青年学者王闯讨论过多次，头尾部分由他加以润色，特此鸣谢。

西汉时期的道教

——黄老道再考

一、道教与国家祀典

中国古代“祀，国之大事也”[①]。祭祀祖先、祭祀神灵，是每一个王朝的头等大事，有文字记载的夏、商、周三代都是如此，秦、汉自然也不例外。《史记》有《封禅书》，《汉书》《后汉书》均有《郊祀志》做详细的记述。《汉书·郊祀志》开章明义地说：

> 《洪范》八政，三曰祀[②]。祀者，所以昭孝事祖，通神明也。旁及四夷，莫不修之；下至禽兽，豺獭有祭。是以圣王为之典礼。……在男曰觋，在女曰巫，使制神之处位，为之牲器。

有学者把这样的祭祀大典称为“国家宗教”[③]。这一问题尚可进一步研讨，但祭祀典礼可视为一种宗教活动，应该是没有任何疑问的。

---

① 《左传·文公二年》，《国语·周语》亦云：“夫祀，国之大节也。”

② 按：《洪范》八政：“一曰食，二曰货，三曰祀，四曰司空，五曰司徒，六曰司寇，七曰宾，八曰师。”

③ 王葆玹：《西汉国家宗教与黄老学派的宗教思想》，《道家文化研究》第二辑，上海古籍出版社1992年版，第193页。

西汉开国之始，高祖二年就“下诏曰”：

吾甚重祠而敬祭。今上帝之祭及山川诸神当祠者，各以其时礼祠之如故。①

西汉一代的各种祭祀，《汉书·郊祀志》中有较系统的记载，成帝时匡衡等条奏说，“长安厨官县官给祠郡国候神方士使者所祠，凡六百八十三所”，“哀帝即位……博征方术士，京师诸县皆有侍祠使者，尽复前世所常兴诸神祠官，凡七百余所，一岁三万七千祠云”。这是官方的。民间影响也很大，如《盐铁论·散不足》所说：“街巷有巫，闾里有祝。”

这么多、这么重要的祭祀礼仪与道教有什么关系呢？这里我想从两大方面进行一些分析。

其一，主神敬祀之相同。

“天神贵者泰一，泰一佐曰五帝。”“泰一”又写作“太一”。西汉崇奉的主神是“太一”。关于“太一”的考证文章很多②，我们这里只说汉代的崇拜和礼敬。原来我和许多人一样，只注意武帝时“亳人谬忌奏祠太一方”，实际如有的学者（如王葆玹）指出，至少从文帝时就是敬祀“太一”等神的，《汉书·郊祀志》记有平帝时王莽的“奏言”说：

孝文十六年用新垣平，初起渭阳五帝庙，祭泰一、地祇，以太祖高皇帝配。日冬至祠泰一，夏至祠地祇，皆并祠五帝……

王莽也说到武帝时的事，看起来，祠祀有一个发展完善的过程，而“太一”是最高最尊之神，这一点可以肯定。

① 司马迁：《史记》卷二十八，《封禅书》，中华书局1959年版，第1378页。
② 从早年钱宝琮的《太一考》到近年李零的《方术考》等有许多文章。

然而，对“太一”的敬祀，是战国至东汉黄老道的特点，这一点似乎还未引起注意。这里想提出来并略加阐释。

太乙之名及其意都很复杂，记载和使用中甚至比较混乱，矛盾甚多。各种记载和考证都认为，“太一”“太乙”“泰一”“泰乙”等异名同义，均指最高之神。到东汉明显出现“黄老道”之名时，又有“祭黄老君”“中黄太一”之类的文辞出现，但只言、片语很不完整（乃至引起后来许多考证），其原因显然是信黄老道的张角起义并失败，使黄老道的各种记载被正统史家忽略了，恐怕有一段时间，人们不敢、不愿提论相关史事。

黄老道及其尊敬太一，凸现出了关键词：黄、老、道、一。这四个字完全是属于道家道教的，中心是老子——老君，他的《道德经》就是中心，老子《道德经》的理论是“道”论，是对先秦文化思想的概括和提升。黄帝即使有其人，也没有什么著作，战国以后的所谓黄帝著作，《黄帝四经》《黄帝内经》等（包括出土古书），都是“似老子”、“六国时人作”（这是《汉书·艺文志》中的话）。但黄帝在战国时被特别突出起来，特别是齐国，田氏代齐之后认黄帝为高祖，办稷下学宫，广聚人才，形成了黄老学派。这就有了黄、老、道三个字，“一”同样出于《老子》，《老子》中论一颇多，一就是“道”，而《庄子·天下篇》更明确地说，关尹、老聃的学说是：“建之以常无有，主之以太一……”“太一”二字在这里出现了，尊奉“太一”与此是否有关呢？至于“中黄太乙”，我曾作《“中黄太一”信仰考论》①，认为和“东皇太一”一样，都是对最高神的尊称。

总之，战国秦汉时期，道教的一个主要派别黄老道，信奉的主神是“太乙”或称“中黄太乙”。

其二，道教徒参与了国家祀典，并且是主力。

---

① 潘崇贤、梁发编：《道教与星斗信仰（下）》，齐鲁书社 2014 年版，第 626 页。

我曾讨论过巫、方、道的演变大体上有一个替代过程①，但这过程较长。西汉时期的道教徒仍然被称为“方士”，“巫”的名称也保留着。我们在《史记·封禅书》和《汉书·郊祀志》中看到了许多方士的活动，各种祭祀礼仪中都有方士的身影，同时仍有一些“巫职”（特别是早期）。

例如，高祖初就在“长安置祠官、女巫”。有“梁巫”“晋巫”“秦巫”“荆巫”“九天巫”“河巫”“南山巫”等等，其中大部分“皆以岁时祠宫中”，其中“晋巫”所祠有“巫社”“巫祠”这样的“古巫之神”（师古注曰），“秦巫”所祠有“巫保”，“荆巫”所祠有“巫先”（师古曰：“巫之最先者也”），等等。总之，周代本应淘汰的“巫官”，在汉初还作为“古巫之神”“之先”保留着。上述巫官都是祠祀活动的积极参与者，一些具体的负责人。

在史书记载西汉的各种祭祀活动中，大多还是使用“方士”这样的名称，方士活动甚多：大至顶层设计如文帝时鲁人公孙臣、赵人新垣平之参议“改正服鬼神之事”，武帝时“亳人谬忌奏祠太一方”，等等；小则有各种各样的鬼神之事，如：

> 李少君亦以祠竈、谷道、却老方见上……少君病死。天子以为化去不死也，使黄锤史宽舒受其方（注引孟康曰：二人皆方士也），而海上燕齐怪迂之方士多更来言神事矣。

国家的祭祀活动是宗教性的，参与和执行者理应是宗教人士。他们属于什么教？从信仰敬神看属于黄老道；从活动、方术及方士来源地等方面看，也不排斥方仙道等其他道派，都可以归总为道教。

二、众多的庙祠与方士

由于拜神求仙的需要，整个西汉时期所建庙祠甚多，自称能通神接

① 熊铁基：《重新研讨道教和产生问题》，《宗教学研究》2018年第1期。

神的方士也甚多。

关于庙祠，《汉书·郊祀志》中有几个统计数字。成帝时匡衡等人上奏说：

长安厨官县官给祠郡国候神方士使者所祠，凡六百八十三所，其二百八所应礼，及疑无明文，可奉祠如故。其余四百七十五所不应礼，或复重，请皆罢。……候神方士使者副佐、本草待诏七十余人皆归家。

元、成、哀、平时期，“或罢或复”，始终不定。

哀帝即位，寝疾，博征方术士，京师诸县皆有侍祠使者，尽复前世所常兴诸神祠官，凡七百余所，一岁三万七千祠云。

王莽篡位，“兴神仙事，以方士苏乐言，起八风台于宫中”。

莽遂崇鬼神淫祀，至其末年，自天地六宗以下至诸小鬼神，凡千七百所……数下诏自以当仙……

这些数以千、百计的祠庙还是官方的，未入官方统计数字的当然更多，“郡县远方祠者，民各自奉祠，不领于天子之祝官”。再如刘向所说：“家人尚不欲绝种祠。”师古注曰：

家人，谓庶人之家也。种祠，继嗣所传祠也。

再加上前所引《盐铁论》之“街巷有巫，闾里有祝”，这些巫祝所待的地方，不也会有一些小的祠庙（当然有些巫、祝、方士可能是待在家里的，如陈平从政之前）。记载也明确说方士主祠，“方士所兴祠，各自主，其人终则已，祠官不主”。

从统计数字看，似乎比后世的宫观庙宇要多得多。祠庙是宗教场所，是宗教人员活动、生活之处。除了道教（包括黄老、方仙等派）又会是什么宗教呢！

关于方士。祠庙多，方士更多。《汉书·郊祀志》记载说，汉武帝一而再、再而三地重用方士之后：

> 海上燕齐怪迂之方士多更来言神事矣。
>
> 齐人之上疏言神怪奇方者以万数。

他不停地派方士到蓬莱找神仙，四处找仙药：

> 与方士传车及间使求神仙人以千数。
>
> 复遣方士求神人采药以千数。

一直到西汉晚期：

> 成帝末年颇好鬼神，亦以无继嗣故，多上书言祭祀方术者，皆得待诏，祠祭上林苑中，长安城旁，费用甚多……

整个西汉时期，方士得到重用的不少，后期丞相谷永曾总结说：

> 汉兴，新垣平、齐人少翁、公孙卿、栾大等，皆以仙人、黄冶、祭祠、事鬼使物、入海求神、采药贵幸，赏赐累千金。大尤尊盛，至妻公主，爵位重累，震动海内。元鼎、元封之际，燕、齐之间方士瞋目扼擎，言有神仙祭祀致福之术者以万数。

数以万数的“方士”到底是什么人？我们认为就是道教之教徒，也就是道士，至少大部分是。

方士即道士问题，需做一点说明。如上所说，我曾论述过“巫、方、道”的演变，在陈国符《道藏源流考》的《方士道士术士》的基础上层开了一些考述，认为巫士、方士、道士是一个名称演变的顺序，现在应补充说明的是，这个演变有一个很长的过程，长期是交互使用的，至于其遗留，可以一直到现代。陈先生说：“战国时已有方士之称”，“道士之称始于汉”，“至晋以后，方士之称，始不复通用，而以道士代之”①。这些说法都是符合实际的。这里想补充说明的是，西汉时期的“方士”即为“道士”，可以查到几个很好的例子。桓谭《新论》：

> 元帝被病，广求方士，汉中送道士王仲都至。

《新论》还有：

> 曲阳侯王根迎方士西门君惠，从其学养生却老之术……

《汉书·王莽传》：

> 卫将军王涉素养道士西门君惠，君惠好天文谶记。

《后汉书·光武帝纪》论亦有“道士西门君惠”之说。这里可见“方士”即“道士”。王充《论衡》的说法也可证明，《论衡·自然篇》说：

> 武帝幸王夫人，王夫人死，思见其形。道士以方术作夫人形，

① 陈国符：《道藏源流考》，中华书局1963年版，第258页。

形成，出入宫门，武帝大惊，立而迎之，忽不复见。盖非自然之真，方士巧妄之伪，故一见恍惚，消散灭亡……（按：这是否一种幻术?）

据上所述，完全可以说明，汉代的“方士”即“道士”，“道士”作为后出之名，文字记载者未加注意，所以要在晋以后“方士”才“不复通用”。而道教徒之称为“道士”才是名正言顺。

在西汉国家祭祀仪式中，大量的道教徒（“方士”或“道士”）参与其中，可以证明西汉时期道教的影响是相当大的。

三、从道士和信道人看黄老道的流行

数以千、万计的道士（方士），分布到国家、社会生活的各个方面，有不少人还有很大的影响。小的掌管各种祠庙，大的为官、封侯，他们均有各有所长的方术。这些道士属于哪一个道派，是一个可以探讨的问题。初步分析来看，大多属子早期道教的黄老道派。

黄老道之名出现于东汉后期，其主要表现的特征是尊奉“中黄太乙”，祭祀黄老君。其渊源则要追溯到战国时期。至于西汉时期，在本文前面已有所论及，“亳人谬忌奏祠太一方”就是一个突出的例子，方士（道士）谬忌即属于黄老道派，祭祀主神“太一”（东汉有“中黄太乙”说）与黄帝是有密切关系的。所以道士们言仙道离不开“黄帝”，也离不开“黄”色：汉文帝时鲁人公孙臣上书言“宜改正朔，服色上黄”①，武帝时司马谈与祠官宽舒议郊祀时也主张“从祠衣上黄”②。而李少君、公孙卿等人都一再把黄帝抬出来说服汉武帝，《汉书·郊祀志》记载：

---

① 班固：《汉书》卷二十五，《郊祀志》，中华书局 1962 年版，第 1212 页。
② 班固：《汉书》卷二十五，《郊祀志》，中华书局 1962 年版，第 1222 页。

李少君亦以祠竈、谷道、却老方见上……少君言上："祠竈皆可致物，致物而丹砂可化为黄金，黄金成以为饮食器则益寿，益寿而海中蓬莱仙者乃可见之，以封禅则不死，黄帝是也。

齐人公孙卿也以黄帝成仙之事说汉武帝，更加强了武帝求仙的欲望：

于是天子曰："嗟乎！诚得如黄帝，吾视去妻子如脱屣耳。"拜卿为郎，使东候神于太室。

一时间对黄帝的崇拜和"创造"，又掀起了一个如战国时齐国那样风行的高潮：武帝要封泰山，就有"济南人公玉带上黄帝时明堂图"，"于是上令奉高作明堂汶上，如带图"。又：

方士有言黄帝时为五城十二楼（应劭曰：昆仑玄圃五城十二楼，仙人之所常居），以候神人于执期，名曰迎年。上许作之如方，名曰明年（师古曰：言明其得延年也）。上亲礼祠，上犊黄焉。

乃至于"夏，汉改历，以正月为岁首，而色上黄，官更印章以五字，因为太初元年"。历法的修改本也是常有之事，"而色上黄"、官印五字、改元"太初"这些，则有较大的宗教成分了。

以上从道士（方士）言行看是与黄老道有密切关系的。另有一些上层人物，不一定是道士，但可以说是与道教有关系的信道人士。他们的黄老道特色，是十分明显的，上层人士信道的影响也是很大的，可以举出不少例子。我在写黄老道初考①时曾举汉初陈平、张良之例，指出陈平从政之前是一名道士，张良晚年明显的是信道了。这里再举说一个突

① 熊铁基：《黄老道及其源于齐地初考》，《世界宗教研究》2018 年第 3 期。

出的人物淮南王刘安。刘安因为曾经谋反，正史的记载，述评政治者居多，但他信神仙，与道教的关系是十分突出的。《汉书·淮南衡山济北王传》：

> 淮南王安为人好书，鼓琴，不喜弋猎狗马驰骋，亦欲以行阴德拊循百姓，流名誉。招致宾客方术之士数千人，作为《内书》二十一篇，《外书》甚众，又有《中篇》八卷，言神仙黄白之术，亦二十余万言。时武帝方好艺文，以安属为诸父……甚尊重之。

这里想指出两点：

其一，刘安好神仙之道，本人也成了民间崇拜的神仙，葛洪的《神仙传》将他列入其中，写道：

> 淮南王安好神仙之道，海内方士从其游者多矣。一旦有八公诣之……问其姓氏，答曰："我等之名，谓文五常、武七德、枝百英、寿千龄、叶万春、鸣九皋、修三田、岑一峰也。"……时王之小臣伍被……诣阙告变，证安必反。……八公谓王曰："伍被人臣而诬其主，天必诛之，王可去矣。"……乃取鼎煮药，使王服之，骨肉近三百余人，同日升天……

葛洪是道教先师之一，同时也是一位学者，其记述或有一定参考价值[①]，后人敬祀刘安，《水经注·肥水》记载，寿县八公山上有刘安庙，庙中有刘安及八公的像，庙前有碑，为南齐永明十年（492年）所建。八公成仙，八公应该就是一伙道士，而且是众多道士（方士）的代表。我们说刘安是信道者，甚至说他是道教徒也未尝不可。

---

① 刘安的结局，司马迁的记述极为简略："天子使宗正以符节治王，未至，淮南王安自刭杀。王后荼、太子迁……"

其二，刘安对汉武帝影响也是很大的。武帝“尊重”他，而且据《神仙传》记载，刘安之死，武帝听宗正之奏后“大懊恨”，“自此广招方士”，等等。生前刘安献书等记载不少，而正史以外的记载，则仙道方面的内容更多一些，如有一则《汉武帝外传》记载说：

> 淮南王好学才艺，集天下道书，招方士，皆策神气，能云雨。百姓传云：“王能致仙人与游处，变化无常，或童子，或老人。王又能隐形飞行，服气不食。”帝闻而嘉其事，欲受其道，王不肯传，云无其事。帝怒，将诛淮南王。王知之，出令与群臣因去，不知所之。国人皆云神仙或有见王者。帝恐动人情，乃令斩王家人首，以安百姓……帝既感淮南之道，乃征四方有术之士，自燕齐而出者数千人矣。

这显然是传说记载，但一是反映了刘安对汉武帝的影响；二是刘安确与大量道士有关系，并有大量的仙道活动，而且在当时影响很大。淮南王所信、所行是道教的哪一个道派呢？黄老道！用《淮南子》一书的内容①，证明刘安属于黄老道派似乎是没有任何问题的，似不必多说了。

从西汉时期重要的、知名的人物来看当时的道教，看黄老道派，还可以举出不少例子。早期的司马谈、司马迁父子，也是黄老道家的人物，因为职掌的原因，恐怕不会少与道士打交道。司马迁说“太史公学天官子唐都……习道论子黄子”。《汉书·律历志》记载说，汉武帝造“太初历”时选调了“民间治历者凡二十余人，方士唐都，巴郡落下闳与焉”。明确地说唐都是一个方士，又《集解》引徐广曰：“《儒林传》曰：黄生好黄老之术。”这其中用的是“黄老之术”，而非“黄老之学”，颇有意思，亦当属方士（道士）之类。

① 我定其为黄老学之作（见《秦汉新道家》），也为不少学者认同。

西汉后期的刘向、刘歆父子也是好道喜仙之士。

刘向、刘歆因为其在文化学术上有特殊的贡献（如校书、作七略之类），所以史书记载也忽略了其好道喜仙的方面，实际上转移一下视觉，情况也是比较清楚的，班固《汉书·楚元王传》几乎一开头就写道：

> 上复兴神仙方术之事，而淮南有《枕中鸿宝苑秘书》。书言神仙使鬼物为金之术，及邹衍重道延命方，世人莫见，而更生父德武帝时治淮南狱得其书。更生幼而读诵，以为奇，献之，言黄金可成。上令典尚方铸作事，费甚多，方不验。上乃下更生吏，吏劾更生铸伪黄金，系当死。更生兄……赎更生罪。上亦奇其材，得逾冬减死论。

刘向不仅是方术的学习者，而且是实行者，说他是方士未尝不可。神仙、方术之书他没有少读，他典校秘书时，除了经传、诸子、诗赋之外，也撰写数术方技之书的目录。又据刘歆《上〈山海经〉表》说：

> 孝宣皇帝时，击磻石于上郡，陷，得石室，其中有反缚盗械人。时臣秀父向为谏议大夫，言此贰负之臣也。诏问何以知之，亦以《山海经》对。其文曰……上大惊。朝士由是多奇《山海经》者，文学大儒皆读学以为奇，可以考祯祥变怪之物，见远国异人之谣俗……

《山海经》这部言神仙之书，得以一次大的传播是另一段故事。而刘向广泛涉猎神仙、方技之书也是一个证明。

刘歆是王莽的国师，王莽也笃信神仙，刘歆与他关系密切。只是刘向、刘歆父子始终都在朝廷为官，其与道教、道士关系之事自然就大多湮没了。

西汉名人与道教有密切关系的不少，是可以做深入探究的，《列仙传》中有东方朔，《神仙传》中有孔安国，都是一些突出的例子。一些信道成仙的具体记述，这里就不一一征引了。从道士和信道人的情况看，西汉时期已有道教，或可以说黄老道派居多。

四、西汉时期的道教经典

宗教是应该有自己的经典的，道教当然有自己的经典，西汉时期就已经有了不少。不过道教的经典有很突出的特点，那就是：杂而多端。这方面，《文献通考》“经籍考”神仙类之后的一个按语表述得最清楚：

> 道家之术，杂而多端，先儒之论备矣。盖清净一说也，炼养一说也，服食又一说也，符箓又一说也，经典科教又一说也。黄帝、老子、列御寇、庄周之书所言者，清净无为而已，而略及炼养之事，服食以下，所不道也。至赤松子、魏伯阳之徒，则言炼养而不言清静。卢生、李少君、栾大之徒，则言服食而不言炼养。张道陵、寇谦之之徒，则言符箓很少而俱不言炼养、服食。至杜光庭而下，以及近世黄冠师之徒，则专言经典科教，所谓符箓者，特其教中一事，于是不唯清净无为之说略不能知其旨趣，虽所谓炼养服食之书，亦未尝过而问焉矣。

道教经典的内容异常丰富，马端临根据当时普遍看法所做的概括是比较全面的。“道经”的概念，《隋书·经籍志》中才有出现，汉代是没有的，但是《汉书·艺文志》中已有了后世“道经”的内容，其中《数术》《方技》二略中最多，《方技略》的“房中”“神仙”以及《数术略》的部分内容，只是全部亡佚了，无法进行讨论。可喜的是，前些年发现西汉一些墓葬出土的文书中有一些导引、辟谷之类的道书，如湖北江陵张家山西汉墓中的《引书》，湖南长沙马王堆汉墓中的多种道书，可作一些补充。

淮南王刘安主持编撰的一批道书，除《内书》二十一篇留存之外，“甚众”的《外书》《中篇》八篇，“言神仙黄白之术”的道书，都没有留传下来。

刘向的《列仙传》，晋代的葛洪（《抱朴子内篇·论仙》）、北齐的颜之推（《颜氏家训·书证》）、唐代的刘知几（《史通·外篇·别传》）都承认的书，宋明以后被一些人怀疑。其实刘向有《列仙传》是不足为怪的，他之前原来就有好几个留传的本子，如秦阮仓的《列仙传》之类。

另一个值得特别提出的经典，就是甘忠可的《包元太平经》。《汉书·李寻传》记载：

> 成帝时，齐人甘忠可诈造《天官历》《包元太平经》十二卷。以言“汉家逢天地之大终，当更受命于天，天帝使真人赤精子，下教我此道”。忠可以教重平夏贺良、容丘丁广世、东郡郭昌等。中垒校尉刘向奏忠可假鬼神罔上惑众，下狱治服，未断病死。贺良等坐挟学忠可书，以不敬论，后贺良等复私以相教。

这部书已经亡佚，无法知其具体内容，今人有说它与东汉时的《太平清领书》（《太平经》）有关系，很难确证。这里只是想说，西汉后期曾经有《包元太平经》这么一部道教经典流行，当时不少有名有姓、有一定影响的人“私以相教”。

由于道教经典“杂而多端”的特点，经书又不断产生、不断淘汰，变化甚大，所以《隋书·经籍志》虽列出“道经”一类，但没有具体的书目，只列出：

> 经戒三百一部九百八卷○饵服四十六部一百六十七卷○房中十

三部三十八卷〇符录十七部一百三卷。

这远远不能反映道经的事实，而且该篇还把老子、庄子等书另列入“道家”之类。此前葛洪、陆修静、孟法师、陶弘景等人都有道经之编目。到底道经应如何分类，这是一个大难题。

我们这里只想说明一点，无论从最早的《汉书·艺文志》看，还是从其他记叙看，西汉时期是有不少道教经典的。除以上所述的情况，祭祀中的科仪，还有用于各方面的法术，也是应该纳入道教典籍之中的，如汉武帝时方士的诸多法术，与科仪有关的如《史记·封禅书》所说：

亳人谬忌奏祠太一方……天子许之，令太祝领祠之于忌太一坛上，如其方。

这是有一整套成文之“方”的，此类文书当即道经。

总而言之，西汉时期是有过道教经书的，只是除开《包元太平经》有点影子之外，几乎全部亡佚了，也可以说是淘汰了。或者刘安的某些秘籍还会找到一些蛛丝马迹，其实《淮南子内篇》本身也是道教经典。而这是黄老学集大成之作，这又证明西汉时期黄老道派的影响之大了。

五、从丧葬礼仪和汉墓画像看道教

丧葬之事，自古以来就受到重视，古代“吉、凶、军、宾、嘉”五礼之一的“凶礼”，即言丧葬之事。到汉代既成为制度，也成为民间广泛存在的习俗。丧葬之礼俗相当繁杂，首先是时间长，从初死、发丧、停尸、出殡到下葬，礼制都有规定，《礼记·王制》规定：

天子七日而殡，七月而葬。诸侯五日而殡，五月而葬。大夫士庶人三日而殡，三月而葬。

三五天放入棺材，几个月再下葬，事实上是很难的（虽然可以使用冰块），所以实际有几十、百余天的记载。据文献记载统计，西汉诸帝自死到葬的时间分别是：刘邦23日；惠帝24日；文帝7日；景帝10日；武帝18日；昭帝49日；元帝55日；成帝54日；哀帝105日……①总之，丧葬之仪时间较长。

其次，整个丧葬过程会有许多活动，各种物资准备，各种各样的仪式，各种仪式中会有不同的主持人和活动的参与者和表演者。陈平曾给人"侍丧"，一整天早去晚归。另一个西汉开国大臣周勃，参军前曾"以吹箫给丧事"。在丧葬礼仪之中有一些"专业"性的内容，应该是有专门人员负责的。《周礼·春官宗伯·司巫》记载，司巫"凡丧事，掌巫降之礼"，东汉郑玄做注说：

降，下也，巫下神之礼，今世或死既殓，就巫下殇，其遗礼。

古巫师参加丧礼之制到两汉时期已形成了普遍的习俗。古代巫师沟通人与鬼神，在丧礼中接神驱鬼，是其常职之一。汉代沿袭，丧事活动中有巫参与是很自然的，习以为常，记载中不多讲它就是了，只是在有些记载中偶尔提及，例如王充在《论衡·论死篇》中说：

世间死者，今生人殄而用其言，及巫叩元弦，下死人魂，因巫口谈，皆夸诞之言也。

"因巫口谈"，这真可以说是"装神弄鬼"了！

① 参阅彭卫、杨振红：《中国风俗通史》（秦汉卷），上海文艺出版社2002年版，第430页。

丧礼、丧事活动中有一些专业人士，以上接神鬼者，郑玄、王充皆称之为巫，这是原名，也是习惯的称呼，实际上至少从战国时期开始，原来的巫士已改称方士了，方士的活动已遍及社会生活的方方面面。汉代丧事活动中，除了装神弄鬼的“巫”之外，还有其他活动的专业人员，那就是各种各样的方术之士。这方面当另作详考。

丧葬礼俗的最后一节就是墓葬。现代的考古发掘中，有许多汉墓被发现。已发掘的汉墓中，出土的墓室、棺椁画像，是一个令人瞩目的内容。特别是早期（西汉）的墓葬，壁画居于墓室的顶部或其他重要位置。这些壁画和一些出土的画像石中，仙境和神仙是突出的主题。有的是天上、地下两大部分，如长沙马王堆西汉墓的帛画就是。1972 年出土的长沙马王堆汉墓中，有一件彩绘帛画特别引人注目，出土时帛画覆盖在内棺棺盖上，画面朝下。帛画呈“T”字形，全长 205 厘米，上宽 92 厘米，下宽 47.77 厘米①。考古工作者将帛画分为三个部分，上部代表天上，中部代表人间，下部代表地下（后来有研究者认为只分为天上、人间两部分）。天上有九日以及各种各样的神仙，研究者们根据《山海经》《楚辞》《淮南子》等古籍进行过多种分析和探讨，各有所见。但一致认为，它与当时的丧葬制度和习俗是有密切关系的，其神话内容，在汉代及其以后的丧葬壁画或画像石中有同样的表现。这种文化现象，理当是宗教文化。具体内容，联系当时道教发展的状况分析，可以疏理出西汉时期道教发展和影响的一些证据。总起来说，它们反映的是当时人们的生死观念，是人们对长生、成仙的向往。而我们认为，神仙信仰是道教的核心信仰，汉画像石反映了道教的核心信仰。那么隆重、那么普遍的神仙信仰，难道不可以说明当时道教的存在和发展吗？

西汉时期，从主神信仰、方士（道士）活动及来源（齐地），信道代表人物言行、经籍以及丧葬礼仪各方面看，道教是客观存在的，黄老道派的特点也比较突出。

---

① 湖南省博物馆：《长沙马王堆一号汉墓发掘简报》，见《西汉帛画》，文物出版社 1972 年版，第 6 页。

略论道教历史上的改革

在学术研究中，开始使用“宗教改革”主要是指基督教16、17世纪前后的宗教运动。事实上，各大宗教在发展中，都有不同程度、不同形式的改革存在，但是各有特点，本文主要讨论道教发展史上的改革。

一、道教改革的渐进式、和平性

与西方宗教改革的激烈斗争乃至发生宗教战争有所不同，道教历史上的改革，基本是渐进的、和平的演变。即便北魏寇谦之有“清整道教，除去三张伪法”那样的语言，也未见有何激烈的行动，主要是针对过时的、影响极不好的“旧道法”宣布了新道法《云中音诵新科之诫》。所谓“三张伪法”，除了原五斗米道中一些不合“大道清虚”之旨的规定和做法之外，主要是指张陵之后一些被误传、歪传“渐行民间”的“奸怨非法”，并无完全否定张天师之意。新法对于改革内容很具体，不该做哪些，应该怎样做，有不少具体规定。如何推行新法呢？可以说是正面积极的引导、示范、推行，先是他自己带领一帮弟子实践，在取得北魏太武帝信任之后进一步扩大其影响，《魏书·释老志》中记载说：

世祖欣然，乃使谒者奉玉帛牲牢，祭嵩岳，迎致其余弟子在山中者。于是崇奉天师（按：寇谦之假借“老君”所赐自称天师），显扬新法，宣布天下，道业大行。……及嵩高道士四十余人至，遂起天师道场于京城之东南，重坛五层，遵其新经之制。给道士百二十人衣食，齐肃祈请，六时礼拜，月设厨会数千人。

这种示范影响自然是很大的。未见（实际上应该没有）对不遵新法者有何惩罚，即使有用旧法者（实际上当然会有），也会是自生自灭。寇谦之以后没有传人，成为一大疑案，但主要不应该是政治原因，还是道教内部的问题，如《魏书·释老志》所说："诸道士罕能精至，又无才术可高。"寇谦之自称天师也未为后世认可，但其新法的许多革新内容，还是为以后道教的发展所认同的。

东晋南朝是道教史上的重要改革时期。上清、灵宝派的出现，陆修静、陶弘景等代表人物的活动，都是道教史上主要的改革内容和活动。主要的表现是大量经书的造作，实际上新造的经书，和上述寇谦之的新法一样，是通过新的经书来改造和发展道教。当时新道派的创始人都承认是天师道发展而来的，不同的新经书虽各有所重，但并无根本性的矛盾，都是道教的经书，所以才会有"三洞"、"四辅"七大部类的集中、总汇，实际上也是承认各道派、各种各样的道教典籍，后来的《道藏》包罗更多。承认差异，包融一切，任其自然发展或淘汰，这就是改革渐进式、和平演变的表现。

唐宋以后，道教的不断改革，仍然主要表现在新经典（主要有义理阐发、新规新律等）的不断出现，以及伴随着各种新道派的产生。陆续出现的、长期流行的、影响较大的新道派，都是有自己特别尊奉的经典和戒律，并且各有各的传授仪式和方法，但有很多时候是并存发展的，或者只有传播、流行的主要地区不同，没有明显的门户之见。唐宋以后，道教的重大变化，如外丹与内丹的发展变化，如一些新道派，特别是全真派的出现，基本上都是渐进的、和平的。内丹与外丹由不同到互相交融，各种新道派最后归结为正一、全真两大派，两大派不是对立的，只是教义、教制、教规的一些不同，而在以后的发展中又互相吸收融合。明初张宇初及其《道门十规》是一个比较明显的代表，正一派第43代天师张宇初“尝受道法于长春真人刘渊然”①，刘渊然是全真派的高道，张宇初曾为全真派弟子。永乐年间他又曾两次奉谕于武当山寻找全真一系的隐士张三丰。他的《道门十规》对全真派的“性命双修”特别推崇，“全真为性命双修，正一则惟习科教。……虽科教之设，非性命二事而何?”甚至于对本派的符箓祈禳之术持批判态度，特别是对符箓的滥用予以批判。张宇初整顿道教的纲领，是融合了全真、正一两大派内容的，而且他的“派虽不同，其源则一”的思想是很有代表性的，教派不同，没有根本性的矛盾，只不过“凡符箓经教，斋品道法之传，虽传世之久，各尊所闻，增减去取，或有不同，而原委则一”这样的总结和认识，可以反映道教改革、发展的渐进式与和平性。

二、改革不断进行的主要原因

从历史上看，道教改革的需要主要是道教本身的问题，或者因其某些方面的不完善，或者因鱼龙混杂使之失去了社会民众的信任，因此需要某种形式、某种程度的改革。如前所述，东晋南北朝是重要的改革时期，有一系列的改革呈现，主要原因就是道教本身的问题，自身不强，内外混乱。这方面我们可以从西晋葛洪的《抱朴子》得到线索。如果说葛洪也应该纳入渐进式改革历程中的话，那就是他对神仙信仰学说的总结和发挥，对于道教的核心信仰——神仙信仰的完善是有重大意义的，当然关于其他教理教义的阐述，也有其贡献。而他在书中对于道教发展现实的描述，又提供了需要改革的线索及社会背景。他在书中明确地提出当时道教界鱼龙混杂的现象极为严重，他说：

① 张廷玉等：《明史·方伎传》，中华书局1974年版，第7656页。

世所谓道率皆妖伪，转相诳惑，久而弥甚，既不能修疗病之术，又不能返其大迷，不务药石之救，惟专祝祭之谬，祈祷无已，问卜不倦，巫祝小人，妄说祸祟，疾病危急，唯所不闻，闻辄修为，损费不訾，富室竭其财储，贫人假举倍息，田宅割裂以讫尽，箧柜倒装而无余……如其死亡，便谓鬼不见赦，幸而误活，财产穷罄……（《道意》）

又诸妖道百余种，皆煞生血食，独有李家道无为为小差……（《道意》）

李家道也并不怎么样，"复未纯为清省也，亦皆宜在禁绝之列"。世间自有妖伪图钱之子，而窃言道士之号者，不可胜数也。（《勤求》）

这是"窃道士之号"的鱼龙混杂，或者还有"诸虚名之道士"，"善为诳诈，以欺学者"，甚至"憎忌于实有道者而谤毁之"（《勤求》），制造混乱。他还有"今杂猥道士之辈"（《勤求》），"余亦屡见浅薄道士辈"（《杂应》），"余昔数见杂散道士之辈"（《祛惑》），从"昔"至"今""不可胜数"。就道教内部而言，也存在一些混乱现象。由于"方术繁多"，本应"借众术之共成长生也"。但是：

又患好事之徒，各仗其所长，知玄素之术者，则曰惟房中之术，可以度世矣；明吐纳之道者，则曰唯行气可以延年矣；知屈伸之法者，则曰唯导引可以难老矣；知草木之方者，则曰唯药饵可以无穷矣。学道之不成就，由乎偏枯之若此也……（《微旨》）

综上所述这些，细说还有许多大大小小的问题，大的关乎教义教理，小的涉及道士的为人处事，无一不影响着道教的传播和发展，势必需要清整改革，因而才有东晋南北朝一系列改革的发生。

以后更多新道派的陆续出现，乃至全真这一大道派的产生和发展，无不带有改革的性质。道教发展“低潮”时期，除了时代、政治方面的客观原因之外，道教本身的弱点、混乱，始终是主要原因。民间需要宗教，各种朝廷也需要宗教，所以有新道派不断产生，全真派出现时也是如此，当时还有太一教、大道教的产生，实际恐怕不止这两个，如前述葛洪所说，还会有许多妖道、李家道之类。最后是全真道长期流传下来，而且日益发展，因为它在教理教义、教制戒律等方面有改革、有新意，包括儒、释、道三教合一的思想等新意，以及修道、修行的新方法等，这是其发展壮大的重要原因。再以后明清时期，如前所述，明代张宇初那样的清整与改革，也都是在道教发展出现问题之时，他之所以要立《道门十规》，就是因为：

> 吾道自近代以来，玄纲日坠，道化莫敷，实丧名存，领衰裘委……

“玄纲日坠，道化莫敷”应该是道教衰败、混乱的概括。他“常怀振迪之思”，就是他想要实行改革的主要原因。无论统治者重视或不重视，道教在产生各种问题时，都会有各种改革的需求和实践。

三、改革的主要内容和意义

大大小小的改革，改了些什么，怎样改的，起了什么作用，有何意义，这些问题可以作一个总的概述：历次改革的意义是，教理教义的日益成熟，教规教制的因时而变，道术科仪的不断丰富。

（一）关于教理教义

首先从信仰说起，没有信仰不成为宗教，而道教的信仰又极有特色，学术界早已概括出：道教最高、最根本的信仰是道，最核心的信仰是神仙信仰①。但在历次改革中，对它们的解释和内容是发展变化，最后趋于成熟的。

关于“道”，根据《老子道德经》的“道生一，一生二，二生三，三生万物”的思想，逐渐形成道教的创世之说，一步步地“神化”“人化”，从道教早期经典《老子想尔注》的“道即为一”“一散形为气，聚形为太上老君”开始，道创造了一切，神创造了一切。但是对于道的含义，需要进一步解释。魏晋时期玄学大盛（当然与《老子道德经》中的玄字有关），道教改革者葛洪就在其《抱朴子内篇》中突出了“玄道”之意，书中一方面由《道意》篇解释说：

> 道者涵乾括坤，其本无名。论其无，则影响犹为有焉；论其有，则万物尚为无焉。……强名为道，已失其真，况复乃千割百判，亿分万析，使其姓号至于无垠，去道辽辽，不亦远哉！

这是传统的解释；另一方面，葛洪又强调“道”之“玄”意，称之为“玄道”，《内篇》首篇即为《畅玄》：

> 玄者，自然之始祖，而万殊之大宗也。

文内所言，全是“玄道”的意义和作用。再以后“重玄”学的产生，当然是道论的进一步深化。这些就不一一详述了。

关于神仙信仰也是如此，是日益发展成熟的。神仙信仰起源甚早，先秦《庄子》等书中有关于仙人、仙境的诸多描述，人们相信并向往神仙，秦皇、汉武都曾迷恋。西汉刘向作《列仙传》，东汉班固《汉书·

① 李养正：《道教概说》，中华书局1989年版。

艺文志》中亦有不少关于神仙家的书籍，神仙思想、神仙方术是道教的重要源头。在道教形成以后的发展中，如上所述，葛洪对神仙理论作了重要的总结和发挥，因而有所谓“魏晋神仙道教”① 的形成。后来，葛洪本人也成了神仙，道教各派信奉的神仙越来越多，称为“真人”“神人”“仙人”或者“圣人”，因而有各种各样的总结和记述。例如《云笈七签》卷三《三洞宗元》记载：

太清境有九仙，上清境有九真，玉清境有九圣，三九二十七位也。其九仙者，第一上仙，二高仙，三太仙，四玄仙，五天仙，六真仙，七神仙，八灵仙，九至仙。

这只是神仙品位的一种划分，各品何人，并无所指。类似各种记述，如葛洪所引《仙经》中说的“天仙”“地仙”“尸解仙”，陶弘景的《真灵位业图》之类。无论是虚拟人物还是真正道教人物成仙的，总之神仙数量不少，葛洪写《论仙》时就说“况列仙之人，盈乎竹素矣”。刘向《列仙传》“仙人七十有余”，葛洪《神仙传》84 人。人们羡慕神仙，也不断地塑造神仙。道教的神仙信仰极有特色，也十分有意义②。神仙的重要特点就是“老而不死曰仙”（《释名》），“长生久视”（《老子》）。这就引出了如何长生的问题，引出了养生的问题，因此“养生”就是教义教理的主题之一。再由此引出“丹鼎派”，外丹、内丹学说的交替、交融，“性命双修”“识心见性”各种理论异彩纷呈，既是深刻的哲学思想，又有利于养生学的发展，其对社会与人们的作用是非常有益的。所有这些，都是在历次各种改革中实现的。

（二）关于教制教规

教制教规是宗教的要素之一，各种宗教都有自己的清规戒律和不同

① 胡孚琛：《魏晋神仙道教》，人民出版社 1989 年版。

② 参阅拙作：《人皆可以为神仙》，《道教文化十二讲》，安徽教育出版社 2004 年版。

的制度。从清规戒律来说，道教和佛教的戒律特别多，佛教的各种律、论、经、戒构成为《律藏》。道教戒律也很多，如明代《道藏尊经历代纲目》概述说：

> 道门戒品一千五百二十七戒，随法所受，检制修行；道门科品三十六卷，科令检制所受及传道品格；道门律品四十卷，制御鬼神，条录罪福。

实际还不只这些数目。“随法所受，检制修行”的说法值得注意，这也就是我们所说的“因时而变”。

早期道教中我们就看到了“道诫”，如《太平经》中就有《虚无无为自然图道毕成诫》（卷103）、《贪财色灾及胞中诫》、《衣履欲好诫》（卷120）、《不孝不可久生诫》（卷114）等，“诫”同“戒”，有时又用“戒”字，如《致善除邪令人受道戒文》（卷71），还有一些“法”（如《禁酒法》）、“诀”（如《戒六子诀》卷68），都可视为戒律。被视为五斗米道的经典《老子想尔注》也多次提到“道诫”。后来出现的正式戒条，被认为是两晋南北朝时期上清、灵宝及新天师道等道派所造作，假托太上老君或元始天尊下传，如《老君音诵戒经》《太上老君说一百八十戒》《太上洞玄灵宝消魔宝真安志智慧本愿大戒》《太上老君戒经》等。“随法所受”，有所谓“三戒”“五戒”“十戒”“老君二十七戒”等。

如前所述，新道规、戒律的出现，是历次道教改革的重要标志。寇谦之“清整道教”造作了一个《云中音诵新科之诫》，王重阳立全真教，有《重阳立教十五论》，张宇初整顿道教有《道门十规》。

戒律的内容，主要是针对道门内部的问题，学道必须受戒，道教徒该做什么？不该做什么？其所戒内容，大多是不杀、不淫、不盗、不贪、不得醉酒、不耽著歌舞等，要道徒修善而不作恶，还有“不得慢老欺人”“不得呰毁谤人”“不得恃威凌物”乃至“不得烧野山林”“不得妄摘草花”等。无论几戒、几十戒还是一百多戒，绝大部分是无可非议的，修行得好，是利己利人有益于社会的。只有极少数的戒条，与政治有关；只有个别条文，可以戴上维护统治利益的帽子，如《玉清经·本起品》中“十戒”的第三戒“不得叛逆君王，谋害家国”。(《圣经》中也有类似不得违抗国王的语言）戒律千百条，是因时而变，但也有许多重复的，其目的是为了规范道教徒的行为，当然也影响广大信众，这就为宗教组织、宗教生活提供了法规性的保障，有利于道教的发展。

教制方面还有一个重要的宫观制度，道教的宫观名称较为复杂，除开常见的某某宫、某某观之外，也有用祠、庙、府、洞、道院等名称的。宫观是宗教活动场所，从早期的“治”“静室”等开始，由“馆”而“观”，有一个演变发展过程，其内部的管理等制度也是如此。总之，是日渐完善，也不时有所变化。

（三）关于仪礼法术

仪礼和法术是两个大的不同的方面，因为它们都是外在的、形式的东西，彼此间又互有渗透，二者同为宗教不可或缺的外在要素，作用是很大的。而仪礼与斋戒也有密切联系，所以道教中斋醮科仪常常连称，还配合一些道术。

先说仪礼，仪式是宗教必不可少的要素，否则就不是宗教，道教有自己一套独特的仪式，或者叫做斋醮科仪，是经过很长时间不断丰富而成的。道教研究学者李养正先生曾有一个很好的很简要的概述：

> 道教在张道陵创五斗米道时便有三元斋会，东晋之葛巢甫倡导灵宝斋法，到南北朝刘宋的陆修静撰《三箓斋法》，五代杜光庭撰《玄门科范大全集》，道教斋法遂基本完成。明《正统道藏》洞玄部戒律类《斋戒录》与《云笈七签》卷三十七《斋戒》内容同，这说明宋以后斋法基本沿袭如旧。①

① 李养正：《道教概说》，中华书局1989年版，第271页。

这最后两句很重要，说明宋以后元、明、清乃至近现代、当代，都会沿用较早形成的斋法或者仪礼，但是实践当中也会有些变异。需要补充说明的是，在“基本完成”之前，发展演变的过程也还有一些具体情况是应该知道的。例如，独特的斋醮科仪，是源于中国古代很早就有的神灵崇拜和巫祝之术，如《说文》释“巫”所说“以舞降神者也”。敬鬼神必要严肃认真，所以要“斋戒以告鬼神”①。《说文》：“斋，戒洁也。”要清洁，不仅要沐浴、禁酒、禁色、禁乐等，身心都要清洁，如《庄子》所说的“心斋”后来也纳入了道教的斋法之中。又例如，在上述五代杜光庭之前，还有其他人对斋法的整理和阐发，杜光庭之前，唐初张万福、朱法满等人的搜集和整理，杜光庭以后元、明时期也有新的辑录，整理是连绵不断的。

道教把斋和醮合而成为一种有特色的宗教仪式，经过了一个很长的历史，其中有祭祀音乐、赞颂辞章，还有一些外在形式的东西，如设坛、步罡踏斗、灯仪、法器等与传统文化有密切关系的内容，也都是很有意义、值得研究的。

其次是法术。《文献通考》所说“道家之术，杂而多端”，人们把它应用到对整个道教的评价，然而用在“道术”方面更为贴切。“道术”又可称“法术”，与“方术”“方技”基本上是同一个意思。如《云笈七签》卷45《秘要诀法·序事第一》所说：

> 道者虚无之至真也；术者变化之玄伎也……道之要者，深简而易知也；术之秘者，唯符与气、药也。符者三光之灵文，天真之信也。

术是一种“变化之玄伎”。道术的种类很多，大体上可以归为两类：

---

① 《礼记·典礼》，《十三经注疏》本，中华书局1980年版。

一为画符念咒的符咒之术，所谓“占卜、符箓诸术”；二可以归结为养生之术，如外丹、内丹、行气、导引、辟谷等，所谓“房中术”亦可归为此类。前者有单行也有一些与斋醮科仪结合在一起，从心理作用上有时也可起到治病养生的作用。后者良莠杂存，可以进一步整理、研究，发挥其正面的积极作用。

道术之“杂而多端”，也表现在它与民间的一些方术、“巫术”常常分不清，既有互相交流、影响，也有各自独立的传承发展。时至今日，市井街头，有时也看到一些看相、算命的，但他们并不是“道士”，而有一些道士也长于看相算命。还有各地民间宗教的一些方术，也有各种各样的独特东西，他们是祖传秘传的，据说现在湖北恩施地区民间还有一些宗教活动（特别是红白喜事之时），有他们自己的秘籍。如何区别和对待这些，也是值得讨论、研究的问题。

道术杂而多端，也变化多端。养生之术无疑值得继承和发展，符咒之术作为宗教生活的形式和方法也是需要的。因为良莠杂存，有些东西会被淘汰，在历次的道教改革中，有一个重要的内容就是淘汰和革除某些道术，葛洪之批评和反对房中术是最明显的例子（见《抱朴子内篇》），寇谦之除“三张伪法”也包括“男女合气之术”，“大道清虚，岂有斯事”。再如外丹、内丹之术的不断修正和发展，实际也是细水长流的改革。

四、高道、道派与改革

道教的发展与改革是离不开领军人物的，离不开高道。如前所述，道教改革主要表现在：新经典的造作及整理、注释；新法规的制定和修改；新道派的不断出现。所有这些，都需要高道来完成。所谓高道，就是修道有成，道行较高的人，一般都是饱读诗书之人，所有著名的道教人物、所有高道莫不如此。

首先，高道都有学养，因而许多人都有自己的道经著作（包括《老子》《庄子》的注释）。或阐发道教义理，如葛洪著《抱朴子内篇》；或造作道教经典，如上清派创始人魏华存、杨羲、许谧等人之造作诸多《上清经》，灵宝派葛巢甫等人之造作新的《灵宝经》；或集录整理并有自己的各种著作，如南朝的陆修静编《三洞经书目录》并有《陆先生道门科略》《太上洞玄灵宝授度仪》等多种著作，又如陶弘景之作《真灵位业图》及《真诰》等多种著作。后来的高道，也都沿着这些套路撰著，或假借太上老君或其他神仙之所授，如寇谦之《云中音诵新科之诫》之类：或阐发自己的修道理论，如司马承祯之《坐忘论》《修真秘旨》之类。还有一些是通过注疏《老子》《庄子》而阐发道教义理的，如成玄英和李荣之注疏《老子》，建立了道教的重玄学派。总而言之，历代高道或多或少的都有自己的著作，有些水平很高、影响很大，如北宋张伯端的《悟真篇》、王重阳的《重阳全真集》、丘处机的《长春子磻溪集》等。

其次，开宗立派的高道影响更大。如前所述，新教派的产生是道教改革的重要表现之一，大大小小的宗派乃至各种支派都会在教理、教义以及道法上有所改进或者制作，就是一种或大或小、或强或弱的改革。而各种教派都有自己的祖师、宗师或者真人，这些宗教领袖就是高道，他们所起的作用是巨大的。有多少派别就有多少高道，同一派别还不只一两位。有的学者认为："道教之分宗派，实始于宋元。或推之过早者，我以为不确。"①

这也许是以现存正一、全真两大道派出现时的情况而言的，事实上宋元之前，正一派的前身，本身就有许多不同的派别，如前所举之上清、灵宝等派，茅山、龙虎等宗，北天师道、南天师道等，而且都是改革中出现的，总之数量不少。

---

① 李养正：《道教概说》，中华书局1989年版，第368页。

开宗立派之人都是高道，但高道之中仍有高下，影响和作用当然也不同，影响和作用相对小一点的，其所创之派会自然消失，如也曾风行过的一些道派，早期的李家道、帛家道，宋金时期的太一道、真大道等。而作用大的道派及其领袖就更为引人注目，如早期的陆修静、陶弘景等人，全真教的创始人王重阳、龙门派的祖师丘处机，还有“七真”等。影响大的高道，至少有两条，一是有自己制作的有新内容的有影响的著作；二是有得力弟子、团队，如陶弘景与陆修静有师承关系，而所谓“全真七子”、“南宗五祖”，都是有明显事例的。曾经风行而后来消失的、影响不大的，就是这两条不够。

最后，宗教领袖有一个出身问题，值得讨论。有条件饱读诗书的高道，家境一般是还可以的，有时还先做过朝廷命官，如葛洪等人；有的是出身世家大族，如陆修静、陶弘景等许多人。他们对道教的改革，曾经被认为是为统治阶级服务，从而还衍生出上层道教和民间道教的区别。这是颇值得商讨的问题。因为出身而讲为谁服务，因为出身而分上层与民间，事实上很多的有关论著，都或多或少，或明或暗，由此而立论。如果以出身而论，佛祖是王子出身，耶稣、穆罕默德至少是出身中上层，所有宗教领袖、高僧、高道恐怕没有几个是下层出身的。五斗米道如果可以算是民间道教的话，创始人张道陵是张良的后代，东晋末年农民起义信奉五斗米道被认为是民间道教，而其领袖孙恩也是名门望族出身。总之，单纯以领袖人物的出身而讲为某某阶级服务，区分上层和民间，不一定符合历史实际。当然这又会涉及另一些问题，如：宗教是否为统治阶级服务的问题，今日应该如何看待？又如：道教内部一定有上层与下层之分，今日又该如何看待？诸如此类问题都是值得反思和讨论的。

五、反思与启示

首先，本文主题是论述道教历史上的改革，如前所述，道教历史上的改革有自己的特点，和平进行，连绵不断，使得道教的义理、教规、仪礼、法术不断完善、丰富。每项改革基本面临着相同的原因，主要是面临道门衰落，或者因道徒及世人之各种积弊，因而有各方面、各种各样的“清整”。没有改革，就没有道教的发展。时至今日，道教仍为社会所需要而存在，并有所发展，同时也面临着几乎与历史上相同的需要改革的原因。那么今天如何改革？改什么？谁来改呢？这是道教界、学术界乃至政府有关部门都应该关注的问题。

近现代道教的发展不是很顺利，从半个多世纪以前开始，道教的发展受到一定的限制，特别是“文革”时期，基本上处于停止状况，道教的发展出现了断层，特别是道制、道法受影响最大，师徒相传的传统受到极大的影响，有些地方宫观被占用甚或遭到破坏，行道布法的场地都没有了。笔者亲见亲历的是武汉长春观一度成为口腔医院，殿堂成为病房。有些地方好一些，也有高明的道长利用领袖画像和语录保护宫殿的，据说武当山的紫霄宫就是如此。场地没有，人员被遣散，道士还俗回家，连起码的传承也无法进行。至少有一二十年的中断，将近一世(按三十年一世计算)，对道教的发展是有很多影响的。上世纪八十年代前后逐渐恢复，发展中自然又出现一些新问题，如传承问题，面临新的形势问题，而且会和过去一样，面临道内、外的各种积弊问题（不过因时代不同，表现形式不同)。道教要发展，也需要改革。

当前要改的是什么？首先要从道门内部整顿道风、加强道教良好形象开始，然后道规道戒以及宗教生活，也该适应当代新的形势有所调整。这些现在都已经有所行动，但力度不够，道内外有识之士，都应作进一步的努力。另外，仪礼、法术也需要继承和整理，如历史上曾经做过的那样。

根据历史上高道在改革中的重要作用，显然当今也需要高道，现在道门内有不少道长也在做各方面的努力，也有了不少道教学院，还举办过不少培训和研讨班以及相关会议，也需要政府相关部门的关心。当今道教界与学术界的交流合作，也是一个很有意义的新现象，是值得发扬的，也是有利于道教改革和发展的。其次，谈一谈道教与政治的关系问题。历史上皇帝的信奉道教，对道教的提倡、保护，乃至某些官方化的措施，这些当然是与政治的关系。但是与道教本身诸问题，并无多少直接关系。然而，如前面所提到的，历史上的改革是否为统治阶级服务的问题，似不应过分强调。所谓“服务”，表现就是为剥削阶级长生、成仙的需要，“统治和麻醉人民”的需要等。养生长寿之术，是人的精神和生理的需要，不论什么阶级的人都需要，不过统治阶级人物的需要表现得明显、突出一些，而且被一些历史文献记载下来，如先秦一些国君的信仰，秦皇、汉武之强烈愿望，以后一些皇帝的信奉和提倡等。然而民间实际上也有普遍的强烈信仰，不过表现不同罢了，记载不多罢了，似非仅仅为统治剥削阶级所需要。至于“统治麻醉人民”，从教理、教义、教制、教规各方面看，明确涉及政治统治的条文可以说只是个别的，如前所谓“说十戒”① 中的“第二戒者，不得叛逆君王，谋害家国”，其他很难说与政治有直接关系。有些关于伦理道德的戒律，也不应简单地冠以“封建”二字。从前述改革的原因和内容来看，主要是道教本身发展的需要，是社会生存和发展的需要。本世纪开始前后，学术界曾有过宗教长期存在问题的讨论，涉及这个问题，有一种观点认为对待宗教不能片面地以政治意识形态来看待，而应看作是一种社会文化形式②。我们从前述改革诸内容来看，道教也确与社会文化紧密相联，改革所指向的也主要是社会文化问题，而不主要是直指政治问题。道教这种文化和其他宗教文化一样，社会的上层（或所谓“统治剥削阶级”）需要它，下层（民间或者人民）也需要它，因而如前所述，上层宗教和民间宗教这种被广泛写入各种著作中的说法是很不合适的。但是，也不

① 《云笈七签》卷三十八。

② 参阅吕大吉《宗教的社会文化作用与社会主义文化建设》，《理论学刊》2002 年第 3 期；《长期性是唯物史观关于宗教未来的重要结论》，《中国宗教》2003 年第 11 期。

可否认，道教之中明显的有上层人物和普通道士、道众之分，这种区分或多或少也会打上“等级”的烙印（如同父子、长幼之别一样，其具体情况这里就不详述它），但这并不是上层道教和民间道教的区别。

道教和其他宗教一样，有着很重要的社会功能：劝人为善，做善事，讲诚信等许多义理和戒律，绝对是社会所需要的；道教独特的讲究养生之术，当今社会的人们也特别重视；还有一些内容如环保之类的大问题，等等，都是有利于社会发展的。社会需要道教，我们期待它在继续改革中更好地发展。

略论道教的“杂而多端”

——道教史新思考之一

一、马端临论“道教之术杂而多端”

元代马端临在《文献通考》“经籍”考“神仙”类之后的按语中写道：

> 道家之术，杂而多端，先儒之论备矣。盖清净一说也，服食又一说也，符箓又一说，经典科教又一说也……

这个长达500字左右的按语主要是就道教经籍而言的，含义却很多。

首先，“道家之术”的“道家”实指“道教”，古代一般都是“道家”“道教”不分，且常以“道家”代“道教”，马端临也是如此，他另有“道家”一类，收录老、庄、列诸子书。

其次，“杂而多端”之术是不同时期、不同代表人物所侧重的：

> 赤松子、魏伯阳之徒，则言炼养而不言清静。卢生、李少君、栾大之徒，则言服食而不言炼养。张道陵、寇谦之之徒，则言符箓

> 而俱不言炼养、服食。至杜光庭而下，以及近世黄冠师之徒，则专言经典科教，所谓符箓者，特其教中一事，于是，不惟清净无为之说略不能知其旨趣，虽所谓炼养服食之书，亦未尝过而问焉矣。

这表述虽不一定完全准确，但可以作为“杂而多端”的一种表现。

第三，不论专言何“术”之人（准确地说应该是“派”），“俱欲冒以老氏为之宗主，而行其教”，而“黄帝、老子、列御寇、庄周之书，所言者，清净无为而已，而略及炼养之事，服食以下，所不道也”。这反映了道教各派以老子为“宗主”的基本事实。

除以上几点，马端临还对各种说法、主张的“是非”有所评论，如说：

> 炼养之说，欧阳文忠公尝删正《黄庭》，朱文公尝称《参同契》，二公大儒，攘斥异端不遗余力，独不以其说为非；山林独善之士以此养生全年，固未尝得罪于名教也。

还有其他几则不一一列举。

值得强调的是，马端临的评论有不少是代表宋元时期学界的普遍看法，如他所说：“道家之术杂而多端，先儒之论备矣。”他在这个按语前后就引用了“晁氏”（晁公武著有《郡斋读书志》）、“东坡苏氏”、“致堂胡氏”（胡寅人称“致堂先生”，著有《读史管见斐然集》）、“朱文公”（朱熹）的大段议论。

二、文化思想多源与核心信仰的形成

作为世界文明古国之一的中国，有着悠久的文明史，而且有极为丰富的文献记载和考古资料，这是世界其他地区无法相比的。我们讲古老的历史，内容更丰富，讲道教的起源也是如此。

道教与佛教、基督教的起源不同，是渐进的，并且文化思想是多源的，这可说是“杂而多端”的表现之一，同时也决定了整个道教“杂而多端”的特点，以上所引马端临所言诸“道教之术”，无一不与道教的文化思想源头有密切关系。

人类早期思维的自然崇拜、祖先崇拜以及随之而发生的图腾崇拜、神灵崇拜，乃至原始的宇宙论（如盘古开天地）等，中国历史上有极为丰富的文献记述，我们必须说“世界罕见”。我们要进一步说的是，几乎所有异彩纷呈的上述各方面的传说和想象，都在后来的道教发展中不同程度、不同方式地保留着。这里可举一个一般不常引的例子，最早的记载是：

《艺文类聚》卷一引三国吴人徐整的《三五历纪》说：

> 天地浑沌如鸡子，盘古生其中。万八千岁，天地开辟，阳清为天，阴浊为地。盘古在其中，一日九变。神于天，圣于地。天日高一丈，地日厚一丈，盘古日长一丈，如此万八千岁。天数极高，地数极深，盘古极长。后乃有三皇……

这个传说记载恐怕已经经过许多改造了（《太平御览》卷一、卷二两次引文略有不同），最原始的传说恐怕不是如此，而“天地浑沌”，“阳清为天，阴浊为地”等说又与《老子》文有一致之处。到了后来的“道经”中，如《元始上真众仙记》中就是这样：

> 昔二仪未分……天地日月未具，状如鸡子，混沌玄黄，已有盘古真人，天地之精，自号元始天王，游乎其中。经四劫，天形如盖……复经四劫，二仪始分，相去三万六千里。元始天王在天中心之上，名曰玉京山。

下文还说，元始天王与太元玉女通气结精，生东王公、西王母，天皇、地皇、人皇，伏羲、神农等王帝都是其后裔。元始天王（后来又称元始天尊①）是道教的最高神。这就是说，盘古是人类始祖，是道教的最高神。

古老的开天辟地宇宙学说，成了道教文化思想的一个重要源头。其他天神、地神、山神、水神等莫不如此。道教的神灵信仰是杂而多端的。

然而各种各样的神灵崇拜和信仰，在中国社会中除了在道教中有明显反映之外，也会长期在社会的民俗中有不同形式的存在。民间信仰和道教的信仰长期并存，二者如何区别呢?

道教之所以成为道教，就是它形成了自己的核心信仰——神仙信仰。道教神仙信仰的基本思想是：神灵是应该被敬仰的，但是人皆可以成神仙，人可以通过修炼得道成仙。

神仙信仰形成之后，如何成神仙是一个大问题，而人与神之间的区别还是存在的，人神关系仍然是一个问题。早期沟通人神的是“巫师”“巫史”或“巫祝”，这在殷商时期特别突出。“巫”实际上是官吏，而且是权力很大、影响很大的官吏，负责奉祀天帝众神，为人祈福禳灾，天文、地理、占卜、星历、治病等政事、人事无一不管，巫咸、巫贤就是商代著名的位高权重的大官。

与巫有关的大事在整个古代都是存在的，比如祭祀，古代“国之大事，在祀与戎”。祭祀是巫师掌管的，但是以殷商时期最为突出。此前逐渐形成，此后随着社会的进步，其职权有所变化。从周代开始，其地位逐渐下降，走向民间，后代乃至近现代，巫术成为流行于民间的活动。人神沟通的职能周代以后巫师被方士取代，汉代以后又被道士取代。发展历程大体是如此。

① 不同时期又有不同说法，陶弘景《真灵位业图》有元始天王、元始天尊二神，后合而为一，只提元始天尊了。

巫地位的变化与古代人们信仰的演变有关，这里我想借用《礼记·表记》中孔子的一席话作点新的解读，孔子说：

> 夏道尊命，事鬼敬神而远之，近人而忠焉……殷人尊神，率民以事神，先鬼而后礼……周人尊礼尚施，事鬼敬神而远之，近人而忠焉……

孔子对夏、商、周历史的看法是有一定价值的，他指出在“敬鬼神”这个问题上三代有所不同，殷人尊、事鬼神十分突出，夏、周则“事鬼敬神而远之”，这与以上所说殷人重神重巫的事实吻合。夏、周之“事鬼敬神而远之”，孔子有具体论述，历代注释多认为孔子是从三代政教特点不同而论述的。但是，我认为，在敬鬼神这个问题上，反映了二代对“鬼神”不同的认识，夏代（包括夏以前）人们对“鬼神”的认识比较模糊，概“认命”了，模模糊糊地敬而远之，“尊命”不好解，孙希旦曰：“尊上之政教也。”① 这很不明确，唐人孔颖达的正义解释说：

> 夏道尊命，言夏为政之道，尊重四时政教之命，使人劝事乐功也。

“尊重四时政教之命”，顺其自然，也有点无能为力，“认命”，反映夏及以前人们对神鬼的认识，只好敬而远之。殷人“尊神”对鬼神认识多了，努力沟通人神，创造出“巫”来试图解决问题。周人的敬而远之，则是文化进步了，“尊礼尚施”更注重社会政治诸问题。在政教上，神鬼逐渐淡出人们的政治视野。但是，神鬼之事不可避免，因而就有“方士”之兴起，逐渐的“方士”取代“巫工”，周代后期春秋战国开

---

① 转引自杨天宇：《礼记译注》，上海古籍出版社 2004 年版，第 939 页。

始，神仙学说流行，方仙道兴起，这就是道教产生的历史脉络。

道教可以有各种各样的信仰，但没有核心信仰——神仙信仰，道教就不能称之为道教。道教的核心信仰——神仙信仰，究竟具体是如何形成的，仍值得作进一步的探讨。而且道教的最高信仰——道的信仰又是如何形成的，也值得进一步探讨。

三、大小宗派林立与共祖共生

道教和佛教、基督教等大宗教一样，在长期的历史发展中，有许多大大小小的宗派。但是道教的宗派发展，有自己不同于基督教、佛教的特点。基督教、佛教的许多宗派是分化甚至分裂而成，道教则是融合、师徒繁衍而成。正一派可说是若干小宗派联合成的大宗派，然后又衍生出若干宗派，如：上清派、灵宝派，茅山、龙虎山、阁皂山符箓三宗，等等。而全真派的发展，曾有南、北二宗之分，但各宗祖师的谱系十分清楚，所谓北五祖、南五祖，二宗合一时，祖师的传系也作调整。宋、元以后曾出现过一些新的道教，后又分别归入全真或正一，如宋元时期出现的“太一道”，后并入正一道，当时另一个新的“真大道”，后并入全真道，等等。

宗派的分分合合，传衍和发展比较自然、和谐，不像基督教那样有派别的大分裂，有尖锐的对立和斗争（甚至宗教战争）。佛教派别之间也有争正统和权威的“教相判释”（简称“教判”）。而道教宗派的发展有自己的特点，可以归纳为：共祖、共生。

（一）共祖

道教的各宗派，共同承认的道祖是老子——太上老君。当然．在道教发展史上，道祖的共认上是曾有一些变化的，陶弘景的《真灵位业图》把老子排在第四，主要是从整个神仙谱系排的顺序，因为当时创造了许多神，当然也反映当时有些人不特别尊崇老子。然而，从总的发展看，共认老子为道祖是道教之所以成为道教的主要特征之一，道教的各派别都是要认祖归宗的。概括地说，即前引马端临所说：

然俱欲冒以老氏为之宗主而行其教。

这是他在列举了“清净”“炼养”“符箓”以及“经典科教”各派别之后的总结之词。各派之认祖归宗，以老子为教主，为道祖。

实际的发展情况正是如此，除了早期的方仙道情况还有待查考之外，东汉时期的黄老道、太平道、五斗米道等道派都是如此：“黄老道”之名反映的是对黄帝、老子的崇奉，汉桓帝在宫中“立黄老浮图之祠”[①]，祠祀老子是当时比较突出的一个现象，是把老子作为神来敬奉的；五斗米道之崇奉老子，三国时鱼豢的《典略》记载说：

又使人为奸令祭酒。祭酒主以《老子》五千文，使都习，号为奸令……

叫信教人学习《老子》，就不仅仅是敬拜了。今有《老子想尔注》发现，被认为是张道陵所作，至张鲁最后定本，饶宗颐先生说是“天师道研读《道德经》所用主课本”[②]。

魏晋南北朝时期，如上所述，有时似乎道祖的地位不高，应该是有些具体变化的，当时是一个创造道教经典的时期，许多经典著作，不能都归源于老子，所以要造出早于老子、高于老子的人。这里我想以葛洪的论述来说明，《抱朴子内篇·金丹》中写道：

---

① 范晔：《后汉书》卷三十，《襄楷传》，中华书局1965年版，第1076页。
② 饶宗颐：《老子想尔注校正》，上海古籍出版社1991年版，第3页。

故老子之诀言云，子不得还丹金液，虚自苦耳……

复有《太清神丹》，其法出于元君。元君者，老子之师也。……元君者，大神（仙之）人也，能调和阴阳……天下众仙皆隶焉。

仔细玩味这些文字，可以看出一些问题：第一，“老子之诀”是哪里来的？现在很难考证。但也由此可见在葛洪那里“老子”并未被否定，还引用“老子之诀”来作为自己理论的根据。第二，大神“元君”是“老子之师”，这可说明他是要抬出一个比老子高的人来创造《太清神丹》。至于元君是否即上清、灵宝派所尊崇的“元始天尊”，有待考查。第三，反映了葛洪属于与符箓派不同的丹鼎派。整个《金丹》篇及其他篇，反映了他的神仙思想，其开宗明义写道：

余考览养性之书，鸠集久视之方，曾所披涉篇卷，以千计矣，莫不皆以还丹金液为大要者焉。然则此二事，盖仙道之极也。服此而不仙，则古来无仙矣。

葛洪相信神仙，相信人能成为神仙，“仙道之极”就是服金丹，因为“服此二物（药），炼人身体，故能令人不老不死”。总之，葛洪是神仙理论家，属于道教的丹鼎派，这些我们都从他的著述中看到了。魏晋南北朝时期，老子在当时道教界的地位是值得进一步细寻的，但是道祖的地位还是没有动摇的，也许有些派别有一个认祖归宗的过程。《魏书·释老志》肯定了道祖为老子，其言曰：

道家之原，出于老子。……上处玉京，为神王之宗；下在紫微，为飞仙之主……

此“道家”即是“道教”，下面接着就有“其为教也”云云。北魏的寇谦之，就是奉太上老君亲授“天师之位”，并赐给《云中音诵新科之诫》，他奉老君主命，“宣吾新科，清整道教，除去三张伪法”。所谓“三张伪法”是有具体内容的，即“租米钱税及男女合气之术。大道清虚，岂有斯事，专以礼度为首，而加之以服食闭练”。实际这是一种改革，或者也与丹鼎和符箓两派之别有关。要之，寇谦之再次确认道祖老子的地位。

魏晋南北朝时期的情况是如此，唐宋以后就更不必说了，对老子再三地加封，是众所周知的事。

后起的全真派如何认祖归宗的，也可作进一步的探讨。全真祖师王重阳有明显的三教合一思想，也是想对道教进行认真地改革，但是我曾经论述过，他虽有三教合一的思想，但是“对佛教的‘破釜’……不屑一顾，尽力保全道家、道教之真，创立具有自己‘家风’的全真道教”，他“对《老子》确实是恭敬、虔诚之至”①。全真道之有道教的最高信仰——道、核心信仰——神仙，而以老子为道祖是没有什么问题的，只需举例证明罢了。

其他教派莫不如此，如与全真道同时兴起的“太一道”，“传太一三元法箓之术，固名其教曰太一”，“以老氏之学修身”，“以巫祝之术御世”②，后来并入正一道，因为道祖是相同的。另一个“真大道”，其创始人刘德仁宣称，有须眉皓白的老叟乘青犊牛车过其家门，摭《道德经》要言授之，并嘱其“善识之，可以修身，可以化人”，然后投笔一支而去③。这当然是认老子为道祖的。后来“真大道”并入了全真道。

凡属道教，必以老子为道祖。历史上乃至现今，还有许多民间宗教分别受佛教、道教的影响，有些在法术、科仪上多采用道教的内容，但

① 熊铁基：《试论王重阳的“全真”思想》，《世界宗教研究》2008 年第 2 期。
② 宋濂等：《元史》卷二百二，《释老传》，中华书局 1976 年版，第 4530 页。
③ 参阅《道园学古录》卷五十，《真大道教第八代崇玄广化真人岳公之碑》。

它们不尊奉老子，没有神仙信仰，虽有时用“道”字，但不是道教，不应归入道教，这与道教内部的派别不同。

（二）共生

我这里想说的“共生”，主要讲道教内派别的关系。道教内部虽然派别林立，但彼此之间，和谐相处、交融互补，无论在教理教义上、科仪法术上、修仙炼养方面都是如此。仅以全真、正一这两大派之间的关系为例即可说明。具体可举武当山道教的发展事例：

武当山在道教史上，唐宋以前没有其他一些山头有名，早期道教的洞天福地中还没有它。但唐末以后，它成为第九福地，再以后甚至有“天下第一名山”之称。根据记载，早在魏晋南北朝时期，就有不少人在武当山隐居修炼、求道拜师，其中有些有名有姓的道士，如上清派的谢允、山世远等人。唐代的孙思邈、吕洞宾，五代的陈抟，有记载他们都到武当山游历甚至隐居过。宋元之前，武当山的道士当然是正一派的，全真道兴起之后很快就有不少全真道士进入武当山，有相当长一段时间，是正一、全真两派道士共处，和睦相处、互融互补，这方面的研究已有成果，如王光德、杨立志所著《武当道教史略》，其中根据史事所作的一些描述颇能说明我想说的“共生”现象，兹征引数段文字如下：

> 宋末元初兵乱之后，武当宫观荒芜衰败，道众四处流散。直到至元十二年（公元 1275 年），才有在北方访道的武当道士鲁洞云和全真道士汪真常等人一起回到武当山修复五龙、紫霄等处坛宇。不久，南方盛行的清微派叶希真也来到五龙宫，使武当山出现了南北道派交汇融合的新局面。①
>
> 各道派在武当山长期和睦相处，交叉影响，且有相互融合的趋

① 王光德、杨立志《武当道教史略》，华文出版社 1993 年版，第 122 页。

势。……各道派之间不仅在思想理论上容易融汇吸收、相互补充，而且在道法授受上也互有交叉关联、相互影响。武当五龙宫本是全真派兴工修复的，但清微派传人叶警云莱、刘道明、张道贵等均居住此宫……①

还有各派之间互学道法、互拜为师等等，还有奉旨受理武当宫观教务的道教领袖，“对其管辖范围内的各道派兼容并蓄竭尽提携主力，并不强求一致、让别人放弃原有宗派”②，等等，这里就不一一征引了。

武当山道教的发展，教派“共生”的特点十分明显。

正一、全真两大派的交融共生，还可举出另一个较突出的例子，正一派张宇初的思想和作为。

张宇初（1360—1410）其人及其思想，能充分反映正一和全真两大派交融共生的密切关系。他 17 岁就袭为正一道第 43 代天师，20 岁时由朱元璋敕封“正一嗣教道合无为阐祖光范大真人”，领全国道教了。他聪明好学，喜欢儒家的五经、诸子，通晓佛学之理，有道门硕儒之称，对于道教正一、全真之理、法均很熟悉。《明史·方技传》记载说：“宇初受道法于长春真人刘渊然。”正一天师拜全真高道为师，两派往来之关系可见一斑③。更重要的是在他的著作中，反映他对两派（乃至三教）关系的态度，以及两派交融互补的事实。例如他的《道门十规》，显出了他对道教各派兼容并包的态度，其相关文字是：

道之所由立，出乎太上一也……曰教则有正一、全真之分，曰法则有清微、灵宝、雷霆之目，非究源以求流，必忘本以逐末。

---

① 王光德、杨立志：《武当道教史略》，华文出版社 1993 年版，第 131～132 页。

② 王光德、杨立志：《武当道教史略》，华文出版社 1993 年版，第 120 页。

③ 张宇初经历中也有些波折，据《明史·方技传》记载，他“建文时坐不法，夺印诰。成祖即位，复之”。与刘渊然关系也曾“不协”，不知是什么性质的“不协”，但不能否定其与全真派的关系，更重要的是他对全真派的基本态度。

这是总纲上的言语。

后之阐化，则有祖天师、许真君、葛仙翁、茅真君诸仙之派。世降之久，不究其源，各尊派系，若祖师之曰正一，许君之曰净明，仙公之曰灵宝，茅君之曰上清，此皆设教之异名，其本皆从太上而授。凡符箓、经教、斋品、道法之传，虽传世之久，各尊所闻，增减去取或有不同，而源委则一。内而修之，则有内外丹之传……

这是论“道教源派始自”，难得有如此客观、全面、相当正确的概述“分派虽不同，而其源则一”，这是他反复阐述的一个观点。与此同时，他对于道教的符箓、经教、斋品、道法以及丹道都是肯定的，甚至说“符篆弥多，皆所以福”。但是，他对于“邪道”“邪说”也是坚决反对的，“靓诸邪道，如睹仇雠”。（按：他有“圆光附体，降将附箕，扶鸾照水，诸项邪说，行持正法之士，所不宜”，这个说法与后来道教之用“扶箕”不同，应是后来的变化。）

作为正一天师，在对全真派的肯定上也表现出他的气魄，在讲“十规”之“坐圜守静为入道之本”时说：

近世以禅为性宗，道为命宗，全真为性命双修，正一则惟习科教，孰知学道之本，非性命二事而何？虽科教之设，亦惟性命之学而已……

这里甚至可理解为全真比正一略高一筹。

宋金之初，重阳王祖师，遇钟吕之传，始立全真主教……故全真是教，则犹以坐圜守静为要，五祖则……七真则……

对全真派非常熟悉，赞赏有加，并且承认“重阳王祖师”，认祖归宗也进一步发展了。

以上二例，应该能说明道教派别交融“共生”的现象了。

明清以后，正一派的科仪、法术也一一被全真派所采用。两派之间的交流、互用，经过了长期的磨合，时至今日，见到一个道士，如果不是在特定的场合，他不自报家门，很难区别全真、正一道士了。今后还可以也应该进一步交流互补。

四、纷纭的民间信仰与道教的整合

民间信仰是社会生活中的重要组成部分，在传统文化中也有很重要的地位，其与中国道教的关系十分密切。对于这些问题，近几十年来学界的研究有较大发展。比较集中的反映是，2010 年开始，上海人民出版社出版了一套“民间信仰与中国社会研究系列”。在这部包含有七本书的系列中，就有《道教与民间信仰》一册，该书的综合和个案研究都很深刻，值得参考。本文想研讨的问题即“道教与民间信仰”，主要选取“杂而多端”这个角度作些论述。

中国的民间信仰不但历史悠久，而且非常丰富（有不少记载），所以上面标题使用“纷纭”二字，表明既“多盛”又“杂乱”。道教与民间信仰的关系，也具有“杂而多端”的特点。

其次要先说明的另一点是，民间信仰在这里主要讲神灵信仰与神鬼沟通的法术两个方面。本节讲道教与民间信仰的关系，主要也是从这两个方面来说明。

（一）关于神灵信仰

神灵信仰也就是道教的神仙信仰，包括自然与人两部分，即天神地祇和修道成仙之真人。天地神祇有长期的发展过程，最后是形成了庞大的系统。历代仙人更是不断增加且日益壮大，汉代刘向撰《列仙传》70人，葛洪《神仙传》录92人，葛洪说：

> 秦大夫阮仓所记有数百人……然神仙幽隐，与世异流，世之所闻者，犹千不得一者也。

有名无名的仙人真是很多的。

道教的神仙信仰是不断发展的，道教人士也曾多次进行过书面整理和记录，如：陶弘景的《真灵位业图》、赵道一的《历世真仙体道通鉴》（正编、续编、后集）之类的图书。

道教的神灵本来就是从古代各种民间信仰中综合、改造而成的，在历史发展过程中又不断吸收民间信仰中的神灵。从上天神灵到城隍、土地、灶君、门神等，都源源不断地进入道教神灵系统，人们喜欢财神，道教中就会有文财神（赵公明）、武财神（关公）出现。民间信仰的神灵有局部性的，如沿海一带的妈祖，也可以纳入道教的神灵系统。甚至于各类精魅、鬼物，只要潜心修炼、造福于民，皆可奏明天庭授以正神之职（参见《女青鬼律》《天坛黑律义格》等道教经书），“白蛇传”中的蛇仙应该是这方面的反映。“民间神祀进入道教，一方面，丰富了道教神谱，另一方面，这部分神祀也得到了提升，在中国历史上稳固传承。”①

道教的天神和影响大的神灵，在民间信仰中有时候在有的地方也会出现，如玉皇大帝、玄天上帝、太上老君，乃至八仙中的吕洞宾等人，都会享有崇高的地位。

从整个发展看，道教的神祇信仰是沿着制度化宗教的方向发展，而民间的神灵信仰却一直在散漫而杂乱无章地流传着。道教的神灵信仰相

① 参阅李远国、刘仲宇、许尚枢：《道教与民间信仰》，上海人民出版社2011年版，第229页。

对于纷纭的民间信仰始终居于主导地位。

(二)关于法术

人们信仰、敬神，并且很早就是神鬼相联，如前所述，夏、商、周都敬事鬼神，尤其是“殷人尊神，率民以事神，先鬼而后礼”。如何“事”？如何“礼”？夏、商、周时期都是由“巫”来执行，由巫来与神鬼沟通，这就逐渐形成了一套礼仪和方法，形成“巫术”。“率民事神”，国家的东西影响到民间，民间各自发展，又形成各具特色的越巫、荆巫、齐巫等地方之巫。春秋、战国直至秦汉关于巫的记载是很多的，也是“杂而多端”的。

道教形成之前就是巫术，道教形成之后就是道教的法术，简称“法术”或“道术”，道术又称“道法”，或简称为“法”或“大法”，也有称为“艺术”的①。而民间流行的则始终被视为“巫术”。学界认为从早期巫术到道教之道术发展过程中有一个“方仙术”。我认为，方仙道就是早期道教②，方仙术不必被视为一个独立的阶段，但它是一个道术发展阶段。这个阶段的内容也是值得研究的，有人已经做过较深入的研究。郑杰文的《方仙道的方术》③ 一文把当时“方士们的方术”分为三类十四种。一类“不死方”，“不死方有却老术、不死药、祠灶炼丹术、辟谷术、尸解术五种”。二类“鬼神方”，“鬼神方有使物见鬼术、见仙人术、解克术、神异术、祭祀方五种”。三类“政治方”，“政治方有封禅术、谶言术、五德说、大九洲说四种”。以上总结颇有意义，从上到下、从朝廷到民间的各种方术都归类涉及了。除政治方主要在秦汉时期明显实行之外，其他二类都是民间长期流传和发展的。“不死方”，长生不死（或长生不老）是与道教神仙信仰密切相关的，人人都可以通过修

① 《晋书》有《艺术传》。

② 熊铁基：《略论道教的名与实——再论道教的产生问题》，《世界宗教研究》2015 年第 5 期。

③ 郑杰文：《方仙道的方术——〈论方仙道〉之二》，《中国道教》1991 年第 1 期。

道成仙，或天仙、或地仙、或尸解仙，或寻求不死之药（包括炼丹成药），或采用“辟谷术”之类的方法进行修炼。这些一直流传下来，直到今天（例如“辟谷”）。“鬼神方”即请神驱鬼或“装神弄鬼”，此类方术也一直流传下来，但却变得五花八门、杂乱得难以言说，乃至令人难以想象。

上述这些“方术”在道教法术中都有，而且经过历代高道的整理、发展，更加系统化、程式化、制度化、理论化。道术中有关道法的记载有很多，学界的研究也不少，如刘仲宇的《道教法术》就是一部较新的专著，可以参考。

我这里想着重提出的一点是，道教的法术是从历史上的巫术、方术发展起来并日趋完善的。民间巫术的流传，虽有着自己的渊源，但在后世的发展中应该主要是取法道教的法术。无论哪个地区或哪个民族，因为社会和人事的诸多变动，有些巫术可能中断、失传，重新恢复和建立的“巫术”自然会借鉴和学用根基牢固、长期广为流传的道教法术。由此可说，道教的法术对民间信仰的巫术起着主导作用。

我们研讨道教“杂而多端”的问题，通过以上的论述可以看到，从很多方面看，道教的确有“杂而多端”的特点。但是从以上几个方面的论述可以说明，“杂而多端”并非“杂乱无章”，各种“杂”的发展是有序可寻的，在各种复杂的情况下，或有“核心”，或有“共性”，或有“主导”，或有“整合改造”，这样才使得道教成为一个有影响的正规的宗教。同时，“杂”的发展又能充分反映道教的包容性，与其他宗教相比颇有不同，这是难能可贵的，是其特点，也是优点。

神仙起源考论

神仙信仰是道教的核心信仰，是中国道教所特有的，研究其起源，将更好地认识和理解道教。

一

20世纪二三十年代，文化学术的研究中已涉及神仙起源问题。如闻一多的《神仙考》，顾颉刚《秦汉方士与儒生》中的《神仙说与方术》，傅勤家《中国道教史》中的《神仙之观念》等比较突出。顾颉刚说："仙人，是古代所没有的。古人以为人死为鬼，都到上帝那边去……"他也从《史记·封禅书》里所记战国的"修仙""仙人"说起，根据明显可靠的史料，是比较谨慎的，但颇有局限。傅勤家说："他教亦利用此神仙之名称"，是不确切的，神仙应该是道教之专有，中国之专有，这也是中国传统文化重要的特点之一。本世纪以来，有学者如杨英也写过《神仙家渊源考》[①]，从真人思想、医学养生、巫术等大的方面，作宏观的考述。我最近学习思考，觉得对神仙起源问题，还可以进一步作更细一点的考论。

闻一多的《神仙考》颇有特色。他也注意到"战国时齐国的方士，

① 杨英：《神仙家渊源考》，《世界宗教研究》2004年第2期。

以及一般人所深信的神仙说出于齐地的观念”，但是他认为“齐国（山东半岛）也并非神仙的发祥地，因之海与神仙亦无因果关系”。他有自己的解答（下面还会引述一些）。其突出特点是他的神仙思想起源是从古代不死的人生观说起的，文章开头写道：

最大多数铜器铭文的最大共同点，除了一套表示虔敬态度的成语外，就是祈眉寿一类的嘏辞。典型的儒家道德观念的核心也是一个“敬”字，而《洪范》五福便是寿。这表明以“寿”为目的，以“敬”为手段，是古代人生观最大特色。①

这里先从“寿”字讲起。“寿”有长久之意，人的生命长也称“寿命”，本来就有长生之意。《管子·形势解》中说：“起居时，饮食节，寒暑适，则身利而寿命益。”（这是在讲养生学了）《洪范》中“五福”：

一曰寿（百二十年），二曰富（财丰备），三曰康宁（无疾病），四曰攸好德（所好者德福之道），五曰考终命（各成其短长之命以自终，不横夭）。（按：括号中文字为孔安国传文。）

唐孔颖达解释说：

五福者，谓人蒙福佑有五事也：一曰寿，年得长也；二曰富，家丰财货也；三曰康宁，无疾病也；四曰攸好德，性所好者美德也；五曰考终命，成终长短之命，不横夭也。②

这确实可说是一种人生观，五福中有三福都是讲人的生命本身。其

① 闻一多：《闻一多全集》，湖北人民出版社1993年版，第132页。
② 《尚书正义》，《十三经注疏》本，中华书局1980年版。

他二者：富，或者还可以看成养生的物质基础，如后世说炼丹需要财富作基础一样；攸好德，也是种心理修养，如后来讲“善”之类德性一样。总之，五福是希望“长生久视”，即闻一多说的“不死观念”。

既然古人形成了比较成熟的寿的“不死观念”，有着长生不死的企盼（闻一多引金文之“祈眉寿”，“祈”即求，企求），“仙”的理想就从而产生了。

“仙”或写成“僊”，与长寿的关系密切，《释名·释长幼》说：“老而不死曰仙。”张湛在注《列子·黄帝》时说：“仙，寿考之迹。”《说文》在解释“僊”字时候说：“长生僊去”，又解释“仙”字时说：“人在山上貌。”这已经是一种理想了，根据说文的段注说，“僊之舞袖飞扬之意”。飞扬、高举，所以有飞升成仙之说。

至于“神仙”一词的出现当然就更完备一些了。人们把更早的神灵信仰（包括天、地、自然、祖先各种各样的神灵信仰）与仙的理想进一步结合，所以有神仙这个更好的更有意思的词出现了。这是一个进一步发展形成的过程。我们现在还不能用更具体的更有把握的材料来说明这个过程，但大体的发展脉络是可以表述的：

先有“神”的崇拜和“寿”的祈求，然后才有仙和神仙的理想。

二

神仙说起于何地？闻一多针对“一般人所深信的神仙说出于齐地的观念，是由于齐地滨海，海上岛屿及蜃气都是刺激幻想的对象”。还有齐国的方士记载颇多，但是他说：“齐国（山东半岛）也并非神仙的发祥地，因之海与神仙亦无因果关系。”同时还说：“春秋时的不死观念不曾直接产生战国时的神仙说。”他具体地分析姜姓齐人“本是西方迁来的羌族”带来了不死观念等。其主要观点是：

> 神仙的老家是在西方，他的习惯都是西方的……（按：下文有不少分析证据，此处从略。）
>
> 神仙并不特别好海。反之，他们最终的归宿是山——西方的昆仑山。他们后来与海发生关系，还是为了那海上三山。……三山与神仙只是偶然的结合而已。①

闻一多的观点以及他的一些分析（如神仙说东渐的路线等）是很有见地的。我们从“人在山上”的“仙”字解释也可以看得出来，神仙始于西方昆仑山说比较合适。

战国时齐国方士、神仙说之盛也是事实，有它的历史和文化原因。《史记·货殖列传》说：

> 齐带山海，膏壤千里，宜桑麻，人民多文彩、布帛、鱼盐……其俗宽缓阔达，而足智，好议论。

《汉书·地理志》则说：

> 太公以齐地负海舄卤，少五谷而人民寡，乃劝以女工之业，通鱼盐之利，而人物辐凑。

在当地经济发展的基础上，四面八方各种各样的人物都集聚在齐鲁大地，有名的稷下学宫聚集各地学者就是突出的例子。齐学、黄老学、神仙学都成为齐地的特色，而且当时和后来的影响都很大。到汉武帝

① 闻一多：《闻一多全集》，湖北人民出版社1993年版，第136页。

时，倡神仙说的大多为齐人，在《史记·封禅书》中记载，如“蓬莱安期生”“齐人少翁”“胶东宫人栾大”“齐人公孙卿”等。齐人传播神仙说是很突出的。

但是，其他地方神仙的影响也不少。《封禅书》中是“燕齐之士”连称，秦始皇时，“驺子之徒，论著终始五德之运”是“齐人奏之”：

而宋毋忌、正伯侨、充尚、羡门子高、最后皆燕人，为方仙道，形解销化，依于鬼神之事……而燕齐海上之方士传其术（按：邹衍之“阴阳之运”）不能通。然则怪迂阿谀苟合之徒自此兴，不可胜数也。

自威、宣、燕昭，使人入海求蓬莱、方丈、瀛洲。此三神山者，其传在渤海中，去人不远。患且至，则船风引而去。盖尝有至者，诸仙人及不死之药皆在焉……

神仙信仰，地区扩大到了燕，燕齐同盛。汉文帝时又有“赵人新垣平以望气见上”也是方士之类，实际还不只这些。

有关神仙记载的先秦典籍，特别突出的《庄子》《楚辞》《山海经》都是楚人的著作，则楚地神仙信仰内容丰富而具体。《山海经》据今人考证也是楚人著作，但是其所论神仙事，全国各地都有，如道教中神格很高、影响很大的神仙西王母住在西北的昆仑山上，这在《山海经》中就有三处记载。西王母好像是坤道首领，“凡上天下地女子之登仙得道者，咸所隶焉”[1]。西王母后来在民间影响很大，称之为王母娘娘。又《山海经》中的不死国、不死民、不死之药以及长寿等记载，显然是与神仙思想有关的，如：

---

① 《列仙全传》，见《藏外道书》，巴蜀书社 1992 年版，第 581 页。

轩辕之国在（此）穷山之际，其不寿者八百岁。（《海外西经》《大荒西经》）

开明东有巫彭、巫抵、巫阳、巫履、巫凡、巫相……皆操不死之药以距之。（《海内西经》）

有灵山，巫咸、巫即、巫肦、巫彭、巫姑、巫真、巫礼、巫抵、巫谢、巫罗十巫，从此升降，百药爰在。（《大荒西经》）

这里出现了一大批与神仙打交道“操不死之药”的“以巫事神”的灵巫。这就说明当时神仙思想已相当成熟。而反映的地区，多半是西北，有山之处，“人在山上”即仙。

三

那么，神仙及神仙思想大致什么时候成熟？神仙信仰形成以及道教产生的大致时间该如何认识呢？

《山海经》《楚辞》《庄子》中关于神仙的论述不少，神仙肯定已经是出现了。这几种都是战国中期前后的著作。燕齐方仙道的记载也是战国时期的事，但都是比较成熟的神仙信仰及传说，之前必有更早的神仙起源之事实。

神仙起源，一方面与不死、长生之企盼有密切关系，另一方面又与原始的神灵敬奉有密切关系，二者结合产生神仙及神仙信仰。这两方面，在中国古代都是很早就出现了的，春秋时期甚至商周时期都有记载。

上述西王母就是一个很古老的神灵，《山海经》中出现之前，陈梦家根据卜辞和《山海经》《穆天子传》《广雅》《史记》《楚辞》等文献分析，认为卜辞中所记的西母、东母即后世所说的西王母、东王公，他们当为日月之神[1]。这位女神灵，战国时已经演变成修道成仙的神仙，掌握长生“不死之药”，主宰人们的生死祸福。《庄子·大宗师》中有一段关于“道”的描述，讲“长于上古而不为老”的长生之道，“黄帝得之，以登云天”，“彭祖得之，上及有虞，下及五伯”，“西王母得之，坐乎少广，莫知其始，莫知所终”，西王母和黄帝、彭祖等一样，得道成仙，长生不老，永恒在世。西王母后来成为道教中神格很高的神仙，是从殷商到战国逐渐形成的神仙。

道教的神仙大体上可分为主要的两大类，一是先天的神圣，二是后天的仙真。

西王母应该属于先天神圣，但她不同于古老自然崇拜的神类，她的原形人格化比较早。在道教历史上早于“三清”“四御”之类的尊神。西王母在神仙起源中有典型意义。

后天仙真，原本是人，是修道得道成仙的，从各种记载的情况看，由人而仙这方面最早的代表应该是黄帝，其次就是老子。黄帝在历史学上曾被视为传说中的神奇人物，但其传说的可靠性还是比较大的。有不少学者作过相当深入的研究，如 1985 年齐鲁书社出版的王献唐遗书《炎黄氏族文化考》就有一定代表性，他从考古、文字、文献多方面考述了炎帝与黄帝的事迹，并有一些很有价值的分析。黄帝的传说在战国时期颇为流行[2]，司马迁说：“百家言黄帝，其言不雅驯，荐绅先生难言之。”各种说法都有。黄帝成仙说就是春秋战国时的百家之言。如上述《庄子》“黄帝得之，以登云天”，得道成仙，飞升上天，如何“登云天”，司马迁在《史记》中写道：

---

① 陈梦家：《于东母西母》，迟文杰主编：《西王母文化研究集成》，广西师范大学出版社 2008 年版，第 9 页。

② 这里，田氏代齐或有很大关系，姜齐以炎帝为祖先，田齐认黄帝为“高祖”（见《陈侯因齐錞》）。黄帝的地位因此而崇高。王献唐《炎黄氏族文化考》认为，中国古代的名物礼俗文化大都属于炎帝族的，只是“黄帝克服异族，不能尽废其俗……否则与之同化矣”。

黄帝采首山铜，铸鼎于荆山下，鼎既成，有龙垂胡髯下迎黄帝，黄帝上骑，群臣后宫从上者七十余人，龙乃上去。余小臣不得上，乃悉持龙髯，龙髯拔堕，堕黄帝之弓。百姓仰望黄帝既上天，乃抱其弓与胡髯号，故后世因名其处曰鼎湖，其弓曰乌号。

司马迁也许是采用了某一家言，作如此记述。后来刘向的《列仙传》也采用此情节，不过明白地说是“仙书云”，何时何人所写的《仙书》，应该是秦以前的。葛洪在《神仙传序》中说，“论神仙之事”，“秦大夫阮仓所记有数百人，刘向所撰又七十余人”。这说明秦以前，也就是战国或者更早的春秋、西周时期，已经有很多神仙和关于神仙的记载。《列仙传》所记，黄帝之前有赤松子，黄帝时人有宁封子、马师皇、赤将子舆以及“自称黄帝师”的容成公。老子成仙那是晚一些时候的事了，老子是春秋时人。

人修道成仙，成为仙真，其渊源当出自《庄子》的真人。《庄子·大宗师》开头一节对于得道、合道之真人的精神面貌有诸多的描述：

古之真人，不逆寡，不雄成，不谟士。若然者，过而弗悔，当而不自得也；若然者，登高不慄，入水不濡，入火不热。是知之能登假于道也若此。

古之真人，其寝不梦，其觉无忧，其食不甘，其息深深。真人之息以踵，众人之息以喉。（按：讲呼吸调息之理，或为当时经验之总结，对后世是有影响的。）

其所描述的真人就是神仙，所以说修仙成功的人就是仙真，就是神仙。刘向《列仙传》所列大多数是人而不是神，或者是传说中的人物。如黄帝、老子都先是人而后得道成仙的。

战国时期，神仙和神仙思想相当成熟，必有一个很长的发展过程。

秦大夫阮仓所记神仙数百人，决非一时一地所形成的。战国神仙说流行，自不必说，春秋乃至殷周时期，亦有迹可循。《左传》昭公二十年，记齐景公问晏子："古而无死，其乐若何?"这"不死"就与神仙有关。这是春秋时期的事。又有一本《穆天子传》曾被认为是小说，但是现在不少学者研究认为有一定的历史性①。穆天子——周穆王即言西周时事，书中有穆王见西王母一事，"西王母为天子谣曰……将子无死，尚能复来"。这或可反映长生不死的神仙思想，西王母至少在西周已出现。西王母是神仙，周穆王信神仙，这是众多传说、记载中都有的事，宋人高承的《事物纪原》写道：

周穆王尚神仙，召尹轨、杜仲居终南山尹真人草楼之所，因号楼观《黄帝内传》：西王母授帝白玉元始真容，置于高观之上，时人谓之道观。

西周有神仙和神仙信仰的可能性是很大的。当然，神仙及神仙信仰的起源，还需要作进一步考论。《史记·封禅书》涉及神仙事，除黄帝飞升成仙之外，最早只涉及春秋时期，"时苌弘以方事周灵王"，"苌弘乃明鬼神事"，"周人之言方怪者，自苌弘"。这或者与方仙道之形成有关了，是另外一个问题，是关于方仙道产生，关于道教形成的问题。

长生不死的神仙，是中国古代人的一种人生理想。天地间是否真正有神仙自古人们就有怀疑，所以晋代葛洪在《抱朴子·内篇》中反复论说"神仙实有"。现在谁也不会相信有长生不死的神仙，所以神仙起源问题，事实上是人们何时创造了"神仙"，何时创造了神仙信仰。中国古代神的信仰（包括自然崇拜、祖先崇拜等）起源很早，不仅仅是有文字记载的夏、商、周时代有，更早的黄帝、尧、舜时代有②，也许有了

① 顾实：《穆天子传西征讲疏》，商务印书馆 1934 年版。

② 丁山：《中国古代宗教与神话考》，龙门联合书局 1961 年版。

人就开始有神的信仰。仙和神仙信仰的起源当然要晚一些，但可以肯定的是在战国以前，从本文以上所述和许多有关论著看，对于仙的追求，战国时已成为一种时髦，如《楚辞》《庄子》中的反映，方仙道的出现等，神仙起源至少在春秋或西周时期。

论葛洪在中国文化史上的地位

截至目前为止，对葛洪的评价，主要定位在两个方面：其一，他完成了神仙学体系，是神仙道教理论的奠基人；其二，他为中国古代科学史保留了一些资料，并且有自己一定的实践经验积累。这两方面又主要是从《抱朴子内篇》得出的结论，《抱朴子外篇》则常常作为补充说明而理解。虽对葛洪的“儒道双修”有一定论述，但“外儒内道”“由儒入道”之类的评价，颇有些似是而非，值得进一步讨论。

如果过分而且不恰当地强调其“神仙学”，人们就会指责葛洪“以神仙误天下后世”①，就有理由断定“葛洪是企图为金丹道教在理论上奠立基础的一个反动人物”②。然而，这实在有点不公平，和对其他历史人物的评价相比，实在有些贬低这位博学多才的大思想家。他的成就和贡献是多方面的，不应该仅凭《抱朴子内篇》（甚至不全面的了解），就定其功过是非。明人朱务本在《刻抱朴子叙》中说得好：

> 读予书者，通可也，执不可也；略可也，泥不可也……《抱朴子》玄门之肯綮也，论者以不经摈之，过矣……所以谆谆者，必有所试也。编《内篇》自言受九鼎二经于郑君……黄白变化服食之事……抱朴子之言非诬也。至《外篇》备论时政得失，人事臧否，

① 《黄氏日抄》55《读诸子一》。

② 侯外庐等：《中国思想通史》第3卷，人民出版社1957年版，第323页。

广驳曲引，穷搜远喻，凿凿允合于时，可以拯弊救乱，施诸行事。非若庄、列之虚怪，申、韩之深刻，管、晏之机啬也。推而论之，用则可以辅世长民，舍则可以全身远害，进则可以坐致王伯，隐则可以却长生，视天地为刍狗，以古今为逆旅。如抱朴子者，内精于玄学，外语时政，汉以来无其伦也。若泥而论之，则千载之下，抱朴子含冤多矣！况其文词恢弘壮丽，旷充蓊郁，如千寻之桐梓，翠干云霄，照乘之明珠，光彩射人；山岳不足以壮其势，江河不足以充其气，万化不足以拟其实，琼玖琳琅不足以比其珍，吴妆楚艳不足以比其丽，雷电倏忽，风云幻化，不足以极其变。盖六朝之文之鼻祖，韩子而下，欧、苏不足多也……①

我认为这一段评价，除了“黄白变化服食之事……抱朴子之言非诬也”这一句值得讨论之外，其他评论都是相当合适的。由以上论述，我们从其后面的问题说起。

从文学方面看，其文词“恢弘壮丽”，是否“六朝之文之鼻祖”，有待进一步论证，他行文多韵语和骈言，或者是骈体文之“鼻祖”。其在文学史上的贡献，更重要的是在文论方面。当今古典文学专家杨明照先生，花四十多年的时间撰《抱朴子外篇校笺》，为后人读《抱朴子外篇》提供了极大的方便。杨先生在《抱朴子外篇校笺》一书的前言中，充分肯定了《抱朴子外篇》在文论史上的地位：

无论广度和深度，都超越了扬雄、桓谭、王充、曹丕、桓范诸家，值得我们进一步研讨。②

接着杨先生的话题，我们再看葛洪的“备论时政得失，人事臧否”，

① 文载《四部丛刊》影印本卷首。

② 杨明照：《抱朴子外篇校笺》，中华书局1991年版，第15页。

是否可以说“汉以来无其伦也”。魏晋时期各种各样的玄学家，论时政得失，的确无法与葛洪相比，而东汉时期的所谓“后汉三贤”——王充、王符、仲长统，被当今学者誉为战斗的唯物主义者。和他们相比，葛洪除了相信神仙不如王充反对神仙之外，其对时弊、陋俗的批判也是比较全面而且深刻的，这方面在《抱朴子外篇》中有集中的表述，前引《中国思想通史》虽认为葛洪是反动人物，但也具体列举了他所批判的许多“风颓教沮”现象，计有“教育沦丧”“名实乖滥”“交际趋附”“狂诞轻薄”“谈辩益惑”“酗酒善讼”等六个方面，而且“对汉末以及魏晋学风，给予了一系列的批判”①，等等。当然，他的社会批判，很少（也不可能）直指当朝，只能写《过汉》《吴世》，如陈澧在《崇教》篇批语中说：“不敢言晋朝，托之汉、吴耳。”其批《过汉》篇之语更明确：“此篇指斥当时之事，托言汉末耳。”甚至对汉朝有时还有溢美之辞，就不必多说了。但对当时名人还是能指名道姓的，如《刺骄》篇就点了戴良（淑鸾）、阮籍（嗣宗）之名，说他们带坏了风气：

或乱项科头，或裸袒蹲夷，或濯脚于稠众，或溲便于人前，或停客而独食，或行酒而止所亲。此益左衽之所为，非诸夏之快事也。

夫以戴、阮之才学，犹以跚踔自病，得失财不相补……②

总之，其批判的范围既广且深，涉及从政治到社会风气的许多方面，而且是“弹断风俗，言苦辞直”（《应嘲》）。

这里进一步要说的是葛洪的政治思想，从《抱朴子外篇》的内容看，我们可以说它是一部政论书，仅从篇名看，从《君道》《臣节》《贵

① 侯外庐等：《中国思想通史》，人民出版社1957年版，第318页，并参阅第314～325页。

② 《抱朴子外篇·刺骄》，以下引《抱朴子》内，外篇只在引文后括注篇名。

贤》《任能》《用刑》《审举》到《百里》《省烦》，以及还有一些围绕这些主题开展论述的篇章，无一不是为政治统治出谋献策。值得一说的是，其理国思想属于何家何派？虽然他自己说《抱朴子外篇》属儒家，但从其具体内容、主张来看，应该属于秦汉以来的黄老新道家。这一点古今学者都有所察觉，《四库全书总目提要》根据前人论述指出，“究其旨，亦以黄、老为宗”。因为从具体内容看，《抱朴子外篇》并非纯儒家之作，所以现在也有学者说它是汉代“霸王道杂之”的主张。

葛洪关于儒道之关系，以及对各家的看法，在《抱朴子内篇·明本》中有明确的表述：

> 道者，儒之本也；儒者，道之末也。先以为阴阳之术，众于忌讳，使人拘畏；而儒者博而寡要，劳而少功；墨者俭而难遵，不可遍循；法者严而少恩，伤破仁义。唯道家之教，使人精神专一，动合无形，包儒墨之善，总名法之要，与时迁移，应物变化，指约而易明，事少而功多，务在全大宗之朴，守真正之源者也。而班固以史迁先黄老而后六经，谓迁为谬……班固之所论，未可据也，固诚纯儒，不究道意，玩其所习，难以折中。夫所谓道，岂唯养生之事而已乎？……
>
> 凡言道者，上自二仪，下逮万物，莫不由之。但黄老执其本，儒墨治其末耳……夫道者，内以治身，外以为国，能令七政遵度，二气告和，四时不失……故道之兴也，则三五垂拱而有余焉；道之衰也，则叔代驰骛之不足……由此观之，儒道之先后，可得定矣。

从以上所引文字以及通篇的内容看，值得怀疑，这一篇为何不放到《抱朴子外篇》去？从篇名“明本”看，其所明之本，即道——黄老新道家之道。从中我们看到：第一，对道家和儒、墨、名、法各家的特点叙述，可以说完全是司马谈《论六家之要旨》的复述。第二，比司马谈更明确提出其所尊崇的是黄老，篇中一再说明黄老的作用，如："初学道当止于三军都市之中而得也，然则黄老可以至今不去也。"黄老"至今"有用！第三，葛洪的黄老思想又和西汉初年之专务为治有所不同，吸收了东汉以来黄老养生之术的内容。"岂唯养生之事而已乎"？并不否定养生，而是"内以治身，外以为国"，所以又说："夫体道以匠物，宝德以长生者，黄老是也。"这是《河上公老子章句》"治身理国"并重思想的继承和发展。不过，本篇中的主要内容和重心是"匠物"，是"为国"。

再具体看看《抱朴子外篇》之"君道"、"臣节"，应该说基本上都是黄老新道家的思想主张。例如《君道》篇开头就说：

> 往圣取诸两仪，而君臣之道立；设官分职，而雍熙之化隆。君人者，必修诸己以先四海，去偏党以平王道，遣私情以标至公……
>
> 考名责实，屡省勤恤，树训典以示民极，审褒贬以彰劝沮，明检齐以杜潜滥，详直枉以违晦吝……
>
> 是以抱□（德?）惧不足，而改过恐有余……
>
> 怒不越法以加虐，喜不逾宪以厚遗。割情于所爱，而有狂者无赦；采善于所憎，而有劳者不遗……

在论述中，既讲了先圣是如何做的，该做些什么，也从"昏惑之君"的反面事例讲不该如何。总之，其所言之"君道"，儒、墨、名、法的主张都用上了，确实是"包儒墨之善，总名法之要"。其论述的语言、典故，分布各家著作之中，与《文子》《吕览》《淮南》之言多合①。其他论君臣之道的有关篇章都是如此，这里且不一一列举。

葛洪崇黄老而非纯儒，在实践主张中是"德主刑辅"或"霸王道杂之"，而对儒家之"繁礼"是持异议的，《省烦》篇开章明义地说：

① 参阅《抱朴子外篇校释》。

安上治民，莫善于礼。弥纶人理，诚为曲备。然冠、婚、饮、射，何烦碎之甚邪，人伦以有礼为贵，但当令足以叙等威而表情敬，何在乎升降揖让之繁重，拜起俯伏之无已邪！

为此他引用墨子《非儒》之言：“难行”之礼是“累世不能尽其学，当年不能究其事者”，并且一再说：“墨子之论，不能非也。”“墨子之道，有可行矣。”为了说明他反对“烦碎”之礼的正确性，又运用了“世异时移”的思想，他在最后写道：

然守常之徒，而卒闻此义，必将愕然创见，谓之狂生矣。夫三王不相沿乐，五帝不相袭礼，而其移风易俗，安上治民，一也。或革或因，省益怀（坏?）善，何必当乘船以登山，策马以涉川，被甲以升庙堂，重裘以当隆暑乎！若谓古事终不可变，则棺椁不当代薪埋，衣裳不宜改裸袒矣。

这些思想的正确性、进步性，毋庸多言。

关于德行之关系。《用刑》篇云：

莫不贵仁，而无能纯仁以致治也；莫不贱刑，而无能废刑以整民也……夫德教者，黼黻之祭服也；刑罚者捍刃之甲胄也。若德教治狡暴，犹以黼黻御剡锋也；以刑罚施平世，是以甲胄升庙堂也。故仁者养物之器，刑者惩治非之具，我欲利之，而彼欲害之，加仁无悛，非刑不止。刑为仁佐，于是可知也。

“德主刑辅”的思想是很明确的，文内旁征博引，正反两面再三说明了这种思想，兹不一一列举。但有些话又另有意义，例如说：

世人薄申、韩之实事，嘉老、庄之诞谈，然而为政莫能错刑……道家之言，高则高矣，用之则弊，辽落迂阔……

这里显然是对老庄道家有微词，这与他崇黄老，反对老庄之虚无（详后）整个思想是一致的。又例如：

俗儒徒闻周以仁兴，秦以严亡，而未觉周所以得之不纯仁，而秦所以失之不独严也。

并且具体说明周、秦之得失不是如此，甚至相反，“周之所为，未尽仁也”，而“失柄之败，由于不严也”，“秦以严得之，非以严失之也”。比汉初“过秦”“举措暴众”的分析要全面得多，这里也不详引了。

总而言之，从总体上看，葛洪的政治思想和主张，“以黄老为宗”这一点可以确定无疑。然而，“黄老”是“入世”的，“老庄”是“出世”的，“嘉遁”“逸民”为其所崇尚，而且事实上他最后是归隐于南海，羽化在罗浮山。这个极大的矛盾如何解释，我看，除了这是传统知识分子“达则兼济天下，穷则独善其身”的一般规律之外，还因为他的政治主张无法实现，他一生中并未得到重用，即使曾有过“战功”，也未曾被录用，后来虽曾有过“赐爵关内侯”的经历，多半是一纸空文。到南海之后，对于“参军”之类的邀聘当然就辞而不就了。实际上对其才华、主张之无实现机会，他是愤愤不平的：

余徒恨不在其位，有斧无柯，无以为国家流秽浊于四裔，投畀于有北。彼虽赫奕……造其门庭，我则未暇也……（《交际》）

这是《交际》篇中所述，是否具体有所指，有待考证。愤慨之情，溢于言表。葛洪仕途不顺，也许是他后来转向隐逸的一个重要原因。

古代知识分子的“三不朽”，立功、立德、立言。葛洪的政治主张既无法实现（无法立功），那么就只得立言以传之于后世，他自己编著《抱朴子》内、外篇就是如此：

余若欲……骋辞章于来世，则余所著《外篇》及杂文二十余卷，足以寄意于后代，不复须此。（《黄白》）

余所著子书之数，而别为此一部，名曰《内篇》，凡二十卷，与《外篇》各起次第也。虽不足以藏名山石室，且欲缄之金匮，以示识者。其不可与言者，不令见也。（《内篇》序）

这后一句虽主要就《抱朴子内篇》长生求仙而言，但是也适应于《抱朴子外篇》。事实上内、外篇均成了传世之作，其学问也得到了后世的肯定，《晋书·葛洪传》就说：

洪博闻深洽，江左绝伦，著述篇章，富于班马。又精辨玄赜，析理入微。

最后一句已涉及而今之“哲学”思想，就此我们也谈谈葛洪的哲学思想。从大的方面看，葛洪也有本体论、本源论，《抱朴子内篇》之《畅玄》《道意》以及《抱朴子外篇》之《循本》等篇均有集中论述，不外乎“玄”“道”“一”这几个字，继承了汉以来各种解释，也可以说是黄老之哲学思想。将他关于“玄”的解释（兹不烦引），与《淮南子·原道训》关于道的阐述相比，应该是相同的。他还和扬雄一样，把“道”的“玄”字特点突出了。此外，在《至理》篇中对时人已有的一些属于哲学思想的解释，也是认同的，如说：

夫有因无而生焉，形须神而立焉。有者，无之宫也。形者，神之宅也。

夫人在气中，气在人中，自天地至于万物，无不须气以生者也。

至于“有”“无”“气”这些，没有长篇大论，但不经意就这样表述出来了。可以这样说，葛洪在哲学思想上没有什么创造发明，但能够跟上时代的步伐，这也是难能可贵的，不愧为一个大思想家。只不过他太关注黄老和神仙之道了：

而世人守近习隘，以仙道为虚诞，谓黄老为妄言，不亦惜哉！

我们已经讲到了仙道，接着就谈谈葛洪的神仙思想和理论问题。

首先，因为他特信神仙，尤其是晚年老而弥坚。所以人们说他是“由儒入道”，我认为这是一个似是而非的提法，我提出质疑，是因为：他学儒术和学仙道虽略有先后，但几乎是同时的，年轻的时候都已经开始了。《抱朴子外篇·自叙》说他“年十六，始读《孝经》《论语》《诗》《易》”，“但贪广览”，“曾所披涉，自正经诸史百家之言，下至短杂文章，近万卷”，“其河洛图纬，一视便止”。其涉猎之广是很显然的。再从他师从郑隐的有关记载看，学仙道也是相当早的。《抱朴子》中云：

吾师郑君者，则余从祖仙公之弟子也……然余受之已二十余年矣……（《金丹》）

昔者幸遇明师郑君，但恨弟子不慧，不足以钻至坚极弥高耳……又年尚少壮，意思不专，俗情未尽，不能大有所得，以为巨恨耳。郑君时年出八十……（《遐览》）

这还有待细考，而从“二十余年”“年尚少壮”等语看，结合前所述年少所读书的情况看，其学仙道不会很晚，此其一。其二，内、外篇的写作或多或少有先后之分，但也不是绝对的。从起草到修改再到最后编定，反反复复，就其思想而言，就无所谓“由儒入道”的先后了。因此，我认为“儒道双修”“双重性格”的提法是比较确切的。

其次，毋庸讳言，葛洪相信神仙之有，并且有意无意地“神化”神仙，还有仙可学致的思想，这都是事实。他较集中地（或者说系统地）讨论了这些问题，并且其“江左绝伦”的学术地位影响是很大的。但是葛洪之成为神仙，而且在道教史上的崇高地位是后人和今人给予的。其原本面貌，也还值得说一说，以免过分地责他“误天下后世”，而戴上一顶“反动人物”的帽子，从而贬低了他在文化史上的地位。我想说以下几点：

一、葛洪关于神仙的理论，主要是两个来源：首先，是已往的各种仙经，在《遐览》篇中，他告诉别人篇目，道经列举二百余种，大符五十多种，“其余小小，不可具记”。这还是他经过选择而向人介绍的。他的老师郑隐曾告诉他：“杂道书卷卷有佳事，但较其精粗，而择所施行，不事尽谙诵，以妨日月而劳意思耳。”（《遐览》）他在《释滞》篇写道：

> 道书之出于黄老者，盖少许耳（按：这里也是肯定“黄老”），率多后世之好事者，各以所知见而滋长，遂令篇卷至于山积。古人质朴，又多无才，其所论物理，既不周悉，其所证按，又不著明，皆阙所要而难解，解之又不深远。不足以演畅微言，开示愤悱，劝进有志，教戒始学，令知玄妙之途径，祸福之源流也。徒诵之万遍，殊无可得也。虽欲博涉。然宜详择其善者，而后留意。至于不要之道书，不足寻绎也。

对于道书（道经）他经过“详择”是可以肯定的，至于择得是否恰当，那是另一回事。其次，葛洪神仙理论（包括“宝精行气”、金丹仙药之类）的来源就是其师郑隐的直接传授，《抱朴子内篇》中许多地方都是直叙其言，《释滞》云：

余承师郑君之言，故记以示将来之信道者，非臆断之谈也。余实复未尽其诀矣。一涂之道士，或欲专守交接之术，以规神仙，而不作金丹之大药，此愚之甚矣。

两个主要来源之外，他在博览群书和实际调查中也搜集和发现了"盖以千计"的"奇事"，证明神仙之可信，而且抬出司马迁、班固、刘向等人，说他们都记载了，是有根据的。"鬼神之事，著于竹帛，昭昭如此，不可胜数。"（《神仙》）"若谓世无仙人乎，然前哲所记，近将千人，皆有姓字，及有施为本末，非虚言也。"（《对俗》）由此可见，神仙理论是早已流行的，葛洪坚决相信，乃至达到痴迷程度。再一点就是，他接受了以往的神仙理论，作了一番较为系统的整理，当然对神仙道教的形成发展有重要意义。

二、葛洪关于神仙的论述是有一些自相矛盾之处的，例如为了证明神仙可学、"长生可得"，他说"仙人之无种耳"（《至理》），但有时候又说"无神仙之骨，亦不可得此道也"（《金丹》），又说"值寿宿则寿，值仙宿则仙"，"为人生本有定命"（《辨问》）。到底是人人都能学仙、成仙（无种）呢，还是只有少数有"神仙之骨"、有"仙宿"之人才能得道成仙呢？如果是后者，那么神仙理论对世人又有何用呢？事实上成仙并不容易，他自己也说："况乎求仙，事之难者，为之者何必皆成哉？"（《论仙》）不可皆成，求它何益！求仙之难，单就金丹一事就很难了，因为他认为不服金丹是不能成仙的，然而，金丹又颇不易得，费财费时，他自己就为自己的财力不足而苦恼。他说：

合此金液九丹，既当用钱，又宜入名山、绝人事，故能为之者

少，且亦千万人中，时当有一人而得其经者。(《金丹》)

所以，虽然“长生可得”，实际上能长生之人很少。这是葛洪无法自圆其说的矛盾。

三、葛洪在有神仙而且仙可学的具体论述中，除了非服金丹大药不可之外，有些论述多少是有些积极意义的。例如《神仙》云：

学仙之法，欲得恬愉淡泊，涤除嗜欲，内视反听，尸居无心。

这是道家的基本思想之一，这对人们修身养性是有积极意义的。又如《对俗》云：

欲求仙者，要当以忠孝、和顺、仁信为本……

人欲地仙，当立三百善，欲天仙立千二百善。若有千一百九十九善，而忽复中行恶，则尽失前善，乃当复更起善数耳。故善不在大，恶不在小也。虽不作恶事，而口及所行之事，及责求布施之报，便复失此一事之善，但不尽失耳。又云：积善事未满，虽服仙药，亦无益也。若不服仙药，并行好事，虽未便得仙，亦可无卒死之祸矣。

这里十分肯定：不做善事，光服仙药不行；而不服仙药，做了好事，虽不成仙也可长寿。如此劝人为善，难道不是很有积极意义的吗？当今道教，如果充分发扬这方面的思想，自然有利于社会的安定团结，能够与现代社会相适应。

此外，在论述求仙长生的过程中，一些具体的有关养生之理或养生之要，也是于人有益的。兹不烦引。

我们无意为葛洪开脱，他笃信神仙之说是决不可否认的，但他究竟做了什么？说了什么？有什么问题是属于他的？有哪些又是强加于他的？弄清楚这些也是必要的，免得他“含冤千载”。

全面地评价葛洪，还有许多事情可做。他的主要著作《抱朴子》之精华和糟粕，也有待于进一步仔细探究。例如“儒道双修”这个问题，恐怕大有文章可做，不简单是一个《外篇》儒、《内篇》道的问题，也不仅是什么“文儒”与否的问题。明人王文禄说得很有意思：

> 昔王文成梦吕仙翁曰：“非仙之至者不足为真儒，非儒之至者不足为真仙。”稚川真儒之至乎？殆真仙也已。[①]

这位自称“业儒”的人，看来是有点崇拜葛洪了。其实儒家与道家的关系是一个相当复杂的问题，葛洪在《塞难》中一番关于“儒道之业”难易问题的议论，也是很值得玩味的，这里就不多说了。

还有一个问题也值得再讨论，是否葛洪是站在统治阶级的立场反对民间道教？葛洪是有“妖道”之说，在《道意》里，甚至也指名批评“张角、柳根、王歆、李申之徒”，他写道：

> 又诸妖道百余种，皆煞生血食，独有李家道无为为小差。然虽不屠宰，每供福食，无有限剂……费亦多矣，复未纯为清省者，亦皆宜在禁绝之列。

问题是人们应该看他反对“妖道”的内容是什么？这一点他写得很明确：

> 俗所谓道率皆妖伪，转相诳惑，久而弥甚，既不能修疗病之

① 《慎懋官刻抱朴子序》，引自《抱朴子外篇校笺》附录。

术，又不能反其大迷，不务药石之救，惟专祝祭之谬，祈祷无已，问卜不倦，巫祝小人，妄说祸案，疾病危急，唯所不闻，闻辄修为，损费不訾，富室竭其财储，贫人假举倍息，田宅割裂以讫尽，箧柜倒装而无余。

这种反对决无可非议！指明张角等人时又说：

或称千岁，假托小术，坐在立亡，变形易貌，诳眩黎庶，纠合群愚，进不以延年益寿为务，退不以消灾治病为业，遂以招集奸党，称合逆乱，不纯自伏其辜，或至残灭良人，或欺诱百姓，以规财利，钱帛山积，富逾王公，纵肆奢淫，侈服玉食，妓妾盈室，管弦成列，刺客死士，为其致用，威倾邦君，势凌有司，亡命逋逃，因为窟薮。

这可说矛头是指向农民起义的，但有些具体内容，或有《甲申三百年祭》的意义，葛洪的主要着眼点在于对某些行为的批判。至于对农民起义的评价，道教本身的发展和完善，用统治和被统治两个阶级、唯心和唯物两个阵营简单划线，恐怕也是于事无补的。仅以此而断言葛洪是反动人物也较武断。这个问题暂时就说到这里。

最后，在结束本文时，给葛洪在中国文化史上的地位一个提要。据我们初步考究，葛洪是一位博学多才的大学者，是否如《晋书·葛洪传》所说，“其著述篇章，富于班马”，不必拘泥，但其著述宏富是可以断言的，王明先生所作《葛洪撰述书目表》计有六十三种，将近千卷之多①。

葛洪是一位大思想家，其以“黄老为宗”的社会政治思想，在当时

① 《抱朴子内篇校释》附录，中华书局1985年版。

有一定的先进性。这里还要补充说一句，其肯定黄老而且是为治国的黄老，直接明言“黄老”二字还多见于《抱朴子内篇》，这是一个值得研究的现象。

葛洪是中国古代的一位自然科学家。他的炼丹实验涉及化学；他对医学的贡献是重大的；又据《隋书·天文志》及《太平御览》等书记载，他在天文学方面也有著述。这些在近代科技史的著作中均有论述。

当然，葛洪作为一位真正的道教学者，有关论述很多，但其功过是非，还是应该进一步讨论的。

至于他在文学领域的地位以及其他学问（如军事学、历史学等）的成就，都有待深入探讨。

在中国文化史上，应给予葛洪一个重要地位，人们已写了不少王充的传记，研究何晏、王弼、郭象的专集也不少，葛洪也应该有一个大传。

人皆可以为神仙

——葛洪神仙论的现代诠释

神仙信仰是道教的根本信仰，什么是神仙？不同的时代有不同的理解。从“神”“仙”二字的本意来说，神虽有神灵之意，但指人的意识和精神、表情气色也是很早的意义之一；仙也是如此，“老而不死曰仙”是较早的解释，不同凡俗之意用得更广泛①。“神仙”一词至少在汉初已见于记载了，但此前，“神人”“仙人”的传说已经相当流行，因而引起了秦皇、汉武之兴趣②。战国、秦汉时期，“仙图”“仙经”相继而出，神仙思想和理论逐渐形成，在此过程中，神化、神灵怪异化的趋势日益浓厚，在此基础上，葛洪专论神仙之事，撰成《抱朴子内篇》。这部书主要是他对其所相信和理解的神仙思想和理论，加以一定的系统化，并略有发挥。它不同于当时流行的许多“道书”，当然也与后世进一步的各种发展不同。葛洪的神仙论有自己的特点，下面就稍微具体谈谈他的神仙思想和理论。

首先，他相信和肯定有神仙，有长生不死之神仙。整个《抱朴子内篇》反反复复从不同角度讲神仙的存在，《神仙》篇开头就设问回答说：

> 万物云云（芸芸），何所不有，况列仙之人，盈乎竹素矣。不

① 《释名·释长幼》。
② 《史记·封禅书》：“其明年，东巡海上，考神仙之属，未有验者。”

死之道，曷为无之。

文中还以刘向的《列仙传》为重要依据，他说：

刘向博学则究微极妙，经深涉远，思想则清澄真伪，研核有无，其所撰《列仙传》，仙人七十有余，诚无其事，妄造何为乎？

至于撰写《列仙传》，自删秦大夫阮仓书中出之，或所亲见，然后记之，非妄言也。

在《对俗》篇也说：

若谓世无仙人乎，然前哲所记，近将千人，皆有姓字，及有施为本末，非虚言也。

在肯定世有神仙的同时，他也指出，成仙并非易事，"学仙之事，万未有一"，"一世不过数仙人"（《释滞》）。这方面说得不是太多，因为他不仅要人们相信有神仙，而且是"仙可学致"的，所以讲得更多的是如何学仙的问题。

其次，与前一点相信神仙存在有关，神仙是具体的，他根据以往的记载，根据自己的耳闻目睹，列举过一些神仙的事例，被列为神仙者各种类型的人物都有。他另撰有《神仙传》，录有 92 人，这可说是《列仙传》的续篇，虽然有老子、彭祖少数几个人重出，大多数是不同的[①]。《神仙传》所记主要是秦汉时期的人，或者是秦汉时尚"能"见到的人，例如战国时的墨子，得神人指点，"乃得地仙，隐居以避战国，至汉武帝时，遣使者杨违束帛加璧，以聘墨子，墨子不出，视其颜色，常如五

① 《神仙传》卷八。

十许人，周游五岳，不止一处”。《神仙传》所载神仙，有不少是史书上有记载，人们比较熟悉的人，例如魏伯阳、河上公、刘安、张道陵、李少君、孙登、墨子、孔安国、郭璞，还有他自己的从祖葛元等。其中多半可说是道家、道教人物，但墨子、孔安国也列入仙班，还有一些下层人物成仙，像是“行行出状元”一样，用实例证明人人皆可成仙，而且与人们贴近，并非什么神灵怪异。当然，实际上成仙的又毕竟是少数，“万未有一”。并且从列举的仙人情况看，各有不同，所以葛洪在《抱朴子内篇》中又引用《仙经》说：

上士举行升虚，谓之天仙。中士游于名山，谓之地仙。下士先死后蜕，谓之尸解仙。(《论仙》)

能够腾云驾雾的“天仙”是很少的，例如活了800岁的彭祖也未能升天，《对俗》篇中他记录其先师之言曰：

彭祖言，天上多尊官大神，新仙者位卑，所奉事者非一，但更劳苦，故不足役役（汲汲?）于登天，而止人间八百余年也。

在文章最后写道：

吾更凝彭祖之辈，善功未足，故不能升天耳。

这涉及如何成仙问题，下面再详说。

天仙不多，“游于名山”，“不知所之”的地仙是可以说的，人们无法确考。更多的当是“尸解仙”了。“尸解”，修道者死后，留下形骸，魂魄成仙去了。进一步发展，死后数年，再发棺视之，遗骸也不见了，只有某些遗物。葛洪说汉代的李少君“近世壶公将费长房去，及道士李意期将两弟子去”，“皆尸解者也”（《论仙》）。

“天仙”“地仙”“尸体解仙”，都是说明“长生不死”，所以从《老子》“长生久视”那里发展来的长生之道，又可说是神仙思想的核心。所以，神仙是不死的，或者数百年后还能见到其人，或者某人在不同时期是以另一人面貌出现，如老子，葛洪的《神仙传》就记有何时为广成子，何时又为何人，以及在何地为何人等传说。

再次，葛洪神仙理论讲得最多的是学仙之法。“老子曰神仙可学”（《塞难》），这也许是当时流行的一种说法，葛洪也是强调“仙之可学致”（《勤求》）的。如何学？学什么呢？有学者根据《抱朴子内篇》就“如何成仙”总结为六条途径：志诚信仙，禀值仙气；博闻体要，择师勤求；广知众术，养生却害；恬静无欲，守一知足；金丹大药，宝精行气；积善立功，忠孝为本①。这是概括得比较全面的，当然最理想的是全面都能去做，葛洪也有这个意思。但是，不能全面去修又怎么办？这些途径之间的关系又是如何？有无轻重缓急？这些是客观存在的问题，葛洪也说：“且仙经长生之道，有数百事，但有迟速烦要耳。”（《对俗》）我们不妨引用一些原文，再作一些说明。葛洪在《释滞》篇写道：

> 要道不烦，所为鲜耳。但患志之不立，信之不笃，何忧于人理之废乎？长才者兼而行之，何难之有？内宝养生之道，外则和光于世，治身而身长修，治国而国太平。

除了首先要立志、笃信之外，只要是内、外两方面的修养，内讲治身，外讲治国。这内外两方面，是葛洪“道”论始终关注的两方面，也是修道、修仙不可或缺的两方面。在《明本》篇又写道：

---

① 胡孚琛：《魏晋神仙道教》，人民出版社 1959 年版，第 140～154 页。

夫体道以匠物，宝德以长生者，黄老是也。

显然其所尊贵之道德，是两方面兼顾的，这里“匠物”在前，流露出葛洪对黄老思想信奉的态度。“匠物”是包含治国内容的，前面用“和光于世”，来源于《老子》的“和其光，同其尘”，又是与无为而无不为的思想一致的，此不赘言。当然，“匠物”并不局限治国，扩而大之就是积善立功，这在《微旨》篇中讲得很明确：

然览诸道戒，无不云欲求长生者，必欲积善立功，慈心于物，恕己及人，仁逮昆虫，乐人之吉，愍人之苦，赒人之急，救人之穷，手不伤生，口不劝祸，见人之得如己之得，见人之失如己之失，不自贵，不自誉，不嫉妒胜己，不佞谄阴贼，如此乃为有德，受福于天，所作必成，求仙可冀也。

把积善立功，与长生、求仙紧密联系起来，对此《对俗》篇强调得更厉害：

为道者以救人危使免祸，护人疾病，令不枉死，为上功也。欲求仙者，要当以忠孝和顺仁信为本。若德行不修，而但务方术，皆不得长生也。……人欲地仙，当立三百善，欲天仙，立千二百善。若有千一百九十九善，而忽复中行一恶，则尽失前善，乃当复更起善数耳。故善不在大，恶不在小也。虽不作恶事，而口及所行之事，及责求布施之报，便复失此一事之善，但不尽失耳。又云，积善事未满，虽服仙药，益无益也。若不服仙药，并行好事，虽未便得仙，亦无可卒死之祸矣。

这些虽引《玉钤经》之文，但是回答是否“为道者当先立功德”之问，葛洪是完全肯定的态度。如此苦口婆心地劝人为善，完全值得肯定、赞美和继承、发扬，这是无可异议的。

这是外体道匠物的一方面。

当然，“内宝养生之道”是求仙之根本，没有这方面的内容，那就不是神仙理论了，这方面的内容也很多，也有主要的，如《释滞》篇又说：

> 欲求神仙，唯当得其至要，至要者在于宝精行气，服一大药便足，亦不用多也。然此三事，复有浅深，不值明师，不经勤苦，亦不可仓卒而尽知也。

虽然修道求仙之术很多，主要是宝精、行气、服药三件事，就像现在说要在医生指导下服药一样，三件事都要有名师指点，还要勤学苦练。

服药，这问题虽很明确，但在实践中并不简单，他有《仙药》一篇专讲药物问题，首先引用《神农》四经的上、中、下药之说：“上药令人身安命延，升为天神”，“中药养性”，“下药除病”，然他自己认为：“仙药之上者丹砂，次则黄金，次则诸芝……”又在《金丹》篇中根据他当时的考览，“以还丹金液为大要”，但是金丹之炼并非易事：

> 合此金液九丹，既当用钱，又宜入名山，绝人事，故能为之者少。

炼丹之不易，在其他处以及自叙中都曾说明。实际上整个魏晋南北朝时期，包括葛洪等道士，都一直在试验、摸索延年益寿之药，如同现今人们也还在探索之中。

行气，就是至今仍在流传的气功，也不是简单的事，有益人们延年益寿是可以肯定的，但又因人而异。葛洪当时已有的认识是：

又行气大要，不欲多食，及食生菜肥鲜之物，令人气强难闭。又禁恚怒，多恚怒则气乱。既不得溢，或令人发欬，故甚少有能为者也。（《释滞》）

宝精，主要讲房中术，所以《释滞》篇写道：

房中之法十余家，或以补救伤损，或以攻治众病，或以采阴益阳，或以增年延寿，其大要在还精补脑之一事耳。此法乃真人口口相传，本不书也，虽服名药，而复不知此药，亦不得长生也。人复不可都绝阴阳，阴阳不交，则坐致壅阏之病……任情肆意，有损年命。唯有得其节宣之和，可以不损。

这方面，他的老师郑隐讲了一些，但他自己"未尽其诀"。所以他的书中，服药、行气都讲得比较具体，比较多，而房中术只讲了一些原则性的话。

关于宝精、行气、服药"三事"的关系，《至理》篇有云：

服药虽为长生之本，若能兼行气者，其益甚速，若不能得药，但行气而尽其理者，亦得数百岁。然又宜知房中之术，所以尔者，不知阴阳之术，屡为劳损，则行气难得力也。

三件主要的事，大体上是如此，至于"养生之道"，还有一些具体论述，关于医药方面的，关于生活卫生方面的，至今也不无参考借鉴作用，这些就不详述了。

葛洪关于神仙的思想和理论，主要内容应该是以上这些。上面所说，似乎有积极意义的东西多一些。毫无疑问，其思想、理论之中，必然会有消极的东西。有些消极内容，如过分相信某些神奇之事，为后人片面发挥并进一步演化成神灵怪异、“浅薄”、“夸诞”的东西，那就真正有误后世了。但是，也要指出，有一些是葛洪当时就反对的，我们看他对“妖道”的批评，对某些“杂散道士”“虚名之道士”的揭露（见《袪惑》《道意》《勤求》等篇），即可知后世变化了的东西，是不能完全怪罪于葛洪的。

此外，葛洪思想中有一些自相矛盾之处，例如既认为“仙可学致”，又说“为人生本有定命”，“值圣宿则圣……值寿宿则寿，值仙宿则仙”（《辨问》），有仙宿、仙骨才能成仙，这是经不起推敲的。自相矛盾之处且不一一列举。但是他提倡学仙不应该片面强调某些方术，应该由浅入深而且从小处做起，这方面也说得很多，例如他说：

> 又患好事之徒，各仗其所长：知玄素之术者，则曰唯房中之术，可以度世矣；明吐纳之道者，则曰唯行气可以延年矣；知曲伸之法者，则曰唯导引可以难至矣；知草木之方者，则曰唯药饵可以无穷矣。学道之不成就，由乎偏枯之若此也。（《微旨》）

这种说法，难道不发人深省吗？又例如他说：

> 故治身养性，务仅其细，不可以小益，为不平（足?）不修，不可以小损为无伤而不防。凡聚小所以就大，积一所以至亿也。若能爱之于微，成之于著，则几乎知道矣。（《极言》）

关于莫以小善而不为、小恶而为之，以及由浅人深逐渐地修道、修仙之议论还有不少，不一一详举。

修道、修仙关键在于立志、诚心、勤求，你要去“为之”。这使我们想到儒家亚圣孟子在回答“人皆可为尧舜有诸?”之问时，“孟子曰：然”，并且进一步说：

……益为之而已矣。……尧舜之道，孝弟而已矣。子服尧之服，诵尧之言，行尧之行，是尧而已矣。

夫道若大路然，岂难知哉？人病不求耳。于归而求之，有余师。①

既然“六亿神州尽舜尧”，我们现在说“人皆可以为神仙”，不亦可乎？

道教神仙理论中的长生、功德二事，事实上在当今现实生活中不仅是有用的，而且是存在的。人们有时候会说“快活似神仙”，对某种气质非凡的人会称颂其“仙风道骨”，等等。长生，就是延年益寿，现在老年人中有的说“一个中心，两个基本点”，中心是健康，生活要潇洒一点，糊涂一点，这是符合道教思想、符合神仙思想的。就是现在保健药品的发展，也可以看到葛洪当时炼金丹大药（并非成功）的影子。这并非牵强，人们是始终在探索延年益寿之方的，也许总有一天会有一个比较满意的结果。

至于修神仙之功德，就是劝人为善，功德无量的人，自是“仙风道骨”的。大家都争做善事，难道不有利于当今社会的发展吗？

人皆可以为神仙，有诸？曰：然！

① 《孟子·告子下》，《诸子集成》本，中华书局1954年版。

试论王重阳的“全真”思想

王重阳作为道教全真派的创始人，应该是一个重要历史人物，但一般的史书却很少有他的记载，道教史中的文献和方志之类，大多是后世的追记，所述事迹也不是太多。所幸的是王重阳及其弟子马钰（丹阳真人）留下不少的诗词，为我们研究其思想提供了资料。《重阳分梨十化集》（本文引文均见齐鲁书社所出之《王重阳集》）的《报师恩》写道：“为何不倦写诗词，这个明因只自知。”丹阳次韵云：“今朝跪领本师诗，秘密玄机喜得知。勘破万缘忘假相，欲除六欲起真慈。……恭从吾师云水去，将来决定到天池。”马丹阳能够心领神会。他是通过诗词来传道修真，正如《重阳教化集·王滋后序》（以下简称《教化集》）所云：

> 尝遇重阳真人，亲授秘旨，所谓目击心会，色授神与者矣。而重阳公又复著为诗词，发明真要；丹阳公随机酬和，如响应声。前后仅数万言，辞质而义明，言近而旨远。其勤勤恳恳如此者，盖欲指示学徒，易为开觉故也。

王重阳当时写诗词是为了传道，我们今天则可以通过流传下来的诗词阐发其思想。因为“风仙师父妙谈论，说透无为清净门”（《分梨十化集·忆王孙》丹阳继韵）。

王重阳以“全真”为教名，他说：

> 夫全真者，是大道之清虚、无为、潇洒之门户，乃纯正之家风，重阳之活计。(《重阳祖师修仙了性秘诀》)

那么，在他的思想中“全真”究竟是什么意思？“全”指什么？“真”有何意？综观王重阳诗词所用“全”“真”二字，“全”乃整体、完备之意，也含保全的意思；“真”所指即真实，也有本原之意，《说文·匕部》：“仙人变形而登天也。”段玉裁注说：“此真之本意也。”汉人已经总结了这个本原性，《庄子》中有几处讲真的真实、本原，其《秋水》篇中有“仅守而勿失，是谓反其真”。郭象注：“真在性分之内。”成玄英疏：“谓反本还原，复于真性者也。”王重阳的“真”，与这些早期道家思想是吻合的。他的创造性，我们可以从以下三方面予以说明：

一、全三教之真

唐宋时期有一股发展中的儒、释、道三教合一的思潮，各教人物之间存在非常频繁密切的交往，各自对儒、释、道不同经典进行学习和吸收。儒家学者中即使力排佛老的人，也会与佛、道人士来往，更重要的是从佛、老著作中吸收有深意的思想；佛教人士一如既往是从儒、道中寻找支持和传播的力量；道教徒也不断改变自己，以适应发展的需要。

王重阳创立全真教，正是在上述大的社会思潮背景下实现的。

王重阳“家业丰厚”而能惠及贫人，“始于业儒”“又善武略”，是文武双全，“凡接人初机，必先使读《孝经》《道德经》”，有的说是“以《孝经》《心经》《老子》教人讽诵，而自名其教曰全真”。这些碑文传记的记载应该是可靠的。(什么“母孕二十四月又十八日”、遇真仙人吕洞宾之类，难免有夸大、编造之嫌，此不详论。)那就是他兼通儒、释、道三教的经典，并曾在传道之初，公开打三教的旗号，曾建立三教七宝会、三教金莲会、三教三光会、三教玉华会、三教平等会等作为其传教据点（参阅《重阳仙迹记》）。但是重要的是他以自己的理解看待三教，阐释他三教合一的思想，全三教之真。他说：

儒门释户道相通，三教从来一祖风。悟彻便令自出入，晓明应许觉宽洪，精神气候谁能比，日月星辰自可同。达理识文清净得，晴空上面观虚空。（《重阳全真集》卷一《孙公问三教》，以下简称《全真集》）

释道从来是一家，两般形皃理无差。识心见性全真觉，知汞通铅结善芽。马子休令川拔棹，猿儿莫似浪淘沙。慧灯放出腾霄外，照断繁云见彩霞。（同上书卷《答战公问先释后道》）

在《重阳真人金关玉锁诀》中又说：

三教者，如鼎三足，身同归一，无二无三。三教者，不离真道也。喻曰：似一根树生三根枝也。

三教者是随意演化众生，皆不离于道也。

虽然比喻好像是一根树的三枝，但从以上论述也不难看出：第一，虽然讲儒、释、道三教，重点却是讲释、道相通。第二，虽然是“一家”“一树三枝”“一祖风”。但归根结底是“不离真道”，“真道”就是他的全真之道，王重阳有他自己的创意，形成了自己的“家风”，前已引用他所说，全真“乃纯正之家风，是重阳之活计”。重阳的活计，就是这个“全真”“家风”，或者说“自家真性是家风”（《全真集》卷一《禅门初洪润乞无相》）。在“全真”二字上下功夫。教名全真，堂亦名全真（“堂名名号号全真”）。

王重阳与僧人多有交往，也常有互相之问难，因而也要作各种阐释，如《问阐道者何》云：

禅中见道总无能，道理通禅绝爱憎。禅道两全为上士，道禅一得自真僧。道情浓处澄还净，禅味何时净复澄。咄了禅禅并道道，自然到彼便超升。(《全真集》卷一)

佛禅之理他也反复琢磨，《达摩经》《金刚经》他也不时引用。他力求把释道之理结合起来，进而归结为道，有一首词《蓦山溪》写道：

玉堂三老，唯识王三操。复许辨三台，更能润、三田倚靠。自然三耀，攒聚气精神，运三车，依三教，永没沉三道。须通三宝，方见三清好。真性照三峰，陡免了、三焦做造。休论三世，诸佛现前来，得三乘，游三昧，莹莹归三岛。(《全真集》卷五)

把佛、道二教相通的东西相提并论，但是最后还是“三清好”(仙境)、“归三岛”(蓬莱等仙岛)。做道教“神仙”强于“诸佛”。

他深研佛理，“墓中观透真如理”(《全真集》卷二《活死人墓赠宁伯功》)，并且认为“道理”是“佛理”的祖宗：

七年害风，悟彻《心经》无罣碍。信任西东，南北休分上下同，龙华三会，默识逍遥自在。要见真空，元始虚无是祖宗。(《全真集》卷五《自咏》)

与他交往的僧人不时向他请教，或问禅道，或求修行，再或问生死，他都能一一解答，如《老僧问生死》：

平生已得正摩诃，玉韵金声总处和。正觉途中登迥岭，菩提路上出高坡。慧灵俞达白莲果，真性还超祇树柯。从此不生应不灭，定归般若与波罗。(《全真集》卷一)

又如《僧净师求修行》：

依旨念弥陀，清凉气候和。要全三曜照，须从六婆罗。般若常令显，菩提每见多。真如应得悟，欢喜出娑婆。

看来他对佛理相当熟悉。但是他绝不会受佛教的任何束缚，在《自在亭颂》中写道：

自在自在真自在，不论高低及内外。照见五蕴即皆空，咄了八方无罣碍。维摩笑我因何退，我笑维摩尚礼拜。教公认得这害风，大家总赴龙华会。（《全真集》卷九）

意思是说，你们佛教的龙华大会我是会去的，但我王害风决不会去顶礼膜拜！甚至有一首《诫人礼拜》词：

堪叹这顽夫，空恁区区用力粗。五体相逢投地面，体愚，尚自劳劳礼假躯。大道本虚无，玄里藏玄妙不敷。内有元光人不识，唯吾，日日光瞻自吸呼。（《全真集》卷四）

这中间还包含着他修道的根本道理。

在王重阳看来，佛祖释迦、禅宗初祖达摩，都是懂得“道”理的，从中“夺得真空真妙用”：

大道无名似有名，达磨面壁九年清，释迦坐雪六年精，夺得真空真妙用，一通门里出圆明，大罗天上聚圆成。（《全真集》卷十三《浣溪沙》）

最后也是在道境极地“大罗天”上聚起“圆成实性”的佛理观念，达到佛家的悟境。这里我们不能不佩服王重阳敢想、敢说，也只有他能想、能说。他能够抓住佛教的核心思想，对诸多重要观念加以自己的阐释，如《重阳立教十五论》中“第十三论超三界”云：

> 欲界、色界、无色界，此乃三界也。心忘虑念，即超欲界；心忘诸境，即超色界；不着空见，即超无色界。离此三界，神居仙圣之乡，性在玉清之境矣。

三界本为佛教的观念。超了三界，不是成佛，而是成仙。

王重阳对于三教问题是经过仔细钻研和思考的，他的《述怀》说：

> 传三教谁能看，虚见三光我细详。（《全真集》卷二）

他形成了自己的一套“全真”思想。把儒、佛、道看成一个整体，这是“全”；他的佛道相通理论十分完备，这也是“全”；更重要的是在三教之中保全了道教、大道之真，这是更重要的“全”。把三教之理看作完整统一，都统一到玄妙之道，其《道友问修行》云：

> 洁己存心归善，常行恻隐之端。慈悲清静亦频观。希夷、玄奥旨，三教共全完。别子休妻为上士，悉捐财色真餐。长全五脏得康年。功成兼持满，真性入仙坛。（《全真集》卷十二）

王重阳之全三教之真，实际是融合三教之理，从思想理论上振兴道教，全道教之真，有非常重要的历史意义。道教符箓派在发展过程中出现一些问题，社会影响不好，受到一些批评，最典型的是南宋大儒朱熹“论道教”的一句话：

道教有《老》《庄》书，却不知看，尽为释氏窃而用之，却去仿效释氏经教之属。譬如巨室子弟，所有珍宝悉为人盗去，却去收拾人家破瓮破釜！（《朱子语类》卷125）

王重阳对佛教的“破瓮破釜”（如上述“维摩尚礼拜”之类），不屑一顾，尽力保全道家、道教之真，创立具有自己“家风”的全真道教，这不是在道教史上有重大的历史意义吗！进一步我们要说，王重阳之“全真”，更是全老、庄之真。

二、全老庄之真

王重阳似乎是有意无意地针对上述朱熹对道教的批判，振兴道教，创立了全真道，保全老、庄之真，从《老》《庄》书中寻求真理、真义，王重阳以老氏之学立教，前人已经指出：

重阳为老氏之学，而兼诵《孝经》《心经》，实有得于为学日益之训。且道家采儒、墨之要，史迁固言之矣，重阳以此为学，即以此为教，此重阳之大也。彼袭其绪余，为三教合一之说，岂知重阳者哉?!（陈教友：《王重阳事迹汇记》引酥醪洞主之言）

其一，以老氏之学为教；其二，“三教合一”仅为其“绪余”，不是主要的。这第二方面已于上述，这里不必多说了。且阐明一下其以老氏之学为教。

王重阳在一首《望蓬莱》的词中说：

为甚得通三一法，都缘悟彻五千言。立起本根源。（《全真集》卷四）

“三一”原为传说中的三种神名（《史记·武帝本纪》：“用太牢具祠神三一……”）。作为道教名词之后，又有多种解释，如《玄门大论三一诀》引孟法师云：“今三一者，神、气、精；希、微、夷；虚、无、空。”并且说：“用则分三，本则常一。”然后，三神、三光、三色以及身中三宫、三田等修炼方术的依据，都当属于三一法。所以《三一九宫法》说：“夫三一者，乃一身之灵宗，百神之命根。”（参见《云笈七籤》卷49、50）据此，王重阳之“得通三一法”，可以理解为他之所以通晓道教之理和法（包括修炼）。其原因就在于领悟和透彻地理解了“五千言”——《老子》。他教人诵读《老子》，这是恢复到道教创始阶段“都习”“老子五千言”的状况（因为是“三教合一”的社会背景，所以他同时还叫人读《孝经》和《心经》）。

王重阳对《老子》书的推崇是有一些表现的，时时把“五千言”挂在嘴边：

> 五千言，二百字（按：《心经》260余字，简称“二百字”）。两般经秘隐，神仙好事。灵中省、悟彻玄机，结金丹有自。（《全真集》卷八《红窗迥》）
>
> 理透《阴符》三百字（按：实为380多字），搜通《道德》五千言，害风一任害风虔。（《全真集》卷十三《浣溪沙》）
>
> 夺得真容不问年，满炉香火五千言（同上卷十《和道友韵》）

王重阳（害风）对《老子》确实是恭敬、虔诚之至，所以当“迟法师注《道德经》”时，他写道：

> 遵隆太上五千言，大道无名妙不传，一气包含天地髓，四时斡运岁辰玄。五行方阐阴阳位，三耀初分造化奴。窈默昏冥非有说，自然秘密隐神仙。（《全真集》卷一）

在另一首《和迟法师韵》中又说：

> 直躬弯射有为，中水涌两相宜。通道德遵公注，意无为只自知。（同上书卷二）

由此不难看出，尊崇《老子》，也依靠前人和他人之注释读《老子》，但是对《老子》书他有自己的“意”“悟”“搜通”和理解，这是难能可贵的，也正因为如此，王重阳就是王重阳，能够独创自己的家风。

那么，王重阳到底是如何理解和运用《老子》的呢？这问题并不简单，但也可以试作一简要的说明。

第一，他抓住《老子》思想的要点是“无为”和“清静”。二者是有密切关系的，他曾说：

> 子知学道之要乎？要在远离乡而已。远离乡则无所系，无所系则心不乱，心不乱则欲不生。无欲欲之是无为也，无为为之是清净也。以是而求道，何道之不达？以是而望仙，何仙之不为？……（〈教化集〉刘愚之序引）

上面虽说到他读《老子》“意无为”，在其他诗词中，偶有“无思无虑觅无为”句（《教化集》卷二之《赠丹阳》，丹阳也说“赐我无为玄妙诀”）。但总的说来，“尢为”二字出现得并不多（似只有几处）。不过，“虚无”二字出现得比较多一点，实际又是一个“无”字，是从《老子》的有、无关系而来的，关于有和无，他写了一首并不好理解的诗《指迷颂》：

> 无无有有有无端，有有无无有有攒。无有有无无有相，有无无有有无看。（《全真集》卷九）

但他是相信《老子》"有无相生"的，例如他在《五篇灵文注》序中说："先天一炁自虚无中而来"，《灵文》序中的"无中生有，有中生无"，实际是王重阳理解的《老子》思想，有时候又是"生于虚无，归于虚无"，不是"有无相生"。这些道理本来是不好说清楚的。

至于"清静"二字，王重阳不少地方用"清净"，这与《老子》中主要用"静"字有所不同。一是二者相通，历来都有混用的；二是他采用佛教思想，佛经中主要用"清净"二字。清静（净）是一种理想境界，也是修炼的根本。他所理想的仙境有虚有实，无论昆仑、瑶池、蓬莱、瀛洲、三峰、三岛，或者白云深处，烟霞洞中，都是一些清凉寂静之处，要想修仙或者成仙之后，不是"到蓬莱"，就是"上瑶台"，再或者"相从入瀛洲"，"同共山丹霄"，"登云路，玉洞看长春"（《全真集》卷十二《道友求问》等词）。一时上不了十洲三岛，他甚至自穿一墓以离俗，号为"活死人墓"，"墓中阒寂真虚静，隔断凡间世上尘"（同上书卷二）。

"夫修者，常清静为根本"（《重阳真人金关玉锁诀》）。《全真集》卷十之《玉花社疏》和《教化集》卷三之《三州五会化缘榜》两处有如下一字不差的一段文字：

> 诸公如要修行，饥来吃饭，睡来合眼，也莫打坐，也莫学道，只要尘冗事屏面除，只要心中"清净"（按：后一处作"静"）两个字，其余都不是修行。

王重阳借用佛经中的一些词语，充分发挥《老子》"清静（净）"思想以为道教修炼的根本理论（下面还要具体说）。

第二，《老子》中的其他重要思想，王重阳同样予以关注和运用，如阴阳、玄妙以及上述之有无关系等。他在《五篇灵文注》中甚至直引《老子》"万物负阴而抱阳"的文字，也引用过"一生二，二生三，三生万物”等。仔细比较，将会发现王重阳的许多说法是从《老子》思想中领悟出来而加以发挥的。这些就暂不深论了。

下面再说说王重阳“全真”思想与《庄子》关系。他没有教人诵读《庄子》，诗文中似乎只出现一次“南华”二字，但他的“全真”思想，又可以说是直接从《庄子》中来的。

首先，“全真”二字最早应该是见于《庄子》，其《盗跖》篇云：

> 子之道狂狂汲汲诈巧虚伪事也，非可以全真也，奚足论哉！

这是盗跖骂孔子巧诈虚伪，不是保全真性。保全真性或者保持本性，就是“全真”之原意，王重阳借用过来，加以运用和发挥，显然，“全真”之名是从《庄子》中来的。

再说“真”字，《老子》中有“其精甚真”的说法（21 章），但《庄子·秋水》中的说法更明确，“谨守而勿失，是谓反其真”。这更是直接启发王重阳的说法，反其真当即全其真。而王重阳真人之“真人”称号，也是《庄子·大宗师》中有明确论述的：

> 且有真人而后有真知。何谓真人？古之真人，不逆寡，不雄成，不谟士……

一大段文字描写真人体道的境界。王重阳也是一个体道者。王重阳诗词歌文之中“真”字用得特多，有真人、真师、真童子，有真性、真灵（或“真灵本性”），有真清、真寂、真静、真境界（“长春真境界”），也有真欢真乐，更有真行真功，有一套套“修真”“全真”之法。对于“真”字的真实本原性用法，比佛教之“真如”“真谛”“真言”等用法多得多（佛教有些是意译，也是向老、庄靠的）。

王重阳对《庄子》的体悟和运用，另一个明显的反映，就是对“道遥”进行了广泛运用。我们知道，《庄子·逍遥游》就是要走出心灵的樊笼，优游自在。王重阳大量使用了“逍遥自在”一词。少数单用“自在”处也是“逍遥自在”的意思，二者是紧密相联的，“如知自在亭中景，便是逍遥物化身”（《全真集》卷一《咏酒》）。“逍遥”是他全真思想中一个重要概念，是他精心选用的，所谓“堂名名号全真，寂正逍遥子细陈”（同上《全真堂》）。其逍遥也与清静无为密切相关系，“逍遥往来入虚无”（同上《修行》之一），通过逍遥的形式、表现而与虚静无为相通，是自己一套完整的独立思想。“自在自在真自在”（《自在亭》），“逍遥逍遥这逍遥”（《题逍遥轩》），粗略统计他在诗文中使用“逍遥自在”或“逍遥”“自在”达150处左右，充分表达了他对“逍遥自在”的想往和追求，自称“王害风”当亦有追求“逍遥”之意（其所言“潇洒”应该也就是“逍遥”之意）。真人就是逍遥自在的，“自在真人归岳顶，手携芝草步莲宫”（同上卷一《述怀》）。“白云翠雾得逍遥，劝公好把三光睹”（同上卷二《端午》），是他的想往。“寻自在，觅逍遥，渐渐归禅定”（卷三《赠文登县骆宁清》），“正是真修，稳驾逍遥得岸舟”（卷五《辞世》），这也是一种修持途径。“蓬莱路，显自在、逍遥所”（同上《川拔棹》之又一首）是成仙之路，可以“永不遭三界苦”（同上）。他王重阳似乎做到了，一首《系云腰自咏》云：

> 终南山顶重阳子，真自在，最逍遥。清风明月常为伴，响灵呶，空外愈，韵偏饶。
>
> 蓬莱稳路频频往，只能访，古王乔，丹霞翠雾常攒簇，弄轻飙，系云腰，上青霄。（《全真集》卷五）

王重阳成了真人，成了神仙。

上述“逍遥”诸词，当然是来自《庄子》，《庄子》中第一篇就是《逍遥游》，王重阳应该是熟悉《庄子》的，虽未像讲《道德经》那样明确，但其一首《得道阳》词中透露出一点消息：

五月炎热阳气嘉，正堪端坐问南华。（同上卷八）

王重阳对《逍遥游》似乎情有独钟，一首《渔父咏》（《全真集》卷十二）就是用其典故写的：

北海鲲鲸人不识，金风长是传消息。予把钓车宁费力。堪怜忆，鱼钩掷下离滩侧。

吐出神珠光焰赫，化鹏展起垂云翼。日在扶摇无有极。能抟陟，青霄一举应端直。

明显运用《庄子》的诗句还有：

掷下金钩恰一年，方吞鱼饵任纶牵。玉京山上为鹏化，随我扶遥入洞天（《教化集》卷二之《赠丹阳》诗）

又如：

谑号王风，实有仙风。性通禅释、贯儒风。……斤运成风，鹏化抟风。恣云游，列御乘风。……（《重阳分梨十化集》卷上）

这些都是《庄子》中的典故。其弟子马丹阳曾说："悟妻如活鬼子，心常喜鼓盆歌。"（《教化集》卷一继王重阳《拆字口号》之韵）看来对《庄子》之典故是很熟悉的。

《庄子》的思想、文风乃至处世态度究竟如何影响王重阳？影响有多大？这些都是可以进一步探讨的问题。下面要讲的全心性之真，不能不与《庄子》的心斋、坐忘有关系，《庄子·人间世》说，“唯道集虚，虚者心斋也”，其《大宗师》又说：“堕肢体，黜聪明，离形去知，同于大通，此谓坐忘。”王重阳关于心性的修炼，完全符合《庄子》之意。

三、全心性之真

道教追求长生、成仙，如何实现，如何使人能够长生而且成仙，这就靠修炼或者说修行。人有肉体和精神两个大方面，也就是身与心、形与神、命与性两个方面，性命双修，就是这两方面都要修炼，介于肉体与精神之间的还有一个气，所以又有精、气、神内三宝之说。王重阳在《五篇灵文注》中是有一些说明的：

> 内三宝者，精、气、神是也，外三宝者，耳、目、口是也。……所谓固三宝者，目不妄视，耳不妄听，口不妄言，是为外三宝不漏也；目不视而神在心，耳不听而精在肾，口不言气在丹田，是为内三宝自合也。（按：在《重阳真人授丹阳二十四诀》中又有“是道、经、师者，为外三宝也”。这是沿用成玄英《老子疏》的说法，是与佛教和佛、法、僧为三宝相对而言的。佛教三宝也有不同说法，此不详论。）

这内外三宝是形体与精神的关系。《五篇灵文》中还有不少“形神俱妙，与道合真”，“身心清静，百关和畅”，“身心无为，而神气自然有所为”等论述。诗、词中也有所涉及，如“气神相结，谓之神仙”（《教化集》卷三），这里就不一一列举了。

王重阳是讲长生、成仙的，但似未讲“长生不死”，而用的是《老子》的“长生久视”，“长生”二字常用，“长生久视”也见于一首《水龙吟》中（《全真集》卷三）。成仙的修炼又主要讲修真性，所以他的全真可以说是“全性修真”。这种思想也渊源有自，《淮南子·览冥》中有“夫全性保真，不亏其身”。王重阳不一定直接据《淮南子》，但这种保存本性即可有益于身体的思想和方法是一直存在的（至今也有这种主张）。但是他认为“性为真，身是假”（《全真集》卷十三《苏幕遮》），为了强调心性、精神，他对人的身体有一种说法，叫做“四假凡驱”、“走骨行尸”），有一首《黄莺儿》词说：

思算思算，四假凡躯，干甚厮玩。元来是走骨行尸，更夸张体段。明灵慧性真灿烂，这骨骰须换。害风子、不借人身，与神仙结伴。（《全真集》卷三）

又一首《捣练子》词：

一为人，做凡身，四般假合怎生真。啰哩唛，哩啰唛。（《全真集》卷十三）

当然，他也没有完全排斥身体的修炼，不过要与内修相配合，又一首《望蓬莱》：

修炼事，子细好铺陈。外做四肢安乐法，内观五脏倒颠因，便是得全真。坚守定，营壳要申申。二气合和开本性，三田搬运助灵神。只此唤仙人。（《全真集》卷四）

这里似乎说，也要活动四肢、做做气功，以配合修真之炼。因此又应该说是性命双修，并非只修性不修命。

但是，他注重的是心性之修真，既是修行的根本，也是修行的捷径。《重阳立教十五论》之“第十一　论混性命”云：

性者神也，命者气也。性若见命，如禽得风，飘飘轻举，省力易成。……修真之士不可不参，不可泄露于下士，恐有神明降责。性命是修行之根本，谨紧锻炼矣。

另外，有一首《渔家傲》云：

跳出凡笼寻性命，人心常许依清静。便是修行真捷径……（《全真集》卷七）

“凡笼”且轻易跳得出的，所以“第十五　论离凡世”就明确地说：

离凡世者，非身离也，言心地也。身如藕根，心似莲花，根在泥而花在虚空矣。得道之人，身在凡而心在圣境矣。今之人欲永不死而离凡世者，大愚不达道理也。

得道的人可以“心在圣境”，一般凡人并不容易，那就要求修炼，修炼主要是从内心、本心作起，有一首《劝修行》的词写道：

莫行功，休打坐。如要修持，先把心猿锁。（《全真集》卷四）

又其《述怀》之一云：

马猿捉住是修行，物物皆亡总不生。（同上卷二）

他把人的心思意念比作“心猿意马”，像猿、马那样难以控制（这也许是从佛经中来的，有待详考）。在王重阳的诗文中经常出现紧锁猿、马的字句（不下一二十处）。

前面我们已经提到，心要“清静”，就要摒除尘世烦恼。烦恼有哪一些呢？概括起来就是：

风花雪月为愁景，酒色财气是业苗。（《全真集》卷九《劝道歌》）

心不应该为这些外界的事所动，他的《立教十五论》中指出了随境而生乱心的危害：

若随境生心，颠颠倒倒，寻头觅尾，此名乱心也，速当剪除，不可纵放，败坏道德，损失性命。

这是指客观尘世给人的烦恼，还有主观方面的那就是人的尘情。当然，上述触景生情也是情，人的情是多方面的，喜怒哀乐有多方面情感，例如亲情、主观臆想、猜测之类都是。学道修真必须摒除一切尘情：

修行切忌顺人情，顺着人情道不成。奉报同流如省悟，心间悟得是前程。

学道修真非草草，时时只把心田扫。悟超全在绝尘情，天若有情天亦老。（《全真集》卷二《唐公求修行》）

谩说修行学大道，切须先向身中考。劝公第一莫多情，天若有情天也老。（《分梨十化集》卷下）

又有《赠友入道颂》云：

若是要随余去，绝尽平生思虑。心中物物不着，尘事般般休序。饥后粗细皆餐，寒来只消纸布。常睡莫起忧愁，如行休生恐怖。不得言是谈非，不得辞辛道苦。长怀平等之心，人病须要救护。长把假身搜获，永将内真正顾。直待消尽旧业，万事般般勿

做。行功堪可证明，有个真师来度。(《全真集》卷九)

又有《于公求诗》云：

无思无虑是真修，养气全神物物休。亘劫容颜须要见，元初光彩决重收，莫将外景心中蕴，好把灵丹性上求。依此自然超彼岸，都缘清净大神舟。(同上卷十)

主客观的烦恼，总结起来，他说：

凡人修道，先须依此一十二个字：断酒色财气、攀缘爱恋、忧愁思虑。(《教化集》卷二《化丹阳》)

关于心情修炼的具体说法还有很多，如《四不得颂》云：

不得受人钦重，不得教人戏弄。不得意马外游，不得心猿内动。(同上卷九)

又如《问内事》中云：

眼界不生龙自住，鼻门无闭虎长停。舌根退味心神悦，耳内除声肾水清。(同上卷十)

要求四闭，如此等等，不能一一罗列。

心情清静殊非易事，心猿意马不是那么容易紧锁得住的，王重阳等人只不过是长期在努力，他自述的一件事可以看出一点消息：

余在烟霞洞与丹阳抵足同眠，向晓因令丹阳拿过手来，摸我后腰间近日生起疥，有半指厚，缘我急图尔等，作《黄鹤洞中仙》："有个害风儿，海上寻良价。只为心头忒紧图，意马隘，惹出浑身疥……"（丹阳次韵："恣纵心猿放耍颠，马儿隘，憋出吾师疥……"）

这里还透露出心病引出身体疾病的道理，也就不详说了。

王重阳"全心性之真"，或者吸收了禅宗明心见性的思想（另当详考），但绝对是有自己独特的内容和形式，老庄思想仍为其主导思想。

最后想要说如下几点：第一，其全心性之真的原则、方法，是自成体系、相当详备的。但我们还不能更全面深入的说明和掌握。这一方面是他还没有全面详细说明，他还有些"天机不敢轻彰露"（《全真集》卷七《昆嵛石门庵》），特别是不会轻易对一般凡人讲，"不可泄露于下士"，保持着一定的神秘感。以后，他的学生及后来人，在他的思想基础上，又有日益发展的创说，又当别论。另一方面，有些内容是要靠省悟，靠悟性去理解的，特别是牵涉到杂而多端的道教本身的具体内容，我们难以理解和说明。

第二，禁欲、出家、苦修并非易事，绝情绝到抛妻弃子，"别子休妻为上士"（《全真集》十二），离尘离到住活死人墓，也许王重阳做到了，"害风意要离家""不怕妻儿咒骂"（《全真集》卷十三）。马丹阳也做到了，他与妻子孙二姑先后分别成为全真七子之一，但从《分梨集》看，像是王重阳硬把他们分开的。许多具体的说法、做法有几个修道者能做得到？何况还有各种各样的矛盾（详下），不过其心性修炼、"自然清静（净）永恬然"的精神，直到今日，无论对教内教外，亦都有可参考、借鉴之处，这是毋庸置疑的。

第三，要更全面认识和分析王重阳的思想，也还有不少问题值得思考和研讨，例如他虽然"绝情"讲得很极端，但又说"人疴（或作病）须要救护"（见上卷一），主张做善事。而且他要人诵读《孝经》，提倡孝道，讲仁、义、礼、智、信等，矛盾吗？有无一致之处？或者如何一致起来？本来做善事、讲孝道在早期神仙理论（如葛洪）中是一致的。

实际上王重阳也是讲真功、真行，二者兼备才是全真。例如他曾经引用“晋真人”之言真功、真行，真功讲的是“澄心定意”“存神固气”的心性修养，真行则“须是修仁蕴德，济贫救苦，见人患难，常行拯救之心，或化诱善人，入道修行。所行之事，先人后己，与万物无事，乃真行也。”他对这样的真功、真行是赞成的，他“伏愿渚公，早垂照鉴”（《教化集》卷三《三州五会化缘榜》）。

再者，他的有些极端言论，如不学道，莫行功，休打坐。甚至对宫观的修建他也不以为然，又说：“摆脱一炉香，何用三叩齿。又不用那道家活计。”（《全真集》卷十一《惜黄花》之一）似乎要取消一切斋戒仪式，这在今日道教徒的活动中应该如何实行为好？应该取他的什么精神？当然他自己也是有许多矛盾的，他自己是“风狂偏爱酒”（《全真集》卷十二《临江仙》之一），有时候酒醉“被人缚肘”（《全真集》卷五《惜黄花》），但是他的《读晋真人语录》说道：

> 大凡学道，不得杀盗。饮酒食肉，破戒犯愿。（《教化集》卷之二）

其《知丹阳吃酒赠颂》云：

> 道成尚吃酒，岂惜千年寿。访饮若依前，不过四十九。（同上）

他们修道前后是不是有所变化，这就不得而知了。虽然不必理会这些，但要真正通道，作一个真正的“高道”，却是不能不理会的。

从这上面几点看，王重阳的全真思想虽然很丰富，但在出家修炼与尘世尘情的一些矛盾问题上还没有很好的解决，在理论上有它的缺陷，有待于完善。全真派以后各代高道如何解决这些问题，有待详考。

道教“中和之道”考论

以往提到“中和”二字，人们很容易联想《礼记·中庸》之“致中和”，其文曰：

> 喜怒哀乐未发，谓之中，发而皆中节，谓之和。中也者，天下之大本也；和也者，天下之达道也。致中和，天地位焉，万物育焉。

这也可说是“中和”之“道”，但充满着儒家“中庸”思想，一般说法，叫“中庸之道”。或简称“中道”①。“发而皆中节”，一是指人的各种情感而言，二是人为的节制使之符合常理。这个“节”的原则是“无过无不及”，中庸之道。《礼记·乐记》中又有“中和之纪”一说，也主要是就君臣上下“和敬”、长幼“和顺”、父子兄弟“和亲”等人伦关系而言，讲道德标准。

然而最早明确提出“中和之道”的是道教经典，《老子想尔注》②解释“不如守中”时说：

> 不如学生，守中和之道。

---

① 《孟子·尽心下》：“孔子不得中道而与之，必也狂狷乎！”

② 饶宗颐：《老子想尔注校证》，上海古籍出版社1991年版。

这是传世本《老子》第五章之注文。“中和之道”是什么意思呢？这要从第五章全文说起：

天地不仁，以万物为刍狗；圣人不仁；以百姓为刍狗。天地之间，其犹橐籥。虚而不屈，动而愈出。多闻数穷，不如守中。

历代注家对这一章有一些不同看法，或以为“天地之间”以后是一个段落，或以为最后两句应入他章。然而我们从历代注释情况看，全章整体精神都是一致的。许多早期的注解，包括《老子想尔注》，都是作一个整体的理解，这是毋庸置疑的，而“守中”及其解释是主要问题。先看全章的有关注释，“天地不仁”等四句，《老子道德经河上公章句》[①] 注云：

天施地化，不以仁恩，任自然也。

圣人爱养万民，不以仁恩，法天地任自然。

严遵《老子指归》[②] 有如下一些文字：

天高而清明，地厚而顺宁，阴阳交通，和气流行，泊然无为，万物自生焉。……明王圣主，秉道统和，清静不改，一以变化，神明默达，与道同仪，天下应之，万物自化。圣人非竭智尽能……仁生事利，领理万人而有以为也。

天地不言，以其虚无，得物之中，生物不穷。圣人不言，法令虚而合物则。天狱空而无禁，鬼神静而无为。……

① 引文用王卡点校本，中华书局 1993 年版。

② 引文用王德有点校本，中华书局 1994 年版。

这些注释，充满着自然、虚静、无为的思想。

关于“天地之间”四句，《河上注》云：

天地之间空虚，和气流行，故万物自生。人能除情欲，节滋味，清五藏，则神明居之也。

橐籥中空虚，故能有声气。

言空虚无有屈竭时，动摇之，益出声气也。

《老子想尔注》的解释：

道气在间，清微不见，含血之类。莫不钦仰，愚者不信，故犹橐者治（冶）工排橐。籥者，可吹竹，气动有声，不可见，故以为喻，以解愚心也。

清气不见，像如虚也。然呼吸不屈竭也，动之念益出。

是以橐籥为例，见虚空之用，故此章河上注又被名为“虚用”章。与前四句精神是一致的。值得注意的是，这“空虚”之中，并非什么都没有，而是充满着“道气”，或者称为“清气”“清微不见”“像如虚也”，有不容易见到的“清气”，只是好像虚空罢了。这“虚空”之中的“气”，河上注称之为“和气”，或者称之为“中和之气”①。在解释第一章的“玄之又玄，众妙之门”时，《河上注》就有了“守中和”的提法：

天中复有天也。禀气有厚薄，得中和滋液则生贤圣，得错乱污辱则生贪淫也。

能知天中复有天，禀气有厚薄，除情去欲，守中和，是谓知道

---

① 《太平经·八卦还念经文》中之“中和之气”与《河上注》义同。

要之门户也。

据上所述，《老子想尔注》所提出的“中和之道”，是总体性的，原则性的，也是原创性的。它既有很大的理论意义，也有很强的实践意义。联系第五章全章来理解摰，“中和之道”的基本思想是虚静、自然、无为，所以历代关于“守中”的解释虽然多种多样，但基本思想都一样，或云“不如同天地守中虚之道”[1]，或云“此‘中’乃老子自谓其中正之道，即‘无为’之道也……不如守清静之道为愈也”[2]。有的还明确指出：

> “不如守中”的“中”字，和儒家的说法不同，儒家的“中”字，是不走极端，要合乎“中庸”的道理；老子则不然，他说的“中”字，是有“中空”的意思……正是象征着一个虚静无为的道体（张然生：《老子章句新释》）。

如此等等，基本思想是一致的，在翻译成语体文时，陈鼓应把“不如守中”直接写成“不如持守虚静”[3]。

如何“守中”，历代的注释，多半注重养生方面，如《河上注》说：

> 不如守德于中，养育精神，爱气希言。

“希言”是联系上句“多言数穷”而讲的。“多言数穷”，帛书本和《老子想尔注》都作“多闻数穷”，人们注释时，并不局限这个“言”字或者“闻”字，都申展了其意，如《河上注》解释“多言数穷”则说：

---

① 范应元：《老子道德经古本集注》。
② 蒋锡昌：《老子校诂》。
③ 陈鼓应：《老子注译及评介》，中华书局 1984 年版。

多事害神，多言害身，口开舌举，必有祸患。

而《老子想尔注》解释“多闻数穷”则说：

多知浮华，不知守道全身，寿尽辄穷；数数，非一也。

陈鼓应根据前人各种注解，把“多言数穷”翻译成：“政令烦苛反而加速败亡。”

如上所指出的，第五章整个精神是讲自然、虚静、无为的。养生是如此，要“育养精神”；待人接物乃至为政治国也是如此，要持守虚静、无为之道，也就是守“中和之道”。各种注释之文，有些讲得很原则甚至玄奥，有些讲得很直白，例如《老子指归》有这样的文字：

天地不言，以其虚无，得物之中，生物不穷。圣人不言，法令虚而合物则。天狱空而无禁，鬼神静而无为。天下荡荡，不识不知而大治也。

《老子想尔注》的解说，既有原则的，如：

天地像道，仁于诸善，不仁于诸恶……

圣人法天地，仁于善人，不仁恶人……

也有很直白的说教：

是以人当积善功，其精神与天地通……

整个第5章，从道的根本原则、道的作用——以橐籥之虚空为例的作用，讲到“守中”①，《老子想尔注》释之为“守中和之道”。再联系它在注前一章“道冲而用之又盈”时说：

道贵中和，当中和行之：志意不可盈溢，违道诫。

除了不可“违道诫”另有含义之外，“守中和之道”的意思也是一致的。

这“中和之道”，与儒家的“中庸之道”明显不同，历代以来没有予以足够的重视。我们今天把它隆重地提出来，有很大的现实意义。讨论和贯彻“中和之道”，应该特别注意其虚静、无为和顺其自然的根本的道的精神，“守中和，是谓知道要之门户也”。

《老子想尔注》最早明确提出“中和之道”，而且具有鲜明的特色，所以说是“道教的中和之道”。这并不排斥它有所借鉴，有某些更早的思想渊源，包括《易经》的，乃至《中庸》的，等等。反过来，又并不能因为它有所借鉴或者继承，从而否定其原创性，此其一。其二，“中和之道”作为纲领性的提法，与多种多样的“中和”解释，乃至“中”与“和”的分别释义，包括《河上注》《太平经》的一些具体论述，不应该矛盾。一个是总结性的、原则性的，而一些是具体的，不同角度、不同侧面的阐说，如人的品格修养、丹道炼养理法等。其三，后世道教内部关于“中和之道”的进一步发挥，如《灵宝中和经》《太上灵宝升玄内教经中和品述议疏》以及李道纯的《中和集》等，那也是另一回事，另当别论。当然，它们又都是道教的“中和之道”。

最后，再补充一点，我们强调道教“中和之道”的基本精神是虚静、自然、无为。虚静、自然虽也不容易做到，但理解上没有大的歧义。无为，则有一定不同的理解和看法。这里我们且从早期的《老子》

① 有的注释者采用了“用中”以为章名。

注文中先作一说明。《老子指归》关于“泊然无为，万物自生焉”的解说，有：

> 天地非倾心移意……成遂万物而有以为也。
>
> 圣人非竭智尽能……领理万人而有以为也。

以及上引“得物之中，生物不穷”等语义，都是“无为”思想的很好阐释，说明“无为”和“有以为”的关系。因而，“无为”并非无所作为，主要是顺其自然之意。

道教“中和之道”这个议题很大，本文只是在其源头上作点考论，但愿不是空谈。

我对道教文化的新思考

道教文化范围很大，我这里主要想就道教史的一些问题作些新的思考。

一、现在有必要作新思考

当今中国社会还需要宗教，当然也需要道教，或者更需要道教，因为它是“土生土长”的，是中国的文化传统的重要组成部分。

宗教对社会的积极意义就是劝人为善（现在的核心价值观中就有“友善”一项），而道教对人们“积善立功”的要求是非常高的，是修道成仙最基本的要求，葛洪引《玉钤经》说：

> 为道者以救人危使免祸，护人疾病，令不枉死，为上功也……
>
> 人欲地仙，当立三百善，欲天仙，立千二百善。若有千一百九十九善而忽复中行一恶，则尽失前善，乃当复更起善数耳。故善不在大，恶不在小。虽不作恶事，而口及所行之事，及责求布施之报，便复失此一事之善，但不尽失耳……

这种“积善立功”的要求，比其他宗教的要求恐怕更多更大一些，它是与修道成仙联系起来的，并不是什么“主”的要求。此外，道教历来还有许多“善书”。

人们“并行好事”，对己、对人、对社会都是有利的。应该充分发挥道教这方面的作用。

但是，道教如何适应当今社会形势？如何发挥其社会作用？如何发展自己？这些都需要作些新的思考。

首先需要思考道教本身的一些问题。道教有着悠久的历史，准确了解道教的发展史，才能更好地知道今天该怎么做。然而道教史中既有一些理论原则问题，更有许多具体问题，也有不少问题与现实的发展有关系。

已有的道教史和道教问题研究，在当今道教文化发展中起了历史性的重大作用。前几年我听到一位道长对四川大学卿希泰先生说：我们是读您主编的《中国道教史》成长的。这话有一定的代表性。道教事业的传承，除了师徒授受以外，道教史的研究和书写无疑是有作用的。

上世纪三四十年代国内有过一两本道教史，有一些道教文化的研究。然而，随着抗日战争、解放战争等重大历史事件的发生，道教文化研究几乎可以说是停顿、中断了的。可喜的是上世纪八十年代开始了道教文化研究的复兴，卿希泰、任继愈两先生主编的两本《中国道教史》就是其突出的标志。随着道教的恢复和发展，道教文化的研究也进入新的阶段。

本人上世纪九十年代以后开始接触道教和道教文化。（从儿时开始接触的道士、和尚不算。此前学习和研究中国古代历史中知道的道教、佛教也不算。）时常与各位道长接触，开始是与湖北的王光德道长、中国道教协会的闵智亭道长，还有四川的王家祐先生等人接触，印象较深，那是1993年前后的事。后来被邀参加各处道观组织的活动，接触了更多的道长，对道教产生了感情，还很想为道教事业的发展做点什么。2003年举办了一次湖北省的“道教文化研习班”，有湖北地区各宫观的道长三十余人参加，请十几位教授讲授道教文化理论，后编成《道教文化十二讲》（安徽教育出版社出版）。近几年，更是把自己的学习研究集中在道教史方面，因为今日的道教是从历史中走过来的，今日道教该如何生存、发展，当然应结合当今形势，但也需要进一步总结历史的经验教训，需要认真地作新思考。

二、近两年我思考的主要问题

道教从何时开始？近几十年来，国内比较流行的说法是从东汉末年张道陵的天师道开始的，这个说法似应为日本学者最早提出（宋代的历史资料也有这种意思）。上世纪九十年代开始，内地和台湾地区都有学者认为道教产生的时间应该更早一些。近几年我在谈道教产生问题时，开始仍从东汉后期道教产生之说，后来进一步思考，并参考“更早一些”的讨论，通过《道教的名与实》的探讨，认为东汉早、中期，乃至西汉的“黄老道”，战国或更早一些的“方仙道”，都应该是道教。这个问题还可以进一步研讨。道教不会比基督教产生得晚，也不一定比佛教产生晚许多，这或许还是思考问题的另一个方面。

出于对道教发展的关心，我想道教的发展史中的许多问题是值得我们关心的。例如道教发展史上的多次“改革”就是值得研讨的，我写过《略论道教历史上的改革》，其中有“高道、道派与改革”一节，我热切期望我们道门中多出一些名副其实的高道。“略论”中一些问题都是可以进一步研讨的，道教的“改革”还是目前的“当务之急”。

深入思考，还有一些有重大意义的问题有待解决，我最近又写了《略论道教的杂而多端》，对于道教的包容性有进一步思考。

此外，道教的科仪、法术等都应有适应时代的改革（历史上有多次的改革），今天道教的传承乃至道教的生活也应有所改变。

近些年来，道教界很重视学术活动，经常召集道友和学术界关心道教的朋友开研讨会。学术界也形成了一些不同的道教文化研究中心，在推动道教文化研究上起着作用。我们华中师大道家道教研究中心 2008 年以来与香港青松观联合举办了三次“全真道与老庄学的国际学术研讨会”，会议论文都已集结出版，影响很大，发掘了一些新材料，提出了一些新观点，乃至有的道教学者叹说“道教史要改写”。事实上改写是必要的，据说卿希泰先生主编的《中国道教史》又有新修订本了。新的中国道教史也必将出现。

有意义的、值得深入探讨的道教史和道教文化的问题还有许多。道教内、外的朋友们共同努力吧！